DIE ZUSTÄNDIGKEITSVERTEILUNG NACH DER EUROPÄISCHEN FUSIONSKONTROLLVERORDNUNG

Von der Juristischen Fakultät
der Gottfried Wilhelm Leibniz Universität Hannover
zur Erlangung des akademischen Grades
eines Doktors der Rechtswissenschaften
genehmigte Dissertation

Rechtsanwalt Erkan Altun
geboren am 18.03.1977 in Salzgitter

2011

Tag der Promotion: 04.04.2011

Erkan Altun

DIE ZUSTÄNDIGKEITSVERTEILUNG NACH DER EUROPÄISCHEN FUSIONSKONTROLLVERORDNUNG

ibidem-Verlag
Stuttgart

Bibliografische Information der Deutschen Nationalbibliothek
Die Deutsche Nationalbibliothek verzeichnet diese Publikation in der Deutschen Nationalbibliografie; detaillierte bibliografische Daten sind im Internet über http://dnb.d-nb.de abrufbar.

Bibliographic information published by the Deutsche Nationalbibliothek
Die Deutsche Nationalbibliothek lists this publication in the Deutsche Nationalbibliografie; detailed bibliographic data are available in the Internet at http://dnb.d-nb.de.

∞

Gedruckt auf alterungsbeständigem, säurefreien Papier
Printed on acid-free paper

ISBN-13: 978-3-8382-0263-1

Printed in Germany

Für meine Familie.

Kurzzusammenfassung

Die Verordnung (EG) Nr. 4064/89 über die Kontrolle von Unternehmenszusammenschlüssen ermöglicht seit ihrem Inkrafttreten im September 1990 die Überprüfung von bestimmten Zusammenschlüssen auf europäischer Ebene. Aufgrund der wirtschaftlichen und politischen Bedeutung von Zusammenschlüssen wurde die Verteilung der Zuständigkeiten zwischen der europäischen Kommission und den nationalen Wettbewerbsbehörden bereits bei der Entwicklung der Verordnung kontrovers diskutiert. In diesem Zusammenhang zielt die spätere Verordnung (EG) Nr. 139/2004 des Rates vom 20.01.2004 über die Kontrolle von Unternehmenszusammenschlüssen insbesondere darauf, die Praxis der sogenannten Mehrfachanmeldungen zu vermeiden. Bei Mehrfachanmeldungen handelt es sich um Zusammenschlüsse die nicht in den Anwendungsbereich der Fusionskontrollverordnung fallen und deswegen in mindestens drei Mitgliedsstaaten gleichzeitig überprüft werden müssen.

Vor diesem Hintergrund galt es, die Verteilung der Zuständigkeiten nach der FKVO zwischen der EU-Kommission und den nationalen Wettbewerbsbehörden näher zu untersuchen. Dabei lag der Schwerpunkt in der Prüfung der Frage, inwieweit durch ein verbessertes und vereinheitlichtes Verweisungssystem nach der neugefassten Verordnung (EG) Nr. 139/2004 die Zuständigkeit optimiert wurde und tatsächlich Mehrfachanmeldungen vermieden werden können. Als Alternative zu dem Lösungsansatz der jüngsten Verordnung wurde die Diskussion um das „Drei-Plus-System“ neu belebt, indem die Eignung zur Vermeidung von Mehrfachanmeldungen aufgezeigt und ein konkreter Vorschlag für eine Ausgestaltung eines solchen Systems gemacht wurde.

Executive Summary

Since its entry into force in September 1990 the regulation (EC) no. 4064/89 on the control of concentrations between undertakings allows for a review of certain mergers on a European level. Because of the economic and political significance of mergers namely the question of competence between the European Commission and national competition authorities has been hotly debated throughout the making of this regulation. In this regard the later regulation (EC) no. 139/2004 of January 20, 2004 on the control of concentrations between undertakings in particular established the prevention of further so-called "multiple notifications". “Multiple notifications” are mergers, which do not fall into the scope of the merger regulation and had therefore to be examined in at least three Member States simultaneously.

Against this background this study more closely examines the given competences of the EU Commission and national competition authorities. The focus is the evaluation of the improved and unified referral system introduced by the amended regulation (EC) no. 139/2004 and the question whether or not an optimization of competences is reached and multiple applications are in fact no longer necessary. As an alternative to the approach of the recent regulation the discussion of the "Three Plus system” was revived by identifying its ability to avoid multiple notification and giving a concrete proposal for a development of such a system.

Schlüsselwörter	Keywords
Fusionskontrollverordnung	Merger Regulation
Zuständigkeitsverteilung	Distribution of responsibilities
Mehrfachanmeldungen	Multiple notifications

INHALTSÜBERSICHT

INHALTSVERZEICHNIS

Abkürzungsverzeichnis

a.A.	anderer Ansicht
ABl.	Amtsblatt der Europäischen Gemeinschaft
Abs.	Absatz
a.E.	am Ende
AEUV	Vertrag über die Arbeitsweise der Europäischen Union
a.F.	alte Fassung
AG	Aktiengesellschaft
Art.	Artikel
BB	Betriebsberater
Bd.	Band
BDI	Bundesverband der Deutschen Industrie e.V.
BGBl.	Bundesgesetzblatt
BKartA	Bundeskartellamt
bspw.	Beispielsweise
DB	Der Betrieb
ders.	derselbe
DÖV	Die öffentliche Verwaltung
DVBl.	Deutsches Verwaltungsblatt
DVO	Durchführungsverordnung
EA	Europa- Archiv
ECA	European Competition Authority
ECU	Europäische Währungseinheit
EFTA	European Free Trade Association
EG	Europäische Gemeinschaft
EGKS	Europäischen Gemeinschaft für Kohle und Stahl
Einl.	Einleitung
endg.	endgültig
EU	Europäische Union
EuGH	Gerichtshof der Europäischen Gemeinschaft
EuG	Europäischer Gerichtshof der ersten Instanz
EuGRZ	Europäische Grundrechte Zeitschrift
EuR	Europarecht
EUV	Vertrag über die Europäische Union
EuZW	Europäische Zeitschrift für Wirtschaftsrecht
EWG	Europäische Wirtschaftsgemeinschaft
EWR	Europäischer Wirtschaftsraum
EWS	Europäisches Wirtschafts- und Steuerrecht

FIW	Forschungsinstitut für Wirtschaftsverfassung und Wettbewerb
f.	folgende
ff.	und folgende
FK	Frankfurter Kommentar zum Kartellrecht
FKVO	Europäische Fusionskontrollverordnung
FN	Fußnote
FS	Festschrift
GG	Grundgesetz
GK	Gemeinschaftskommentar
GWB	Gesetz gegen Wettbewerbsbeschränkungen
h.M.	herrschende Meinung
Hrsg.	Herausgeber
i.V.m.	in Verbindung mit
JuS	Juristische Schulung
JZ	Juristenzeitung
lit.	litera (Buchstabe)
Mitteilung Verweisungsregime	Mitteilung der Kommission über die Verweisung von Fusionssachen, ABl. Nr. C 56/2 vom 05.03.2005
MüKo	Münchener Kommentar
m.w.N.	mit wesentlichen Nachweisen
NJW	Neue Juristische Wochenschrift
NVWZ	Neue Zeitschrift für Verwaltungsrecht
ÖJZ	Österreiche Juristen Zeitung
RN	Randnummer
RIW	Recht der internationalen Wirtschaft
S.	Seite
s.	siehe
SIEC	Significant Impediment of Effective Competition
SLC	Substantial Lessening of Competition
Slg.	Sammlung
s.o.	siehe oben
Subsidiaritätsprotokoll	Protokoll (Nr. 2) über die Anwendung der Grundsätze der Subsidiarität und der Verhältnismäßigkeit
u.a.	unter anderem
Unterabs.	Unterabsatz
v.	vom/von
vgl.	Vergleiche
VO	Verordnung
Vorb.	Vorbemerkung

WuW	Wirtschaft und Wettbewerb
z.B.	zum Beispiel
ZHR	Zeitschrift für das gesamte Handels- und Konkursrecht
zit.	zitiert
ZVglRWiss	Zeitschrift für vergleichende Rechtswissenschaften
ZWeR	Zeitschrift für Wettbewerbsrecht

Einleitung

In Zeiten, in denen das wirtschaftliche Leben von der Globalisierung beherrscht wird, müssen die Unternehmen ständig ihre Wettbewerbsfähigkeit steigern, um den sich hieraus ergebenden Herausforderungen gewachsen zu sein. Dabei liegt es in der Natur der Sache, dass Unternehmen nicht lediglich auf das Wachstum ihrer eigenen Strukturen abstellen, sondern auch und insbesondere Zusammenschlüsse mit anderen Unternehmen eingehen, um ihre Marktposition zu stärken. Die Zunahme einer beschränkten Zahl von Unternehmen auf europäischen Märkten kann jedoch das Potenzial für Wettbewerbsverzerrungen auf Kosten der Verbraucher erhöhen. Daher ist es wichtig, den Wettbewerb innerhalb des Binnenmarktes durch die Kontrolle von Zusammenschlüssen vor Verfälschungen zu schützen und so die Interessen der Verbraucher zu schützen.

Seit dem Inkrafttreten der Verordnung (EG) Nr. 4064/89 über die Kontrolle von Unternehmenszusammenschlüssen[1] im September 1990 besteht im europäischen Raum ein einheitliches und von der Kommission zu vollziehendes Recht zur Überprüfung von bestimmten Zusammenschlüssen auf europäischer Ebene. Nach dem Erwägungsgrund 4 der neugefassten Verordnung (EG) Nr. 139/2004 des Rates vom 20.01.2004 über die Kontrolle von Unternehmenszusammenschlüssen[2] sind nur solche Zusammenschlüsse zu begrüßen, die unter anderem zu einer Steigerung der Wettbewerbsfähigkeit der europäischen Industrie sowie zur Anhebung des Lebensstandards in der Europäischen Union führen.

Die FKVO ist auf Grund ihrer wirtschaftlichen Bedeutung zu einem zentralen Bestandteil der Wettbewerbspolitik der Europäischen Union geworden.[3] Von besonderer Bedeutung im Rahmen der europäischen Fusionskontrolle ist dabei die Zuständigkeitsverteilung für die

---

[1] Verordnung (EG) Nr. 4064/89 über die Kontrolle von Unternehmenszusammenschlüssen, ABl. L 395 v. 30.12.1989 (im Folgenden FKVO a. F. zitiert).

[2] ABl. L 24/1 vom 29.01.2004 (im Folgenden FKVO zitiert).

[3] Drauz WuW 2002 S. 445

Überprüfung des Zusammenschlusses zwischen der europäischen Kommission und den nationalen Behörden. Bereits bei der Entwicklung der FKVO a. F. stellte sich diese als ein wesentlicher Streitpunkt heraus, da jede Ausweitung des Anwendungsbereichs der FKVO a. F. zu einer Einschränkung der nationalen Kompetenzen bei der Kontrolle von Unternehmenszusammenschlüssen führte. Im Rahmen der Neufassung der FKVO a. F. ist dieser Aspekt erneut in den Mittelpunkt der Diskussionen getreten. Dabei stellte sich insbesondere die Frage, wie die so genannten Mehrfachanmeldungen vermieden werden können. Hierbei handelt es sich um Zusammenschlüsse, die trotz gemeinschaftsweiter Auswirkungen nicht in den Anwendungsbereich der FKVO fallen und deswegen in mindestens drei Mitgliedsstaaten gleichzeitig überprüft werden müssen. Im späteren Verlauf der Arbeit wird aufgezeigt, dass diese Zusammenschlüsse in der Regel grenzüberschreitende Auswirkungen aufweisen und daher auf der Unionsebene überprüft werden sollten.

Gegenstand der Arbeit

Gegenstand der Arbeit ist die Überprüfung der Zuständigkeitsverteilung nach der FKVO zwischen der Kommission und den nationalen Wettbewerbsbehörden unter Berücksichtigung des Subsidiaritäts- und des „One-Stop-Shop"–Prinzips. Den Kern der Untersuchung bildet dabei die Frage, inwieweit durch ein verbessertes und vereinheitlichtes Verweisungssystem, wie die neugefasste FKVO vorsieht, Mehrfachanmeldungen vermieden werden können. Als Ergebnis dieser Untersuchungenen soll das „Drei-Plus-System" als Lösungsansatz für das Problem der Mehrfachanmeldungen aufgezeigt, seine Eignung überprüft und ein konkreter Vorschlag für seine Ausgestaltung des „Drei-Plus-Systems" gemacht werden.

Gang der Untersuchung

In den ersten drei Abschnitten soll zunächst eine Grundlage für eine Diskussion über die Zuständigkeitsverteilung in der FKVO geschaffen werden. Dazu soll zunächst im ersten Abschnitt die historische Entwicklung der FKVO aufgezeigt werden, um zum einen die Bedeutung der Zuständigkeitsverteilung zu verdeutlichen und zum anderen ein Verständnis für die politischen Hebel bei dem Zustandekommen der Zuständigkeitsverteilung zu bilden. Mit derselben Intention soll auch in den folgenden Teilen bei der Darstellung von einzelnen Zuständigkeitsnormen stets auch die historische Entwicklung dargestellt werden.

Im Anschluss hieran soll im zweiten Abschnitt als konkreter Maßstab für die Bewertung der Zuständigkeitsverteilung das Subsidiaritätsprinzip dargestellt und ihre Anwendbarkeit auf die FKVO untersucht werden. Im Rahmen der allgemeinen Ausführungen soll insbesondere verdeutlicht werden, inwieweit das Subsidiaritätsprinzip als primärrechtlicher Grundsatz die Zuständigkeitsverteilung in der Europäischen Union zwischen der Kommission und den nationalen Wettbewerbsbehörden bestimmt. In einem zweiten Schritt soll dann speziell die konkrete Anwendbarkeit des Subsidiaritätsprinzips auf die FKVO geprüft werden. Dabei soll insbesondere geprüft werden, ob und inwieweit die FKVO auch auf der Vollzugsebene zur Anwendung kommt. Letzteres ist hinsichtlich der Untersuchungsfrage, ob durch die Verweisungsregeln Mehrfachanmeldungen vermieden werden können, von großer Bedeutung.

Im letzten Abschnitt des Grundlagenteils soll mit dem „One-Stop-Shop“-Prinzip ein weiterer Grundsatz der Zuständigkeitsverteilung in der FKVO dargestellt werden. Abweichend vom Subsidiaritätsprinzip wird das „One-Stop-Shop“-Prinzip unmittelbar in der FKVO begründet und stellt kein Kriterium zur Abgrenzung der Zuständigkeiten zwischen der Kommission und den nationalen Wettbewerbsbehörden per se dar. Das „One-Stop-Shop“-Prinzip bestimmt zum einen als konkrete Bestimmung in Art. 21 Abs. 2[4] und Abs. 3, dass Zusammenschlüsse, die in den Anwendungsbereich der FKVO fallen, ausschließlich von der Kommission überprüft werden. Zum anderen soll das „One-Stop-Shop“-Prinzip als allgemeiner Grundsatz gewährleisten, dass die Kontrollen von

[4] Art. ohne Gesetzesbezeichnung sind im Folgenden stets solche der FKVO.

Zusammenschlüssen einheitlich von einer Behörde erfolgen. Vor diesem Hintergrund soll bei der Bewertung der Zuständigkeitsverteilung und der einzelnen Zuständigkeitsregelungen auch überprüft werden, inwieweit das „One-Stop-Shop“-Prinzip gewährleistet wird.

Hieran anknüpfend soll im Hauptteil der Arbeit die Zuständigkeitsverteilung in der FKVO dargestellt und überprüft werden. Insbesondere wird untersucht, ob diese den Anforderungen des Subsidiaritätsprinzips genügt und ob das „One-Stop-Shop“-Prinzip ausreichend gewährleistet wird.

Im ersten Abschnitt des Hauptteils soll zunächst auf die von der FKVO grundsätzlich beabsichtigte Zuständigkeitsverteilung eingegangen werden. Im Rahmen dieser Überprüfung soll das Kriterium der grenzüberschreitenden Auswirkungen, welches als Abgrenzungskriterium der Zuständigkeiten in der europäischen Fusionskontrolle dient, dargestellt und dahingehend überprüft werden, ob diese Abgrenzung grundsätzlich mit dem Subsidiaritätsprinzip zu vereinbaren ist.

Anschließend sollen die Mehrfachanmeldungen dargestellt werden. Dabei soll untersucht werden, ob diese Fälle tatsächlich grenzüberschreitende Auswirkungen aufweisen und deswegen auf Grund der zuvor gewonnenen Erkenntnisse auf der Unionsebene überprüft werden sollten. Zudem sollen die Auswirkungen der Mehrfachanmeldungen auf die beteiligten Unternehmen vor dem Hintergrund aufgezeigt werden, dass für diese das „One-Stop-Shop“-Prinzip nicht zur Anwendung kommt.

Im dritten Abschnitt des Hauptteils sollen dann die konkreten Aufgreifkriterien des Art. 1 Abs. 2 und Abs. 3, welche den Anwendungsbereich der FKVO bestimmen, dargestellt und überprüft werden. Die durch diese Regelungen erfolgende tatsächliche Zuständigkeitsverteilung soll unter Berücksichtigung der vorangegangenen Ergebnisse bewertet werden. Den Kern der Untersuchungen bildet der letzte Abschnitt des Hauptteils. Hier sollen die durch die Neufassung der FKVO a. F. getroffenen Änderungen des Verweisungssystems veranschaulicht werden. Dabei soll der Frage nachgegangen werden, ob das neue Verweisungssystem zu einer

Optimierung der Zuständigkeitsverteilung und zur Vermeidung von Mehrfachanmeldungen führt. Ausgangspunkt der Untersuchung ist eine Darstellung und Bewertung der Zuständigkeitsverteilung unter Berücksichtigung des Verweisungssystems der FKVO a. F. Im Anschluss hieran soll auf die neuen Verweisungsregelungen des Art. 4 Abs. 4 und Abs. 5 sowie auf die geänderten Verweisungsregelungen des Art. 9 und Art. 22 eingegangen werden. Da die Regelungen des Art. 4 Abs. 4 und Abs. 5 neu eingefügt worden sind, sollen alle formell- und materiell-rechtlichen Kriterien dieser Vorschriften angesprochen werden. Dagegen wird sich die Darstellung bei den Regelungen der Art. 9 und Art. 22 lediglich auf die formellen und materiellen Änderungen nach der Neufassung beschränken. Bei Letzteren sollen in einem allgemeinen Teil neben der historischen Entwicklung insbesondere die Kritik und die Vorschläge zu Verbesserungen der jeweiligen Regelungen dargestellt werden. Abgeschlossen wird die Untersuchung mit der Bewertung der Zuständigkeitsverteilung unter Berücksichtigung des Verweisungssystems.

Im abschließenden Teil der Arbeit soll das in der Vergangenheit mehrmals vorgeschlagene „Drei-Plus-System“ aufgegriffen, seine Eignung zur Lösung von Mehrfachanmeldungen untersucht und eine konkrete Ausgestaltung vorgeschlagen werden. Dabei soll insbesondere auf die Einwände gegen diese Regelung eingegangen und überprüft werden, inwieweit diese tatsächlich zutreffen. Im letzten Abschnitt werden die wesentlichen Ergebnisse der Arbeit zusammengefasst.

I. Historische Entwicklung einer europäischen Fusionskontrollverordnung

Während die Vereinigten Staaten im Bereich der Fusionskontrolle (Antitrust Law) bereits 1914 mit dem Clayton Act über die erste ausdrückliche bundesrechtliche Regelung für die Überprüfung von Unternehmenszusammenschlüssen verfügten und heute auf eine fast 100-jährige Anwendung zurückblicken können[5], begann im europäischen Raum die Entwicklung einer einheitlichen Fusionskontrolle weitaus später.[6] Erst mit dem Inkrafttreten der FKVO a. F. im September 1990 war eine einheitliche Kontrolle von Zusammenschlüssen mit grenzüberschreitenden Auswirkungen möglich. Damit ging eine fast 17

[5] MK-Koch FKVO Einleitung A RN 2; trotz fehlender ausdrücklicher Regelung im Hinblick auf Unternehmenszusammenschlüsse wurde bereits der Sherman Act von 1890 von den US-Gerichten für die Überprüfung von Zusammenschlüssen herangezogen (MK-Koch FKVO Einleitung A RN 2; vgl. zur Bedeutung des Sherman Acts Lampert S. 136ff.).

[6] In den einzelnen Mitgliedsstaaten bestanden bereits sehr früh Fusionskontrollsysteme; in Frankreich wurde eine Fusionskontrolle 1977 eingeführt. Diese entwickelte sich dort im Wesentlichen aus dem Bestreben, den Verbraucher vor der Ausnutzung wirtschaftlicher Macht und insbesondere vor Preismanipulation zu schützen. In Großbritannien wurde bereits 1965 durch den Monopolies und Mergers Act eine nationale Fusionskontrolle eingeführt. In Deutschland wurden erste konkrete Schritte zum Erlass entsprechender Rechtsvorschriften erst Anfang der 1970er Jahre unternommen. Im Rahmen des Zweiten Gesetzes zur Änderung der GWB vom 03.08.1973 wurde ein entsprechender Gesetzesentwurf beschlossen. Bis zum Erlass der FKVO hatten sich auch noch die Mitgliedsstaaten Griechenland, Spanien, Irland und Portugal ein eigenes Fusionskontrollsystem gegeben. Alle neuen Mitgliedsstaaten hatten bereits vor ihrem Beitritt zur EU eine Fusionskontrolle eingeführt. Heute verfügen außer Luxemburg alle Mitgliedsstaaten über ein eigenes Fusionskontrollgesetz. Vgl. ausführlich für eine Übersicht der nationalen Fusionskontrolle: Immenga/Mestmäcker-Immenga/Körber FKVO Einl. RN 133ff.; Kögel S. 79ff.

Jahre dauernde Beratung über die Regelung einer europäischen Fusionskontrolle zu Ende.[7]

1. Ausgangssituation

Die Entwicklung der Europäischen Union – von der Gründung der Europäischen Gemeinschaft für Kohle und Stahl (EGKS)[8] bis zum Vertrag von Lissabon[9] – verdeutlicht, dass die Staaten in Europa sowohl politisch als auch wirtschaftlich eng miteinander verbunden sind. Bereits durch den Vertrag über die Gründung der Europäischen Wirtschaftsgemeinschaft vom 25. 03. 1957 (EWG-Vertrag) wurde als Hauptziel der Europäischen Wirtschaftsgemeinschaft in Art. 2 EWG-Vertrag ein „Gemeinsamer Markt" festgelegt und gleichzeitig in Art. 3 f EWG-Vertrag die Aufrechterhaltung des Wettbewerbs als Grundsatz normiert. Während der Entwicklung des Vertrags der Europäischen Wirtschaftsgemeinschaft wurde durch den Spaak-Bericht[10] die Aufnahme allgemeiner Vorschriften in den Vertrag zur Kontrolle von marktbeherrschender Stellung und missbräuchlichen Verhalten sowie eine Ermächtigungsgrundlage für Durchführungsverordnungen empfohlen, welche unter anderem die Errichtung einer Kontrolle von Unternehmenszusammenschlüssen beinhalten sollte.[11] Eine solche Fusionskontrolle zählte jedoch damals in keinem Mitgliedsstaat zu den Prioritäten staatlicher Wettbewerbspolitik, da Zusammenschlüsse außerhalb der Montanindustrie kaum als Bedrohung empfunden

---

[7] Vgl. zur Entstehungsgeschichte der FKVO: Monopolkommission Sondergutachten 17; Caspari/Schwarz S. 383ff. in FS Benisch; MK-Koch FKVO Einl. A RN 1ff.; Loewenheim/Meessen/Riesenkampff-Simon FKVO Einführung RN 1ff.; Kogel S. 54ff.

[8] Gründung der Montanunion am 18.04.1951 in Paris durch die BRD, Frankreich, Italien und die BENELUX-Staaten.

[9] Vertrag von Lissabon zur Änderung des Vertrags über die Europäische Union und des Vertrags zur Gründung der Europäischen Union, ABl. EU vom 17.12.2007 Nr. C 306/01.

[10] Regierungsausschuss eingesetzt von der Konferenz von Messina, Bericht der Delegationsleiter an die Außenminister, Brüssel, 21.04.1956.

[11] Veelken/Karl/Richter-Veelken S. 3; Immenga/Mestmäcker-Immenga FKVO Einleitung VII. A RN 14, S. 778; MK-Koch FKVO Einl. A RN 7.

wurden.[12] Entsprechend wurde der EWG-Vertrag zwar mit wettbewerbsrechtlichen Regelungen (Verbot der Kartellvereinbarung Art. 101 AEUV [Art. 81 EGV; Art. 85 EWG-Vertrag]; Verbot des Missbrauchs einer marktbeherrschenden Stellung Art, 102 AEVU [Art. 82 EGV; Art. 86 EWG-Vertrag]), jedoch ohne eine ausdrückliche Regelung über eine europäische Fusionskontrolle ausgestattet.[13] Im Gegensatz zum EWG-Vertrag war in Art. 66 EGKS-Vertrag für die Unternehmen der Montanunion eine Fusionskontrolle normiert.[14] Hiermit wurden jedoch weniger ordnungspolitische Zwecke verfolgt, als vielmehr ein Wiedererstarken der kriegswichtigen deutschen Montanindustrie zu verhindern.[15] Die Wettbewerbspolitik konzentrierte sich in Europa ausschließlich auf die Kontrolle wettbewerbswidriger Absprachen und missbräuchlicher Ausnutzung von Marktmacht.[16]

Der wirtschaftliche Aufschwung und die zunehmende Marktintegration führten jedoch in den 1960er Jahren zu einer steigenden Zahl von Unternehmenszusammenschlüssen.[17] Die Diskussion über eine europäische Zusammenschlusskontrolle begann auf europäischer Ebene 1966 mit der Forderung nach einem Wettbewerbsrecht, in dem auch Zusammenschlüsse auf ihre Vereinbarkeit mit dem Binnenmarkt geprüft werden konnten.[18] Ab 1971 forderte auch das Europäische Parlament die Mitgliedsstaaten sowie den Ministerrat, auf Grund der wachsenden

---

[12] MK-Koch FKVO Einl. A RN 7.

[13] Monopolkommission, Sondergutachten 17 S. 13 Ziff. 8 ; Caspari/Schwarz S. 383 in FS Benisch; Röhling S. 19; Langen/Bunte-Löffler 9. Auflage FKVO Vorb. RN 1, 2; MK-Koch FKVO Einl. A RN 7.

[14] Kerber S. 6; Langen/Bunte-Löffler 9. Auflage FKVO Vorb. RN 1; Röhling S. 19; Schmidt S. 9; Miersch S. 2; Kutsukis S. 7; ausführlich MK-Koch FKVO Einl. A RN 3.

[15] MK-Koch FKVO Einl. A RN 3, mit Ausführungen zum Einfluss des Art. 66 EGKS-Vertrag auf die heutige FKVO.

[16] MK-Koch FKVO Einl. A RN 3.

17 Immenga/Mestmäcker-Immenga FKVO Einleitung VII. A RN 7, S. 777; MK-Koch FKVO Einl. A RN 8; zur Entwicklung von Unternehmenszusammenschlüssen s. Kutsukis S. 1ff; Blank S. 82ff.; Krimphove S. 1 ff.

[18] Denkschrift über „Das Problem der Unternehmenskonzentrationen im Gemeinsamen Markt.“ abgedruckt in der WuW 1966 S. 330-347; Loewenheim/Messeen/Riesenkampff FKVO Einführung RN 2; MK-Koch FKVO Einl. A RN 7.

Notwendigkeit einer Zusammenschlusskontrolle, eindringlich zur Einführung einer europäischen Fusionskontrolle auf.[19] Die meisten Mitgliedsstaaten standen jedoch der Einführung einer europäischen Fusionskontrolle und der damit einhergehenden Steuerung nationaler Markt- und Unternehmensstrukturen durch eine supranationale Instanz kritisch gegenüber.[20] Allerdings konnte eine Überprüfung der Zusammenschlüsse mit grenzüberschreitenden Auswirkungen durch die nationalen Regelungen zur Kontrolle von Unternehmenszusammenschlüssen nicht wirksam erfolgen.[21] Vor dem Erlass der FKVO a. F. verfügten nur wenige Mitgliedsstaaten über ein Gesetz zur Kontrolle von Unternehmenszusammenschlüssen.[22] Schutzobjekt nationaler Regelungen kann aber damals wie heute nur der Wettbewerb auf dem Territorium eines Mitgliedsstaates sein und die Regelungen können somit nur gegenüber im Inland ansässigen Unternehmen durchgesetzt werden.[23] Zudem unterschieden sich Gesetze der Mitgliedsstaaten so erheblich, dass bei grenzüberschreitenden Zusammenschlüssen widersprüchliche Ergebnisse nicht ausgeschlossen werden konnten. Dieses wettbewerbsrechtliche Defizit in der Mehrzahl der Mitgliedsstaaten und die damit einhergehende Rechtsunsicherheit zeigten die Notwendigkeit

---

[19] Vgl. Entschließung des Europäischen Parlaments über die Wettbewerbsregeln und die Stellung der europäischen Unternehmen im Gemeinsamen Markt und der Weltwirtschaft, ABl. 1971 C 66/11; Krimphove S. 213; Caspari/Schwarz S. 387; Langen/Bunte-Löffler 9. Auflage FKVO Vorb. RN 7; MK-Koch FKVO Einl. A RN 17.

[20] MK-Koch FKVO Einl. A RN 9.

[21] Blank S. 86; Röhling S. 21; Immenga/Mestmäcker-Immenga FKVO Einleitung VII. A. RN 3 S. 776.

[22] Über eine Regelung für eine Fusionskontrolle verfügten die Bundesrepublik Deutschland, Frankreich, Großbritannien, Griechenland, Spanien, Irland und Portugal. Vgl. zum Stand der nationalen Fusionskontrollregelung kurz vor der Verabschiedung der FKVO Hölzer/Rohradt in FS für Benisch S. 401ff.

[23] Monopolkommission, Sondergutachten 17 Ziff. 14, 15 S. 16ff.; Immenga/Mestmäcker-Immenga FKVO Einleitung VII. A. FKVO RN 3 S. 776; Blank S. 86.

einer einheitlichen europäischen Fusionskontrolle auf.[24] Vor diesem Hintergrund versuchte die Kommission, ein Mandat zur Überprüfung von grenzüberschreitenden Zusammenschlüssen einerseits im Wege der Rechtssetzung zu erhalten und andererseits im Wege der Rechtsanwendung Fusionskontrollen auch ohne eine Spezialregelung mit Hilfe der Art. 85, 86 EWGV auszuüben.[25]

2. Europäische Zusammenschlusskontrolle durch Art. 101, 102 AEUV

Trotz der Tatsache, dass Unternehmenszusammenschlüsse ebenso wie Kartellvereinbarungen geeignet sind, die Funktionsfähigkeit des Wettbewerbs zu beeinträchtigen, war, wie festgestellt, eine ausdrückliche Regelung für eine Fusionskontrolle auf europäischer Ebene nicht vorhanden.[26] Zur Schließung dieser Regelungslücke wurde diskutiert, ob Vereinbarungen, Beschlüsse und aufeinander abgestimmte Verhaltensweisen, welche die Änderung der Struktur der betroffenen Unternehmen bezwecken, wettbewerbshindernde Vereinbarungen gemäß Art. 101 AEUV(Art. 81 EGV; Art. 85 EWG-Vertrag) darstellen oder darin der Missbrauch einer marktbeherrschenden Stellung nach Art. 102 AEUV (Art. 82 EGV; Art. 86 EWG-Vertrag) gesehen werden kann und somit die Kontrolle durch die jeweilige Norm möglich ist.[27] Besondere Bedeutung erlangte in diesem Zusammenhang die

---

24 Monopolkommission, Sondergutachten 17 Ziff. 16, 17 S. 18; Immenga/Mestmäcker-Immenga FKVO Einleitung VII. A. FKVO RN 4 S. 776; Blank S. 86.

25 Langen/Bunte-Löffler 9. Auflage FKVO Vorb. FKVO RN 8; Immenga/Mestmäcker-Immenga FKVO Einleitung VII. A S. 778ff.

26 Mestmäcker in FS f. Hallstein S. 327f.; Hefermehl in FS f. IPR-Institut Universität Heidelberg S. 329f.; Blank S. 103.

27 Denkschrift über „Das Problem der Unternehmenskonzentrationen im Gemeinsamen Markt.“ Abgedruckt in der WuW 1966 S. 330-347; MK-Koch FKVO Einl. A. RN 12; Schröter/Jakob/Mederer-Ratting Art. 81 RN 8; Kerber S. 6; vgl. ausführlich zur Zusammenschlusskontrolle durch Art. 85, 86: Blank, Josef: Europäische Fusionskontrolle im Rahmen des Art. 85, 86 des EWG-Vertrags.

Entscheidungen des EuGH in „Continental Can" aus dem Jahre 1973[28] und in „Philip Morris" aus dem Jahre 1987[29].

a. Anwendung des Art. 102 AEUV nach der „Continental Can"-Entscheidung

Im Gegensatz zu Art. 101 AEUV wurde die Anwendung des Art. 102 AEUV von der EG-Kommission von Anfang an als eine Kontrollmöglichkeit von gewissen Unternehmenszusammenschlüssen betrachtet.[30] Begründet wurde dies damit, dass ein Zusammenschluss einen Missbrauch im Sinne des Art. 102 AEUV darstellen kann, wenn eine der Parteien marktbeherrschend ist oder auf eine solche Marktbeherrschung abziele.[31] Die Kommission ging 1971 erstmals auf dieser Grundlage gegen einen Zusammenschluss vor. Sie stufte den Erwerb eines niederländischen Verpackungsherstellers durch das US-Unternehmen Continental Can als Verstoß gegen Art. 102 AEUV ein, weil der Erwerb die beherrschende Stellung von Continental Can in Deutschland und den Benelux-Staaten auf dem Markt für Leichtmetallverpackungen derart verstärke, dass der Wettbewerb in diesem Bereich ausgeschaltet werde.[32] Der Europäische Gerichtshof entschied hierüber 1973 mit dem „Continental Can"-Urteil. Der Gerichtshof hatte sich damit zu beschäftigen, ob der Erwerb einer mittelbaren Mehrheitsbeteiligung durch Continental Can einen Verstoß gegen Art. 102 AEUV darstellte. Hierzu stellte der Gerichtshof fest, dass es für den Anwendungsbereich „auf die Unterscheidung zwischen

---

[28] EuGH-Continental Can Slg. 1973 Rs 6/72, Euopemballage und Continental Can/ Kommission, Slg. 1973, 215ff.; RIW 1973, 216, 268 (Anm. Gleiss)- Continental Can.
[29] EuGH vom 17.11.1987 Rs. 142 und 156/84, BAT und Reynolds/Kommission, Philip-Morris Slg. 1987 S. 4487- 4586, RIW 1988, 730.
[30] MK-Koch FKVO Einl. A. RN 13; Kutsukis S. 7; vgl. zu den Voraussetzungen einer Kontrolle von Unternehmenszusammenschlüssen nach Art. 82 EGV Krimphove S. 174ff.
[31] Monopolkommission, Sondergutachten 17 Ziff. 24 S. 24; Immenga/Mestmäcker-Immenga FKVO Einleitung VII. A. RN 10 S. 777; Blank S. 104; Kutsukis S. 7; MK-Koch FKVO Einl. A RN 12.
[32] MK-Koch FKVO Einl. A RN 14.

Maßnahmen, welche die Struktur des Unternehmens betreffen, und Verhaltensweisen, welche sich auf den Markt auswirken [...] nicht ankommen kann, denn jede strukturelle Maßnahme kann die Marktverhältnisse beeinflussen, sofern sie das Unternehmen größer und wirtschaftlich stärker macht".[33] Maßnahmen, welche die Struktur des Unternehmens betreffen, seien missbräuchlich, „wenn ein Unternehmen in beherrschender Stellung diese dergestalt verstärkt, dass der erreichte Beherrschungsgrad den Wettbewerb wesentlich behindert, dass also nur noch Unternehmen auf dem Markt bleiben, die in ihrem Marktverhalten von dem beherrschenden Unternehmen abhängen".[34] Wegen mangelnder Marktabgrenzung hat der EuGH zwar die Kommissionsentscheidung aufgehoben, aber die Auffassung bestätigt, dass Unternehmenszusammenschlüsse unter Art. 102 AEUV fallen können.[35]

Die Kontrolle von Unternehmenszusammenschlüssen durch Art. 102 AEUV erlangte jedoch keine große praktische Bedeutung.[36] Der Grund dafür lag darin, dass nach der herrschenden Meinung eine Kontrolle gemäß Art. 102 AEUV nur erfolgen konnte, wenn bereits vor der Übernahme eine marktbeherrschende Stellung durch eines der Unternehmen vorlag.[37] Mithin konnten durch Art. 102 AEUV Zusammenschlüsse nur im Einzelfall und nachträglich erfasst werden.[38] Eine umfassende Fusionskontrolle war durch Art. 102 AEUV nicht möglich.

---

[33] EuGH – Continental Can Rs. 6/72 Slg. 1973, RN 21.

[34] EuGH – Continental Can Rs. 6/72 Slg. 1973, RN 26; Immenga/Mestmäcker-Immenga FKVO Einleitung VII. A RN 10 S. 776; Röhling S. 23.

[35] EuGH – Continental Can Rs. 6/72 Slg. 1973 RN 18, S. 215; Kerber S. 6; Immenga/Mestmäcker-Immenga FKVO Einleitung VII. A. S. 777; MK-Koch FKVO Einl. A RN 14; Loewenheim/Messeen/Riesenkampff FKVO Einführung RN 4.

[36] Immenga/Mestmäcker-Immenga FKVO Einleitung VII. A VII. A RN 11 S. 777; MK-Koch FKVO Einl. A. RN 15; Monopolkommission, Sondergutachten 17 Ziff. 26 S. 25f., mit der Zusammenstellung der wichtigsten Fälle.

[37] Mestmäcker EuR 1988 S. 351; Monopolkommission, Sondergutachten 17 RN 27; Immenga/Mestmäcker-Immenga FKVO Einleitung VII. A. S. 777f.; MK-Koch FKVO Einl. A. RN 16.

[38] Monopolkommission, Sondergutachten 17 Ziff. 27 S. 26.; Immenga/Mestmäcker-Immenga FKVO Einleitung VII. A, RN 11 S. 778; MK-Koch FKOV Einl. A. RN 16

b. Anwendung des Art. 101 AEUV nach der „Philip Morris"-Entscheidung

Die Anwendung des Art. 101 AEUV auf Unternehmenszusammenschlüsse wurde zunächst sowohl von der EG-Kommission als auch von der herrschenden Meinung im Schrifttum grundsätzlich abgelehnt.[39] Begründet wurde die Ablehnung damit, dass Art. 101 AEUV die Koordinierung des Marktverhaltens selbstständiger Unternehmen, nicht aber die Neugestaltung von Eigentumsverhältnissen und Änderungen der Unternehmensstruktur zum Gegenstand habe.[40] Erst durch das Urteil des EuGH in der „Philip Morris"-Entscheidung wurde bestätigt, dass Art. 101 AEUV auch auf Unternehmenszusammenschlüsse anwendbar ist.[41] Die Kommission hatte 1984 in einem Verfahren nach Art. 101 AEUV den Erwerb der Beteiligung des Zigarettenherstellers Philip Morris an den Konkurrenten Rothmann verbunden mit Stimmrechtsanteilen in Höhe von 24,9 % akzeptiert.[42] Der EuGH wies zwar die Klage von zwei Konkurrenten zurück, gelangte aber gleichzeitig zu der Auffassung, dass der Erwerb einer Kapitalbeteiligung an einem Konkurrenten durchaus geeignet sei, das geschäftliche Verhalten des Konkurrenten zu beeinflussen und damit den Wettbewerb zu beschränken.[43] Der Gerichtshof führte aus, dass ein Verstoß gegen Art. 101 AEUV in Betracht käme, wenn die Beteiligung am Kapital eines Konkurrenzunternehmens als Mittel diene, dessen

---

[39] Denkschrift über „Das Problem der Unternehmenskonzentrationen im Gemeinsamen Markt." Abgedruckt in der WuW 1966 S. 330-347; Hefermehl in FS f. H. C. Nipperdy S. 771, 773; Fikentscher in FS f. Böhm S. 261, 270; Mestmäcker in FS f. Hallstein S. 327ff.; weiter siehe Kutsukis RN 37; Blank S. 109; MK-Koch FKVO Einl. A RN 13. a. A. Emmerich EuR 1971 S. 295ff.; Goldmann Europäisches Handelsrecht S. 296.

[40] Denkschrift über „Das Problem der Unternehmenskonzentrationen im Gemeinsamen Markt." Abgedruckt in der WuW 1966 S. 330-347; Niemeyer S. 9 ; Blank S. 109; Veelken/Karl/Richter-Veelken S. 4; MK-Koch FKVO Einl. A. RN 13.

[41] Vgl. ausführlich zur Entscheidung und ihrer Auswirkungen: Kronast S. 25ff.

[42] Loewenheim/Messeen/Riesenkampff FKVO Einführung RN 6.

[43] Immenga/Mestmäcker-Immenga FKVO Einleitung VII. A. RN 12 S. 778; Loewenheim/Messeen/Riesenkampff FKVO Einführung RN 6.

geschäftliches Verhalten so zu beeinflussen, dass der Wettbewerb auf dem Markt, auf dem es seine Geschäftstätigkeit entfaltet, eingeschränkt oder verfälscht würde.[44]

Nach dieser Entscheidung des EuGH war umstritten, ob hierdurch eine generelle Fusionskontrolle durch Art. 101 AEUV bestätigt wurde.[45] Nach verbreiteter Meinung war durch das Urteil des EuGH keine Fusionskontrolle nach Art. 101 AEUV geschaffen, sondern lediglich die Kontrolle selbstständig bleibender Unternehmen bestätigt worden.[46]

In neuerer Zeit ist im Rahmen des Ministererlaubnisverfahrens E.ON/Ruhrgas[47] an die nahezu vergessene Diskussion um die Anwendbarkeit des Art. 101 AEUV auf Zusammenschlüsse wieder angeknüpft worden.[48] Ausgangspunkt ist ein Sondergutachten der Monopolkommission, welches in dem Zusammenschlussvorhaben E.ON/Ruhrgas einen Verstoß gegen Art. 101 AEUV festgestellt hatte und für eine Aussetzung des Verfahrens votierte, um eine Freistellungsentscheidung der Europäischen Kommission einholen zu können.[49] Auf Grund verfahrensrechtlicher und materiell-rechtlicher Bedenken folgte das Bundeswirtschaftsministerium diesem Vorschlag nicht.[50]

---

[44] EuGH – Philip Morris Rs. 142 und 156/84 RN 37; Veelken/Karl/Richter-Veelken S. 6; Röhling S. 23; Caliess S. 223.

[45] Loewenheim/Messeen/Riesenkampff FKVO Einführung RN 7; Immenga/Mestmäcker-Immenga FKVO Einleitung VII. A. RN 12 S. 778; MK-Koch FKVO Einl. A. RN 34.

[46] Immenga/Fuchs NJW 1988 S. 3059; Steindorff ZHR 152, (1988), S. 57-65; Riesenkampf WuW 1988 S. 469f.; a.A. Schödermeier WuW 1988 S. 193; Satzky DB 1988 S. 379-384; von Winterfeld RIW 1988, 958; neue Vertreter der Ansicht: Basedow EuZW S. 2003 44ff.; Monopolkommission Sondergutachten 34 (2002).

[47] Das Verfahren und der Verfahrensablauf werden auf der Webseite des BMWA dargestellt: www.bmwi.de/Homepage/Politikfelder/Wirtschaftspolitik/Ministererlaubnis.jsp.

[48] Vgl. ausführlich Staebe S. 249ff.

[49] Monopolkommission Sondergutachten 34 (2002), im Volltext unter www.monopolkommission.de/sg-34/text-s34.pdf.

[50] Vgl. ausführlich Staebe WuW 2003 S. 249ff.

3. Entstehung der europäischen Fusionskontrollverordnung

Trotz der Bestätigung der Anwendbarkeit des Art. 102 AEUV auf Zusammenschlüsse durch die „Continental-Can"- Entscheidung bestand kein wirksames Instrument zur Überprüfung von Zusammenschlüssen.[51] Vor diesem Hintergrund war es von der Kommission nur konsequent, ein echtes Mandat für die Zusammenschlusskontrolle durch eine Ratsverordnung zu erhalten. Ein erster Verordnungsvorschlag für eine einheitliche Fusionskontrolle wurde von der Kommission am 20. 07. 1973 dem Ministerrat vorgelegt.[52] Der Vorschlag bekam zwar die Zustimmung des Europäischen Parlaments und des Wirtschafts- und Sozialausschusses, stieß jedoch beim Ministerrat auf Bedenken und wurde von diesem schließlich auch abgelehnt.[53] Bis zur endgültigen Verabschiedung sollten noch sieben weitere Verordnungsvorschläge folgen.[54] Wie bereits beim ersten Entwurf stand im Mittelpunkt der

---

[51] Vgl. Teil A I. 2. a.

[52] Vorschlag einer Verordnung (EWG) des Rates über die Kontrolle von Unternehmenszusammenschlüssen ABl. C 492 vom 31.10.1973, S. 1ff.

[53] Kutsukis S. 11; Immenga/Mestmäcker-Immenga FKVO Einleitung VII. A. RN 15 S. 779; MK-Koch FKVO Einl. A RN 17.

[54] VO-Vorschlag vom 16.12.1981 (EG-Kommission, Änderung des Vorschlags für eine Verordnung (EWG) des Rates über die Kontrolle von Unternehmenszusammenschlüssen vom 16.12.1981 ABl. C vom 12.02.1982 Nr. 36 S. 3 ff. KOM (81) 773 endg.

VO-Vorschlag vom 03.02.1984 (EG-Kommission, geänderter Vorschlag einer Verordnung (EWG) des Rates über die Kontrolle von Unternehmenszusammenschlüssen vom 03.02.1984 KOM (84) 59 endg. in ABl. C vom 23.02.1984 Nr. 51 S. 8ff.

VO-Vorschlag vom 02.12.1986 (EG-Kommission, geänderter Vorschlag einer Verordnung (EWG) des Rates über die Kontrolle von Unternehmenszusammenschlüssen vom 02.12.1986 KOM (86) 675 ABl. C vom 17.12.1986 Nr. 324 S. 5ff.

VO-Vorschlag vom 25.04.1988 (EG-Kommission geänderter Vorschlag für eine Verordnung (EWG) des Rates über die Kontrolle von Unternehmenszusammenschlüssen vom 25.04.1988 KOM (88)97 endg. in ABl. C v. 19.05.1988 Nr. 130 S. 4 f..

VO-Vorschlag intern vom 25.07.1988 Rat der Europäischen Union, Generalsekretariat, Mitteilung an die Presse 7006/88 (Press 95) dazu Monopolkommission Sondergutachten 17 Ziff. 50 S. 40.

Diskussion stets die Abgrenzung der Zuständigkeiten zwischen der Europäischen Union und den Mitgliedsstaaten, und damit einhergehend wie die Gestaltung der Aufgreifschwellen der Verordnung.[55] Die Mitgliedsstaaten mit einer eigenen Fusionskontrolle fürchteten einen Bedeutungsverlust ihrer nationalen Regelungen.[56] Der Erhalt der nationalen Kompetenzen stand jedoch im Spannungsverhältnis zum gemeinsamen Ziel, Doppel- und Mehrfachanmeldungen auf nationaler Ebene und die damit verbundenen Rechtsunsicherheiten für die Beteiligten zu vermeiden.[57] Erst durch die bereits besprochene ‚Philip Morris"-Entscheidung des EuGH 1987, dem sprunghaften Anstieg von Unternehmenszusammenschlüssen und dem EG-Binnenmarktprogramm bekam die Entwicklung einen neuen Antrieb.[58] Im Jahr 1988 wurden in rascher Folge vier Vorschläge vorgelegt, die zu einer verdichteten Diskussion über die Probleme der europäischen Fusionskontrolle führten.[59] Der endgültige Durchbruch der Verhandlungen erfolgte erst,

---

VO-Vorschlag vom 25.11.1988 (EG-Kommission geänderter Vorschlag für eine Verordnung (EWG) des Rates über die Kontrolle von Unternehmenszusammenschlüssen vom 25.11.1988 KOM (88)734 endg.
VO-Vorschlag vom 19.12.1988 (EG-Kommission geänderter Vorschlag für eine Verordnung (EWG) des Rates über die Kontrolle von Unternehmenszusammenschlüssen vom 19.12.1988 KOM (88) 734 endg. – Revidierte Fassung – ABl. C v. 28.01.1989 Nr. 22 S. 14ff.; vgl. ausführlich über die verschiedenen Verordnungsvorschläge: Stockenhuber S. 28ff.; Langen/Bunte-Löffler 9. Auflage FKVO Vorb. RN 9 ff.; Caspari/Schwarz S. 383 ff, Immenga/Mestmäcker-Immenga FKVO Einleitung A. IV. RN 14 ff.

[55] Caspari/Schwarz in FS Benisch S. 388f.; Monopolkommission, Sondergutachten 17 Ziff. 40; Krimphove S. 215; Immenga/Mestmäcker-Immenga FKVO Einleitung A. IV. RN 15 S. 779; ausführlich auch zu weiteren Problemen: MK-Koch FKVO Einl. A RN 19ff.

[56] Monopolkommission, Konzeption einer europäischen Fusionskontrolle, 17. Sondergutachten S. 40; MK-Koch FKVO Einl. A RN 23 .

[57] MK-Koch FKVO Einl. A RN 23.

[58] Loewenheim/Meessen/Riesenkampff- Simon FKVO Entstehungsgeschichte RN 5; MK- Körber FKVO Einl. A. RN 27ff.; Kerber S. 6; Veelken/Karl/Richter-Veelken S. 5; Immenga/Mestmäcker FKVO Einleitung VII. A, S. 779; Kronast S. 15; Langen/Bunte-Löffler 9. Auflage FKVO Vorb. RN 10.

[59] Krimphove S. 215; Immenga/Mestmäcker FKVO Einleitung VII. A RN 15 S. 779; Langen/Bunte-Löffler 9.Auflage FKVO Vorb. RN 10; für die Vorbehalte der

nachdem ein Kompromiss über die Schwellenwerte des Art. 1 Abs. 2 gefunden wurde.[60] Am 21.12.1989 wurde die FKVO a. F. dann einstimmig verabschiedet und trat am 21.09.1990 in Kraft.

4. Novelle der FKVO a. F. von 1997

Die FKVO a. F. enthielt in ihrer ursprünglichen Fassung als Teil einer Kompromisslösung in Art. 1 Abs. 3 und Art. 9 Abs. 10 Revisionsklauseln, welche eine Überprüfung der Schwellenwerte und Verweisungsregelungen nach Ablauf des vierten Jahres nach Erlass vorsahen. Die Kommission sprach sich 1993 in ihrem Bericht an den Rat für die Absenkung der Schwellenwerte des Art. 1 Abs. 2 aus.[61] Jedoch war aus ihrer Sicht auf Grund des damit einhergehenden Kompetenzverlusts für die Mitgliedsstaaten eine Mehrheit nicht realistisch, weswegen die Kommission empfahl, die Ausarbeitung eines Änderungsvorschlags auf 1996 zu verschieben.[62] Die Revision wurde dann 1996 förmlich mit dem Grünbuch der Kommission eingeleitet.[63] Darin wurde eine generelle Absenkung der Schwellwerte auf 2 Mrd. EUR Weltumsatz und 100 Mio. EUR vorgeschlagen.[64] Die Kommission konnte sich jedoch im Rat weder mit der Absenkung der Schwellenwerte noch mit dem ebenfalls vorgeschlagenen „Drei-Plus-System" durchsetzen.[65] Danach sollte die Zuständigkeit der Kommission für Zusammenschlüsse

---

Mitgliedsstaaten gegen den letzten Verordnungsentwurf vgl. Monopolkommission, Sondergutachten Ziff. 60 S. 46.

[60] Vgl. Teil B IV. 2. a.

[61] Bericht an den Rat über die ersten drei Jahre der Anwendung der Verordnung über Unternehmenszusammenschlüsse KOM (93) 385 endg. vom 28. 07. 1993.

[62] Loewenheim/Meessen/Riesenkampff-Simon 1. Auflage FKVO Entstehungsgeschichte RN 10.

[63] Grünbuch über die Revision der Fusionskontrollverordnung vom 31.01.1996, KOM (96) 19 endg. (im Folgenden Grünbuch 1996 zitiert).

[64] MK-Koch Einl. A RN 44; Loewenheim/Meessen/Riesenkampff-Simon FKVO 1. Auflage Einführung RN 11; Kogel. S. 63; Immenga/Mestmäcker-Immenga/Körber FKVO Einleitung RN 23, mit weiteren Ausführungen zu den Änderungen im Rahmen der Revision.

[65] MK-Koch Einl. A. RN 44; Immenga/Mestmäcker-Immenga/Körber FKVO Einleitung RN 23.

begründet werden, die in mindestens drei Mitgliedsstaaten angemeldet werden mussten (Mehrfachanmeldungen).[66] Stattdessen wurde zur Lösung der Mehrfachanmeldungen mit Art. 1 Abs. 3 eine neue Zuständigkeitsregelung mit niedrigen Schwellenwerten aufgenommen.[67] Die Änderungen der FKVO a. F. traten am 01.03.1998 in Kraft.[68]

5. Zusammenfassung und Bewertung

Bedingt durch die steigende Anzahl von grenzüberschreitenden Zusammenschlüssen begann in den 1960er Jahren des vergangenen Jahrhunderts in der Europäischen Union ein Bewusstsein für die Notwendigkeit der Kontrolle von Zusammenschlüssen. Trotz der unzureichenden Kontrolle durch die vereinzelt vorhandenen nationalen Fusionskontrollsysteme oder durch die Wettbewerbsvorschriften des AEUV (EGV; EWG-Vertrag) dauerte es von dem ersten Verordnungsvorschlag bis zum tatsächlichen Inkrafttreten der FKVO a. F. 17 Jahre. Eine der wesentlichen Ursachen für diese lange Entwicklung war der Streit um den Anwendungsbereich der FKVO a. F. und der damit einhergehende Kompetenzverlust der einzelnen Mitgliedsstaaten. Letztlich konnte die FKVO a. F. nur durch einen politischen Kompromiss über die Zuständigkeitskriterien verabschiedet werden. Der Streit um den Anwendungsbereich wurde dann bei der Revision der FKVO a. F. 1996 fortgesetzt. Die Kommission konnte sich mit ihren Zielen auf Grund der entgegenstehenden Interessen der Mitgliedsstaaten nicht durchsetzen. Das Ergebnis der Revision war einmal mehr eine Kompromisslösung. Die historische Entwicklung der FKVO a. F. verdeutlicht, dass bei der Bestimmung ihres Anwendungsbereichs die nationalen Interessen einzelner

---

[66] Vgl. für das Problem der Mehrfachanmeldungen ausführlich IV. 2. b. und für das „Drei-Plus-System“ Abschnitt VI. 1.

[67] Vgl. Teil B IV. 3. a.

[68] Verordnung Nr. 1310/97 des Rates vom 30.06.1997 zur Änderung der Verordnung 4064/89 des Rates über die Kontrolle von Unternehmenszusammenschlüssen ABl. L vom 09.07.1997 S. 1ff.; vgl. zur Novellierung: Baron WuW 1997, 579ff.; Niewiarra EWS 1998 S. 113 ff.; Hirsbrunner EuZW 1998 S. 69 ff.

Mitgliedsstaaten die eigentlichen Hürden sind. Mit der zunehmenden ökonomischen und politischen Bedeutung von Zusammenschlussvorhaben sind auch die Interessen der nationalen Mitgliedsstaaten am Erhalt ihrer Kompetenzen und damit auch die Schwierigkeiten bei der Bestimmung einer optimalen Zuständigkeitsverteilung gewachsen.

II. Subsidiaritätsprinzip

Das Subsidiaritätsprinzip als Kompetenzsausübungsregel nach Art. 5 Abs. 3 Vertrag über die Europäische Union (EUV)[69] stellt ein wesentliches Kriterium für die Kompetenzverteilung zwischen der Europäischen Union und den Mitgliedsstaaten dar. Nach dem Erwägungsgrund 8 FKVO sollen bedeutsame Zusammenschlüsse, deren Auswirkungen auf den Markt die Grenzen eines Mitgliedsstaates überschreiten, im Einklang mit dem Subsidiaritätsprinzip, ausschließlich auf der Unionsebene geprüft werden. Zudem sollen bei der Anwendung der FKVO sämtliche praktische Aspekte dieses Grundsatzes Berücksichtigung finden, insbesondere welche Behörde für die Überprüfung des Zusammenschlusses geeigneter ist.[70] Als Maßstab für die Zuständigkeitsverteilung zwischen der Europäischen Union und den Mitgliedsstaaten betrifft das Subsidiaritätsprinzip die Arbeit in ihrem Kern.[71] Daher soll zunächst in einem allgemeinen Teil das

---

[69] Vertrag über die Europäische Union vom 7. Februar 1992 (BGBl. 1992 II. S. 1251) zuletzt geändert durch den Vertrag über den Beitritt der Republik Bulgarien und Rumäniens zur Europäischen Union vom 25. April 2005 (BGBl. 2006, II, S. 1146) nach der Änderung durch den Vertrag von Lissabon vom 13.12.2007, ABl. Nr. C 306/1 vom 17.12.2007.

[70] Vgl. etwa Erwägungsgrund 14 FKVO; Mitteilung der Kommission über die Verweisung von Fusionssachen (2005/C 56/ 02; ABl. C 52/02) RN 8 (im Folgenden Mitteilung Verweisungsregime zitiert).

[71] Vgl. weiterführend für das Subsidiaritätsprinzip: Borchmann EuZW 1996 S. 641ff.; Bleckmann DVBl. 1992 S. 335ff.; Heintzen JZ 1991 S. 317ff.; Hirsch 1995 S 6ff.; Jarass EuGRZ 1994 S. 209ff.; Jung S. 167ff.; Kamburoglu WuW 1993, S. 272ff.; Konow DÖV 1993 S. 405ff.; Krimphove S. 387ff.; Lambers EuR 1993, S. 231ff.; Lechler S. 43ff.; Merten S. 77ff.; Möschel NJW 1993, S. 3025ff.; Möschel NJW 1995 S. 281ff.; Pernice DVBl. 1993 S. 909ff.; Pieper S. 139ff.: Pieper DVBl. 1993 S. 705ff.;

Subsidiaritätsprinzip und seine Anwendbarkeit auf die FKVO aufgezeigt und diskutiert werden.[72]

1. Allgemeines zum Subsidiaritätsprinzip

Auf Grund seiner hervorragenden Stellung findet sich das Subsidiaritätsprinzip nach dem Inkrafttreten des Lissabonner Vertrags in Art. 5 Abs. 3 EUV.[73] Danach sollen die europäischen Behörden nur dann tätig werden, sofern und soweit die Ziele der in Betracht gezogenen Maßnahmen von den Mitgliedsstaaten weder auf zentraler noch auf regionaler oder lokaler Ebene ausreichend erreicht werden können und daher wegen ihres Umfangs oder ihrer Wirkungen besser auf Unionsebene erreicht werden können. Hinter diesem Prinzip steht der Gedanke, einem drohenden europäischen Zentralismus entgegenzuwirken, die Entscheidungsprozesse in der Europäischen Union stärker zu regionalisieren und Entscheidungen möglichst bürgernah zu treffen.[74] Vor diesem Hintergrund trägt jedes Organ für die Einhaltung des Subsidiaritätsprinzips Sorge.[75]

Pipkorn EuZW 1992 S. 697ff.; Schmidhuber DVBl. 1993 S. 417ff.; Schmidhuber/Hitzler NVwZ 1992, S. 720ff.; Schweizer/Fixson Jura 1992 S. 579ff.; Staufenberg/Langenfeld ZRP 1992 S. 252ff.; Steindorff S. 61ff.; Stewing S. 104ff.; Stewing DVBl. 1992 S. 1516ff.; Stein S. 23ff.; Winter EuR 1996 S. 247, 164ff.; Wolf 1997 S. 1ff.; Wolf/Fink WuW 1994 S. 289ff.

[72] Die Auswirkungen des Subsidiaritätsprinzips auf die Wettbewerbspolitik und das Wettbewerbsrecht wird vorliegend nicht berücksichtig. Zur Auswirkungen des Subsidiaritätsprinzips auf die Wettbewerbspolitik vgl.: Groger/Janicki WuW 1992 S. 991, 993 ff.; Jung S. 178 ff.; Kamburoglu WuW 1993, S. 273 ff; Mestmäcker in Gerken S. 191 ff.; Möschel NJW 1995, 281 ff.; Schlecht in FS für Mestmäcker S. 747 ff.; Ruppelt in FS für Lieberknecht S. 515 ff.; Steindorff ZHR 1998 S. 290 ff.; Wolf EuZW 1994, S. 233 ff; Wolf 1997, S. 1 ff..

[73] Zuvor war das Subsidiaritätsprinzip geregelt in Art. 2 EUV a. F. und Art. 5 Abs. 2 EGV vgl. hierzu: Lenz-Langguth 4. Auflage Art. 5 RN 23; Streinz- Streinz Art. 5 RN 30.

[74] Koenig/Haratsch RN 67; Calliess S. 31f.; Moersch S. 228.

[75] Art. 1 des Protokoll (Nr. 2) über die Anwendung der Grundsätze der Subsidiarität und der Verhältnismäßigkeit (im Folgenden Subsidiaritätsprotokoll zitiert); vgl. ausführlich Lenz-Langguth 5. Auflage Art. 5 RN 9.

a. Entwicklung in der Europäischen Union

Der Ursprung des Subsidiaritätsprinzips findet sich in der katholischen Soziallehre und wurde in der Enzyklika „Quadragesimo Anno“ im Jahr 1931 formuliert.[76] In der Europäischen Union taucht der Begriff der Subsidiarität bereits im Tindemans-Report[77] aus dem Jahre 1976 auf und fand bereits im Jahre 1984 durch das Europäische Parlament Eingang in einen Vertragsentwurf für die Europäische Gemeinschaft, welcher jedoch nie umgesetzt wurde.[78] Diese Entwicklung führte 1986 zur Verabschiedung der Einheitlichen Europäischen Akte[79], in welcher das Subsidiaritätsprinzip im Rahmen der Umweltpolitik, in der Gestalt des Art. 130 r IV 1 EWGV, festgelegt wurde.[80] Auf Grund der Befürchtungen von Großbritannien und Deutschland von einer allgemein zuständigen Europäischen Union und den damit verbundenen Kompetenzverlusten der Mitgliedsstaaten, kam es im Rahmen der Verhandlungen zum Vertrag von Maastricht zu einer verschärften Debatte über Zentralismus beziehungsweise Dezentralismus.[81] Dies hatte zur Folge, dass durch den Vertrag von Maastricht über die Europäische Gemeinschaft vom 07.02.1992[82] das Subsidiaritätsprinzip als Generalklausel in den Art. 3 b Abs. 2 EWG-Vertrag (der spätere Art.

---

[76] Constantinesco EuZW 1991 S. 561; Schweizer/Fixon Jura 1992 S. 579; Röhling S. 64 vgl. ausführlich zur Entstehungsgeschichte des Subsidiaritätsprinzips Jung S.167ff.; Isensee, Subsidiarität und Verfassungsrecht; Pieper Subsidiarität S. 27ff; Moersch S. 23ff.; Röhling S. 64ff.; Calliess S. 28 ff.; Schweitzer/Fixon Jura 1992 S. 579ff.

[77] Tindemanns, European Union, Bulletin of the European Communities Suppl. 1/76, S. 33.

[78] Calliess S. 40; Schweitzer/Fixon Jura 1992 S. 579f.; Seitz S. 213.

[79] Einheitliche Europäische Akte (EEA), ABl. 1987 Nr. L 169 S. 1ff.

[80] Constantinesco S. 562; Schweitzer/Fixon Jura 1992 S. 580; Röhling S. 65; ob durch die Regelung des Art. 130 r Abs. IV EWGV das Subsidiaritätsprinzip ausgedrückt wird, ist umstritten vgl. ausführlich zu Streit Calliess S. 42ff.; Moersch S. 242 ff.

[81] Röhling S. 66; Pieper S. 20; Schima S. 51ff.; Constantinesco EuZW 1991; Calliess S. 56, der die Stellungen der beiden Mitgliedsstaaten ausführt.

[82] Vertrag über die Europäische Union vom 07.02.1992 (BGBl. II 1992 S. 1253ff.).

5 Abs. 2 EGV und jetzige Art. 5 Abs. 2 EUV) eingefügt wurde.[83] Diese Regelung ist in ihrer Ausformung als eine Kompetenzausübungsregel zu verstehen.[84] Mit dem Ziele, das Subsidiaritätsprinzip durch Präzisierung und Konkretisierung als Rechtsgrundsatz praktikabel zu machen, wurde zunächst Anfang November 1992, nach Aufforderung durch den Europäischen Rat, von der Kommission eine „Mitteilung über das Subsidiaritätsprinzip“ bekanntgegeben.[85] Im gleichen Jahr wurde das „Gesamtkonzept für die Anwendung des Subsidiaritätsprinzips“ des Europäischen Rates von Edinburgh vom 12.12.1992[86] und im darauf folgenden Jahr die interinstitutionelle Vereinbarung zwischen dem Europäischen Parlament, dem Rat und der Kommission vom 28.10.1993[87] entworfen.[88] Durch den Amsterdamer Vertrag vom 2. Oktober 1997 wurde schließlich das „Protokoll über die Anwendung der Grundsätze der Subsidiarität und der Verhältnismäßigkeit“ (im Folgenden Subsidiaritätsprotokoll vom 02.10.1997) dem EGV eingefügt.[89] Damit wurden die bislang rechtlich unverbindlichen Vorgaben von Edinburgh und die in der interinstitutionellen Vereinbarung

---

[83] Abgedruckt in ABl. 1992, Nr. C 191; durch den Vertrag von Amsterdam, wurde das Subsidiaritätsprinzip an weiteren Stellen in dem EG-Vertrag – und somit im Primärrecht – verankert (Abs. 11 der Präambel zu dem Vertrag über die Europäische Union (EUV), Art. B Abs. 2 EUV); vgl. zum Subsidiaritätsprinzip im Amsterdamer Vertrag Kenntner NJW 1998 S. 3871ff.; Streinz EuZW 1998 S. 137ff.; Hilf/Pache NJW 1998, S. 705ff..

[84] Groeben/Schwarze-Zuleeg Art. 5 EGV RN 26; Calliess/Ruffert-Calliess Art. 5 RN 2; Lenz-Langguth 5. Auflage Art. 5 RN 12.

[85] Das Subsidiaritätsprinzip – Mitteilung der Kommission an den Rat und das Europäische Parlament vom 27.11.1992; SEK (92) 1990 endg. - abgedruckt in Hrbek, Das Subsidiaritätsprinzip in der Europäischen Union – Bedeutung und Wirkung für ausgewählte Politikbereiche S. 119ff.

[86] Europäischer Rat von Edinburgh vom 12.12.1992, Schlussfolgerungen des Vorsitzes, Anlage I- Gesamtkonzept für die Anwendung des Subsidiaritätsprinzips und des Art. 3 b des Vertrags über die Europäische Union; abgedruckt bei Calliess S. 391ff.

[87] Interinstitutionelle Vereinbarung zwischen dem Europäischen Parlament, dem Rat und der Kommission über die Verfahren zur Anwendung des Subsidiaritätsprinzips vom 25. Oktober 1993 (EP-Dokument A3-0356/93); abgedruckt bei Calliess S. 397.

[88] Streinz-Streinz Art. 5 RN 31.

[89] ABl. 1997 Nr. C 340/105, ergänzt durch die Erklärung Nr. 43 ABl. 1997 Nr. C 340/140.

festgelegten Leitlinien im Primärrecht kodifiziert und haben damit Rechtscharakter erhalten.[90] Zwar begründet das in Art. 5 Abs. 3 EUV (zuvor in Art. 5 Abs. 2 EGV) juristisch präzisierte Subsidiaritätsprinzip eine rechtlich verbindliche Regel, dennoch ist zuletzt auch der EU-Konvent bei der Einarbeitung dieses Prinzips in einen Verfassungsentwurf der Europäischen Gemeinschaft offiziell zu der Auffassung gelangt, dass es sich bei dem Subsidiaritätsprinzip um ein im Wesentlichen politisches Prinzip handelt.[91]

b. Anwendbarkeit des Subsidiaritätsprinzips

Das Subsidiaritätsprinzip ist gemäß Art. 5 Abs. 3 EUV ausdrücklich auf Zuständigkeiten beschränkt, welche nicht in eine ausschließliche Unionskompetenz fallen. Diese eindeutig klingende Regelung erwies sich in der Vergangenheit als problematisch, weil der Begriff der „ausschließlichen Zuständigkeit" selbst im Unionsrecht nicht eindeutig war und deswegen zu Kontroversen führte.[92] Eine ausschließliche Zuständigkeit war nur dann gegeben, wenn die Mitgliedsstaaten unabhängig vom konkreten Tätigwerden der Europäischen Union nicht handlungsbefugt waren.[93] Dies musste durch Auslegung der jeweiligen Vorschrift ermittelt werden.[94] Mit dem Inkrafttreten des Lissabonner Vertrags ist eine klare Kompetenzabgrenzung erfolgt. Damit wurde der Notwendigkeit nachgekommen, eine bessere Abgrenzung der Zuständigkeiten zwischen der Europäischen Union und ihren

---

[90] Geiger Art. 5 RN 5; Streinz-Streinz Art. 5 RN 31; Groeben/Schwarze-Zuleeg Art. 5 RN 25.

[91] Europäischer Konvent, Bericht des Vorsitzenden der Gruppe I „Subsidiaritätsprinzip", Schlussfolgerung der Gruppe I, CONV 286/02 vom 23.09.2002 unter I. Ziff. 5.

[92] Jung S. 179; Calliess EuZW 1995 S. 693; Calliess S. 76; vgl. zur Frage ob es eine wirklich ausschließliche Zuständigkeit der Kommission gibt Oppermann RN 518; Jung S. 179; Calliess EuZW 1995 S. 693ff.; Moersch S. 284ff; ausführlich Calliess/Ruffert-Calliess Art. 5 EGV RN 20 ff..

[93] Calliess/Ruffert- Calliess Art. 5 EGV RN 27; Calliess EuZW 1995 S. 696.

[94] Calliess EuZW 1995 S. 696; Calliess S. 86; Schwartz AfP 1993, S. 413.

Mitgliedsstaaten zu regeln.[95] Während die bisherigen europäischen Verträge nur Kompetenzzuweisungen zugunsten der Europäischen Union kannten, ist man bereits in dem Verfassungsentwurf für die Europäische Union von dieser eindimensionalen Kompetenzzuweisung abgekehrt und hat eine duale Kompetenzzuweisung aufgegriffen.[96] Dieses System wurde durch den Vertrag von Lissabon weitgehend übernommen.[97] Die Zuständigkeit wird in dem Vertrag über die Arbeitsweise der Europäischen Union (AEUV) geregelt.[98] Unterschieden wird nunmehr zwischen der ausschließlichen Zuständigkeit der Europäischen Union (Art. 2 Abs. 1 und Art. 3 AEUV), der geteilten Zuständigkeit (Art. 2 Abs. 2 und Art. 4 AEUV) sowie zwischen den Unterstützungs-, Koordinierungs- und Ergänzungszuständigkeiten der Europäischen Union (Art. 2 Abs. 5 S. 1 und Art. 6 AEUV). Merkmal der ausschließlichen Zuständigkeit ist die Verpflichtung der Europäischen Union, als allein zuständige Instanz bei der Wahrnehmung bestimmter Aufgaben tätig zu werden, bei gleichzeitiger Unterlassungspflicht der Mitgliedsstaaten.[99]

c. Materielle Kriterien des Subsidiaritätsprinzips in Art. 5 Abs. 3 EUV

Die Abgrenzung der Zuständigkeiten zwischen der Europäischen Union und den Mitgliedsstaaten nach Art. 5 Abs. 3 EUV erfolgt in einer zweistufigen Prüfung.[100] Die Voraussetzungen müssen auf Grund der

---

[95] Oppermann DVBl 2003 S. 7; Vgl. Pernice JZ 2000, S. 866ff.; v. Bogdandy/Bast EuGRZ 2001, 441ff.; Hellmann S. 54 Vgl. für die Kompetenzzuweisung im Einzelnen Schröder JZ 2004, S. 9; Hellmann S. 55ff.; Streinz/Ohler/Herrmann S. 106ff.

[96] Schröder JZ 2004 S. 9.

[97] Hellman S. 54.

[98] ABl. 2007 C 306/195ff.; der Vertrag über die Europäische Union (EGV) wurde nach Maßgabe des Lissabonner Vertrages zum AEUV geändert.

[99] Lenz-Langguth 5. Auflage Art. 5 RN 26.

[100] Calliess S. 104; Borries EuR 1994 S. 263; Konow DÖV 1993 S. 408; Merten S. 81, 83; Jarass EuGRZ 1994 S. 210; Röhling S. 66.

Formulierung in Art. 5 Abs. 3 EUV kumulativ und kausal vorliegen.[101] Die Überprüfung muss dabei stets unter Berücksichtigung der mit den Maßnahmen verfolgten Ziele erfolgen, welche von den Unionsorganen zu benennen sind.[102] Die inhaltliche Ausgestaltung der beiden Kriterien wurde in der Vergangenheit durch verschiedene Initiativen der Unionsorgane konkretisiert. In der „Mitteilung über das Subsidiaritätsprinzip" entwickelte die Kommission ein zweistufiges materielles Prüfverfahren, wonach die Kommission bereits im Vorfeld einer geplanten Maßnahme die Voraussetzungen für eine Kompetenzausübung und die Zulässigkeit des unionsweiten Handelns prüfen soll.[103] Ergänzungen fand das Prüfverfahren durch das „Gesamtkonzept für die Anwendung des Subsidiaritätsprinzips" des Europäischen Rates von Edinburgh vom 12.12.1992 sowie durch die Interinstitutionelle Vereinbarung zwischen dem Europäischen Parlament, dem Rat und der Kommission. Die darin enthaltenen Vorkehrungen waren Bestandteil der Nr. 9 bis 12 des Subsidiaritätsprotokolls vom 02.10.1997 geworden.[104] Jedoch enthielt das Subsidiaritätsprotokoll vom 02.10.1997 keine Vorgaben zur materiellen Ausgestaltung, sondern lediglich Vorkehrungen, die eine verfahrensrechtliche Absicherung des Subsidiaritätsprinzips im Gesetzgebungsverfahren zum Ziel haben.[105] Dieses Protokoll ist heute in modifizierter Form als „Protokoll (Nr. 2)

---

[101] Lenz-Langguth 5. Auflage Art. 5 RN 20; so auch für die zuvor geltende Regelung des Art. 5 Abs. 2 EGV Vgl. für die h.M. Pieper S. 254; Calliess S. 106 ff; Röhling S. 66; Schweitzer/Fixson Jura 1992, 579 ff.; Streinz- Streinz Art. 5 EGV RN 36; Schmidhuber/Hitzler NVwZ 1992, 722; vgl. auch Nr. 5 des Subsidiaritätsprotokolls vom 02.10.1997; vgl. zum Streitstand, ob dem Negativkriterium im Verhältnis zum Positivkriterium eine eigenständige Bedeutung zukommt Calliess/Ruffert-Calliess Art. 5 RN 39ff.; Calliess S. 108ff.

[102] Lenz-Langguth 5. Auflage Art. 5 EGV RN 21; Groeben/Schwarze- Zuleeg Art. 5 EGV RN 27.

[103] Zur Ausgestaltung des zweistufigen materiellen Prüfverfahrens vgl. Röhling S. 67.

[104] Geiger Art. 3 RN 10; Röhling S. 68.

[105] Röhling S. 68. Daneben wurde auch in der Literatur (Calliess S. 271 ff; Schwartz AfP 1993 S. 416) und auch durch die Bundesregierung (Bundesregierung, Verfahrensgrundsätze für die Subsidiaritätsprüfung durch die Bundesressorts vom 10.12.1993, Entwurf „Prüfraster" abgedruckt bei Calliess S. 403ff.; vgl. hierzu Calliess S. 106f.) Versuche unternommen, das Subsidiaritätsprinzip zu konkretisieren.

Über die Anwendung der Grundsätze der Subsidiarität und der Verhältnismäßigkeit" ein Anhang des AEUV. Gleichzeitig wurde der Verfassung als Anhang ein Protokoll beigefügt, welches die Detailregelung zur Subsidiarität behandelt und sich inhaltlich an das derzeitige Protokoll über die Anwendung der Grundsätze der Subsidiarität und der Verhältnismäßigkeit anlehnt.[106] Die Neufassung bringt zahlreiche Neuerungen und Präzisierungen.[107]

aa. Negativkriterium

Das so genannte Negativkriterium[108] setzt für ein Tätigwerden der Union zunächst voraus, dass „die Ziele der in Betracht kommenden Maßnahmen von den Mitgliedsstaaten weder auf zentraler noch auf regionaler oder lokaler Ebene ausreichend verwirklicht werden können". Hierfür ist es entscheidend, dass die Mitgliedsstaaten auf Grund ihres begrenzten Zugriffs nicht in der Lage sind, die entsprechenden Ziele zu realisieren.[109] Nicht ausreichend ist, dass lediglich einzelne Mitgliedsstaaten überfordert sind, sondern dass die Ziele von allen Mitgliedsstaaten nicht erfüllt werden können.[110] Insbesondere ist von Bedeutung, ob die angestrebten Maßnahmen transnationale Aspekte haben, die durch die Mitgliedsstaaten nicht zufriedenstellend geregelt werden können.[111]

---

[106] Anhang zum Entwurf der EU-Verfassung (vgl. FN 38): Protokoll über die Anwendung der Grundsätze der Subsidiarität und der Verhältnismäßigkeit.

[107] Vgl. im Einzelnen Lenz-Langguth Art. 5 RN 9ff.

[108] Die Verwendung dieser Terminologie erfolgt durch Calliess und Röhling. Die Bezeichnung des Kriteriums ist nicht einheitlich, so finden sich daneben der Begriff „Effizienztest" (Lenz-Langguth 5. Auflage Art. 5 EUV RN 30).

[109] Jarass EuGRZ 1994 S. 210; Pieper S. 254; Streinz- Streinz Art. 5 EGV RN 38; vgl. ausführlich zur Prüfung des Negativkriteriums Lenz-Langguth 5. Auflage Art. 5 EUV RN 30; Groeben/Schwarze- Zuleeg Art. 5 EGV RN 28 ff..

[110] Lenz-Langguth 5. Auflage Art. 5 EUV RN 32; Streinz- Streinz Art. 5 EGV RN 38.

[111] Geiger Art. 5 RN 9; Calliess/Ruffert-Calliess § 5 RN 41; Calliess S. 106; Groeben/Schwarze-Zuleeg Art. 5 RN 28; Lenz-Langguth 5. Auflage Art. 5 EUV RN 34.

bb. Positivkriterium

In einer zweiten Prüfung muss nach dem Positivkriterium[112] festgestellt werden, ob die Ziele der in Betracht kommenden Maßnahmen „wegen ihres Umfangs oder ihrer Wirkung besser auf Unionsebene erreicht werden können".[113] Nach dem Gesamtkonzept des Europäischen Rates von Edinburgh und des Subsidiaritätsprotokolls vom 02.10.1997 musste der Nachweis erbracht werden, dass Maßnahmen auf Unionsebene auf Grund ihrer Größenordnung oder ihrer Auswirkung deutliche Vorteile bringen würden.[114] Auf Grund des Begriffs „Umfang" ist dabei auf die Art, Größe und Schwere des jeweils zu lösenden Problems sowie auf die Frage, ob mehrere oder alle Mitgliedsstaaten spürbar von ihm betroffen sind, abzustellen.[115] Letztlich ist ein wertender Vergleich zwischen zusätzlichem Integrationsgewinn und mitgliedsstaatlichem Kompetenzverlust vorzunehmen, welcher sich aus dem Begriff „besser" ergibt.[116] Die Feststellung, dass ein Ziel besser auf Unionsebene erreicht werden kann, muss auf qualitativen und – soweit möglich – auf quantitativen Kriterien beruhen.[117] Die Zuständigkeit der Europäischen Union kann jedoch nicht aus reinen Effektivitätserwägungen begründet werden.[118]

---

[112] Der Begriff des Positivkriteriums wird in der Literatur nicht einheitlich angewandt. Daneben findet sich beispielsweise der Begriff „Mehrwerttest" (Lenz-Langguth 5. Auflage Art. 5 EUV RN 35).

[113] Vgl. zur Prüfung des zweiten Kriteriums ausführlich Calliess/Ruffert-Calliess Art. 5 RN 47ff.

[114] Nr. 4 und 5 des Subsidiaritätsprotokolls vom 02.10.1997; Gesamtkonzept des Europäischen Rates von Edinburgh Anlage I, Leitlinien Absatz 2 ii); Calliess/Ruffert-Calliess Art. 5 RN 42; Geiger Art. 5 RN 9.

[115] Lenz-Langguth 4. Auflage Art. 5 EGV RN 35; Schmidhuber DVBl 1993 S. 418 ff.; Calliess/Ruffert-Calliess Art 5 RN 49.

[116] Calliess/Ruffert-Calliess Art. 5 RN 49.

[117] Art. 5 Subsidiaritätsprotokoll; Gesamtkonzept des Europäischen Rates von Edinburgh Anlage I, Leitlinien V); Calliess S. 112;

[118] Lenz-Langguth 5. Auflage Art. 5 EUV RN 35.

d. Nachprüfung und juristische Kontrolle der Maßnahmen im Hinblick auf das Subsidiaritätsprinzip

Eine wesentliche Garantie für die effektive Umsetzung des Subsidiaritätsprinzips kann neben der gegenseitigen Kontrolle von Kommission, Rat und Parlament in der Gegenkontrolle durch den Gerichtshof liegen.[119] Obwohl im Gesamtkonzept des Europäischen Rates vom 12.12.1992 davon ausgegangen wurde, dass die Auslegung des Subsidiaritätsprinzips und die Überprüfung der Einhaltung dieses Prinzips durch die Unionsorgane durch den Gerichtshof möglich seien,[120] ist bis heute umstritten, inwieweit oder ob überhaupt eine gerichtliche Kontrolle des Subsidiaritätsprinzips möglich ist.[121] Auch das Subsidiaritätsprotokoll gibt hierüber keine Klarheit. Es wird lediglich in Art. 9 Subsidiaritätsprotokoll erklärt, dass der Gerichtshof der Europäischen Union für Klagen wegen Verstoßes eines Gesetzgebungsakts gegen das Subsidiaritätsprinzip zuständig ist.

Die Frage der Justiziabilität stellt sich, obwohl die formale Einordnung des Subsidiaritätsprinzips als verbindlicher Grundsatz des Unionsrechts heute unbestritten ist.[122] Ein Teil der Literatur vertritt unter Hinweis auf die Unbestimmtheit des Subsidiaritätsprinzips die Auffassung, dass sie lediglich eine abstrakte politische Leitlinie sei und damit nur eine allgemeine Verfahrensregel darstelle, aus der keine präzisen, juristisch definierbaren Konsequenzen abzuleiten seien.[123] Da die Kontrolle von unbestimmten Rechtsbegriffen und Ermessenspielräumen dem Europäischen Gerichtshof keineswegs fremd ist, kann die Berufung auf

---

[119] Calliess/Ruffert-Calliess Art. 5 RN 69; Calliess S. 297

[120] Anlage 1 Grundprinzipien Ziff. 4 des Gesamtkonzepts des Europäischen Rates vom 12.12.1992 abgedruckt bei Calliess S. 391ff.

[121] Vgl. zur Frage der Justiziabilität des Subsidiaritätsprinzips ausführlich Calliess S. 297ff.; Röhling S. 69ff.; Moersch S. 303ff.; Calliess/Ruffert Art. 5 RN 69ff.

[122] Moersch S. 305, 327; Blanke in Hrbek S. 111; Röhling S. 84.

[123] Möschel NJW 1993 S. 3025ff.; Pieper S. 274; Hochbaum DÖV 1992 S. 292; Pipkorn EuZW 1992 S. 700; Stauffenberg/Langenfeld ZRP 1992 S. 255ff. Schweitzer/Fixson Jura 1992 S. 582; Konow DÖV 1993 S. 411; Bieber in Evers S. 165f.; Constantinesco S. 173; Frowein in FS für Lerche S. 406ff.; Jachtenfuchs EA 1992 S. 282; Wimmer/Mederer ÖJZ 1991 S. 589; Hrbek in FS für Börner S. 138.

die Unbestimmtheit des Subsidiaritätsprinzips als Begründung gegen die gerichtliche Überprüfbarkeit nicht überzeugen.[124]

Demgegenüber vertritt der überwiegende Teil der Literatur die Ansicht, dass das Subsidiaritätsprinzip zumindest eingeschränkt durch die Gerichte überprüft werden kann.[125] Aus den bisherigen Entscheidungen des Europäischen Gerichtshofs ergibt sich, dass der Gerichtshof von einer sehr eingeschränkten Justiziabilität des Subsidiaritätsprinzips ausgeht.[126] Die dem Subsidiaritätsprinzip unterliegenden Ermessensentscheidungen können nur dahingehend geprüft werden, „ob ein offensichtlicher Irrtum oder ein Ermessensmissbrauch vorliegt oder ob das Organ die Grenzen seines Ermessens offenkundig überschritten hat".[127] Der EuGH prüft zunächst, ob die ausschließliche Zuständigkeit der Europäischen Union vorliegt und somit das Subsidiaritätsprinzip anwendbar ist. In einem weiteren Schritt prüft der EuGH, ob die formelle Rechtmäßigkeit der Maßnahme gegeben ist. Da die Unionsorgane gemäß Art. 296 AEUV (Art. 253 EGV) verpflichtet sind, ihre Rechtsakte – insbesondere unter Berücksichtigung der Kompetenzregel des Art. 5 Abs. 3 EUV zu begründen[128] – kann der EuGH oder das Gericht erster Instanz überprüfen, ob die Anforderungen der Begründung eingehalten wurden.[129] Letztlich erfolgt dann die Überprüfung, ob das Unionsorgan die Grenzen seines Ermessens offenkundig überschritten hat. Durch

---

[124] So Moersch S. 306 mit Hinweis auf die Entscheidung EuGH Slg. 1985, S. 3351ff. (3360).

[125] Calliess/Ruffert-Calliess Art. 5 RN 73 m.w.N.; Hirsch 1995 S. 12ff.; Schmidhuber DVBl. 1993 S. 420; Magiera in Schneider/Wessels S. 94; Uckrow S. 45f; Merten-Stein S. 26; Schmidhuber/Hitzler NVwZ 1992 S. 725; Schweitzer/Hummer RN 906; Pescatore in FS für Everling S. 1090; Groeben/Schwarze- Zuleeg Art. 5 EGV RN 35; Lenz-Langguth 4. Auflage Art. 5 EGV RN 38ff. m.w.N.; Blanke in Hrbek S. 95.

[126] Vgl. EuGH „Vereinigtes Königreich/Rat" vom 12.11.1996, Rs. C-84/94 (FN. 22), RN 57 ff; EuGH „Deutschland/Parlament und Rat" vom 13.05.1997 Rs. C-233/94 (FN 52), RN 54ff. und 65ff.; vgl. ausführlich zur Entscheidungspraxis des EuGH Röhling S. 72ff.

[127] EuGH „Vereinigtes Königreich/Rat" vom 12.11.1996, C- 84/94, RN 57; Röhling S. 73; Calliess/Ruffert-Calliess Art. 5 RN 70.

[128] Subsidiaritätsprotokoll Nr. 9 2. Spiegelstrich; Jarass EuGRZ 1994 S. 212 f. Pieper S. 273.

[129] Groeben/Schwarze-Zuleeg Art. 5 EGV RN 35.

diese Überprüfung wird zumindest die Gefahr der Willkür durch den Unionsgesetzgeber minimiert.[130] Eine weitergehende Überprüfung durch den EuGH würde diesen unweigerlich dazu zwingen, Fragen von eher politischer Natur zu beantworten.[131]

Nach dem Inkrafttreten des Lissabonner Vertrags kann nunmehr ein Mitgliedsstaat im Namen seines Parlaments oder einer Kammer dieses Parlaments eine Klage wegen Verstoßes gegen das Subsidiaritätsprinzip an den EuGH übermitteln. Damit wird der Tatsache Rechnung getragen, dass gemäß Art. 5 Abs. 3 EUV auch den nationalen Parlamenten die Beachtung des Subsidiaritätsprinzips zur Aufgabe gemacht ist. Allerdings kann von dem Klagerecht nur Gebrauch gemacht werden, wenn nationale Regelungen bestehen, die eine Prozessführung im Namen der Parlamente ermöglichen.[132] Eine weitere Innovation besteht darin, dass Klagen auch vom Ausschuss der Regionen in Bezug auf die Rechtsakte, zu denen er konsultiert wurde, erhoben werden können.[133] Dieser Ausschuss stellt eine beratende Institution dar und vertritt auf europäischer Ebene alle regionalen und lokalen Gebietskörperschaften der Europäischen Union. Er versteht sich als „Hüter" des Subsidiaritätsprinzips.[134]

Für Klagen wegen eines Verstoßes gegen das Subsidiaritätsprinzip ist der Gerichtshof auf Antrag eines Mitgliedsstaates zuständig.[135] Da jedoch die Kontrolle des Subsidiaritätsprinzips durch den Europäischen Gerichtshof erst nach dem Inkrafttreten eines Rechtsaktes und in einem langwierigen Verfahren möglich ist, wurde in der Literatur die Schaffung

---

[130] Vgl. zum Umfang der gerichtlichen Kontrolle mit Blick auf die Einhaltung des Subsidiaritätsprinzip, Hirsch 1995 S. 12; Calliess/Ruffert-Calliess § 5 RN 74ff.

[131] Röhling S. 84; Calliess/Ruffert-Calliess Art. 5 RN 76, der von einer inhaltlich intensivierten, mindestens aber einer Vertretbarkeitskontrolle des EuGH ausgeht.

[132] Die Mitgliedsstaaten legen auch die Bedingungen fest. Für die Bundesrepublik ergeben sich diese aus § 7 des Gesetzes über die Zusammenarbeit für Bund und Ländern in Angelegenheiten der Europäischen Union. Danach besteht eine grundsätzliche Verpflichtung zur Klageerhebung auf Wunsch des Bundesrats, jedoch unter Wahrung der gesamtstaatlichen Verantwortung.

[133] Art. 8 Unterabs. 2 Subsidiaritätsprotokoll; Schlussfolgerungen der Gruppe I „Subsidiaritätsprinzip" CONV 286/02 vom 23.09.2002 Teil II c.

[134] Schröder JZ 2004 S. 12; Calliess/Ruffert-Calliess Art. 5 RN 73.

[135] Art. 8 Subsidiaritätsprotokoll.

einer „Kompetenzregelungsinstanz" gefordert.[136] Durch diese Einrichtung könnte bereits während des europäischen Gesetzgebungsverfahrens eine Kontrolle der Kompetenzausübung durch den Unionsgesetzgeber gewährleistet werden. Auf Grund von Befürchtungen, dass die Beschlussfassung der Organe erschwert würden, wurde eine mit der Überwachung des Subsidiaritätsprinzips betraute Ad-hoc-Instanz von der Konventsarbeitsgruppe „Subsidiarität" nicht befürwortet und folglich auch nicht in dem Verfassungsentwurf aufgenommen.[137]

e. Neuerungen des Subsidiaritätsprinzips durch den Vertrag von Lissabon

Zur Gewährleistung der Bürgernähe bei Entscheidungen der Europäischen Union sollte das Subsidiaritätsprinzip in eine Verfassung für Europa Eingang finden und gleichzeitig ein System zur Kontrolle der Anwendung dieses Grundsatzes durch die Organe geschaffen werden.[138] Diese Bemühungen wurden durch den Vertrag von Lissabon weiterverfolgt und umgesetzt. Insbesondere ist die Berücksichtigung und Anwendung des Subsidiaritätsprinzips durch die am Rechtsetzungsprozess beteiligten Organe während der Erarbeitung und Unterbreitung eines Rechtsaktes verbessert worden.[139] Hierzu sind folgende Änderungen des Subsidiaritätsprinzips eingeführt worden.

aa. Anhörung als Regelpflicht

Gemäß Art. 2 Subsidiaritätsprotokoll wird die Anhörung zu einer Regelpflicht der Kommission unter ausdrücklicher Einbeziehung der regionalen und lokalen Dimension verschärft. Damit einhergehend wird

---

[136] Oppermann DVBl 2003 S. 8.

[137] Schlussfolgerungen der Gruppe I „Subsidiaritätsprinzip" CONV 286/02 vom 23.09.2002 Teil I Ziff. 2.

[138] Vgl. ausführlich zum Subsidiaritätsprinzip im Verfassungsentwurf Schröder JZ 2004 S. 8ff.

[139] Schlussfolgerungen der Gruppe I „Subsidiaritätsprinzip" CONV 286/02 vom 23.09.2002 Teil II a.

durch Art. 4 Subsidiaritätsprotokoll auch eine Verbesserung des Informationsflusses geregelt, wonach alle Vorschläge für Rechtsakte den einzelstaatlichen Parlamenten zum gleichen Zeitpunkt wie dem Unionsgesetzgeber (Parlament und Rat) übermittelt werden. Für den Fall, dass die Kommission vor Vorlage eines Gesetzgebungsverfahrens dem nicht nachkommen würde, dürfte ein wesentlicher Verfahrensfehler vorliegen, der die Nichtigkeit des späteren Gesetzgebungsakts zur Folge hätte.[140]

bb. Begründung von Gesetzesvorschlägen

Gemäß Art. 5 Subsidiaritätsprotokoll soll die Kommission zur Begründung des Gesetzgebungsvorschlags im Hinblick auf das Subsidiaritätsprinzip verpflichtet werden. Bei der Abfassung ihrer Vorschläge für einen Rechtsakt soll die Kommission besondere und striktere Begründungspflichten in Bezug auf die Subsidiarität einhalten.[141] Dazu soll jeder Entwurf eines Gesetzgebungsakts einen Vermerk mit detaillierten Angaben enthalten, wodurch eine Beurteilung erfolgen kann, ob die Anforderungen des Subsidiaritätsprinzips eingehalten werden. Insbesondere muss die Feststellung, dass ein Ziel der Europäischen Union besser auf Unionsebene erreicht werden kann, auf qualitativen und – soweit möglich – auf quantitativen Kriterien beruhen. Unter Berücksichtigung der geringen Anforderungen, die der EuGH bislang an die Begründung stellt,[142] wird sich im Falle des Inkrafttretens zeigen, ob diese erweiterten Begründungspflichten auf die gerichtliche Kontrolle Auswirkungen haben werden.[143]

---

[140] Schröder JZ 2004 S. 11.

[141] Schlussfolgerungen der Gruppe I „Subsidiaritätsprinzip“ CONV 286/02 vom 23.09.2002 Teil II a.

[142] Vgl. von Bugandy/Bast EuGRZ 2001 S. 455.

[143] Schröder JZ 2004 S. 12.

cc. Frühwarnsystem „early warning system"

Ein neues Instrument stellt die präventive Kontrolle subsidiaritätsgerechter Kompetenzausübung dar. Durch die Einschaltung der einzelstaatlichen Parlamente erfolgt eine politische „ex ante" Kontrolle des Subsidiaritätsprinzips in Gestalt eines „Frühwarnsystems".[144] Danach soll die Einhaltung des Subsidiaritätsprinzips dadurch gewährleistet werden, dass die nationalen Parlamente binnen acht Wochen nach dem Zeitpunkt der Übermittlung eines Entwurfs des Gesetzgebungsakts eine eigene Stellungnahme vorlegen können, weshalb der Entwurf mit dem Subsidiaritätsprinzip nicht vereinbar ist.[145] Erreicht die Anzahl dieser begründeten Stellungnahmen ein Drittel der den nationalen Parlamenten zugewiesenen Stimmen, so muss der Entwurf überprüft werden.[146] Mit diesen Änderungen werden erstmals in der Geschichte des europäischen Aufbauwerks die einzelstaatlichen Parlamente in die Rechtsetzung auf europäischer Ebene einbezogen.[147] Diese Einbeziehung ist legitim, weil die Missachtung des Subsidiaritätsprinzips in den allermeisten Fällen zu Lasten mitgliedsstaatlicher Gesetzgebung geht und die nationalen Parlamente daher in besonderer Weise interessiert sind.[148] Gegebenenfalls kann dann auf die durch die nationalen Parlamente geäußerten Bedenken im weiteren Gesetzgebungsverfahren – durch Änderung des Vorschlags oder durch eine ausführlichere und präzisere Begründung des Subsidiaritätsprinzips – eingegangen werden. Die Einbeziehung der einzelstaatlichen Parlamente in die Kontrolle des Subsidiaritätsprinzips stellt zwar keine wirksame Möglichkeit zum Eingriff dar, jedoch kann sie als ein

---

[144] Schlussfolgerungen der Gruppe I „Subsidiaritätsprinzip" CONV 286/02 vom 23.09.2002 Teil I Ziff. 5 und 6.

[145] Art. 6 Subsidiaritätsprotokoll.

[146] Art. 7 Abs. 2 Subsidiaritätsprotokoll.

[147] Schlussfolgerungen der Gruppe I „Subsidiaritätsprinzip" CONV 286/02 vom 23.09.2002 Teil II b.

[148] Schröder JZ 2004 S. 12.

bedeutsames politisches Signal für die Organe der Europäischen Union verstanden werden.

f. Zusammenfassung

Mit der Einführung des Subsidiaritätsprinzips in das Primärrecht der Europäischen Union wurde das Ziel verfolgt, die Kompetenzverteilung zwischen der Europäischen Union und den einzelnen Mitgliedsstaaten zu regeln. Hintergrund hierfür waren Befürchtungen einiger Mitgliedsstaaten von einer überall zuständigen Europäischen Union und vor den damit einhergehenden Kompetenzverlusten für diese.
Die Anwendung des Subsidiaritätsprinzips setzt voraus, dass die beabsichtigte Tätigkeit nicht dem Bereich der ausschließlichen Unionszuständigkeit unterliegt. Wird die Anwendbarkeit bejaht, soll gemäß Art. 5 Abs. 3 EUV die Europäischen Union nur dann tätig werden, sofern und soweit die Ziele der in Betracht gezogenen Maßnahmen von den Mitgliedsstaaten weder auf zentraler noch auf regionaler oder lokaler Ebene ausreichend erreicht werden können und daher wegen ihres Umfangs oder ihrer Wirkungen besser auf Unionsebene erreicht werden können. Für den ersten Teil dieser Definition, das so genannte Negativkriterium, ist entscheidend, dass die Mitgliedsstaaten auf Grund ihres begrenzten Zugriffs nicht in der Lage sind, die entsprechenden Ziele zu realisieren. Für den zweiten Teil, das so genannte Positivkriterium, muss dann festgestellt werden, dass die Maßnahmen auf der Unionsebene auf Grund ihres Umfangs oder ihrer Wirkung deutliche Vorteile bringen würden. Regelmäßig wird beim Vorliegen des ersten Kriteriums auch das zweite vorliegen.
Obwohl die formale Einordnung des Subsidiaritätsprinzips als verbindlicher Grundsatz des Unionsrechts heute unbestritten ist, wird die Frage der Justiziabilität kontrovers diskutiert. Der europäische Gerichtshof geht in seiner Praxis von einer sehr eingeschränkten Justiziabilität des Subsidiaritätsprinzips aus. Eine Überprüfung findet nur dahingehend statt, ob ein offensichtlicher Irrtum oder ein Ermessensmissbrauch vorliegt oder ob das Organ die Grenzen seines Ermessens offenkundig überschritten hat. Damit wird zumindest die

Gefahr der Willkür durch den Unionsgesetzgeber minimiert. Dagegen würde eine weitergehende Überprüfung durch den EuGH diesen unweigerlich dazu zwingen, Fragen von eher politischer Natur zu beantworten. Auf Grund der eingeschränkten Justiziabilität ist das Subsidiaritätsprinzip eher als ein politisches Prinzip mit weitreichenden Wirkungen einzuordnen. Durch das Inkrafttreten des Lissabonner Vertrags hat sich jedoch die Stellung des Subsidiaritätsprinzips, insbesondere auf Grund der Vorkehrungen zu seiner Einhaltung und Durchsetzung, erheblich verstärkt.

2. Anwendbarkeit des Subsidiaritätsprinzips auf die FKVO

Das Subsidiaritätsprinzip kann zur Bewertung der Zuständigkeitsregelungen im Rahmen der europäischen Fusionskontrolle nur dann herangezogen werden, wenn dieses überhaupt auf die FKVO anwendbar ist. Dabei muss zwischen der Gesetzgebung, der Fusionskontrolle und ihrer Durchführung durch die Kommission unterschieden werden.

a. Anwendung des Subsidiaritätsprinzips auf die Kodifikation der Fusionskontrollverordnung

Die Anwendbarkeit des Subsidiaritätsprinzips auf die Regelung der FKVO setzt zunächst voraus, dass keine ausschließliche gesetzgeberische Zuständigkeit der Kommission gegeben ist.

aa. Konkurrierende Zuständigkeit im Wettbewerbsrecht

Nach dem Inkrafttreten des Vertrages von Lissabon ist die Frage der ausschließlichen und konkurrierenden Zuständigkeit wie bereits erwähnt in den Art. 3 und 4 AEUV geregelt. Danach bestimmt Art. 3 AEUV (welcher Art. 3 Abs. 1 lit. b EGV nach dem Vertrag von Lissabon aufgehoben und im Wesentlichen ersetzt hat), das für die Festlegung der für das Funktionieren des Binnenmarkts erforderlichen Wettbewerbsregeln die Europäische Union ausschließlich zuständig ist.

Mit dieser ausschließlichen Zuständigkeit wäre klargestellt, dass die Rechtsetzungskompetenz im Kapitel über die Wettbewerbsregeln ausschließliche Zuständigkeiten darstellen.[149] Hieraus kann jedoch nicht der Schluss gezogen werden, dass für die Fusionskontrolle eine solche ausschließliche Zuständigkeit gegeben ist, die der Anwendung des Subsidiaritätsprinzips entgegenstehen würde. Merkmal der ausschließlichen Zuständigkeit ist die Verpflichtung der Europäischen Union, als allein zuständige Instanz bei der Wahrnehmung bestimmter Aufgaben tätig zu werden, bei gleichzeitiger Unterlassungspflicht für die Mitgliedsstaaten.[150] Nur eine Zuständigkeit, in deren Rahmen die EU-Gesetzgebung nicht nur möglich, sondern vielmehr zwingend ist, kann als ausschließliche Zuständigkeit bezeichnet werden.[151] Da eine zwingende EU-Gesetzgebung für den Bereich des Kartellrechts und damit auch bei der Fusionskontrolle sowie eine Unterlassungspflicht für die Mitgliedsstaaten nicht vorliegen, ist eine ausschließliche Zuständigkeit für den Bereich der Fusionskontrolle nicht gegeben. Weiterhin ist nach wie vor im Bereich der Wettbewerbsregeln die Frage der Zuständigkeiten unter Berücksichtigung der Zwischenstaatlichkeitsklausel zu beantworten,[152] auf die im Folgenden noch eingegangen wird.

Auch vor dem Inkrafttreten des Vertrages von Lissabon fiel der Schutz des Wettbewerbs gegen Beschränkungen im Unionsrecht nicht in die ausschließliche Zuständigkeit der Europäischen Union.[153] Eine konkurrierende Zuständigkeit ergab sich bereits unmittelbar aus der Zwischenstaatlichkeitsklausel der Art. 81 und 82 EGV (heute Art. 101 und 102 AEUV), welche den Anwendungsbereich des nationalen von

---

[149] Lenz- Lenski 5. Auflage Art. 3 AEUV RN 9.

[150] Lenz-Langguth 5. Auflage Art. 5 EUV RN 26.

[151] Lenz-Langguth 5. Auflage Art. 5 EUV RN 26.

[152] Lenz- Grill 5. Auflage Vorbem. Art. 101-106 RN 13.

[153] Jung S. 158, 180; Möschel in Gerken S. 97; I. Schmidt/A. Schmidt S. 127; Gregor/Janicki WuW 1992 S. 994; Calliess S. 221; Bleckmann Europarecht S. 660; Kamburoglu WuW 1993 S. 281; Wolf EuZW 1994 S. 235.

dem des Unionsrechtlichen Wettbewerbsrechtes abgrenzte.[154] Von der Kommission und dem EuGH wird zugunsten einer Unionszuständigkeit die Klausel weit ausgelegt.[155] Nach ständiger Rechtsprechung des EuGH genügt es zur Erfüllung der Zwischenstaatlichkeitsklausel, wenn sich anhand einer Gesamtheit objektiver, rechtlicher und tatsächlicher Umstände mit hinreichender Wahrscheinlichkeit voraussehen lässt, dass die Vereinbarung unmittelbar oder mittelbar, tatsächlich oder der Möglichkeit nach den Warenverkehr zwischen den Mitgliedsstaaten beeinflussen kann.[156] Liegen die Voraussetzungen der Zwischenstaatlichkeitsklausel vor, ist eine parallele Zuständigkeit gegeben.[157] Der EuGH hat für den Bereich des Schutzes des Wettbewerbs festgestellt, dass die parallele Anwendung von nationalen und unionsrechtlichen Kartellverfahren unter der Voraussetzung zulässig ist, dass das Unionsrecht einheitlich angewendet werden kann und die Wirksamkeit der zu seinem Vollzug ergangenen Maßnahmen auf dem gemeinsamen Markt nicht beeinträchtigt wird.[158] Hierdurch wurde klargestellt, dass im Falle eines Konflikts grundsätzlich das Unionsrecht Vorrang hat.[159] Demnach besteht im Kartellrecht und somit auch im Fusionskontrollrecht keine ausschließliche Zuständigkeit der Europäischen Union. Das Subsidiaritätsprinzip ist somit auf die Kodifikation der FKVO anwendbar.[160]

---

[154] EuGH „Consten und Grundig/Kommission" Kom 13.07.1966 Rs. 56 und 58/64. Slg. 1966 S. 321, 389; Röhling S. 88; Möschel NJW 1995 S. 282; Mestmäcker in Gerken S. 192.

[155] Möschel NJW 1995 S. 282; Röhling S. 88.

[156] Vgl. EuGH vom 30.06.1966 „LTM/MBU" Rs. 56/65, Slg. 1966 281, 303; EuGH vom 16.06.1981 „Salonia/ Poidomani und Giglio" Rs. 126/80, Slg. 1981 1563, 1578f.; EuGH vom 19.04.1988 „Erauw-Jacquery/La Hesbignonne" Rs. 27/87, Slg. 1988, 1935, 1939f.

[157] Mestmäcker in Gerken S. 192.

[158] EuGH „Walt Wilhelm/Bundeskartellamt" vom 13.02.1969 Rs. 14/68 Slg. 1969, 1 (13); Bleckmann-Schollmeier/Krimphove RN 1817.

[159] Vgl. ausführlich zur Entscheidung des EuGH „Walt Wilhelm/Bundeskartellamt" Jung S. 104 ff..

[160] Kogel. S. 102; sowohl auch Seitz, welche jedoch die Auffassung vertritt, dass das Subsidiaritätsprinzip nicht unmittelbar anwendbar ist, da Art. 21 eine ausschließliche Unionszuständigkeit vorsieht (S. 222). Es ist jedoch davon auszugehen, dass sie zu dieser Auffassung vor dem Hintergrund gelangt ist, dass bei Erlass der FKVO a. F.

bb. Anwendbarkeit unter Berücksichtigung des zeitlichen Anwendungsbereichs

Fraglich ist, wie es sich verhält, dass zum Zeitpunkt des Inkrafttretens der FKVO a. F. am 21.12.1989 das Subsidiaritätsprinzip als gesetzlich erfasste Rechtsnorm nicht bestand. Der EuGH hat im Fall „Kellinghusen“[161] entschieden, dass das Subsidiaritätsprinzip keine rückwirkende Kraft hat und nicht auf die Prüfung von Vorschriften anzuwenden ist, die vor dem Inkrafttreten des Gemeinschaftsvertrages (01.11.1993) erlassen wurden.[162] Demnach ist eine Anwendung des Subsidiaritätsprinzips auf die FKVO a. F. ausgeschlossen. Nichtsdestotrotz erfolgte in der Literatur eine Bewertung der Zuständigkeitsregelungen der FKVO unter Berücksichtigung des Subsidiaritätsprinzips.[163]

Das Subsidiaritätsprinzip ist erst auf die Änderungen der FKVO a. F. im Rahmen der Novellierung 1997 anwendbar.[164] Da die FKVO a. F. nunmehr insgesamt neu gefasst wurde, unterliegen jetzt alle Regelungen dem Subsidiaritätsprinzip. Vor diesem Hintergrund können an entsprechender Stelle alle für die Zuständigkeitsverteilung maßgeblichen Vorschriften unter dem Maßstab des Subsidiaritätsprinzips bewertet werden.

b. Anwendung des Subsidiaritätsprinzips auf der Vollzugsebene der Fusionskontrolle

Die Anwendung des Subsidiaritätsprinzips auf der Vollzugsebene der Fusionskontrolle hat im Hinblick auf ihre praktischen Aspekte, insbesondere welche Behörde für die Prüfung des Zusammenschlusses

---

das Subsidiaritätsprinzip noch nicht als gesetzlich erfasste Rechtsnorm bestand (vgl. Teil A 2. a. bb.). Nach Inkrafttreten des Unionsvertrages (01.11.1993) ist das Subsidiaritätsprinzip auf die Kodifikation der FKVO anzuwenden.

[161] EuGH „Kellinghusen u.a.“ C-36 und 37/97, Slg. 1998 I-6337 RN 35.

[162] Vgl. Streinz- Streinz Art. 5 RN 33.

[163] Kögel S. 304; Weitbrecht EuZW 1993 S. 687; Janicki 1992/93 S. 63; Seitz S. 223.

[164] Seitz S. 222.

geeigneter ist, erhebliche Bedeutung.[165] Die Frage, ob das Subsidiaritätsprinzip auch auf das Fusionskontrollverfahren Anwendung findet, wird in der Literatur kontrovers diskutiert.

aa. Anwendung des Subsidiaritätsprinzips nur auf die Gesetzgebung

Nach einer in der Literatur vertretenen Ansicht erfasst das Subsidiaritätsprinzip grundsätzlich nur Kompetenzen von legislativer Natur.[166] Auf Grund der Normstruktur und den materiellen Vorgaben des Art. 5 Abs. 3 EUV umschließe dieser lediglich die Entstehung von Sekundärrecht. Demnach ist das Subsidiaritätsprinzip auf das Fusionskontrollverfahren als Maßnahme des Gesetzesvollzugs nicht unmittelbar anwendbar. Begründet wird diese Annahme mit der Auslegung des Begriffs der „Maßnahme" in Art. 5 Abs. 3 EUV, wonach hierdurch lediglich primärrechtliche Kompetenzen von legislativer Natur gemeint sein können.[167] Dennoch kann das Subsidiaritätsprinzip bei der Ermessensausübung durch die Kommission als allgemeines Prinzip einfließen.[168]

bb. Keine Anwendung des Subsidiaritätsprinzips auf der Vollzugsebene der FKVO auf Grund ausschließlicher Vollzugskompetenz

Nach einer anderen in der Literatur vertretenen Ansicht ist das Subsidiaritätsprinzip konkret nicht auf den Vollzug der FKVO anwendbar, weil durch Art. 21 Abs. 2 und Abs. 3 eine ausschließliche Zuständigkeit der Kommission bestehe, welche die Anwendung des

---

[165] Vgl. Erwägungsgrund 14 FKVO; Mitteilung Verweisungsregime RN 8.
[166] Schröter/Jacob/Mederer-Hirsbrunner FKVO Art. 9; Calliess S. 236.
[167] Calliess S. 236; Calliess/Ruffert-Calliess Art. 5 RN 38.
[168] Schröter/Jacob/Mederer-Hirsbrunner FKVO Art. 9 RN 28; Calliess S. 236.

Subsidiaritätsprinzips ausschließe.[169] Demnach könne durch sekundäres Unionsrecht auf dem Gebiet des Wettbewerbsrechts eine solche ausschließliche Zuständigkeit begründet werden, obwohl grundsätzlich eine ausschließliche Zuständigkeit nicht besteht.[170] Dem stehe auch nicht entgegen, dass es sich bei dem Subsidiaritätsprinzip um eine Norm des primären Unionsrechts handele, welche in ihrem Anwendungsbereich auch nur durch Vorschriften gleicher Hierarchiestufe determiniert werden könne.[171] Der EG-Vertrag stelle sich gemäß Art. 83 EGV (jetzt Art. 103 AEUV) selbst dispositiv, indem er die nähere Ausgestaltung von Zuständigkeiten zur Anwendung seiner Wettbewerbsvorschriften späteren Ausführungshandlungen überlasse.[172]

cc. Anwendbarkeit des Subsidiaritätsprinzips auch auf der Vollzugsebene

Demgegenüber hält die überwiegende Meinung in der Literatur und Praxis den sachlichen Anwendungsbereich des Subsidiaritätsprinzips auch auf den Gesetzesvollzug für anwendbar.[173] Eine einschränkende Auslegung des Begriffs der „Maßnahme" auf lediglich generell-abstrakte Regelungen sei nicht tragbar.[174]

---

169 Hirsbrunner EWS 1998 S. 233, 237; Jung S. 180; Ebenroth/Lange BB 1991 S. 845, 849; Möschel NJW 1993 S. 3026; Kögel S. 304; Kamburoglou WuW 1993 S. 274f.

170 Jung S. 180; Möschel NJW 1995 S. 3026; Schlecht in FS für Mestmäcker S. 754.

171 Wolf EuZW 1994 S. 233, 235; Bundeskartellamt, Tätigkeitsbericht 1991/92 S. 6.

172 Jung S. 180; Möschel NJW 1993 S. 3026; Röhling S. 92.

173 Vgl. Gesamtkonzept des Europäischen Rates vom 12.12.1992 Anlage I; III.) a) Unterabs. 3); Bundesrat zum Subsidiaritätsprinzip Bundesrats-Drucksachen 182 und 259/93 zusammengefasst in EuZW 1993 S. 434; Jung S. 182; Röhling S. 90; I. Schmidt/A. Schmidt S. 125; Jickeli JZ 1995 S. 63; Winter EuR 1996 S. 251; Lecheler S. 98; Blanke in Hrbek S. 97; Merker S. 95; Gierschmann S. 132; Gäbelein in FS für Beusch S. 286; Groger/Janicki WuW 1992 S. 994.

174 Vgl. Röhling S. 90 ff., der ausführlich zu der Gegenmeinung Stellung nimmt.

dd. Stellungnahme

Das Subsidiaritätsprinzip ist als allgemeines Prinzip auch auf der Vollzugsebene anwendbar. Dies erscheint bei näherer Betrachtung der Zuständigkeitsregelung zwingend geboten. An dieser Stelle sei vorweggenommen, dass der Verordnungsgeber durch die neugefasste FKVO die Mängel der bisherigen Zuständigkeitsverteilung durch die flexible Anwendung der Verweisungsvorschriften beseitigen möchte. Diese Verweisungsregeln räumen den Beteiligten jedoch einen weiten Ermessensspielraum ein. Wenn nunmehr das Subsidiaritätsprinzip nicht auf der Vollzugsebene anwendbar wäre, könnte es umgangen werden. Diese Gefahr wurde bereits vor der Neufassung der FKVO a. F. erkannt. Es wurde die Auffassung vertreten, dass ein uneingeschränktes Ermessen der Kommission ohne zwingende Berücksichtigung des Subsidiaritätsprinzips die Effektivität der Zuständigkeitsregelung in Frage stellen würde.[175] Da den Verweisungsvorschriften nach der Neufassung eine zentrale Bedeutung in der Zuständigkeitsverteilung zukommt, ist ein solches Ergebnis nicht tragbar. Die ablehnende Auffassung mit der Begründung, dass durch den Begriff der „Maßnahme" in Art. 5 Abs. 3 EUV nur generell abstrakte Regelungen erfasst werden, vermag nicht zu überzeugen. Hierfür spricht bereits, dass im Rahmen der Maastrichter Verträge trotz der Kenntnis dieses Problems auf eine Eingrenzung des Subsidiaritätsprinzips auf den Gesetzesvollzug verzichtet wurde.[176] Auch aus der Entstehungsgeschichte des Subsidiaritätsprinzips ergeben sich für eine solche Auslegung keine Anhaltspunkte.[177] Letztlich sprechen auch die materiellen Vorgaben des Art. 5 Abs. 3 EUV nicht für einen Ausschluss der Anwendbarkeit auf den Verwaltungsvollzug. Zum einen kann auch im Bereich der Verwaltungszuständigkeiten die Unterscheidung zwischen ausschließlichen und konkurrierenden bzw. parallelen Verwaltungszuständigkeiten vorgenommen werden und zum

---

[175] Immenga/Mestmäcker-Immenga FKVO Art. 9 RN 15; Röhling S. 93; Janicki 1992/1993 S. 63.

[176] Röhling S. 90.

[177] Vgl. Pieper Subsidiarität S. 27ff.; Moersch S. 23ff.; Schweitzer/Fixon Jura 1992 S. 579 ff.

anderen die Anwendung des Positiv- und Negativkriteriums auf den Bereich des Verwaltungsvollzugs erfolgen.[178]

Gegen die zweite ablehnende Auffassung, wonach auf Grund ausschließlicher Vollzugskompetenz eine Anwendung des Subsidiaritätsprinzips auf der Vollzugsebene ausgeschlossen ist, spricht, dass es sich bei der Regelung des Art. 21 um einen rein sekundärrechtlich angeordneten Fall von Ausschließlichkeit handelt, der – wenngleich zweckmäßig – nicht zwingend vom Vertrag vorgegeben ist und demzufolge jederzeit durch eine andere Regelung ersetzt werden könnte.[179] Lediglich durch sekundäres Unionsrecht können dann auch keine Einschnitte in das zum primären Unionsrecht zählende Subsidiaritätsprinzip begründet werden.[180] Im Übrigen könne von einer ausschließlichen Zuständigkeit im Sinne des Art. 5 Abs. 3 EUV nur dort gesprochen werden, wo die Entscheidungsbefugnis vollständig der Europäischen Union übertragen worden ist.[181] Die europäische Fusionskontrollverordnung räumt den Mitgliedsstaaten jedoch eine nationale Restkompetenz ein.[182] So steht den Mitgliedsstaaten unter den Voraussetzungen des Art. 9 ein Bereich zu, den diese in eigener Zuständigkeit unter Anwendung der eigenen nationalen Wettbewerbsrechte wahrnehmen können.[183] Dem steht auch nicht entgegen, dass in den Fällen des Art. 9 Abs. 2 lit. a ein Ermessen der FKVO besteht, da nach dem Sinn und Zweck dieser Regelung der Effektivität der FKVO dadurch Rechnung getragen werden sollte, dass

[178] Vgl. Möschel NJW 1995 S. 282ff.; Röhling S. 91.

[179] Dittert S. 168; Schröter/Jacob/Mederer-Langheine/Dittert FKVO Art. 21 RN 1 FN 2.

[180] Wolf EuZW 1994 S. 235; Bundeskartellamt, Tätigkeitsbericht 1991/92 S. 6; Calliess/Ruffert-Calliess Art. 5 RN 34.

[181] Schweitzer/Hummer RN 343; Röhling S. 93.

[182] Janicki 1992/93 S. 64; Röhling S. 93; ähnlich Immenga/Mestmäcker-Immenga FKVO Art. 9 RN 14, der eine konkurrierende Zuständigkeit und damit die Anwendbarkeit des Subsidiaritätsprinzips damit begründet, dass bei einem freien Ermessen eine politische Entscheidung drohe, was jedoch nicht im Einklang mit dem Sinn und Zweck dieser Regelung stehen könne.

[183] Röhling S. 94, nach welchem die Stellung eines Antrags dem nicht entgegensteht, da hierdurch lediglich sichergestellt werden soll, dass tatsächlich eine Prüfung des Zusammenschlusses nach der Verweisung erfolgt.

Zusammenschlüsse mit einem nationalen Schwerpunkt nicht von der Kommission, sondern von den sachnäheren Behörden der Mitgliedsstaaten geprüft werden sollten.[184] In den Fällen des Art. 9 Abs. 2 lit. b besteht für die Kommission sogar überhaupt kein Ermessen. Liegen die Voraussetzungen des Art. 9 Abs. 2 lit. b vor, ist die Kommission zur Verweisung des Zusammenschlusses verpflichtet. Letztlich würde der Ausschluss der Anwendung des Subsidiaritätsprinzips auf Grund einer ausschließlichen Zuständigkeit der Kommission einen Widerspruch in der FKVO bedeuten, da der Verordnungsgeber in den Erwägungsgründen der FKVO die Berücksichtigung des Subsidiaritätsprinzips bei der Durchführung der FKVO verbindlich festlegt.[185]

c. Anwendung des Subsidiaritätsprinzips auf die FKVO vor dem Hintergrund ihrer Zielsetzung

Die Auswirkungen des Subsidiaritätsprinzips auf die Zuständigkeitsverteilung sind vor dem Hintergrund der mit der FKVO verfolgten Ziele zu überprüfen. Aus Art. 3 AEUV (welcher den Art. 3 Abs. 1 lit. g EGV ersetzt hat) wird der Europäischen Union die Aufgabe übertragen, das Funktionieren des Binnenmarkts, und damit auch den Schutz vor Verfälschungen, zu gewährleisten. Zudem sind die Mitgliedsstaaten und die Europäische Union gemäß Art. 119 AEUV in ihrer Tätigkeit dem Grundsatz einer offenen Marktwirtschaft mit freiem Wettbewerb verpflichtet. Durch die Vollendung des Binnenmarkts und der Wirtschafts- und Währungsgemeinschaft, die Erweiterung der Europäischen Union und der Reduzierung der internationalen Handels- und Investitionshemmnisse werden auch weiterhin erhebliche Strukturveränderungen bei den Unternehmen, insbesondere durch Zusammenschlüsse, bewirkt werden, die geeignet sind, eine dauerhafte

184 Immenga/Mestmäcker-Immenga FKVO Art. 9 RN 14; Janicki 1992/93 S. 64.

185 Vgl. Erwägungsgrund Nr. 9, Nr. 11 und vor allem Nr. 14 FKVO („..., dass jeder Fall unter Beachtung des Subsidiaritätsprinzips von der für ihn am besten geeigneten Behörde behandelt wird...“).

Schädigung des Wettbewerbs zu verursachen.[186] Die FKVO dient als Instrument, um Schädigungen des Wettbewerbs zu verhindern und nur solche Strukturveränderungen zuzulassen, die den Erfordernissen eines dynamischen Wettbewerbs entsprechen.[187] Mithin geht die FKVO im Einklang mit dem Subsidiaritätsprinzip nicht über das zur Erreichung ihres Ziels, der Gewährleistung eines unverfälschten Wettbewerbs im gemeinsamen Markt entsprechend dem Grundsatz einer offenen Marktwirtschaft mit freiem Wettbewerb, erforderliche Maß hinaus.[188]

d. Zusammenfassung

Das Subsidiaritätsprinzip ist bei der Gesetzgebung der europäischen Fusionskontrolle uneingeschränkt anwendbar. Dies ergibt sich aus der Tatsache, dass im Rahmen des europäischen Wettbewerbsrechts keine ausschließliche Zuständigkeit der Kommission besteht. Auch hinsichtlich der zeitlichen Anwendung des Subsidiaritätsprinzips ergeben sich keine Probleme. Zwar konnte das Subsidiaritätsprinzip nicht auf die FKVO a. F. angewandt werden, da zum Zeitpunkt ihres Inkrafttretens das Subsidiaritätsprinzip nicht verbindlich normiert war. Dies galt jedoch nicht für die Änderungen der FKVO a. F. im Rahmen der Revision im Jahr 1997. Auf Grund der Neufassung der FKVO a. F. unterliegen nunmehr die gesamten Regelungen dem Subsidiaritätsprinzip. Damit ergibt sich für die Frage, inwieweit die in der FKVO getroffenen Zuständigkeitsverteilung den Anforderungen des Subsidiaritätsprinzips genügt, Folgendes: Die Kommission soll nur dann für die Überprüfung eines Zusammenschlusses zuständig sein, wenn die nationalen Wettbewerbsbehörden auf Grund ihres begrenzten Zugriffs nicht in der Lage sind, einen unverfälschten Wettbewerb durch eine wirksame Kontrolle von Zusammenschlüssen ihrerseits zu gewährleisten und vor derselben Zielvorgabe die Überprüfung der Zusammenschlüsse durch

---

[186] Erwägungsgrund Nr. 3 FKVO.
[187] Erwägungsgrund Nr. 4 FKVO; Calliess S. 225.
[188] Erwägungsgrund Nr. 6 FKVO.

die Kommission auf Grund ihres Umfangs oder ihrer Wirkung besser erfolgen kann.

Das Subsidiaritätsprinzip ist auch auf die Vollzugskompetenzen der FKVO anzuwenden. Die teilweise in der Literatur vertretenen Ansichten, die die Anwendbarkeit des Subsidiaritätsprinzips auf der Vollzugsebene grundsätzlich bzw. konkret für die FKVO ablehnen, können nicht überzeugen. Neben den ausgeführten Argumenten gegen diese Auffassung geht insbesondere auch der Verordnungsgeber von der Anwendbarkeit des Subsidiaritätsprinzips auf der Vollzugsebene aus. Mithin hat die Kommission bei Ermessensentscheidungen stets auch die praktischen Aspekte des Subsidiaritätsprinzips, insbesondere welche Behörde für die Überprüfung geeigneter ist, zu berücksichtigen. Das Subsidiaritätsprinzip ist für die Mitgliedsstaaten im Rahmen der FKVO auf Grund der immer größer werdenden politischen Wichtigkeit von bestimmten Zusammenschlussvorhaben von herausragender Bedeutung. Sie soll eine überall zuständige Europäische Union und die daraus resultierenden Kompetenzverluste der Mitgliedsstaaten verhindern.[189]

III. Das „One-Stop-Shop"-Prinzip

1. Bedeutung des „One-Stop-Shop"-Prinzips

Neben dem Subsidiaritätsprinzip bestimmt die FKVO das „One-Stop-Shop"-Prinzip als weiteren Grundsatz für die Zuständigkeitsverteilung in der FKVO.[190] Grundsätzlich wird durch dieses Prinzip im engeren Sinne

---

[189] So wurde das Subsidiaritätsprinzip vom Bundeskartellamt stets als Argumentation gegen die Einführung eines „Drei-Plus-Systems" und damit der Erweiterung der Kommission angeführt (vgl. Stellungnahme des Bundeskartellamts zum Grünbuch der Kommission zur Revision der Verordnung Nr. EG 4064/89 des Rates über die Kontrolle von Unternehmenszusammenschlüssen vom 21.03.2002 (Bundeskartellamt E/G4 – 3001/93 Bd. 3) (im Folgenden „Stellungnahme Bundeskartellamt" zitiert) S. 2f. abrufbar unter www.fkvo.eu.

[190] In Literatur und Praxis wird das „One-Stop-Shop"-Prinzip als „Kerngedanke der Fusionskontrollverordnung" und als „das zweite tragende Prinzip der EG-

bestimmt, dass Zusammenschlüsse, die in den Anwendungsbereich der FKVO fallen, allein durch die Kommission geprüft werden. Mit dieser Regelung ist der Verordnungsgeber in der FKVO –
im Vergleich zum allgemeinen Kartellrecht, welches grundsätzlich durch die Möglichkeit paralleler Verfahren gekennzeichnet ist – einen Sonderweg gegangen.[191] Die überragende Bedeutung des „One-Stop-Shop"-Prinzips für die europäische Zusammenschlusskontrolle wird durch die Notwendigkeit einer einheitlichen Fusionskontrolle durch die Kommission, anstelle einer Vielzahl von fusionskontrollrechtlichen Prüfungsverfahren, verdeutlicht.[192]

Gleichzeitig gilt das „One-Stop-Shop"-Prinzip als allgemeiner Grundsatz für die gesamte Zuständigkeitsverteilung in der FKVO.[193] Insbesondere soll der in diesem Prinzip liegende Kerngedanke, nämlich die Bündelung der Kontrolle eines Zusammenschlusses bei nur einer Behörde[194], im Rahmen der Zuständigkeitsverteilung weitestgehend gewährleistet werden.[195]

Im Gegensatz zum Subsidiaritätsprinzip wird das „One-Stop-Shop"-Prinzip unmittelbar in der FKVO begründet und stellt kein Kriterium zur Abgrenzung der Zuständigkeiten zwischen der Kommission und den nationalen Wettbewerbsbehörden dar. In ihrer Funktion als Grundsatz für die Zuständigkeitsverteilung handelt es sich daher viel mehr um eine wünschenswerte Vorgabe des Verordnungsgebers.

Fusionskontrollverordnung" bezeichnet (vgl. Mitteilung Verweisungsregime RN 11; Wiedemann-Wagemann § 15 RN 10).

[191] Vgl. Seitz S. 89; Lange-Gromotke RN 1364; Calliess S. 221; Klees § 12 RN 1; Krimphove S. 382ff.; K. Schmidt S. 65ff.; Loewenheim/Meessen/Riesenkampff-Westermann FKVO Art. 21 RN 3.

[192] Vgl. auch Seitz S. 93f.;

[193] Vgl. Erwägungsgrund 8 und 11 FKVO; vgl. auch Mitteilung Verweisungsregime RN 11. Die Bezeichnung in der FKVO und in der Mitteilung der Kommission Verweisungsregime „Prinzip der einzigen Anlaufstelle" wird gleichbedeutend mit dem Begriff des „One-Stop-Shop" verwendet. Vgl. Seitz S. 94; Immenga/Mestmäcker-Immenga/Körber FKVO Art. 21 RN 18; MüKo-Schild Art. 21 RN 18.

[194] Seitz S. 93f.; Drauz/Schröder S. 31; Lampert S. 83; Wiedemann-Wagemann § 15 RN 5; MK-Koch FKVO Einl. A RN 84; Kogel S. 121.

[195] Vgl. Mitteilung Verweisungsregime RN 11.

2. Historische Entwicklung

Bereits im Verordnungsvorschlag von 1973 war die ausschließliche Zuständigkeit der Kommission für die Überprüfung von bestimmten Zusammenschlüssen in Art. 3 Abs. 5 verankert. Hintergrund dieser Regelung war es, dass nach dem Inkrafttreten der FKVO Doppelkontrollen nach europäischem und nationalem Fusionskontrollrecht in jedem Fall vermieden werden sollten.[196] Die ausschließliche Zuständigkeit der Kommission für Zusammenschlüsse mit gemeinschaftsweiter Bedeutung war bis zum Schluss Gegenstand von Verhandlungen und wurde insbesondere von Großbritannien und den Mitgliedsstaaten unterstützt, die damals noch über keine eigene Fusionskontrolle verfügten.[197] Insbesondere das Bundeskartellamt setzte sich für eine doppelte Kontrolle durch die Kommission und die betroffenen Mitgliedsstaaten ein, bei der das strengere Recht letztlich Anwendung finden sollte.[198] Es bestand von deutscher Seite die Befürchtung, dass trotz rein wettbewerblicher Ausrichtung der materiellen Eingriffkriterien, diese durch politisch geprägte Entscheidungen der europäischen Kommission aufgeweicht werden würden.[199] Hintergrund war einmal mehr das Bestreben, eigene Kompetenzen nicht an die europäische Kommission abzugeben.[200] Nicht zuletzt auf Grund der wiederholten Forderung des Wirtschafts- und Sozialausschlusses wurde die ausschließliche Zuständigkeit der

---

[196] Kögel S. 300; Lampert S. 83; Niederleithinger EWS 1990 S. 78; Veelken/Karl/Richter-Veelken S. 22; Seitz S. 92.

[197] Immenga/Mestmäcker-Immenga/Körber FKVO Einleitung RN 37; Röhling S. 26; Janicki WuW 1990 S. 202; Länder, die über eine eigene Fusionskontrolle zum Zeitpunkt des Inkrafttretens des FKVO a.F. verfügten, waren die Bundesrepublik Deutschland, Frankreich, England, Irland, Spanien, Portugal, Italien (vgl. Veelken/Karl/Richter S.7).

[198] Vgl. Janicki WuW 1990 S. 195; Löffler FKVO Vorb. RN 23 f.; Stockenhuber S. 66 m.w.N.; Bunte WuW 1989 S. 7ff.

[199] Janicki 1992/1993 S. 63; Röhling S. 28.

[200] Röhling S. 28; Immenga/Mestmäcker-Immenga FKVO Einleitung A. IV. RN 25; Löffler FKVO Art. 9 RN 2.

Kommission für bestimmte Zusammenschlüsse durchgesetzt.[201] So wurde am 18.11.1988 von dem Rat ein grundsätzlicher Konsens darüber getroffen, dass eine Beurteilung von Zusammenschlüssen mit gemeinschaftsweiter Bedeutung von einer einzigen Behörde vorgenommen werden sollte.[202] Auf Vorschlag des Europäischen Parlaments wurde im Verordnungsvorschlag vom November 1988[203] in Art. 20 Abs. 2 ausdrücklich bestimmt, dass die Mitgliedsstaaten ihr innerstaatliches Wettbewerbsrecht nicht auf Zusammenschlüsse mit gemeinschaftsweiter Bedeutung anwenden dürfen.[204] Um jedoch bestehende Bedenken gegen den Grundsatz der Ausschließlichkeit auszuräumen, wurden hiervon Ausnahmen eingeräumt, wonach die Mitgliedsstaaten zum „Schutz anderer berechtigter Interessen" geeignete Maßnahmen treffen können.[205]

3. Regelung des „One-Stop-Shop"-Prinzips in der FKVO

Fällt ein Zusammenschluss in den Anwendungsbereich der europäischen Fusionskontrollverordnung, ist nach Art. 21 Abs. 2 die Kommission ausschließlich für die Überprüfung zuständig. Damit gilt in der FKVO das „Ausschließlichkeitsprinzip".[206] Die Regelung des Art. 21

---

[201] Zuletzt in der Stellungnahme des Wirtschafts- und Sozialausschusses vom 02.06.1988 (ABl. 1988 C 208/11ff.), in der es heißt: „Befugnisse, die die Kommission durch den vorliegenden Verordnungsvorschlag erhält, dürfen nicht auf Grund nationaler Rechtsvorschriften beeinträchtigt werden. Nach Auffassung des Ausschusses impliziert dies, dass alle Zusammenschlüsse, die in den Anwendungsbereich dieser Verordnung fallen, ausschließlich nach europäischem Recht beurteilt werden und keiner zusätzlichen Kontrolle durch die Mitgliedsstaaten unterliegen."

[202] Caspari/Schwarz in FS Benisch S. 396; Immenga/Mestmäcker-Immenga Einleitung FKVO A. IV. FN 23, S. 781, 282.

[203] ABl. C v. 28.01.89 Nr. 22 S. 22.

[204] Stellungnahme des Europäischen Parlaments vom 26.10.1988 (ABl. 1988 C 309/150f.); Langen/Bunte-Löffler FKVO Art. 21 RN 1; Immenga/Mestmäcker-Immenga Einleitung A. IV RN 23.

[205] Langen/Bunte-Löffler FKVO Art 21 RN 2.

[206] Vgl. Krimphove S. 382; Lange/Bunte-Löffler FKVO Art. 21; Immenga/Mestmäcker-Immenga/Körber FKVO Art. 21 RN 16; Loewenheim/Meessen/Riesenkampff-Westermann FKVO Art. 21 RN 3; Rösler S. 16; Bechthold RIW 1990 S. 261.

Abs. 3 bestimmt weiterhin, dass die Mitgliedsstaaten ihr innerstaatliches Wettbewerbsrecht nicht auf Zusammenschlüsse von gemeinschaftsweiter Bedeutung anwenden.[207] Damit einhergehend wird das so genannte „One-Stop-Shop"-Prinzip begründet.[208] Demnach stehen Ausschließlichkeitsprinzip und „One-Stop-Shop"-Prinzip im unmittelbaren Zusammenhang miteinander und werden in der Literatur oftmals nicht voneinander unterschieden.[209] Die Begründung des Ausschließlichkeitsprinzips ist eine zwingende Voraussetzung des „One-Stop-Shop"-Prinzips. Anders ausgedrückt, kann das „One-Stop-Shop"-Prinzip als Ausfluss des „Ausschließlichkeitsprinzips" bezeichnet werden.

a. Ausschließlichkeitsprinzip

Nach Art. 21 Abs. 2 ist die Kommission ausschließlich für die Kontrolle der Zusammenschlüsse mit gemeinschaftsweiter Bedeutung zuständig.[210] Diese Ausschließlichkeit der Kommission besteht nach Art. 21 Abs. 2 vorbehaltlich einer Nachprüfung durch den Gerichtshof. Letztere Bestimmung ist lediglich deklaratorischer Natur, da sich bereits aus Art. 263AEUV primärrechtlich die Kontrollkompetenz durch den Gerichtshof ergibt.[211] Zusammenschlüsse mit Drittstaatenbezug fallen zwar in den Anwendungsbereich der FKVO, soweit die Voraussetzungen der gemeinschaftsweiten Bedeutung vorliegen, jedoch wird keine

---

[207] Entsprechend regelt auch § 35 Abs. 3 GWB, dass die Vorschriften des GWB keine Anwendung finden, soweit die Kommission nach der FKVO zur Prüfung eines Zusammenschlusses ausschließlich zuständig ist.

[208] FK-Jungermann FKVO Art. 21 RN 19; Seitz S. 94; Immenga/Mestmäcker-Immenga/Körber FKVO Art. 21 RN 18; MüKo-Schild Art. 21 RN 18.

[209] Vgl. etwa Löffler in Langen/Bunte FKVO Art. 21 RN 4; Loewenheim/Meessen/Riesenkampff-Westermann FKVO Art. 21 RN 3; Immenga/Mestmäcker-Immenga/Körber FKVO Art. 21 RN 18; MK-Koch FKVO Art. 21 RN 18; Wiedemann-Wagemann § 15 RN 5.

[210] FK-Jungeremann Art. 21 RN 15; Groeben/Schwarze-Adt FKVO RN 132; Wiedemann-Wagemann § 15 RN 3; Schröter/Jacob/Mederer-Langeheine/Dittert FKVO Art. 21 RN 1; Immenga/Mestmäcker-Immenga/Kröber FKVO Art. 21 RN 18.

[211] MK-Koch FKVO Art. 21 RN 20; Schröter/Jacob/Mederer-Langheine/Dittert FKVO Art. 21 RN 2ff.

ausschließliche Zuständigkeit der Kommission begründet.[212] Solche Zusammenschlüsse unterliegen gleichzeitig auch dem Recht der Drittstaaten, auf deren Märkte sie wettbewerbliche Auswirkungen entfalten.[213]

b. Begründung des „One-Stop-Shop"-Prinzips

Die Regelung des Art. 21 Abs. 3 bestimmt, dass die Mitgliedsstaaten ihr innerstaatliches Wettbewerbsrecht auf Zusammenschlüsse mit gemeinschaftsweiter Bedeutung nicht anwenden.[214] Durch diese Regelung wird also eine Sperrwirkung für nationales Recht entfaltet.[215] Die Kommission ist damit als einzige Anlaufstelle für die Überprüfung des Zusammenschlusses zuständig („One-Stop-Shop"-Prinzip). Hierdurch wird sichergestellt, dass eine Doppelkontrolle desselben wirtschaftlichen Sachverhalts durch die Kommission und die nationalen Wettbewerbsbehörden nicht erfolgt.[216] Gleichzeitig werden für die

---

[212] Immenga/Mestmäcker-Immenga/Körber FKVO Art. 21 RN 18; Lampert S. 107; Ebenroth/Lange BB 1991 S. 850.

[213] FK-Jungermann FKVO Art. 21 RN 24; Immenga/Mestmäcker-Immenga/Körber FKVO Art. 21 RN 18.

[214] Die Reichweite des „innerstaatlichen Wettbewerbsrechts" ist umstritten. Nach dem Wortlaut ist umfassend die Anwendung nationalen Wettbewerbsrechts, also auch des Kartellverbots, ausgeschlossen. Folglich wird nach der herrschenden Meinung vertreten, dass nicht etwa nur die nationale Fusionskontrolle gemeint sein kann, sondern streng am Wortlaut orientiert das gesamte nationale Wettbewerbsrecht gesperrt wird. Das Unionsrecht umschreibt gegenüber dem nationalen Recht verbindlich sein Verständnis der Strukturkontrolle und damit den ausschließlichen Anwendungsbereich der Zusammenschlusskontrolle (vgl. Immenga/Mestmäcker-Immenga/Körber FKVO Art. 21 RN 19, sowohl auch MüKo-Schild FKVO Art. 21 RN 21; FK-Jungermann FKVO Art. 21 RN 21; Bechtold/Bosch/Brinker/Hirsbrunner FKVO Art. 21 RN 9; Langen/Bunte-Baron 10. Auflage FVKO Art. 21 RN 3). Nach einer anderen Ansicht besteht die Sperre nur für eine nationale Fusionskontrolle, da die Fusionskontrolle nach Erwägungsgrund Nr. 8 FKVO nur auf die Aufrechterhaltung einer wettbewerblichen Struktur von Märkten gerichtet sei (vgl. Lampert S. 108).

[215] Lange-Gromotke RN 1362; Krimphove S. 382; Rösler S. 17; Schröter/Jacob/Mederer-Langheine/Dittert FKVO Art. 21 RN 5.

[216] Schröter/Jacob/Mederer-Langheine/Dittert FKVO Art. 21 RN 5; MüKo-Schild FKVO Art. 21 RN 18; Lange-Gromotke RN 1365.

Behandlung dieser Fälle einheitliche Bedingungen geschaffen. Da die Sperrwirkung unmittelbar kraft des Gesetzes wirkt, wird ein Vorgehen der nationalen Behörden auch dann ausgeschlossen, wenn die Kommission zu Unrecht untätig bleibt.[217] In diesen Fällen besteht für die nationalen Behörden nur die Untätigkeitsklage beim Gerichtshof.[218] Darüber hinaus stellt Art. 21 Abs. 3 Unterabs. 2 klar, dass die Mitgliedsstaaten befugt sind, auf der Grundlage ihres innerstaatlichen Wettbewerbsrechts nach Art. 4 Abs. 4 und Art. 9 erforderliche Ermittlungen bzw. Maßnahmen vorzunehmen.[219]

4. Wirkungen und Vorteile des „One-Stop-Shop"-Prinzips

Wie bereits an mehreren Stellen erwähnt, gewährleistet das „One-Stop-Shop"-Prinzip eine einheitliche Kontrolle durch eine einzige Behörde und verhindert die Nachteile einer Kontrolle desselben Zusammenschlusses durch mehrere Kartellbehörden. Indem Zusammenschlüsse einer einheitlichen Rechtsordnung und den Anwendungsmaßstäben einer einzigen Behörde unterworfen werden, wird für die beteiligten Unternehmen ein „level playing field" (einheitliche Entscheidungspraxis) geschaffen.[220] Daneben ist das „One-Stop-Shop"-Prinzip auch für die Beteiligten des Zusammenschlussvorhabens mit bedeutenden Vorteilen verbunden. Diese Vorteile stellen konsequenterweise die Kehrseite der mit den Mehrfachanmeldungen verbundenen Nachteile dar. Insoweit kann auf die dortigen Ausführungen verwiesen werden, da an dem konkreten Fall der Mehrfachanmeldungen verdeutlicht wird, welche Nachteile die Tatsache hat, dass das „One-Stop-Shop"-Prinzip nicht zum Tragen kommt.[221] Zusammenfassend ergibt sich, dass das „One-Stop-

[217] Immenga/Mestmäcker-Immenga/Körber FKVO Art. 21 RN 17.

[218] Lange-Gromotke RN 1367; Immenga/Mestmäcker-Immenga/Körber FKVO Art. 21 RN 17.

[219] Immenga/Mestmäcker-Immenga/Körber FKVO Art. 21 RN 21; ausführlich mit Beispielen für das deutsche Recht: MüKo-Schild FKVO Art. 21 RN 23ff.

[220] MK-Koch FKVO Art. 21 RN 18; Wiedemann/Wagemann § 15 RN 10; Loewenheim/Meessen/Riesenkampff FKVO Art. 21 RN 3; Seitz S. 94f.

[221] Vgl. für die Nachteile von Mehrfachanmeldungen Teil B III. 3; vgl. auch ausführlich Seitz S. 95 ff.

Shop"-Prinzip für die Beteiligten des Zusammenschlussvorhabens zu Verfahrensvereinfachung, Rechtssicherheit, Kosten- und Zeitersparnis führt. Mit der Rechtssicherheit einhergehend trägt das „One-Stop-Shop"-Prinzip auch zur Chancengleichheit für die Unternehmen in allen Mitgliedsstaaten bei.[222]

5. Durchbrechung des „One-Stop-Shop"-Prinzips

Die FKVO sieht an mehreren Stellen die Möglichkeit einer Durchbrechung des „One-Stop-Shop"-Prinzips vor.[223] Hierbei handelt es sich jedoch nur um die Durchbrechung des „One-Stop-Shop"-Prinzips im engeren Sinne, nämlich der alleinigen Zuständigkeit der Kommission für die Überprüfung des Zusammenschlusses. Dies ist zum einen durch die Regelung des Art. 9 und der durch in der FKVO eingefügten Regelung des Art. 4 Abs. 4 möglich, welche Verweisungen eines Zusammenschlusses von der Kommission an die Mitgliedsstaaten vorsehen.[224] Zum anderen bestehen die Ausnahmebefugnisse der Mitgliedsstaaten nach Art. 21 Abs. 4, um geeignete Maßnahmen zum Schutz anderer berechtigter Interessen, die nicht in der FKVO berücksichtigt sind, zu treffen. Für die Anwendung des Art. 21 Abs. 4 hat die Kommission in ihrer Erklärung zum Ratsprotokoll, anlässlich der Annahme der Fusionskontrollverordnung, eine Reihe von Grundsätzen aufgestellt.[225] Klargestellt wird zunächst, dass diese Regelung sich nur auf außerwettbewerbliche Befugnisse bezieht und nur bereits

---

[222] Schlecht in FS für Mestmäcker S. 752; Seitz S. 97.

[223] Vgl. Lange-Gromotke RN 1367; Immenga/Mestmäcker-Immenga/Körber FKVO Art. 21 RN 20 ff.; Schröter/Jacob/Mederer-Langheine/Dittert FKVO Art. 21 RN 7; MüKo-Schild FKVO Art. 21 RN 25 ff; FK-Jungermann FKVO Art. 21 RN 23 ff. Loewenheim/Meessen/Riesenkampff-Westermann FKVO Art. 21 RN 8.

[224] Vgl. für die Regelung des Art. 4 Abs. 4 Teil B V. 3 a. bb und für die Regelung des Art. 9 Teil B V. 3 b.

[225] Vgl. die Erklärung der Kommission zu Art. 21 BullEG Beilage 2/90, S. 24f.; abgedruckt in: WuW 1990 S. 240 f. (im Folgenden „Kommissionserklärung zu Art. 21" zitiert).

bestehende Befugnisse anerkannt werden.[226] Soweit die Voraussetzungen des Art. 21 Abs. 4 vorliegen, haben die Mitgliedsstaaten die Befugnis, einen von der Kommission freigegebenen Zusammenschluss zu verbieten oder von zusätzlichen Bedingungen oder Auflagen abhängig zu machen. Jedoch haben sie nicht die Befugnis einen von der Kommission untersagten Zusammenschluss nachträglich zu genehmigen.[227] Allerdings gelten diese Befugnisse nur, sofern die Interessen mit den allgemeinen Grundsätzen und den übrigen Bestimmungen des Unionsrechts vereinbar sind.[228] Als berechtigte Interessen sind nach Art. 21 Abs. 4 Unterabs. 2 die öffentliche Sicherheit, die Medienvielfalt und Aufsichtsregeln anerkannt.[229] Soweit ein anderes Interesse als die Vorgenannten berührt ist, bedarf es gemäß Art. 21 Abs. 4 Unterabs. 3 der Anerkennung der Kommission.[230]

6. Verhältnis zwischen Subsidiaritäts- und „One-Stop-Shop"-Prinzip

Teilweise wird in der Literatur vertreten, dass das Subsidiaritäts- und das „One-Stop-Shop"-Prinzip im Spannungsverhältnis zueinander stehen.[231] Dieses Verhältnis sei dadurch gekennzeichnet, dass die Geltung des einen Prinzips zu Lasten des anderen Prinzips gehe.[232] Diesen Erwägungen liegt die Annahme zugrunde, dass das

---

[226] Kommissionserklärung zu Art. 21, WuW 1990 S. 242; FK-Rösler FKVO Art. 21 RN 15; Schröer/Jacob/Mederer- Langeheine/Dittert FKVO Art. 21 RN 8; Immenga/Mestmäcker-Immenga/Körber FKVO Art. 21 RN 22; MüKo-Schild FKVO Art. 21 RN 25; FK-Jungermann FKVO Art. 21 RN 31.

[227] Kommissionserklärung zu Art. 21, WuW 1990 S. 242; Schröter/Jacob/Mederer-Langheine/Dittert FKVO Art. 21 RN 10, 15; Immenga/Mestmäcker-Immenga/Körber FKVO Art. 21 RN 29; MüKo-Schild FKVO Art. 21 RN 26.

[228] Frenz RN 1917; Lange- Gromotke RN 1371; Vgl. zum anzulegenden Prüfungsmaßstab Schröter/Jacob/Mederer-Langheine/Dittert FKVO Art. 21 RN 11; MüKo-Schild FKVO Art. 21 RN 27, 28.

[229] Vgl. ausführlich MüKo-Schild FKVO Art. 21 RN 25ff.; Loewenheim/Meessen/Riesenkampff- Westermann FKVO Art. 21 RN 12ff.

[230] Vgl. zum Verfahren ausführlich Schild FKOV Art. 21 RN 61; Immenga/Mestmäcker-Immenga/Körber FKVO Art. 21 RN 27 ff.; FK-Jungermann FKVO Art. 21 RN 46ff.

[231] Seitz S. 227.

[232] Seitz S. 227.

Subsidiaritätsprinzip auf Grund der ausschließlichen Zuständigkeit der Kommission nach Art. 21 keine unmittelbare Anwendung auf die FKVO a. F. findet und lediglich die Regelung des Art. 9 als Ausprägung des Subsidiaritätsprinzips betrachtet wird.[233] Demnach bedeutet jede Verweisung nach Art. 9 die Beachtung des Subsidiaritätsprinzips und gleichzeitig die Durchbrechung des „One-Stop-Shop"-Prinzips, da die Kommission nicht mehr allein für die Überprüfung des Zusammenschlusses zuständig wäre. Selbst von der vorgenannten Annahme ausgehend, ist hiergegen einzuwenden, dass bei einer Verweisung des Zusammenschlusses insgesamt an einen Mitgliedsstaat Spannungsverhältnis zwischen den beiden Prinzipien nicht angenommen werden kann. Die Verweisung eines Zusammenschlusses nach Art. 9 insgesamt an einen Mitgliedsstaat steht zumindest im Einklang mit dem Kerngedanken des „One-Stop-Shop"-Prinzips, der Überprüfung eines Zusammenschlusses bei nur einer Behörde.

Ein Spannungsverhältnis zwischen den beiden Prinzipien ist nur für solche Fälle anzunehmen, bei denen der Zusammenschluss an mehrere Mitgliedsstaaten oder nur teilweise an einen Mitgliedsstaaterfolgt und es damit zu einer Aufteilung der Zuständigkeiten kommt.[234] Die sich daraus ergebende Durchbrechung des „One-Stop-Shop"-Prinzips muss zur Gewährleistung des Subsidiaritätsprinzips hingenommen werden, da Letzteres auf Grund seiner primärrechtlichen Regelung Vorrang genießt.[235] Wie bereits ausgeführt, ist das Subsidiaritätsprinzip in Art. 5 Abs. 3 EUV geregelt. Der Vertrag über die Europäische Union stellt das primäre Unionsrecht dar.[236] Die FKVO ist als Verordnung der Unionsorgane Sekundärrecht und damit den Bestimmungen des EUV und AEUV untergeordnet.

Die Durchbrechung des „One-Stop-Shop"-Prinzips ist zwar grundsätzlich mit Nachteilen (dem Wegfall des „level playing field", der Kosten- und

---

[233] Seitz S. 222f.

[234] Vgl. für Teilverweisungen Teil B V. 3. a. bb. (3). (d). (dd) und Teil B V. 3. b. dd. (3).

[235] Tätigkeitsbericht des Bundeskartellamtes 1991/1992 S. 6; Wolf EuZW 1994 S. 235; Kogel S. 122, Seitz S. 233.

[236] Seitz S. 219; Wiedemann-Wiedemann § 1 RN 7.

Zeitersparnisse sowie der Rechtssicherheit für die beteiligten Unternehmen) verbunden. Diesen stehen jedoch die mit der Geltung des Subsidiaritätsprinzips verbundenen Vorteile (Zuständigkeit der sachnäheren Behörde, die Entgegenwirkung von zentralistischen Tendenzen) entgegen.[237] Die mit der Durchbrechung des „One-Stop-Shop"-Prinzips verbundenen Nachteile sind jedoch nicht unerheblich und sollen verhindert werden, indem die Kommission Teilverweisungen vermeidet, soweit nicht offensichtlich der Schutz des Wettbewerbs auf sämtlichen durch das Vorhaben betroffenen Märkten durch mehrere Behörden besser gewährleistet werden kann.[238]

Im Übrigen ergibt sich auch deswegen eine andere Wertung, weil abweichend von der vorgenannten Auffassung das Subsidiaritätsprinzip auf die FKVO insgesamt anwendbar ist. Die FKVO a. F. wurde neugefasst und erlassen, so dass der Anwendung des Subsidiaritätsprinzips keine Bedenken entgegenstehen.[239] In der FKVO hat sich die Stellung des Verweisungsverfahrens nunmehr erheblich verändert. Wie noch auszuführen ist, soll durch das Verweisungssystem eine Feinsteuerung der nach Art. 1 Abs. 2 und Abs. 3 zunächst getroffenen Zuständigkeitsverteilung erfolgen, um den Anforderungen des Subsidiaritätsprinzips zu genügen.[240] Mithin kann etwa die Ausweitung des „One-Stop-Shop"-Prinzips gleichzeitig die Geltung des Subsidiaritätsprinzips bedeuten. Gemäß Art. 22 und Art. 4 Abs. 5 können Zusammenschlüsse von den Mitgliedsstaaten an die Kommission verwiesen werden. Soweit der Zusammenschluss insgesamt an die Kommission verwiesen wurde, was bei einer Verweisung nach Art. 4 Abs. 5 stets der Fall ist, bedeutet dies eine Ausweitung des „One-Stop-

---

[237] Vgl. ausführlich Seitz S. 229ff.

[238] Mitteilung Verweisungsregime RN 12; MüKo-Schroeder FKVO Art. 4 RN 93; Langen/Bunte-Baron FKVO Art. 4 RN 15.

[239] Vgl. oben Teil A. II. 2. a.

[240] Erwägungsgrund 14 FKVO; vor diesem Hintergrund sind auch die Ausführungen von Seitz (vgl. Seitz S. 227f.). zu der Stellungnahme des Wirtschafts- und Sozialausschusses von 1994 (Ergänzende Stellungnahme des Wirtschafts- und Sozialausschusses zum Bericht der Kommission an den Rat über die Anwendung der Verordnung über Unternehmenszusammenschlüsse, ABl. 1994 Nr. 388, S. 41ff., und den Auffassungen von Müller-Laube (JuS 1991 S. 184, 190) obsolet.

Shop“-Prinzips. Gleichzeitig steht die Verweisung im Einklang mit dem Subsidiaritätsprinzip und seinen praktischen Aspekten, da die besser geeignete Behörde für die Überprüfung des Zusammenschlusses zuständig wird. Aber auch die Zuständigkeitskonzentration bei der Kommission durch die Verweisungen des Zusammenschlusses durch vereinzelte Mitgliedsstaaten nach Art. 22 bedeutet gleichzeitig die Geltung beider Prinzipien. Im Ergebnis ist festzuhalten, dass das Subsidiaritätsprinzip und das „One-Stop-Shop“-Prinzip nicht in einem Spannungsverhältnis zueinander stehen. Eine Kollision zwischen den beiden Prinzipien ist tatsächlich nur dann gegeben, wenn eine Verweisung an mehrere Mitgliedsstaaten oder nur teilweise an einen Mitgliedsstaat erfolgt und es dadurch zu einer Aufspaltung der Zuständigkeiten kommt.

7. Zusammenfassung

Das „One-Stop-Shop“-Prinzip wird in der FKVO durch die Regelungen in Art. 21 Abs. 2 und Abs. 3 begründet, welche bestimmen, dass die Kommission ausschließlich für die Kontrolle der Zusammenschlüsse mit gemeinschaftsweiter Bedeutung zuständig wird, und die Mitgliedsstaaten ihr innerstaatliches Wettbewerbsrecht auf solche Zusammenschlüsse nicht anwenden. Damit wird nicht nur eine Doppelkontrolle desselben wirtschaftlichen Sachverhalts durch unterschiedliche Behörden unterbunden, sondern auch einheitliche Bedingungen für die Behandlung dieser Fälle geschaffen („level-playing-field“). Das „One-Stop-Shop“-Prinzip gilt in der FKVO zugleich als allgemeiner Grundsatz der Zuständigkeitsverteilung und soll entsprechend seinem Kerngedanken gewährleisten, dass die Kontrolle von Zusammenschlüssen einheitlich bei einer Behörde gebündelt wird. Zudem führt die Überprüfung von Zusammenschlüssen einheitlich bei einer Behörde regelmäßig zur Verfahrensvereinfachung, Rechtssicherheit sowie zu Kosten- und Zeitersparnissen. Eine Durchbrechung des „One-Stop-Shop“-Prinzips im engeren Sinne (die Zuständigkeit der Kommission für die Überprüfung des Zusammenschlusses) ist durch die Verweisungsregelungen der Art.

4 Abs. 4 und Art. 9 sowie durch die Ausnahmebefugnisse der Mitgliedsstaaten nach Art. 21 Abs. 4 möglich.

Ein grundsätzliches Spannungsverhältnis zwischen dem Subsidiaritäts- und „One-Stop-Shop"-Prinzip liegt nicht vor. Eine Kollision zwischen den beiden Prinzipien ist nur dort gegeben, wo ein Zusammenschluss im Einklang mit dem Subsidiaritätsprinzip von der Kommission an mehrere nationale Behörden oder nur teilweise verwiesen wird und es dadurch zu einer Aufspaltung der Zuständigkeiten kommt. In diesen Fällen ist das Subsidiaritätsprinzip als primäres Recht dem „One-Stop-Shop"-Prinzip als sekundärem Rechtübergeordnet. Soweit jedoch eine Verweisung des Zusammenschlusses an einen Mitgliedsstaat insgesamt erfolgt, steht dies sowohl im Einklang mit dem Subsidiaritätsprinzip als auch mit dem Grundgedanken des „One-Stop-Shop"-Prinzips, welches die Bündelung der Zuständigkeit bei einer Behörde beinhaltet. Dies gilt auch für Fälle, in denen eine Verweisung des Zusammenschlusses von den Mitgliedsstaaten insgesamt an die Kommission erfolgt oder sich eine Zuständigkeitskonzentration durch die Verweisung mehrerer Mitgliedsstaaten bei der Kommission ergibt.

Teil B –Bewertung der Zuständigkeitsverteilung

I. Allgemeines

Die Entwicklung der Fusionskontrollverordnung ist von dem Ziel geprägt, eine optimale Zuständigkeitsverteilung zwischen der Kommission und den nationalen Wettbewerbsbehörden zu erreichen. Dabei kommt dem Subsidiaritätsprinzip und seinen praktischen Aspekten eine besondere Bedeutung zu. Das Subsidiaritätsprinzip gilt als Maßstab für eine sachgerechte Zuständigkeitsverteilung zwischen den europäischen und den nationalen Behörden und sichert die Überprüfung des Zusammenschlusses durch die besser geeignete Behörde. Gleichzeitig sollen die Zuständigkeitsregelungen gewährleisten, dass möglichst eine doppelte Kontrolle eines Zusammenschlusses durch mehrere Mitgliedsstaaten vermieden wird („One-Stop-Shop"-Prinzip). Unter Berücksichtigung beider Prinzipien soll im Folgenden die Zuständigkeitsverteilung in der FKVO dargestellt und bewertet werden.

II. Bewertung der grundsätzlich nach der FKVO beabsichtigten Zuständigkeitsverteilung

Nach Erwägungsgrund 8 FKVO sollen bedeutsame Strukturveränderungen, deren Auswirkungen auf den Markt die Grenzen eines Mitgliedsstaates überschreiten, ausschließlich auf der Unionsebene überprüft werden. In der Praxis und in der Literatur wird zur Bestimmung solcher Zusammenschlüsse das Kriterium der „grenzüberschreitenden Auswirkungen" verwendet.[241] Dabei wird

---

[241] Vgl. Grünbuch der Kommission über die Revision der Verordnung (EWG) Nr. 4064/89 des Rates vom 11.12.2001 KOM (2001) 745/6 endgültig RN 32 (im Folgenden „Grünbuch" zitiert), abrufbar unter www.fkvo.eu; Vorschlag für eine Verordnung des Rates über die Kontrolle von Unternehmenszusammenschlüssen KOM (2002) 711 endgültig (im Folgenden „Verordnungsvorschlag" zitiert) Erwägungsgrund 13, abrufbar unter www.fkvo.eu; Grünbuch 1996 RN 25; Stellungnahme Bundeskartellamt S. 2; Röhling S. 96; Kögel. S. 94; Jarass EuGRZ 1994 S. 215; Kamburoglou 1993 S. 276f.; Kögel S. 307f.; Calliess S. 227; Möschel NJW 1995 S. 284; Möschel EWS 1995 S. 252; Groger/Janicki WuW 1992 S. 1001;

einhellig davon ausgegangen, dass die Überprüfung dieser Fälle auf der Unionsebene erfolgen sollte.[242] Daher ist zunächst zu prüfen, ob diese Abgrenzung mit dem Subsidiaritätsprinzip zu vereinbaren ist. Mithin soll untersucht werden, ob eine wirksame Überprüfung von Zusammenschlüssen mit grenzüberschreitenden Auswirkungen auf Ebene der Mitgliedsstaaten nicht ausreichend erreicht werden kann und daher wegen ihres Umfangs oder ihrer Wirkung besser auf der Unionsebene überprüft werden sollte. Zunächst ist das Kriterium „grenzüberschreitende Auswirkungen" zu definieren. Im Anschluss hieran soll untersucht werden, ob die Überprüfung von Zusammenschlüssen mit grenzüberschreitenden Auswirkungen auf Grund der Anforderungen des Subsidiaritätsprinzips auf der Unionsebene zu erfolgen hat.

1. Definition der „grenzüberschreitenden Auswirkungen"

Eine Definition der „grenzüberschreitenden Auswirkungen" findet sich in der FKVO nicht.[243] In ihrem Grünbuch 1996 hat die Kommission

---

Als Abgrenzungskriterien werden in der Literatur weitere Kriterien angeführt. So wird von einigen Autoren die „Ökonomische Theorie des fiskalischen Föderalismus" angeführt, welche maßgeblich auf die „gesamtökonomische Effizienz" abstellt. (so Kogel S. 308; Möschel NJW 1995 284; Möschel EWS 1995 S. 252; Neven/Nutall/Seabright S. 176ff.). Ein weiteres Kriterium ist die „Einheitlichkeit der Wettbewerbsbedingungen", um eine weitgehende Zentralisierung aller Zusammenschlüsse auf Unionsebene zu rechtfertigen (Ehlermann S. 12ff.; Beutler/Bieber/Pipkorn/Streil S. 378). Mit dem „Kriterium der wettbewerblichen Effizienz" wird die Begrenzung der unionsrechtlichen Zuständigkeit verfolgt. Begründet wird dies mit der Politisierung des Entscheidungsverfahrens und der fehlenden wettbewerblichen Effizienz der europäischen Fusionskontrolle (I. Schmidt/A. Schmidt S. 134; Schnittmann/Vonnemann S. 1025ff.); vgl. zu den Kriterien zusammenfassend Röhling S. 101ff.

[242] Immenga/Mestmäcker-Immenga Ergänzungsband FKVO Art. 1 RN 2; Jarass EuGRZ 1994 S. 215 ; Kamburoglou 1993 S. 276 f. ; Kögel S. 307f; Calliess S. 227; Möschel NJW 1995 S. 284; ders. AG 1998 S. 565;; Möschel EWS 1995 S. 252; Groger/Janicki, WuW 1992 S. 1001; Röhling S. 96ff.; Neven/Nutal/Seabright S. 176ff.

[243] Während früher einheitlich der Begriff der „grenzüberschreitenden Auswirkungen" genutzt wurde, nutzt die Kommission im neuen Grünbuch ohne abweichenden Sinngehalt nunmehr den Begriff der „grenzüberschreitenden Interessen". Zur

versucht, diesen Begriff zu konkretisieren.[244] Danach hat ein Zusammenschluss „erhebliche grenzüberschreitende Auswirkungen", wenn er sich auf die Wettbewerbsverhältnisse eines Gebiets auswirkt, das über die Grenzen eines einzelnen Mitgliedsstaates hinausgeht.[245] Als Beispiele für grenzüberschreitende Auswirkungen führt die Kommission Fälle auf, bei denen die Zusammenschlussbeteiligten

- entweder bedeutende Aktivitäten in mehreren Mitgliedsstaaten haben oder
- wenn ihre Aktivitäten in einem Mitgliedsstaat bedeutende wettbewerbliche Rückwirkungen auf andere Teile der Europäischen Union haben können (dies ist z.B. der Fall, wenn der Zusammenschluss den Markteintritt von Wettbewerbern aus anderen Mitgliedsstaaten erschwert und somit ein Hindernis auf der weiteren Integration Europas darstellt, oder wenn die Fertigung einer nationalen Stellung übergreifende Effekte auf den Rest der Europäischen Union hat).[246]

In dem Verordnungsvorschlag der Kommission wurde dieses Kriterium ausdrücklich in Erwägungsgrund 13, Art. 4 Abs. 5 Unterabs. 1 und Art. 22 Abs. 4 aufgenommen. Ohne eine genaue Definition vorzunehmen, stellte die Kommission klar, dass dieses Merkmal nicht identisch ist mit in den Art. 101 AEUV und Art. 102 AEUV verwendeten Konzepten der Beeinträchtigung des Handels zwischen den Mitgliedsstaaten.[247] Die

---

Vermeidung von Missverständnissen wird einheitlich der Begriff der „grenzüberschreitenden Auswirkungen" genutzt.

[244] Grünbuch 1996 RN 25.

[245] Grünbuch 1996 RN 25.

[246] Grünbuch 1996 RN 25; a. A. Kögel S. 308; Röhling S. 97f.; danach sei für die Begründung der grenzüberschreitenden Auswirkungen nicht ausreichend, dass durch den Zusammenschluss der Marktzutritt erschwert werden kann. Begründet wird dies damit, dass theoretisch durch jeden Zusammenschluss der Markteintritt von anderen Unternehmen erschwert wird.

[247] Vgl. Verordnungsvorschlag Erwägungsgrund 13, wonach ohne erkennbaren abweichenden Sinngehalt der Begriff der „erheblichen grenzübergreifenden Auswirkungen" verwendet wird.

vorgenannten Erwägungen sind nach wie vor für eine Definition der „grenzüberschreitenden Auswirkungen" heranzuziehen.[248]

Eine weitere Eingrenzung kann im Umkehrschluss an die Voraussetzung der Art. 4 Abs. 4 und Art. 9 erfolgen. Diese setzen für eine Verweisung an einen Mitgliedsstaat den Nachweis voraus, dass der Zusammenschluss einen Markt innerhalb eines Mitgliedsstaates, der alle Merkmale eines gesonderten Marktes aufweist, erheblich beeinträchtigen könnte. Demnach werden regelmäßig grenzüberschreitende Auswirkungen anzunehmen sein, wenn Produktmärkte betroffen sind, die in geografischer Hinsicht entweder größer als ein nationaler Markt sind oder diese innerhalb verschiedener Mitgliedsstaaten liegen.[249] Auch die Kommission erklärt im Rahmen ihrer jüngsten Untersuchungen, dass die geografischen Auswirkungen ein Indiz für die Bestimmung der besser geeigneten Behörde darstellen.[250] Der Kommission ist auch dann zuzustimmen, dass trotz eines nationalen Schwerpunkts der Zusammenschluss grenzüberschreitende Auswirkungen haben kann, wenn beispielsweise die Folgen des Zusammenschlusses in einem räumlichen Markt auch auf räumlichen Märkten in einem anderen Mitgliedsstaat massiv spürbar sind[251], oder weil Marktabschottungseffekte drohen und als Folge davon eine Aufsplitterung des gemeinsamen Marktes zu befürchten ist[252].[253]

---

[248] So auch Röhling S. 97.

[249] Im Ergebnis auch Röhling S. 97.

[250] Commisssion staff working paper accompanying the communication from the commission to the council „Report of the functioning of Regulation 139/2004, 18.06.2009 (SEC 2009) 808 RN 39, 51 (im Folgenden „Begleitendes Arbeitspapier zum Bericht 2009" zitiert) abrufbar unter: http://ec.europa.eu/competition/mergers/studies_reports/studies_reports.html

[251] Beispiel hierfür ist der Zusammenschluss Veba/Viag (IV/M.1673), trotz des nationalen Schwerpunkts in Deutschland kam diesem Zusammenschluss eine prägende Bedeutung für die künftige Struktur des gesamten europäischen Strommarktes zu (vgl. Röhling S. 97).

[252] Beispiel hierfür ist der Zusammenschluss ABB/Daimler Benz (M. 580), trotz der Beschränkungen der Wettbewerbsprobleme auf den deutschen Markt, hätte das Vorhaben erhebliche Folgen in ganz Europa nach sich gezogen (Vgl. Mitteilung Verweisungsregime RN 21, FN 24).

[253] Mitteilung Verweisungsregime RN 21; teilweise a. A. Röhling S. 97.

2. Wirksame Überprüfung der Zusammenschlüsse mit grenzüberschreitenden Auswirkungen ist auf der Ebene der Mitgliedsstaaten nicht möglich

Nach dem Negativkriterium des Subsidiaritätsprinzips stellt sich die Frage, ob zur Gewährleistung eines unverfälschten Wettbewerbs eine wirksame Kontrolle von Zusammenschlüssen mit erheblichen grenzüberschreitenden Auswirkungen durch die Mitgliedsstaaten erfolgen kann.[254] Die einzelnen nationalen Behörden können den Zusammenschluss nur unter Berücksichtigung ihres eigenen Marktes bewerten, obwohl etwa bei Mehrfachanmeldungen eine Gesamtbetrachtung notwendig ist.[255] Die Entscheidung eines Mitgliedsstaates über die Vereinbarkeit des Zusammenschlusses nach nationalem Recht unter Berücksichtigung der Auswirkungen auf die

---

[254] Das Ziel der FKVO ergibt sich aus den Erwägungsgründen 2-6. Demnach dient die FKVO als besonderes Rechtsinstrument der Wahrung eines unverfälschten Wettbewerbs. Weitergehend Kogel, welcher einen effizienten Wettbewerbsschutz als Ziel definiert, welcher die beteiligten Unternehmen nicht übermäßig belastet. Entsprechend werden von diesem auch, die sich für die beteiligten Unternehmen aus der Prüfung der durch die nationalen Wettbewerbsbehörden ergebenden Nachteile berücksichtigt (vgl. Kogel. S. 103f.). Eine solche weite Auffassung geht im Hinblick auf die, durch die Erwägungsgründe 2-6 definierten Ziele der FKVO fehl. Die Interessen der beteiligten Unternehmen sind vor dem eigentlichen Ziel – einen unverfälschten Wettbewerb zu gewährleisten – nur nachrangig.

[255] Der BGH ist von seiner Auffassung abgekehrt, dass der räumlich relevante Markt im Rahmen der nationalen Fusionskontrolle auf der Grundlage des GWB allenfalls so groß sein kann wie das Bundesgebiet. Begründet wird dies unter anderem damit, dass es für eine normative Begrenzung des räumlich relevanten Marktes keine zwingenden Gründe gäbe, insbesondere, dass eine marktbeherrschende Stellung in einem über Deutschland hinausgehenden Markt auch eine marktbeherrschende Stellung in Deutschland sein wird, und nunmehr durch die Verbesserung des Netzwerks der Kartellbehörden die Ermittlungsmöglichkeiten des Bundeskartellamts im Ausland nicht mehr beschränkt seien. (Beschluss des BGH vom 05.10.2004 KVR 14/03, Staubsaugerbeutelmarkt; IWuW DE-R 1355). Diese Entscheidung wirft jedoch die Frage auf, ob eine Begrenzung aus kollisionsrechtlichen Gründen nicht geboten ist. Jedenfalls sind nunmehr inhaltliche Konflikte mit den Fusionskontrollverordnungen von anderen Ländern zu erwarten (vgl. ausführlich Beninca WuW 2005 S. 43, 45).

anderen betreffenden Mitgliedsstaaten wird als Einmischung in den nationalen Sachverhalt gewertet.[256] Im Extremfall kann eine solche Anwendung der nationalen Rechtsordnung zu einer Abwehrgesetzgebung in dem betreffenden Mitgliedsstaat führen.[257] Im Übrigen ist der Übergriff eines Staates in den Regelungsbereich eines anderen Staates auf Grund des völkerrechtlichen Interventionsverbots prinzipiell ausgeschlossen.[258] Weiterhin gewährleistet die Kontrolle durch die nationalen Behörden lediglich die Durchsetzung einer Untersagungsentscheidung oder Auflagen im Inland.[259] Diese Nachteile könnten zwar theoretisch durch ein koordiniertes Vorgehen der Mitgliedsstaaten im Rahmen eines Netzwerks weitgehend verhindert werden, praktisch ist jedoch eine wirksame Überprüfung im Hinblick auf die große Zahl von Zusammenschlüssen mit grenzüberschreitenden Auswirkungen nichtmöglich und von den Mitgliedsstaaten auch nicht gewollt.[260] Es ist nicht denkbar, dass die Mitgliedsstaaten ein solches koordiniertes Vorgehen ständig durchführen können. Im Ergebnis müsste wiederum eine übergeordnete Behörde aus den unterschiedlichen nationalen Wettbewerbsbehörden gebildet werden, die verbindlichen Regelungen für gemeinsame Überprüfungen unterliegt. Mithin ist eine wirksame Kontrolle von Zusammenschlüssen mit grenzüberschreitenden Auswirkungen durch die Mitgliedsstaaten nicht möglich.

3. Wirksame europäische Fusionskontrolle auf Unionsebene

In einer zweiten Prüfung ist festzustellen, ob zur Gewährleistung eines unverfälschten Wettbewerbs die wirksame Kontrolle von Zusammenschlüssen mit grenzüberschreitenden Auswirkungen wegen

---

[256] Röhling S. 96.
[257] Möschel NJW 1995 S. 284; ders. AG 1998 S. 565; Röhling S. 96; Beninca WuW 2005 S. 43, 45.
[258] MüKo-Schild FKVO Art. 9 RN 2; Kenntner NJW 1998 S. 2871.
[259] Kögel S. 309; Röhling S. 96; Kogel S. 105.
[260] Im Ergebnis auch Kogel, welcher jedoch seine ablehnende Auffassung nur mit den Nachteilen für die Unternehmen begründet (Kogel S. 107f.).

ihres Umfangs oder ihrer Wirkung besser auf der Unionsebene erfolgen kann. Im Gegensatz zu den Mitgliedsstaaten ist der Anwendungsbereich der europäischen Fusionskontrolle für die Unionsorgane nicht auf die jeweiligen nationalen Territorien beschränkt. Diese sind befugt, Entscheidungen über die nationalen Grenzen von einzelnen Mitgliedsstaaten hinaus gegenüber den Unternehmen durchzusetzen. Mithin gewährleistet die Überprüfung durch die Kommission eine höhere Effektivität und eine bessere Durchsetzbarkeit der getroffenen Entscheidungen.[261]

4. Zusammenfassung

Nach dem Erwägungsgrund 8 der FKVO sollen bedeutsame Strukturveränderungen, deren Auswirkungen auf den Markt die Grenzen eines Mitgliedsstaates überschreiten, ausschließlich auf der Unionsebene überprüft werden. Zur Bestimmung solcher Zusammenschlüsse wird in Praxis und Literatur das Kriterium der „grenzüberschreitenden Auswirkungen“ verwendet. Dabei handelt es sich in der Regel um solche Zusammenschlüsse, die bedeutende Aktivitäten in mehreren Mitgliedsstaaten haben. Diese Abgrenzung ist auch mit dem Subsidiaritätsprinzip zu vereinbaren. Die Untersuchungen haben ergeben, dass eine wirksame Überprüfung solcher Zusammenschlüsse auf der Ebene der Mitgliedsstaaten auf Grund des eingeschränkten Anwendungsbereichs ihrer nationalen Wettbewerbsvorschriften nicht ausreichend durchgeführt werden kann. Dagegen besteht für die Kommission keine territoriale Beschränkung bei der Anwendung der FKVO. Durch die Kommission ist eine Gesamtbetrachtung des Zusammenschlusses und die Durchsetzung von Untersagungsentscheidungen und Auflagen über die nationalen Grenzen hinaus möglich. Die Kommission ist insgesamt inhaltlich und verfahrensmäßig besser in der Lage, einen solchen Zusammenschluss zu überprüfen. Im Ergebnis bleibt festzuhalten, dass die in der FKVO

---

[261] So auch Hirsbrunner EuZW 1998 S. 71; Calliess S. 228; Röhling S. 83; Kogel S. 108.

beabsichtigte Zuständigkeitsverteilung mit dem Subsidiaritätsprinzip im Einklang steht.[262]

III. Problem der Mehrfachanmeldungen

Im Wesentlichen ist die Diskussion um die Zuständigkeitsverteilung seit der ersten Revision der FKVO 1997 von dem Problem der Mehrfachanmeldungen geprägt.[263] Überwiegend wird davon ausgegangen, dass Mehrfachanmeldungen erhebliche grenzüberschreitende Auswirkungen aufweisen und deswegen von der Kommission überprüft werden sollten.[264] Von dem Bundeskartellamt und auch von der Kommission, welche von ihrer zuvor vertretenen Auffassung Abstand nimmt, wurde jedoch die Auffassung vertreten, dass allein der Umstand, dass der Zusammenschluss in drei Mitgliedsstaaten angemeldet werden muss, keine grenzüberschreitenden Auswirkungen begründet.[265] Daher soll an dieser Stelle zunächst auf das Problem der Mehrfachanmeldungen eingegangen werden. Nach einer Definition der Mehrfachanmeldungen soll zunächst geprüft werden, ob die Fälle der Mehrfachanmeldungen „erhebliche grenzüberschreitende Auswirkungen" aufweisen und wegen des Subsidiaritätsprinzips auf der Unionsebene zu prüfen sind. Da für die Fälle der Mehrfachanmeldungen das „One-Stop-Shop"-Prinzip nicht zur Anwendung kommt, sollen im Anschluss die Auswirkungen der Mehrfachanmeldungen auf die beteiligten Unternehmen aufgezeigt werden.

---

[262] So auch im Hinblick auf das Subsidiaritätsprinzip: Jarass EuGRZ 1994 S. 215 ; Kamburoglou 1993 S. 276f.; Kögel S. 307f.; Calliess S. 227; Möschel NJW 1995 S. 284; Möschel EWS 1995 S. 252; Groger/Janicki WuW 1992 S. 1001; Röhling S. 96.
[263] Grünbuch 1996 RN 51ff.; Grünbuch RN 21.
[264] Grünbuch RN 24f.; Grünbuch 1996 RN 52; Böge WuW 2004 S. 142; Hellmann EWS 2004 S. 289; Kogel S. 165.
[265] Verordnungsvorschlag Begründung RN 14; Berg/Diegel EWS 2003 S. 450; Stellungnahmen Bundeskartellamt S. 3.

1. Definition der Mehrfachanmeldungen

Eine Definition der Mehrfachanmeldungen findet sich in der FKVO nicht. Ohne eine nähere Definition wird in Erwägungsgrund 14 der FKVO angeführt, dass Mehrfachanmeldungen weitestgehend auszuschließen sind. Dies soll durch entsprechende Verweisungen erfolgen. Voraussetzung der Verweisung von den Mitgliedsstaaten an die Kommission nach Art. 4 Abs. 5 ist, dass der Zusammenschluss in mindestens drei Mitgliedsstaaten überprüft werden könnte. Im Umkehrschluss muss davon ausgegangen werden, dass der Verordnungsgeber für die Annahme von Mehrfachanmeldungen von der Überprüfung in mindestens drei Mitgliedstaaten ausgegangen ist. Diese Annahme wird auch durch den Zweck des Art. 1 Abs. 3 bestätigt. Hierdurch sollen Zusammenschlüsse in den Anwendungsbereich der FKVO geführt werden, die in drei Mitgliedsstaaten angemeldet werden müssen.[266] Auch die Kommission geht in ihrem Grünbuch bei der Beschreibung von Mehrfachanmeldungen überwiegend davon aus, dass der Zusammenschluss in drei oder mehr Mitgliedsstaaten angemeldet bzw. überprüft werden muss.[267] Vor diesem Hintergrund werden vorliegend als Mehrfachanmeldungen solche Zusammenschlüsse definiert, die nicht in den Anwendungsbereich der FKVO fallen und deswegen in drei oder mehr Mitgliedsstaaten angemeldet bzw. überprüft werden müssen.

2. Grenzüberschreitende Auswirkungen von Mehrfachanmeldungen

Wie bereits ausgeführt, haben Zusammenschlüsse nach Auffassung des Bundeskartellamts und der Kommission nicht allein deswegen grenzüberschreitende Auswirkungen, weil sie in drei oder mehr Mitgliedsstaaten anzumelden sind. „Die Pflicht zur Anmeldung des Zusammenschlusses in drei oder mehr Mitgliedsstaaten reiche als Nachweis des Unionsinteresses nicht aus, weil die Anmeldevorschriften

[266] Grünbuch RN 24; Verordnungsvorschlag RN 12.

[267] Grünbuch RN 24, 25, 36, 42, 51.

bestimmter Mitgliedsstaaten und Beitrittskandidaten möglicherweise sehr niedrige Anmeldeschwellen vorsehen oder in ihnen hinreichende Anknüpfungspunkte zum nationalen Rechtssystem sogar gänzlich fehlen können."[268] Die vorsichtige Formulierung der Kommission lässt erahnen, dass diese Argumentation auf keine konkreten Untersuchungen der nationalen Schwellenwerte gründet.[269]

Es kann nicht ausgeschlossen werden, dass auf Grund der niedrigen Anmeldeschwellen in Einzelfällen Zusammenschlüsse erfasst werden, die keine grenzüberschreitenden Auswirkungen aufweisen.[270] Die überwiegende Zahl der Mehrfachanmeldungen weisen jedoch grenzüberschreitende Auswirkungen auf. Die Tatsache, dass ein Zusammenschluss gleichzeitig in drei verschiedenen Mitgliedsstaaten überprüft werden könnte, stellt ein eindeutiges Indiz für die gemeinschaftsweiten Auswirkungen dar.[271] Insoweit stellt die Kommission im Rahmen der jüngsten Untersuchungen der Zuständigkeitsregelungen in ihrem Begleitenden Arbeitspapier zum Bericht 2009 fest, dass die geografischen Auswirkungen ein Hinweis dafür darstellen, welche Behörde für die Überprüfung und, falls erforderlich, für das Ergreifen von geeigneten Maßnahmen besser geeignet ist.[272] Die Wahrscheinlichkeit, dass ein Zusammenschluss gemeinschaftsweite Bedeutung hat, sei größer, wenn die betroffenen Märkte über die nationalen Grenzen hinausgehen.[273] Zur Feststellung der geografischen Auswirkungen sind unter anderem die von dem Zusammenschluss betroffenen Märkte zu betrachten.[274]

Es ist davon auszugehen, dass die nationalen Fusionskontrollvorschriften so ausgestaltet sind, dass sie Zusammenschlüsse erfassen, die Auswirkungen auf den jeweiligen

---

268 Verordnungsvorschlag Begründung RN 14.

269 Vgl. für weitere Schwächen der Argumentation Teil C I. 2. a.

270 Vgl. Arhold EWS 2002 S. 451.

271 Grünbuch RN 24,25; Grünbuch 1996 RN 52.; Böge WuW 2004, 142; Hellmann EWS 2004, 289; Röhling S. 97.

272 Begleitendes Arbeitspapier zum Bericht 2009 RN 39ff., 51, 125.

273 Begleitendes Arbeitspapier zum Bericht 2009 RN 51.

274 Begleitendes Arbeitspapier zum Bericht 2009 RN 39.

nationalen Markt haben können. Zwar ist dem Bundeskartellamt zuzustimmen, dass die nationalen Fusionskontrollverordnungen das Ziel haben, effektiven Wettbewerbsschutz auf lokaler, regionaler und landesweiter Ebene eines Mitgliedsstaates zu sichern.[275] Kann jedoch ein Zusammenschluss gleichzeitig Auswirkungen auf drei Mitgliedsstaaten haben, werden in der Regel keine lokalen oder regionalen Märkte mehr betroffen sein. Die Auswirkungen erstrecken sich offensichtlich über die nationalen Grenzen hinaus. Bereits frühere Untersuchungen der Kommission haben ergeben, dass die geografischen Bereiche von Mehrfachanmeldungen in vier von fünf Fällen über den eines nationalen Marktes hinausgingen.[276] Die Kommission wies darüber hinaus darauf hin, dass in einer Vielzahl von Fällen einige oder alle Mitgliedsstaaten, die zuständig waren, den räumlich relevanten Markt weiter als den nationalen Markt abgegrenzt haben. Bei den meisten Fällen der Mehrfachanmeldungen lag der Schwerpunkt auch längst nicht nur in einem Mitgliedsstaat.[277] Darüber hinaus betrafen viele der Mehrfachanmeldungen Geschäftstätigkeiten in mehreren Mitgliedsstaaten, wo der Zusammenschluss nicht angemeldet worden war.[278] Die jüngsten Untersuchungen über die Auswirkungen von Mehrfachanmeldungen bestätigen diese Ergebnisse. Danach mussten im Jahr 2007 102 Zusammenschlüsse in drei oder mehr Mitgliedsstaaten angemeldet werden.[279] Die Untersuchung dieser Zusammenschlüsse hat ergeben, dass in 54 Fällen Märkte über nationale oder europäische Märkte hinausgingen, 22 Fälle weltweite Märkte betrafen und lediglich in 26 Fällen der geografische Auswirkungsbereich auf nationale Märkte beschränkt war.[280] Die Kommission geht vor diesem Hintergrund in ihrem

---

[275] Stellungnahme Bundeskartellamt S. 3.

[276] Annex I zum Grünbuch RN 160, 161 abrufbar unter www.fkvo.eu.

[277] Grünbuch RN 25; ausführlich vgl. Bericht an den Rat über die Anwendung der in der Fusionskontrollverordnung vorgesehenen Schwellenwerte vom 28.06.2000 (im Folgenden "Bericht" zitiert) RN 22ff.

[278] Grünbuch RN 25.

[279] Begleitendes Arbeitspapier zum Bericht 2009 RN 47.

[280] Begleitendes Arbeitspapier zum Bericht 2009 RN 47; weiterhin wurde festgestellt, dass rund 6 % dieser Fälle Anlass zu wettbewerbsrechtlichen Bedenken gegeben haben. Bei diesen Fällen sind die negativen Auswirkungen paralleler Prüfungen und

Bericht über das Funktionieren der Verordnung Nr. 139/2004 des Rates vom 18.06.2009 davon aus, dass eine Reihe von Mehrfachanmeldungen grenzüberschreitende Auswirkungen haben.[281] Darüber hinaus wurden allein im Jahr 2007 50 Zusammenschlüsse durch die Regelungen des Art. 4 Abs. 5 an die Kommission verwiesen.[282] Diese Regelung setzt für eine Verweisung voraus, dass der Zusammenschluss nach dem Wettbewerbsrecht mindestens dreier Mitgliedsstaaten geprüft werden könnte. Im Ergebnis ist daher festzuhalten, dass die überwiegende Zahl von Mehrfachanmeldungen grenzüberschreitende Auswirkungen aufweisen.

3. Auswirkungen der Mehrfachanmeldungen auf die beteiligten Unternehmen mangels Anwendung des „One-Stop-Shop"-Prinzips

Der Umstand, dass für die Fälle der Mehrfachanmeldungen das „One-Stop-Shop"-Prinzip nicht zum Tragen kommt, bedeutet nicht nur, dass für diese Fälle keine einheitlichen Bedingungen bei der Behandlung vorliegen („level playing field"), sondern dies für die beteiligten Unternehmen auch mit erheblichen Nachteilen verbunden sind. Die Überprüfung des Zusammenschlusses durch mehrere nationale Wettbewerbsbehörden führt für die beteiligten Unternehmen zu Rechtsunsicherheiten, Kosten- und Zeitnachteilen.[283] Zur Überprüfung

---

die Gefahr unterschiedlicher Ergebnisse besonders groß (vgl. Begleitendes Arbeitspapier zum Bericht 2009 RN 54).

[281] Mitteilung der Kommission an den Rat „Bericht über das Funktionieren der Verordnung Nr. 139/2004" KOM (2009) 281 endgültig RN 16 RN 13 (im Folgenden „Bericht 2009" zitiert); abrufbar unter http://ec.europa.eu/competition/mergers/studies_reports/studies_reports.html;

[282] Vgl. Statistik der Kommission unter http://ec.europa.eu/competition/mergers/statistics.pdf Stand 30.04.2011.

[283] Hirsbrunner EuZW 1998 S. 71; Immenga/Mestmäcker-Immenga Ergänzungsband FKVO Art. 1 RN 2; Becher S. 77ff; Erwägungsgrund 1 Verordnung Nr. 4064/89 in der Fassung nach der Novellierung 1997; Erwägungsgrund 12 der Verordnung 139/ 2004.

dieser Nachteile hatte die Kommission Unternehmen befragt, die in der Vergangenheit an Mehrfachanmeldungen beteiligt waren.[284]

a. Verfahrensdauer

Zusammenschlüsse, die in mehreren Mitgliedsstaaten anzumelden sind, können erst vollzogen werden, wenn alle zuständigen nationalen Kartellbehörden eine Genehmigung erteilen. Die Kommission hat vor diesem Hintergrund die beteiligten Unternehmen nach der Dauer des Verfahrens befragt.[285] Dies ergab, dass sich die durchschnittliche Dauer des Verfahrens verlängert, wenn drei oder mehr nationale Kartellbehörden involviert sind. Als Grund für die längere Verfahrensdauer werden die unterschiedlich ausgestalteten Fusionskontrollsysteme und die dadurch bedingten unterschiedlichen Zeitpunkte für eine Anmeldung genannt. Weitere Gründe sind Zeitverluste wegen unvollständiger Anträge oder Bedarf an zusätzlichen Informationen, welche ebenfalls auf den Umgang mit den unterschiedlichen nationalen Fusionskontrollsystemen zurückzuführen sind.[286]

b. Kosten

Die Kosten eines Zusammenschlusses setzen sich aus den Verwaltungsgebühren der nationalen Wettbewerbsbehörden[287], Kosten für anwaltliche Beratung, Kosten für Service wie Übersetzung und Koordination sowie sonstigen Kosten zusammen.[288] Die Befragung der beteiligten Unternehmen ergab, dass die Kosten proportional zur Zahl

---

[284] Annex I zum Grünbuch RN 140; Begleitendes Arbeitspapier zum Bericht 2009 RN 50; vgl. für eine Zusammenfassung dieser Nachteile ausführlich Kogel S. 42ff.

[285] Annex I zum Grünbuch RN 149.

[286] Annex I zum Grünbuch RN 151.

[287] So betragen beispielsweise die Anmeldegebühren für die Bundesrepublik Deutschland, Großbritannien und Spanien über 10.000 € (vgl. Kogel S. 48).

[288] Vgl. ausführlich Kogel. S. 46ff.

der involvierten Mitgliedsstaaten anstiegen.[289] Müssen gleichzeitig mehrere Verfahren parallel zueinander geführt werden, fallen erhebliche Transaktionskosten an.[290] Weiterhin können bei der Prüfung auf der Unionsebene aufwendige Suchkosten, die bei der Wahl von Umgehungskonstruktionen entstehen, vermieden werden.[291]

c. Rechtsunsicherheit

Die beteiligten Unternehmen wurden im Hinblick auf ihre Erfahrungen mit Mehrfachanmeldungen weiterhin zu den Ergebnissen der Überprüfungen durch die nationalen Wettbewerbsbehörden befragt. Die Untersuchungen ein und desselben Zusammenschlusses auf der Grundlage von unterschiedlichen nationalen Wettbewerbsbehörden führten häufig zu unterschiedlichen Entscheidungen durch die einzelnen Wettbewerbsbehörden.[292] In keinem der Fälle führte die Überprüfung des Zusammenschlusses jedoch zu einem Verbot.

Die beteiligten Unternehmen gaben als Gründe für die unterschiedlichen Entscheidungen an, dass die nationalen Wettbewerbsbehörden unterschiedliche Beurteilungskriterien und abweichende Wettbewerbskonzeptionen haben und somit die Märkte aus ihren jeweiligen unterschiedlichen nationalen Perspektiven im Hinblick auf die relevanten Produkte und geografischen Märkte untersuchen.[293] Diese Unterschiede können zu abweichenden Entscheidungen der Behörden führen, die die beteiligten Unternehmen zwingen können, den Zusammenschluss zu verändern oder ihre geschäftlichen Tätigkeiten in verschiedenen Mitgliedsstaaten aufzugeben.[294] Der Zusammenschluss ist jedoch als ein einheitliches Vorhaben zu betrachten, dem die

---

[289] Vgl. Annex I zum Grünbuch RN 142, 143.

[290] Kögel S. 308; Möschel NJW 1995 S. 284; Kogel S. 46; Wirtschafts- und Sozialausschuss, Stellungnahme Bericht der Kommission vom 28. 07. 1993, ABl. EG 1994 C 388 S. 41; Zschocke WuW 1996 S. 85f.; Axster in FS Quack S. 575.

[291] Kögel S. 308.

[292] Annex I zum Grünbuch RN 154, 168.

[293] Annex I zum Grünbuch RN 154, 168; so auch schon Kögel S. 308 FN 115.

[294] Annex I zum Grünbuch RN 168.

Vertragsparteien bei Änderungen nicht zugestimmt hätten. Dabei werden die beteiligten Unternehmen zwar vorsorglich auch eventuelle Änderungen, die durch Auflagen oder Bedingungen erfolgen können, in Betracht gezogen haben, aber die unterschiedlich ausgestalteten Fusionskontrollsysteme verhindern jede Vermutung über den Ausgang des gesamten Verfahrens.[295] Mehrfachanmeldungen führen demnach zu zusätzlicher Rechtsunsicherheit.[296]

4. Zusammenfassung

Einhergehend mit den sich aus mehreren Stellen der FKVO ergebenden Ansätzen und der Auffassung der Kommission werden als Mehrfachanmeldungen Zusammenschlüsse definiert, die nicht in den Anwendungsbereich der FKVO fallen und deswegen in drei oder mehr Mitgliedsstaaten angemeldet bzw. überprüft werden müssen. Mehrfachanmeldungen weisen regelmäßig grenzüberschreitende Auswirkungen auf. Dies ergibt sich aus den Untersuchungen der Kommission im Vorfeld des Berichts 2009. Danach wiesen drei Viertel der im Jahr 2007 festgestellten 102 Mehrfachanmeldungen grenzüberschreitende Auswirkungen auf. Hieraus ist der Schluss zu ziehen, dass Zusammenschlüsse, die gleichzeitig in drei verschiedenen Mitgliedsstaaten überprüft werden könnten, regelmäßig grenzüberschreitende Auswirkungen aufweisen und deswegen von der Kommission zu überprüfen sind. Die Tatsache, dass diese Zusammenschlüsse nicht in den Anwendungsbereich der FKVO gelangen und damit das „One-Stop-Shop"-Prinzip nicht zur Anwendung kommt, bedeutet zum einen, dass bei der Behandlung dieser Fälle keine einheitlichen Bedingungen („level playing field") vorliegen und zum anderen die beteiligten Unternehmen erhebliche Nachteile in Kauf nehmen müssen. So ist die Überprüfung des Zusammenschlusses durch mehrere nationale Wettbewerbsbehörden für die betroffenen

---

[295] Annex I zum Grünbuch RN 167.

[296] Annex I zum Grünbuch RN 155; Kögel S. 308.

Unternehmen regelmäßig mit Rechtsunsicherheiten sowie Kosten- und Zeitnachteilen verbunden.

IV. Bewertung der Zuständigkeitsregelungen nach Art. 1 Abs. 2 und Abs. 3

Die Abgrenzung der Zuständigkeiten zwischen der Kommission und den Mitgliedsstaaten in der FKVO erfolgt tatsächlich ausschließlich anhand von Umsatzschwellen. Daher soll hier überprüft werden, ob diese Abgrenzung geeignet ist, zum einen alle und zum anderen nur Fälle mit grenzüberschreitenden Auswirkungen zu erfassen, damit die Anforderungen des Subsidiaritätsprinzips erfüllt und das „One-Stop-Shop"-Prinzip in ausreichendem Umfang gewährleistet.

1. Überblick über die Zuständigkeitsverteilung

Die Regelung des Art. 1 Abs. 1 bestimmt, dass die FKVO für Zusammenschlüsse mit „gemeinschaftsweiter Bedeutung" gilt.[297] Eine gemeinschaftsweite Bedeutung liegt vor, wenn der Zusammenschluss die Schwellenwerte des Art. 1 Abs. 2 oder Abs. 3 erreicht. Diese Regelungen stellen ein quantitatives Aufgreifkriterium dar, welches ausschließlich am Umsatz der Unternehmen gemessen wird. Alle Unternehmenszusammenschlüsse, die unter die Aufgreifschwelle fallen, unterliegen gemäß Art. 21 Abs. 2 ausschließlich der Überprüfung durch die Kommission. Die Mitgliedsstaaten wenden gemäß Art. 21 Abs. 3 ihr innerstaatliches Wettbewerbsrecht nicht auf Zusammenschlüsse von gemeinschaftsweiter Bedeutung an. Von diesem Grundsatz werden jedoch Ausnahmen gemacht. Gemäß Art. 9 und Art. 4 Abs. 4 kann ein Zusammenschluss mit gemeinschaftsweiter Bedeutung von der Kommission an die zuständigen Behörden des Mitgliedsstaates zur Überprüfung verwiesen werden. Die Kommission kann aber auch umgekehrt gemäß Art. 22 und Art. 4 Abs. 5 für Zusammenschlüsse

---

[297] Vgl. für die allgemeine Frage, inwieweit durch Art. 1 der Anwendungsbereich der FKVO bestimmt wird: Hüfner S. 34 (für die FKVO a. F.) und S. 59 (für die FKVO).

zuständig werden, welche die Umsatzschwellen des Art. 1 Abs. 2 oder Abs. 3 nicht erreicht haben.

2. Gemeinschaftsweite Bedeutung gemäß Art. 1 Abs. 2

Die gemeinschaftsweite Bedeutung gemäß Art. 1 Abs. 2 ist in drei Schritten zu ermitteln. Gemeinschaftsweite Bedeutung liegt danach vor, wenn die beteiligten Unternehmen

- einen weltweiten Gesamtumsatz von mehr als 5 Mrd. Euro und
- einen gemeinschaftsweiten Umsatz von mindestens zwei beteiligten Unternehmen von jeweils mehr als 250 Mio. Euro haben und
- die am Zusammenschluss beteiligten Unternehmen nicht jeweils mehr als zwei Drittel ihres gemeinschaftsweiten Gesamtumsatzes in ein und demselben Mitgliedsstaat erzielen.

a. Historische Entwicklung des Anwendungsbereichs nach Art. 1 Abs. 2

Wie bereits ausgeführt, waren die Aufgreifschwellen der FKVO a. F. als Abgrenzungskriterium zwischen der Europäischen Union und den Mitgliedsstaaten von Anfang an umstritten, da die Mitgliedsstaaten mit eigenen nationalen Fusionskontrollregelungen um ihre Kompetenzen fürchteten.[298] Im ersten Vorschlag von 1973 war ein Zusammenschluss von der Fusionskontrolle gemäß Art. 1 Abs. 2 ausgenommen, wenn der Gesamtumsatz aller am Zusammenschluss beteiligten Unternehmen weniger als 200 Mio. Europäische Rechnungseinheiten (ERE) und die vom Zusammenschluss betroffenen Erzeugnisse in keinem Mitgliedsstaat einen Marktanteil von mehr als 25 % hatten.[299] Der Marktanteil als Gradmesser der gemeinschaftsweiten Dimension von

---

[298] Vgl. Teil A I. 3.

[299] Kutsukis S. 136; Schröter/Jacob/Mederer-Bruhn Art. 1 RN 17; Langen/Bunte-Löffler 9. Auflage FKVO Vorb. RN 13; Wiedemann-Wagemann § 15 RN 9; MK-Koch FKVO Art. 1 RN 12.

Zusammenschlüssen wurde jedoch im Laufe der Entwicklung aufgegeben, da dieses Kriterium zur raschen Klärung von Zuständigkeitsfragen nicht geeignet war.[300] Der Marktanteil erhielt im Verordnungsvorschlag von 1981 eine andere Funktion.[301] Nunmehr wurde er in Art. 1 Abs. 1 als ein Kriterium für die Beurteilung der Auswirkungen eines Zusammenschlusses auf die Funktionsfähigkeit eines wirksamen Wettbewerbs herangezogen.[302] Auf Grund der wirtschaftlichen Entwicklung wurde der Schwellenwert auf 500 Mio. ERE angehoben.[303]

Im Verordnungsvorschlag 1984 wurde der Schwellenwert in Art. 1 Abs.2 auf 750 Mio. ERE angehoben. Zusätzlich wurde geregelt, dass unabhängig vom Umsatz die Verordnung Anwendung findet, wenn auf dem Gesamtmarkt der Anteil an einem wesentlichen Teil des Unionsmarktes 50 % überschreitet.[304]

Im Verordnungsvorschlag vom 25.04.1988[305] wurde erstmals der Begriff „gemeinschaftsweite Bedeutung" aufgenommen. Gemäß Art. 1 Abs. 1 sollte die Verordnung für Zusammenschlüsse mit gemeinschaftsweiter Bedeutung, einschließlich derjenigen, welche unter Art. 85 Abs.1 oder 86 der EWGV fallen, Geltung finden. Eine gemeinschaftsweite Bedeutung wurde nach Art. 1 Abs. 2 ab einem Gesamtumsatz von 1 Mrd. ECU angenommen. Gegen den Schwellenwert von 1 Mrd. ECU wurden von der Bundesrepublik Deutschland und Großbritannien Bedenken geäußert, weil dadurch auch Fälle ohne grenzüberschreitende Auswirkungen erfasst werden könnten und damit auch die nationalen Regelungskompetenzen entzogen wären.[306] Vielmehr forderten beide Mitgliedsstaaten die Anhebung der Gesamtumsatzschwelle auf 10 Mrd.

---

[300] Langen/Bunte-Löffler 9. Auflage FKVO Art. 1 RN 6.

[301] Vgl. ausführlich zum Inhalt dieses Verordnungsvorschlags von 1981 Kutsukis S. 93ff.

[302] ABl. C vom 12.02.1982 Nr. 36 S. 4f. ; Kutsukis S. 136.

[303] ABl. C vom 12.02.1982 Nr. 36 S. 5f.; Lange/Bunte-Löffler 9. Auflage FKVO Vorb. RN 13.

[304] ABl. C vom 23.2.1984 Nr. 51 S. 9.

[305] ABl. C vom 19.05.1988 Nr. 130 S. 4ff.

[306] Krimphove S. 225; Immenga/Mestmäcker-Immenga FKVO RN 17 S. 780; Langen/Bunte-Löffler 9. Auflage FKVO Vorb. RN 13.

ECU.[307] Dieser Vorschlag fand jedoch wiederum bei den kleineren Mitgliedsstaaten keine Zustimmung.[308] In diesem Verordnungsvorschlag tauchte dann auch erstmals das Kriterium auf, dass mindestens zwei der beteiligten Unternehmen ihren ausschließlichen oder wesentlichen Tätigkeitsbereich jeweils in einem anderen Mitgliedsstaat haben oder mindestens ein Unternehmen ein Viertel des gemeinschaftsweiten Gesamtumsatzes in verschiedenen Mitgliedsstaaten erzielt.[309]

In dem internen Verordnungsentwurf vom Juli 1988 ist das Kriterium des Weltumsatzes aller beteiligten Unternehmen von mehr als 1 Mrd. ECU und der Ausnahme der Anmeldepflicht für rein nationale Zusammenschlüsse mit mehr als drei Viertel des Gesamtumsatzes in einem Mitgliedsstaat unverändert geblieben.[310] Mit aufgenommen wurde nunmehr eine weitere Ausnahme, wonach Bagatellfälle, bei denen nicht alle beteiligten Unternehmen jeweils mehr als 100 Mio. ECU Umsatz im gemeinsamen Markt erzielen, von der Anmeldepflicht ausgenommen sind.[311] Dieses Kriterium ging auf einen Vorschlag des Wirtschafts- und Sozialausschusses aus demselben Jahr zurück.[312]

Der Verordnungsvorschlag vom 30.11.1988[313] brachte hinsichtlich des Anwendungsbereichs keine große Veränderung. Das Kriterium, wonach alle beteiligten Unternehmen mehr als 100 Mio. ECU Umsatz im gemeinsamen Markt erzielen durften, wurde dahingehend geändert, dass bei mindestens zwei der am Zusammenschluss beteiligten

---

[307] Monopolkommission Sondergutachten 17 S. 50 Ziff. 64; Langen/Bunte-Löffler 9. Auflage FKVO Vorb. RN 13; MK-Koch FKVO Einl. A. RN 23.

[308] Lange/Bunte-Löffler 9. Auflage FKVO Vorb. RN 13.

[309] Immenga/Mestmäcker-Immenga FKVO Einleitung S. 780 RN 17.

[310] Monopolkommission, Sondergutachten 17 S. 40 Ziff. 50.

[311] Monopolkommission, Sondergutachten 17 S. 40 Ziff. 50.

[312] Vgl. Stellungnahme des Wirtschafts- und Sozialausschusses ABl. 1988 C 208/11 RN 14 Originalzitat: „Nach Auffassung des Ausschusses sollten Zusammenschlüsse nur dann unter die Verordnung fallen, wenn die beteiligten Unternehmen in der Union einen bestimmten Mindestumsatz erzielen. Andernfalls besteht insbesondere bei Auslandsfusionen die Gefahr, dass Zusammenschlüsse auch in solchen Fällen der Anmeldepflicht und einem Vollzugsverbot unterliegen, in denen die Union von dem Zusammenschluss kaum berührt wird."

[313] ABl. C vom 28.01.1989 Nr. 22 S. 14ff.

Unternehmen der gemeinschaftsweite Umsatz mehr als 100 Mio.[314] ECU betragen muss. Letztlich wurde eine Schwelle von 250 Mio. ECU gemeinschaftsweiter Umsatz festgelegt.

Die Verordnung vom 21.12.1989 wurde dann in ihrer Endfassung wesentlich verändert. Bis zum Schluss war die Schwelle des weltweiten Gesamtumsatzes umstritten. Während die Kommission die Schwellen von 2 Mrd. ECU nicht überschreiten wollte, forderten einige Mitgliedsstaaten höhere Schwellen, da aus ihrer Sicht damit zu viele Fälle aus der nationalen Kompetenz herausgenommen worden wären.[315] Der damalige Wettbewerbskommissarschlug vor, den Schwellenwert für den weltweiten Gesamtumsatz für eine Übergangszeit auf 5 Mrd. ECU festzulegen, welcher dann später auf 2 Mrd. ECU herabgesetzt werden sollte.[316] Ohne weitere Veränderungen wurden die „Zwei-Drittel-Regelung" und der gemeinschaftsweite Umsatz von 250 Mio. ECU in die endgültige Fassung aufgenommen.

b. Umsatzanforderungen

Die Umsatzberechnung auf allen drei folgenden Stufen erfolgt nach Maßgabe des Art. 5. Abgestellt wird dabei gemäß Art. 5 Abs. 1 grundsätzlich auf den Umsatz der beteiligten Unternehmen im letzten Geschäftsjahr vor der Anmeldung. Alle im Zusammenhang mit der Umsatzberechnung stehenden Fragen werden in der Mitteilung der Kommission zur Umsatzberechnung erörtert.[317]

---

[314] Langen/Bunte-Löffler 9. Auflage FKVO Art. 1 RN 5.
[315] Langen/Bunte-Löffler 9. Auflage FKVO Art. 1 RN 7.
[316] Langen/Bunte-Löffler 9. Auflage FKVO Vorb. RN 13; MK-Koch FKVO Einl. A RN 39; Loewenheim/Meessen/Riesenkampff-Simon FKVO Einführung RN 10.
[317] Mitteilung der Kommission über die Berechnung des Umsatzes im Sinne der Verordnung (EWG) 4064/89 des Rates über die Kontrolle von Unternehmenszusammenschlüssen, ABl. 1998 C 66/25.

aa. Weltweiter Gesamtumsatz

Durch die Anforderung des weltweiten Gesamtumsatzes aller beteiligten Unternehmen zusammen von mehr als 5 Mrd. Euro wird gewährleistet, dass nur Zusammenschlüsse mit globaler wirtschaftlicher und finanzieller Bedeutung erfasst werden.[318] Ab diesem Umsatz wird eine wirtschaftlich bedeutsame Strukturveränderung angenommen.[319] Auf die Zahl der beteiligten Unternehmen und die Verteilung der Umsätze zwischen ihnen kommt es nicht an. Damit werden durch diesen Schwellenwert alle Vorhaben erfasst, an denen mindestens ein Großunternehmen beteiligt ist.[320]

bb. Gemeinschaftsweiter Umsatz

Der gemeinschaftsweite Umsatz von mindestens zwei beteiligten Unternehmen mit jeweils mehr als 250 Millionen Euro gewährleistet zum einen den unmittelbaren Bezug der Zusammenschlüsse zum gemeinsamen Markt und zum anderen, dass der Anwendungsbereich nicht auf Zusammenschlüsse erstreckt wird, an welchen neben einem Großunternehmen nur kleinere Unternehmenseinheiten beteiligt sind.[321] Nach dem eindeutigen Wortlaut der Regelung müssen nur mindestens zwei Unternehmen die vorgenannte Schwelle überschreiten.[322] Bei der Gründung von Gemeinschaftsunternehmen kann dies dazu führen, dass

---

318 Rösler S. 23; Immenga/Mestmäcker-Immenga/Körber FKVO Art. 1 RN 11, 5; Schröter/Jacob/Mederer-Bruhn FKVO Art. 1 RN 8; vgl. zur Kritik an diesem Kriterium Kögel S. 148ff.

319 Loewenheim/Meessen/Riesenkampff-Simon FKVO Art. 1 RN 17.

320 FK-Völcker FKVO Art. 1 RN 15; MK-Koch FKVO Art. 1 RN 23; Loewenheim/Meessen/Riesenkampff-Simon FKVO Art. 1 RN 17.

321 FK-Völcker FKVO Art. 1 RN 16; Immenga/Mestmäcker-Immenga/Körber FKVO Art. 1 RN 13; Rösler S. 23f.; Röhling S. 34; GK-Schütz FKVO Art. 1 RN 40; Bechtold/Bosch/Brinker/Hirsbrunner FKVO Art. 1 RN 21; Loewenheim/Meessen/Riesenkampff-Simon FKVO Art. 1 RN 16.

322 FK-Völcker FKVO Art. 1 RN 16; Immenga/Mestmäcker-Immenga/Körber FKVO Art. 1 RN 13; MK-Koch FKVO Art. 1 RN 27.

die FKVO eingreift, auch wenn diese selbst keine wirtschaftliche Tätigkeit auf dem Unionsgebiet entfaltet.[323]

cc. „Zwei-Drittel-Regelung"

Werden bei einem Zusammenschluss jeweils zwei Drittel des gemeinschaftsweiten Umsatzes in ein und demselben Mitgliedsstaat erzielt, wird davon ausgegangen, dass der Schwerpunkt des Zusammenschlusses in dem jeweiligen Mitgliedsstaat liegt und deswegen auch die zuständige Behörde dieses Mitgliedsstaates zuständig werden sollte.[324] Diese Regelung ist damit Ausdruck des Subsidiaritätsprinzips.[325] Allerdings wird die „Zwei-Drittel-Regelung" in jüngster Zeit angesichts der fortgeschrittenen wirtschaftlichen Verflechtungen im europäischen Binnenmarkt nicht mehr als zeitgemäß erachtet.[326] Tatsächlich kann die „Zwei-Drittel-Regelung" in Grenzfällen zu zufälligen Ergebnissen führen, weil sich durch Erreichen bzw. Verfehlung des Schwellenwerts sowohl die zuständige Behörde als auch das jeweils anwendbare materielle Fusionskontrollregime ändert.[327] Dies erschwert zum einen eine einheitliche Beurteilung vergleichbarer Sachverhalte und begrenzt zum anderen die Möglichkeiten der Kommission, den wirtschaftlichen Interessen einzelner Mitgliedsstaaten, etwa der „Renationalisierung" der Wirtschaftspolitik, vor allem im

---

[323] Immenga/Mestmäcker-Immenga/Körber FKVO Art. 1 Rn13; Wiedemann-Wagemann
§ 15 RN 11; MK-Koch FKVO Art. 1 RN 27.

[324] Schröter/Jacob/Mederer-Bruhn FKVO Art. 1 RN 10; FK-Völcker FKVO Art. 1 RN 19; Immenga/Mestmäcker-Immenga/Körber FKVO Art. 1 RN 17; Loewenheim/Meessen/Riesenkampff-Simon FKVO Art. 1 RN 18.

[325] Loewenheim/Meessen/Riesenkampff-Simon FKVO Art. 1 RN 18; MK-Koch FKVO Art. 1 RN 29; Schröter/Jakob/Mederer-Bruhn FKVO Art. 1 RN 10; Möschel NJW 1995 S. 284; Röhling S. 89; a. A. Kogel. S. 116f., 159; Arhold EWS 2002 S. 451.

[326] So die Wettbewerbskommissarin Neelie Kroes, vgl. Fuchs WuW 2006 S. 355; MK-Koch FKVO Art. 4 RN 39.

[327] Fuchs WuW 2006, 355; FK-Völcker FKVO Art. 1 RN 19; MK-Koch FKVO Art. 1 RN 39 Immenga/Mestmäcker-Immenga/Körber FKVO Art. 1 RN 18, mit konkretem Beispiel.

Energiebereich entgegenzutreten.[328] Entsprechend ist diese Regelung im Rahmen der Untersuchungen der Kommission zum Bericht 2009 näher durchleuchtet worden.[329] Die Kommission kommt zu dem Ergebnis, dass in den meisten Fällen dank der „Zwei-Drittel-Regelung" in angemessener Weise zwischen Zusammenschlüssen, die angesichts ihrer grenzübergreifenden Auswirkungen von gemeinschaftsweiter Bedeutung sind, und anderen Zusammenschlüssen unterschieden wird.[330] Einige Fälle fielen jedoch trotz der grenzübergreifenden Auswirkungen auf Grund dieser Regelungen in die Zuständigkeit der einzelstaatlichen Wettbewerbsbehörden, welche teilweise trotz wettbewerbsrechtlicher Bedenken öffentliche Interessen berücksichtigten, die nicht die Wettbewerbspolitik betrafen.[331] Die Kommission regt daher an, dass die „Zwei-Drittel-Regelung" in ihrer derzeitigen Form einer Untersuchung unterzogen werden sollte.[332] Eine Streichung der „Zwei-Drittel-Regelung" kommt jedoch nicht in Betracht, da dies einen Verstoß gegen das Subsidiaritätsprinzip bedeuten und mit Sicherheit an den Interessen der nationalen Mitgliedsstaaten, den Erhalt ihrer Kompetenzen zu wahren, scheitern würde.[333]

c. Bewertung des Art. 1 Abs. 2

Die Regelung des Art. 1 Abs. 2 führt zu einer einfachen, klaren und effizienten Abgrenzung, da die Unternehmen ohne Schwierigkeiten ermitteln können, ob der Zusammenschluss „gemeinschaftsweite

---

[328] Fuchs WuW 2006, 355.

[329] Bericht 2009 RN 16; Begleitendes Arbeitspapier zum Bericht 2009 RN 56ff.

[330] Bericht 2009 RN 16; Begleitendes Arbeitspapier zum Bericht 2009 RN 67; weiterhin wurde festgestellt, dass in dem Zeitraum von 2001 bis 2008 126 Fälle unter die „Zwei-Drittel-Regelung" fielen und am häufigsten bei Zusammenschlüssen in großen Mitgliedsstaaten zur Anwendung kommen (vgl. Bericht 2009 RN 16; Begleitendes Arbeitspapier zum Bericht 2009 RN 58, 59).

[331] Bericht 2009 RN 16; Begleitendes Arbeitspapier zum Bericht 2009 RN 68ff.

[332] Bericht 2009 RN 16.

[333] So haben im Rahmen der Untersuchungen zum Bericht 2009 die meisten nationalen Wettbewerbsbehörden erklärt, dass sie mit der Funktion der „Zwei-Drittel-Regelung" zufrieden sind (vgl. Begleitendes Arbeitspapier zum Bericht 2009 RN 63).

Bedeutung“ hat und damit die Zuständigkeit der Kommission begründet.[334] In der Literatur wird jedoch zu Recht kritisiert, dass die Bestimmung der Zuständigkeit allein durch umsatzbezogene Aufgreifkriterien eine angemessene Zuständigkeitsverteilung zwischen der Europäischen Union und den Mitgliedsstaaten nicht gewährleistet.[335] Die umsatzorientierten Schwellenwerte stellen als absolute Aufgreifkriterien eine eher willkürliche und wenig sachgerechte Grenze dar und sind zur einwandfreien Erfassung von Zusammenschlüssen mit grenzüberschreitenden Auswirkungen nichtgeeignet.[336] Die starre Anknüpfung der „gemeinschaftsweiten Bedeutung“ nach Art. 1 Abs. 2 an einen Gesamtumsatz von 5 Mrd. Euro führt dazu, dass die jeweiligen Marktverhältnisse nicht berücksichtigt werden können.[337] Sektorbedingt ist eine Marktbeherrschung mit unterschiedlichen Umsatzhöhen möglich.[338] Denn bei Branchen mit geringem Gesamtumsatz kann schon ein Zusammenschluss mit weit unter der Schwelle von 5 Mrd. Euro liegendem Gesamtumsatz grenzüberschreitende Auswirkungen haben. Tatsächlich werden durch die Schwellenwerte nicht alle Fälle von Zusammenschlüssen mit grenzüberschreitenden Auswirkungen erfasst.[339] Bestätigt wird dies durch die große Zahl der von den Mitgliedsstaaten an die Kommission nach Art. 4 Abs. 5 und Art. 22 verwiesenen Fälle.[340] Darüber hinaus hat die Kommission festgestellt,

---

[334] Rohardt WuW 1991 S. 367; Lambert S. 85; Kogel S. 144; Möschel NJW 1995 S. 284; Röhling S. 96; Kamburoglou WuW S. 278 FN 40; so auch die Auffassung der im Rahmen der jüngsten Untersuchungen befragten Beteiligten (vgl. Begleitendes Arbeitspapier zum Bericht 2009 RN 28)

[335] MK-Koch FKVO Art. 1 RN 38; Loewenheim/Meessen/Riesenkampff-Simon FKVO Art. 1 RN 19; Groger/Janicki WuW 1992 S. 1001; I. Schmidt/A. Schmidt S. 135; Wolf EuZW 1994 S. 236; Lampert S. 171; Rohardt WuW 1991 S. 367; Ebenroth-Parche BB 1988 Beilage 18 zu Heft 33 S. 4; Rösler S. 33.

[336] Niederleithinger EWS 1990 S. 73 (76); Wolf EuZW 1994 S. 236; Calliess S. 231, 234; Kogel S. 303; Kamburoglou WuW 1993 S. 280; Röhling S. 104; Kogel S. 145.

[337] Blank S. 217; Rösler S. 33, 36; MK-Koch FKVO Art. 1 RN 38; Kogel S. 147.

[338] Wolf EuZW 1994 S. 236; Calliess S. 231; a. A. Kamburoglou WuW 1993 S. 278.

[339] Grünbuch RN 24; Röhling S. 241; Begleitendes Arbeitspapier zum Bericht 2009 RN 35.

[340] Bis zum 30.04.2011 wurden insgesamt 208 Fälle nach Art. 4 Abs. 5 und 24 Fälle nach Art. 22 verwiesen. Siehe Statistik der Kommission unter http://ec.europa.eu/comm/competition/mergers/cases/stats.html Stand 30.04.2011.

dass allein im Jahr 2007 insgesamt 102 Zusammenschlüsse in mehr als drei Mitgliedsstaaten angemeldet und mithin von den Umsatzschwellen des Art. 1 nicht erfasst wurden.[341] Die überwiegende Zahl dieser Zusammenschlüsse betraf Märkte, die über die nationalen Grenzen hinausgingen, oftmals europäische oder weltweite Märkte, und grenzüberschreitende Auswirkungen aufwiesen.[342]
Ferner ist gegen die Umsatzschwellen einzuwenden, dass bei Branchen mit hohem Gesamtumsatz ein Zusammenschluss bei Erreichen der Schwelle von 5 Mrd. Euro noch keine Gefahr für den Wettbewerb darstellen muss.[343] Letztlich können durch die Umsatzschwellen Zusammenschlüsse in den Anwendungsbereich der FKVO fallen, obwohl auf Grund nationaler Ausrichtung der beteiligten Unternehmen ein Unionsbezug nicht vorhanden ist.[344] Letzteres kann auch nicht durch die „Zwei-Drittel-Regelung“ verhindert werden, nach der der Zusammenschluss trotz Überschreitens der Umsatzschwellen in der Zuständigkeit der nationalen Behörden verbleibt, wenn die beteiligten Unternehmen jeweils mehr als zwei Drittel ihres gemeinschaftsweiten Umsatzes in ein und demselben Mitgliedsstaat erzielen.[345] Zwar werden Zusammenschlüsse mit einem nationalen Schwerpunkt ausgesiebt, jedoch erlaubt die Anknüpfung an Umsatzkriterien auch hier keine zuverlässige Aussage über die wettbewerblichen Probleme des Falles.[346] Letzteres Problem ist jedoch eher untergeordnet, da Zusammenschlüsse, die die Umsatzschwellen des Art. 1 erreichen, in der Regel erhebliche grenzüberschreitende Auswirkungen aufweisen.[347]

---

[341] Begleitendes Arbeitspapier zum Bericht 2009 RN 45, 52.

[342] Bericht 2009 RN 13, 14; Begleitendes Arbeitspapier zum Bericht 2009 RN 47, 53.

[343] Kogel S. 148; Lampert S. 171; Blank S. 217; Ebenroth/Parche BB 1988 Beilage 18 zu Heft 33 S. 4.

[344] Kögel S. 302; Tätigkeitsbericht des Bundeskartellamt 1991/92 S. 80ff., Fall Krupp/Hoesch; Weitbrecht EuZW 1993 S. 687.

[345] Vgl. ausführlich zum „Drei-Plus-System“ Teil B IV. 2. b. cc.

[346] Bericht RN 76; Röhling S. 104.

[347] Annex I zum Grünbuch RN 42 und 53; Bericht RN 70; zustimmend auch die Unternehmen; vgl. Bericht RN 54ff. und 70; eine Auswertung der Zusammenschlüsse in dem Zeitraum vom 01.01.1998 und dem 31.12.1999 hat ergeben, dass annährend 73 % aller nach Art. 1 Abs. 2 angemeldeten Fälle unionsweite Auswirkungen haben

Dies könnte zudem durch die geringe Zahl der tatsächlich beantragten Verweisungen von Zusammenschlüssen von der Kommission an die Mitgliedsstaaten bestätigt sein.[348] Da jedoch keine Erkenntnisse darüber bestehen, wie viele Zusammenschlüsse grundsätzlich nach Art. 4 Abs. 4 und Art. 9 hätten verwiesen werden können, kann letzteres Argument nicht mit absoluter Gewissheit herangezogen werden.

Eine praktikable Alternative zu Umsatzschwellen ist derzeit nicht gegeben. Beispielsweise würde die Berücksichtigung von Marktverhältnissen zum einen das Problem der Unterteilung in verschiedene Märkte mit sich bringen und zum anderen bei der Beurteilung von Zusammenschlussvorhaben, welche sich auf mehrere Märkte erstrecken, große Schwierigkeiten hervorrufen.[349] Die FKVO muss als präventives Kontrollinstrument die Kriterien der Anwendung so bestimmen, dass die Unternehmen ihrer Pflicht zur Anmeldung nachkommen können und somit Rechtssicherheit gewährleistet ist.[350] Auf lange Sicht ist ein System denkbar, in dem die Umsatzschwellen aus der FKVO verschwinden und der Anwendungsbereich dadurch eröffnet wird, dass der Fall in der EU mehrfach angemeldet wird.[351] Eine solche Lösung setzt voraus, dass die für die einzelstaatlichen Fusionskontrollen bestehenden Schwellenwerte noch stärker harmonisiert werden.[352]

Die Kommission vertritt die Auffassung, dass die Zuständigkeitsverteilung durch die Regelung des Art. 1 Abs. 2 wie beabsichtigt funktioniert[353] und generell mit dem Subsidiaritätsprinzip zu vereinbaren sei[354]. Auf Grund der dargestellten Schwächen der

---

(vgl. Annex I zum Grünbuch RN 37); Begleitendes Arbeitspapier zum Bericht 2009 RN 34.

348 So hat die Kommission festgestellt, dass in dem Zeitraum zwischen 2004-2008 nach Art. 4 Abs. 4 und Art. 9 insgesamt 68 Verweisungen beantragt wurden, während die Zahl der für die Kommission zuständigen Fälle 1530 für denselben Zeitraum betrug (vgl. Begleitendes Arbeitspapier zum Bericht 2009 RN 34 FN 15).

349 Rösler S. 34.

350 Rösler S. 34.

351 Vgl. Grünbuch RN 64 ff..

352 Vgl. Grünbuch RN 67.

353 Begleitendes Arbeitspapier zum Bericht 2009 RN 34.

354 Grünbuch RN 23; a.A. wohl Kogel S. 152, 153..

Umsatzschwellen kann das Ergebnis der Kommission jedoch nur dann Zustimmung finden, wenn die Regelung des Art. 1 Abs. 2 lediglich als eine Grobsteuerung der Zuständigkeitsverteilung verstanden wird.[355] Durch die Verweisungsregelungen muss eine Feinsteuerung der Zuständigkeitsverteilung erfolgen, indem Zusammenschlüsse mit grenzüberschreitenden Auswirkungen von den Mitgliedsstaaten an die Kommission und solche ohne grenzüberschreitende Auswirkungen von der Kommission an die Mitgliedsstaaten verwiesen werden.

3. Gemeinschaftsweite Bedeutung gemäß Art. 1 Abs. 3

Seit der Einführung des Art. 1 Abs. 3 mit der Novellierung der FKVO a. F. hat ein Zusammenschluss gemeinschaftsweite Bedeutung, wenn

- der weltweite Gesamtumsatz aller beteiligten Unternehmen jeweils mehr als 2,5 Mrd. Euro beträgt,
- der Gesamtumsatz aller beteiligten Unternehmen in mindestens drei Mitgliedsstaaten jeweils 100 Mio. Euro übersteigt,
- in jedem von mindestens drei dieser Mitgliedsstaaten der Gesamtumsatz von mindestens zwei beteiligten Unternehmen jeweils mehr als 25 Mio. Euro beträgt,
- der gemeinschaftsweite Umsatz von mindestens zwei beteiligten Unternehmen jeweils 100 Mio. Euro übersteigt und
- wie auch in Art. 1 Abs. 2 keines der beteiligten Unternehmen jeweils mehr als zwei Drittel ihres gemeinschaftsweiten Umsatzes in ein und demselben Mitgliedsstaat erzielen.

---

[355] So wohl auch die Kommission, wenn sie in ihrem Bericht 2009 erklärt, dass die in Art. 1 Abs. 2 und Abs. 3 aufgeführten Schwellen sich zusammen mit der Korrekturmechanismen („Zwei-Drittel-Regel“ und die Möglichkeit der Verweisungen) als gutes Instrument zur Entscheidung über die Zuständigkeit erwiesen haben (vgl. Bericht 2009 RN 11).

a. Einführung des Art. 1 Abs. 3 durch die Novellierung der FKVO a. F. 1997

Wie bereits ausgeführt, wurde mit den hohen Aufgreifkriterien des Art. 1 Abs. 2 den Interessen der Mitgliedsstaaten an der Aufrechterhaltung der eigenen Kompetenzen entsprochen.[356] Als Kompromiss wurde diese Regelung einer Revisionsklausel unterworfen, wonach vier Jahre nach Inkrafttreten der Verordnung noch einmal die festgelegten Schwellenwerte überprüft werden sollten.[357] Die Überprüfung ist jedoch wegen des Widerstands aus mehreren Mitgliedsstaaten bis 1996 vertagt worden.[358] Die dann durchgeführte Revision führte zur Einführung des Art. 1 Abs. 3. Damit sollte der Anwendungsbereich auf Zusammenschlüsse erweitert werden, die die Schwellenwerte des Art. 1 Abs. 2 nicht erreicht haben, aber dennoch erhebliche Auswirkungen in mehreren Mitgliedsstaaten haben.[359] Das Problem der so genannten Mehrfachanmeldungen sollte gelöst werden.[360]
Zunächst hatte sich die Kommission um eine Absenkung der Schwellenwerte in Art. 1 Abs. 2 auf einen weltweiten Gesamtumsatz von 3 Mrd. Euro und einen gemeinschaftsweiten Umsatz von mindestens zwei der Beteiligten von jeweils mehr als 150 Mio. Euro eingesetzt.[361] Auf Grund des Widerstandes der Mitgliedsstaaten Deutschland, Frankreich, Großbritannien, Spanien und Schweden konnte dieser Vorschlag nicht umgesetzt werden.[362] Ein weiterer Vorschlag zur

---

356 Immenga/Mestmäcker-Immenga FKVO Einleitung S. 782 RN 25; Langen/Bunte-Löffler 9. Auflage FKVO Art. 1 RN 9; Drauz 1999 S. 103f.
357 Wiedemann/Wagemann § 15 RN 9.
358 Langen/Bunte-Löffler 9. Auflage FKVO Vorb. RN 13; Wiedemann/Wagemann § 15 RN 9.
359 Immenga/Mestmäcker-Immenga/Körber FKVO Art. 1 RN 8; Röhling S. 35f.; MK-Koch Art. 1 RN 18.
360 Kronenberg SZW 1998 S. 90; Immenga/Mestmäcker-Immenga/Körber 4. Auflage FKVO Art. 1 RN 8; Hirsbrunner EuZW 1998 S. 71.
361 Hirsbrunner EuZW 1998 S. 71; Kleinmann in FS f. Schmidt S. 133; Baron WuW 1997 S. 582f.; MK-Koch FKVO Einl. A RN 44; ausführlich Pohlmann EWS 1997 S. 182.
362 Kleinmann in FS f. Schmidt S. 136, Kronenberg SZW 1998 S. 90; Röhling S. 35; Wiedemann-Wagemann § 15 RN 13; Hirsbrunner EuZW 1998 S. 69.

Vermeidung von Mehrfachanmeldungen sah vor, dass solche Zusammenschlüsse in den Anwendungsbereich der FKVO fallen, die in mindestens drei Mitgliedsstaaten die Voraussetzung für eine Anmeldung erfüllten(„Drei-Plus-System").[363]Dieser Vorschlag wurde jedoch mit der Begründung abgelehnt, dass er wegen der Vielfalt der nationalen Fusionskontrollsysteme mit unterschiedlichen Schwellen und Verfahren schwer umzusetzen sei.[364] Daher einigte man sich auf rein quantitative, in Umsatzzahlen ausgedrückte Kriterien.[365] Auf der Basis eines italienischen Vorschlages in der Ratsarbeitsgruppe wurden in Art. 1 Abs. 3 neue Spezialschwellen ausgestaltet.[366] Mit dieser Regelung soll der Kommission die Zuständigkeit für Fälle übertragen werden, die drei oder mehr Mitgliedsstaaten betreffen.[367]

b. Umsatzanforderungen

Der Schwellenwert des weltweiten Gesamtumsatzes wurde in Art. 1 Abs. 3 lit. a im Verhältnis zu Art. 1 Abs. 2 lit. a um die Hälfte gesenkt. Gemäß Art. 1 Abs. 3 lit. b setzt ein zweites Kriterium voraus, dass der Gesamtumsatz aller beteiligten Unternehmen in mindestens drei Mitgliedsstaaten jeweils 100 Mio. Euro übersteigen muss. Damit wird gewährleistet, dass nur Zusammenschlüsse mit wirtschaftlicher Bedeutung für mehrere Mitgliedsstaaten erfasst werden.[368]
Sodann muss gemäß Art. 1 Abs. 3 lit. c in jedem von mindestens drei der durch Art. 1 Abs. 3 lit. b erfassten Mitgliedsstaaten der Gesamtumsatz von mindestens zwei beteiligten Unternehmen jeweils mehr als 25 Mio.

---

363 Weißbuch der Kommission – Mitteilung der Kommission an den Rat und das Europäische Parlament betreffend der Änderungen der Fusionskontrollverordnung vom 12.09.1996, KOM 96 313 endg. RN 21; Grünbuch 1996 RN 77; Hirsbrunner EuZW S. 71; Röhling S. 35.
364 Baron WuW 1997 S. 584; Hirsbrunner EuZW S. 71; Wiedemann-Wagemann § 15 RN 18.
365 Hirsbrunner EuZW 1998 S. 71; Röhling S. 35f.
366 MK-Koch FKVO Art. 1 RN 18.
367 Verordnungsvorschlag RN 12.
368 Immenga/Mestmäcker-Immenga/Körber FKVO Art. 1 RN 22; MK-Koch FKVO Art. 1 RN 33.

Euro betragen. Diese Voraussetzung ist in der Praxis regelmäßig entscheidend, da sie darauf abzielt, dass mindestens zwei der beteiligten Unternehmen in drei oder mehr Mitgliedsstaaten in wirtschaftlich erheblicher Weise tätig sind.[369]

Die Regelung des Art. 1 Abs. 3 lit. d entspricht Art. 1 Abs. 2 lit. b. Abweichend von der Regelung des Art. 1 Abs. 2 lit. b muss der gemeinschaftsweite Gesamtumsatz von mindestens zwei beteiligten Unternehmen lediglich 100 Mio. Euro übersteigen. Letztlich sieht auch der Abs. 3 eine „Zwei-Drittel-Regelung" vor, um Zusammenschlüsse mit überwiegenden Auswirkungen in einem Mitgliedsstaat dem Anwendungsbereich der FKVO zu entziehen.

c. Bewertung des Art. 1 Abs. 3

Die mit der Regelung des Art. 1 Abs. 3 beabsichtigte Lösung des Problems der Mehrfachanmeldungen ist nicht vollständig gelungen.[370] Die Kommission stellte im Rahmen ihrer Überprüfung fest, dass in dem Zeitraum von 1998 bis 2000 mit dem Zuwachs von Zusammenschlüssen und Anmeldungen bei der Kommission auch die Zahl der Mehrfachanmeldungen stark anstieg.[371] Diese Fälle sollten von den

---

[369] Immenga/Mestmäcker-Immenga/Körber FKVO Art. 1 RN 23; FK-Völcker FKVO Art. 1 RN 26; MK-Koch FKVO Art. 1 RN 35.

[370] Grünbuch RN 24; Immenga/Mestmäcker-Immenga/Körber FKVO Art. 1 RN 8; MK-Koch FKVO Art. 1 RN 19.

[371] Die Kommission stellte fest, dass in diesem Zeitraum von März 1998 bis Dezember 1999 insgesamt 4303 Zusammenschlüsse in den Mitgliedsstaaten zur wettbewerbsrechtlichen Überprüfung angemeldet wurden. In 280 Fällen (6,5 %) mussten die beteiligten Unternehmen ihre Zusammenschlüsse bei mehr als einer Wettbewerbsbehörde anmelden (Annex I zum Grünbuch RN 4; Röhling S. 240). Für das Jahr 2000 wurden bei insgesamt 3201 Anmeldungen in den Mitgliedsstaaten 217 Fälle (7 %) von Mehrfachanmeldungen festgestellt (Annex I zum Grünbuch RN 5; Röhling S. 240; Kogel S. 40). Die Kommission stellte weiterhin fest, dass gemessen an allen Mehrfachanmeldungen die Zahl der Fälle, die in drei oder mehr Mitgliedsstaaten anmeldepflichtig waren, von 22 % im Jahr 1998 auf 32 % im Jahr 1999 und schließlich 35 % im Jahr 2000 angewachsen sind (Annex I zum Grünbuch RN 6; Röhling S. 240; Kogel S. 40). Vgl. zur Entwicklung der bei der Kommission angemeldeten Zusammenschlüsse die Statistik der Kommission unter http://ec.europa.eu/comm/competition/mergers/cases/stats.html.

Schwellenwerten in Art. 1 Abs. 3 erfasst werden und in die Zuständigkeit der Kommission fallen. Allerdings wurden von 70 Mehrfachanmeldungen in dem Zeitraum vom März 1998 bis Dezember 1999 lediglich 45 auf Grund des Art. 1 Abs. 3 bei der Kommission angemeldet.[372] Im Jahr 2000 wurden von insgesamt 75 Zusammenschlüssen, die in drei oder mehr Mitgliedsstaaten anzumelden waren, nur noch 20 auf Grund des Art. 1 Abs. 3 bei der Kommission angemeldet.[373] Die aktuellen Untersuchungen zum Bericht 2009 zeigen, dass im Jahr 2007 48 von insgesamt 402 Zusammenschlüssen und im Jahr 2008 24 von 347 Zusammenschlüssen von Art. 1 Abs. 3 erfasst sind.[374] Daneben wurden auf Grund der Regelung des Art. 4 Abs. 5 im Jahr 2007 50 Zusammenschlüsse und im Jahr 2008 22 Zusammenschlüsse an die Kommission verwiesen.[375] Weiterhin hat die Kommission festgestellt, dass im Jahr 2007 insgesamt 102 Zusammenschlüsse in drei oder mehr Mitgliedsstaaten angemeldet wurden, von denen eine Reihe grenzüberschreitende Auswirkungen aufweist.[376] Mithin ist festzuhalten, dass durch die Regelung des Art. 1 Abs. 3 eine große Zahl von Zusammenschlüssen, die in drei oder mehr Mitgliedsstaaten angemeldet werden mussten, nicht in den Anwendungsbereich der FKVO gelangt sind. Dennoch kommt die Kommission zu dem Ergebnis, dass Art. 1 Abs. 3 seinen Beitrag zu einer angemessenen Zuständigkeitsverteilung leistet, da zumindest die Zahl der potenziellen Mehrfachanmeldungen, von denen die meisten Auswirkungen über nationalen Grenzen aufwiesen, verringert werden konnte.[377] Auf Grund der vorgenannten Umstände kann jedoch lediglich von einem Teilerfolg dieser Regelung

---

[372] Bericht RN 48; im Weiteren führt die Kommission explizit auf, an welchen Schwellenwerten des Art. 1 Abs. 3 die Erfassung der Mehrfachmeldungen scheiterte; vgl. Bericht RN 42 ff.

[373] Grünbuch RN 24; Annex I zum Grünbuch RN 52; Röhling S. 241; MK-Koch FKVO Art. 1 RN 19; Kogel S. 40.

[374] Begleitendes Arbeitspapier zum Bericht 2009 RN 37 FN 16.

[375] Vgl. Statistik der Kommission unter http://ec.europa.eu/competition/mergers/statistics.pdf. Stand 30.04.2011.

[376] Bericht 2009 RN 12f.; Begleitendes Arbeitspapier zum Bericht 2009 RN 45, 47, 53.

[377] Begleitendes Arbeitspapier zum Bericht 2009 RN 37, 43.

gesprochen werden.[378] Da die Regelung aber zumindest einen Teil der Mehrfachanmeldungen erfasst, werden die Erfordernisse des Subsidiaritätsprinzips erfüllt und gleichzeitig das „One-Stop-Shop"-Prinzip auf diese Fälle erweitert. Auch vorliegend kann ein solches Ergebnis nur mit der Einschränkung begründet werden, dass die Regelung des Art. 1 Abs. 3 als eine Grobsteuerung der Zuständigkeitsverteilung verstanden wird. Durch die Verweisungsregelungen muss eine Feinsteuerung der Zuständigkeitsverteilung erfolgen, indem insbesondere Mehrfachanmeldungen durch Verweisungen an die Kommission vermieden werden. Vor diesem Hintergrund bleibt zu erwähnen, dass der Rat die Schwellen und Kriterien der Regelung für Mehrfachanmeldungen in Art. 1 Abs. 3 nach der Revisionsklausel des Art. 1 Abs. 5 (im Gegensatz zu Art. 1 Abs. 2) mit qualifizierter Mehrheit ändern kann. In dem von der Kommission an den Rat im Juli 2009 erstatteten Bericht nach Art. 1 Abs. 4 sind keine weiteren Maßnahmen vorgeschlagen, sondern lediglich die bisherige Situation beschrieben worden.[379] Im Rahmen der Untersuchungen haben sich einige der befragten Beteiligten für die Streichung des Art. 1 Abs. 3 ausgesprochen, während andere die Wiedereröffnung der Debatte über die Einführung eines „Drei-Plus-Systems" vorgeschlagen haben.[380] Ferner haben verschiedene Anwaltskanzleien und Unternehmen erklärt, dass Art. 1 Abs. 3 auf Grund der Regelung des Art. 4 Abs.5 nicht mehr notwendig erscheine.[381]

4. Zusammenfassung

Die Abgrenzungen der Zuständigkeiten in der europäischen Fusionskontrolle erfolgen durch die Regelungen des Art. 1 Abs. 2 und

---

[378] So auch die Kommission: vgl. Grünbuch RN 24; Verordnungsvorschlag RN 12.

[379] Bericht 2009 RN 22.

[380] Begleitendes Arbeitspapier zum Bericht 2009 RN 30; für die Abschaffung der Art. 1 Abs. 3 hatte sich auch eine nationale Wettbewerbsbehörde ausgesprochen (vgl. Begleitendes Arbeitspapier zum Bericht 2009 RN 24).

[381] Begleitendes Arbeitspapier zum Bericht 2009 RN 31.

Abs. 3. Die dort vorgesehenen umsatzorientierten Schwellenwerte führen zu einer einfachen, klaren und effizienten Abgrenzung, da die Zuständigkeit der Kommission ohne Schwierigkeiten ermittelt werden kann. Andererseits kann die Bestimmung der Zuständigkeit allein durch umsatzbezogene Aufgreifkriterien eine angemessene Zuständigkeitsverteilung zwischen der Europäischen Union und den Mitgliedsstaaten nicht gewährleisten. Der Grund dafür liegt darin, dass durch diese nicht alle Zusammenschlüsse mit grenzüberschreitenden Auswirkungen und umgekehrt nicht nur Zusammenschlüsse mit grenzüberschreitenden Auswirkungen erfasst werden. Dennoch ist die Zuständigkeitsverteilung, zu der die Anwendung des Art. 1 Abs. 2 führt, als Grobsteuerung generell mit dem Subsidiaritätsprinzip und seinen praktischen Aspekten zu vereinbaren, da Zusammenschlüsse, die die Umsatzschwellen des Art. 1 Abs. 2 erreichen, in der Regel erhebliche grenzüberschreitende Auswirkungen aufweisen. Dies gilt auch für die Regelung des Art. 1 Abs. 3, da durch diesen zumindest eine Reihe von Mehrfachanmeldungen mit grenzüberschreitenden Auswirkungen in den Anwendungsbereich der FKVO fallen. Im Ergebnis kann die Zuständigkeitsverteilung insgesamt nur dann mit den Anforderungen des Subsidiaritätsprinzips im Einklang stehen, wenn durch die Verweisungsregelungen eine Feinsteuerung der Zuständigkeitsverteilung erfolgt, indem Zusammenschlüsse mit grenzüberschreitenden Auswirkungen von den Mitgliedsstaaten an die Kommission und umgekehrt Zusammenschlüsse ohne grenzüberschreitende Auswirkungen von der Kommission an die Mitgliedsstaaten verwiesen werden.

V. Bewertung des Verweisungssystems der FKVO

1. Ausgangspunkt der Untersuchung: Bewertung der Zuständigkeitsverteilung unter Berücksichtigung des Verweisungssystems vor der Neufassung der FKVO a. F.

Wie festgestellt, ist die Zuständigkeitsverteilung durch die FKVO in ihrer Gesamtheit nur dann mit den Anforderungen des Subsidiaritätsprinzips vereinbar, wenn eine Feinsteuerung der nach Art. 1 getroffenen Zuständigkeitsverteilung erfolgt. Eine Feinsteuerung kann durch die Verweisungsvorschriften der Art. 9 und Art. 22 und nach der Neufassung der FKVO a. F. auch durch die Regelung des Art. 4 Abs. 4 und Abs. 5 erfolgen. Das Subsidiaritätsprinzip ist auch auf der Vollzugsebene und damit bei der Durchführung der Verweisungsverfahren zu beachten.[382] Verweisungen von der Kommission an die Mitgliedsstaaten gemäß Art. 9 und nunmehr auch gemäß Art. 4 Abs. 4 müssen demnach unter Berücksichtigung sämtlicher praktischer Aspekte des Subsidiaritätsprinzips erfolgen, insbesondere muss die für die Überprüfung des Zusammenschlusses am besten geeignete Behörde berücksichtigt werden. Soweit es auf Grund einer Verweisung zur Durchbrechung des „One-Stop-Shop"-Prinzips kommt, ist dies auf Grund des Vorrangs des Subsidiaritätsprinzips hinzunehmen.[383] Die bisherige Praxis der Kommission, wonach eine Verweisung nach Art. 9 FKVO a. F. nur dann in Betracht kommt, wenn „außergewöhnliche Umstände" vorliegen,[384] stellte demnach einen Verstoß gegen das Subsidiaritätsprinzip dar.[385] Die Frage, inwieweit diese Praxis Auswirkungen auf die Zahl der verwiesenen Fälle hatte, kann dahingestellt bleiben. Fest steht, dass seit dem Inkrafttreten der FKVO a. F. bis zu ihrer Neufassung lediglich 54 Verweisungen von der

[382] Vgl. Teil A II. 2. b.
[383] Vgl. ausführlich Teil A III. 5.
[384] Ziff. 5 der Erklärungen für das Ratsprotokoll vom 19.12.1989 abgedruckt in WuW 1990 S. 241 f.
[385] So insbesondere Immenga/Mestmäcker-Immenga FKVO Art. 9 RN 12; vgl. ausführlich unten Teil B V. 3. b. dd. (1). a.

Kommission an die Mitgliedsstaaten erfolgten.[386] Eine Feinabstimmung der Zuständigkeiten durch Verweisungen an die Kommission erfolgte dagegen so gut wie gar nicht. Vor der Neufassung der FKVO a. F. erfolgten auf der Grundlage des Art. 22 Abs. 3 FKVO a. F. lediglich drei Verweisungen von Mehrfachanmeldungen an die Kommission.[387] Diese Umstände sind dabei keineswegs auf die unzulängliche Ausgestaltung des Art. 22 Abs. 3-5 FKVO a. F. zurückzuführen, sondern einzig und allein darauf, dass die Vermeidung von Mehrfachanmeldungen nur am Rande als Mittel zur Feinsteuerung der Zuständigkeiten betrachtet wurde. Im Ergebnis bleibt festzuhalten, dass eine Feinsteuerung der Zuständigkeiten vor der Neufassung der FKVO a. F. nicht wirksam durchgeführt wurde und damit die Zuständigkeitsverteilung bis zur Neufassung der FKVO a. F. nicht mit dem Subsidiaritätsprinzip zu vereinbaren war. Ferner wurde das „One-Stop-Shop“-Prinzip mangels Erfassung von Mehrfachanmeldungen in den Anwendungsbereich der FKVO a. F. nicht ausreichend gewährleistet. Der Verordnungsgeber war im Hinblick auf das Subsidiaritäts- und „One-Stop-Shop“ -Prinzip gefordert, das System der bisherigen Zuständigkeitsregelungen neu zu überdenken.

2. Allgemeines zur Neufassung der FKVO a. F.

Die Erweiterung der Europäischen Union sowie die zunehmenden Veränderungen der Wirtschaft durch die Globalisierung veranlassten die Kommission elf Jahre nach dem Inkrafttreten der FKVO a. F. und drei Jahre nach ihrer Novellierung, eine umfangreiche Reform der FKVO a. F. einzuleiten.[388] Die Kommission nahm die in der Revision von 1997

---

[386] Gemäß Art. 9 erfolgten 54 Verweisungen an die Mitgliedsstaaten; vgl. Statistik der Kommission unter: http://ec.europa.eu/comm/competition/mergers/cases/stats.html Stand 30.04.2011; für eine Übersicht der Verweisungsentscheidungen gemäß Art. 9 vgl. Röhling S. 266ff.

[387] Vgl. Statistik der Kommission unter: http://ec.europa.eu/comm/competition/mergers/cases/stats.html Stand 30.04.2011.

[388] Drauz WuW 2002 S. 445; MK-Koch FKVO Einl. A RN 49; vgl. zu den Auswirkungen der Globalisierung auf die europäische Fusionskontrolle Mestmäcker Europäisches Wettbewerbsrecht im Zeichen der Globalisierung S. 11ff.; Drauz 1999

festgelegten Überprüfungen der Schwellen des Art. 1 und der Verweisungspraxis des Art. 9 zum Anlass, die Funktionsweise der Verordnung insgesamt zu überprüfen.[389] Die Reform der FKVO a. F. wurde am 28.07.2000 durch den Bericht über die Anwendung der in der FKVO a. F. vorgesehenen Schwellenwerte an den Europäischen Rat eingeleitet.[390] Dieser Bericht legte die ersten Ergebnisse der Kommission zur Funktionsweise der Schwellenwerte des Art. 1 dar. Auf der Grundlage dieser Ergebnisse folgte am 11.12.2001 nach weiteren ausführlichen Untersuchungen und Beratungen ein Grünbuch der Kommission über die Revision der FKVO a. F.[391] Der Schwerpunkt des Grünbuchs lag in der Neuordnung der Zuständigkeiten. Insbesondere die erst durch die Novellierung der FKVO a. F. 1997 neu eingefügte Regelung des Art. 1 Abs. 3 stand im Blickpunkt der Überprüfungen, da sie ihr Ziel, die Zuständigkeit der Kommission für Mehrfachanmeldungen zu begründen, nicht erreicht hatte.[392] Nach intensiven Beratungen über das Grünbuch wurde ein Jahr nach Veröffentlichung des Grünbuchs ein Vorschlag zur Neufassung der FKVO a. F. vorgelegt.[393] Nach

---

S. 103, 106; gegen eine grundlegende Reform sprach sich das Bundeskartellamt mit der Begründung aus, dass sich die FKVO in den vergangenen zehn Jahren bewährt habe und es keinen Anlass für eine grundlegende Reform gäbe (vgl. Stellungnahmen des Bundeskartellamt S. 1).

389 Vgl. Art. 1 Abs. 5 und Art. 9 Abs. 10 FKVO a. F. Die im Rahmen der Neufassung eingefügte neue Revisionsklausel, Art. 1 Abs. 5 i.V.m. Art. 1 Abs. 4, sieht mögliche Änderungen der Schwellenwerte des Art. 1 Abs. 3 ab Juli 2009 vor. Eine weitere Revisionsklausel sieht die FKVO in Art. 4 Abs. 5 für die Regelung der neu eingefügten Art. 4 Abs. 4 und Abs. 5 vor.

390 Bericht an den Rat über die Anwendung der in der Fusionskontrollverordnung vorgesehenen Schwellenwerte vom 28.06.2000, Dok. KOM (2001) 399 endg. vom 28.06.2000.

391 Grünbuch über die Revision der Verordnung (EWG) Nr. 4064/89 des Rates vom 11.12.2001, KOM (2001) 745/6 endg. (im Folgenden „Grünbuch" zitiert); vgl. zu den Ausführungen im Grünbuch: Götz WuW 2002 S. 444; Lampert WuW 2002 S. 449; Arhold EWS 2002 S. 449; Bartosch/Nollau EuZW 2002 S. 197; Röhling S. 239ff.

392 Langen/Bunte-Löffler FKVO Art. 1 RN 34; Loewenheim/Meessen/Riesenkampff-Simon FKVO Einführung RN 13; MK-Koch FKVO Einl. A RN 50; vgl. auch Teil B IV. 3. c.

393 Vorschlag für eine Verordnung des Rates über die Kontrolle von Unternehmenszusammenschlüssen KOM (2002) 711 endg. (im Folgenden

kontroversen Diskussionen hat am 27.11.2003 der Rat für Wettbewerbsfähigkeit den Entwurf der novellierten FKVO mit der notwendigen Einstimmigkeit angenommen, so dass am 01.05.2004 die Verordnung Nr. 139/2004[394] in Kraft treten konnte.[395] Auf Grund der Veränderung diverser Artikeln der FKVO a. F. und im Hinblick auf das erklärte Ziel des Europäischen Rats, die europäischen Rechtsvorschriften verständlicher zu gestalten und den Zugang zu ihnen zu verbessern[396], wurde die FKVO a. F. gemäß Art. 25 aufgehoben und durch die FKVO ersetzt.[397] Die FKVO hat neben den Änderungen des Verweisungssystems auch verfahrensrechtliche und materiell-rechtliche

„Verordnungsvorschlag" zitiert); vgl. für einen Überblick zum Verordnungsvorschlag: Klees EuZW 2003 S. 197ff.; Bischke/Mäger EWS 2003 S. 97ff.

[394] Verordnung (EG) Nr. 139/2004 des Rates vom 20.01.2004 über die Kontrolle von Unternehmenszusammenschlüssen ABl. 2004 L Nr. 24/1.

[395] Daneben sind eine Reihe weiterer Reformmaßnahmen durchgeführt worden. So wurden zeitgleich die Best Practice on the conduct of EC merger control procedings und Leitlinien zur Bewertung horizontaler Zusammenschlüsse gemäß der Ratsverordnung über die Kontrolle von Unternehmenszusammenschlüssen vom 30.01.2004 (ABl. EG 2003 Nr. C 31,5) veröffentlicht. Letztere stellen das Ergebnis der 14-jährigen Kommissionspraxis und der europäischen Rechtsprechung dar und soll den Unternehmen und ihren Rechtsbeiständen eine nützliche Orientierungshilfe im Hinblick darauf geben, welche Zusammenschlüsse ernsthafte Zweifel an der Vereinbarkeit mit dem gemeinsamen Markt aufwerfen könnten. Am 02.05.2003 hatte die Kommission bereits die Best Practices for divesture commitments veröffentlicht, welche aus Mustertexten und für Zusagen und Treuhändermandate sowie einer Erläuterung bestehen. Die Kommission verabschiedete weiter die Durchführungsverordnung Verordnung (EG) Nr. 802/2004 vom 17.04.2004; ABl. vom 30.04.2004 L 133/1. Diesem sind die neue Form CO (als Anhang I) und ein vereinfachtes Formblatt zur Anmeldung von Zusammenschlüssen (als Anhang II) angefügt. Neu ist das Formblatt RS für die Verweisungsanträge vor der Anmeldung nach Art. 4 Abs. 4 und Abs. 5. Von besonderer Bedeutung für das Verweisungssystem insgesamt ist die Mitteilung der Kommission über das Verweisungsregime (ABl. vom 05.03.2005 C 56/2). Auch die Bekanntmachungen über Nebenabreden (ABl. vom 05.03.2005 C 56/24) sowie über das vereinfachte Verfahren (ABl. vom 05.03.2005 C 56/32) wurden an die neue Rechtslage angepasst (alle abrufbar unter www.fkvo.de).

[396] Vgl. Interinstitutionelle Vereinbarung vom 28.11.2001 über die systematischere Neufassung von Rechtsakten ABl. C 77 vom 28.03.2002 S. 1.

[397] Verordnungsvorschlag Begr. Nr. 6; für eine Neufassung der FKVO sprach sich Drauz aus in WuW 2002 S. 444.

Änderungen erfahren.[398] Im Folgenden sollen die Änderungen im Rahmen der Zuständigkeitsverteilung aufgezeigt und am Maßstab des Subsidiaritäts- und „One-Stop-Shop"-Prinzip bewertet werden.

3. Das neue Verweisungssystem der FKVO

Der seit der Entwicklung der europäischen Fusionskontrolle bestehende Streit um den Anwendungsbereich wurde nach der Novellierung der FKVO a. F. 1997[399] durch die Neufassung der FKVO a. F. wieder aufgenommen.[400] Die Kommission nahm einen neuen Anlauf, um eine optimale Zuständigkeitsverteilung zu erreichen und dabei insbesondere das Problem der Mehrfachanmeldungen zu lösen.

Wie bereits ausgeführt, war Ausgangspunkt der Revision die Überprüfung der Umsatzschwellenwerte in Art. 1 Abs. 2 und 3 und die damit verbundene Frage, ob eine Senkung der Umsatzschwellen zu einer Optimierung der Zuständigkeiten führen kann.[401] Die Kommission gelangte zu dem Ergebnis, dass die Kriterien des Art. 1 Abs. 2 geeignet sind, die gemeinschaftsweite Bedeutung der Zusammenschlüsse festzustellen.[402] Dagegen hatte die Regelung des Art. 1 Abs. 3 ihr Ziel

---

[398] Vgl. zu beiden Aspekten: Böge WuW 2004 S. 138; Bartosch BB 2003 Beilage 3 Heft 13 S. 1; Bischke/Mäger EWS 2003 S. 97; von Hinten-Reed/Camesasca/Schedl, RIW 2003 S. 321; Hirsbrunner EuZW 2003 S. 709; Hoffmann/Terhechte, AG 2003 S. 415; Berg BB 2004 S. 561; MK-Koch FKVO Einl. A RN 52ff.; Loewenheim/Meessen/Riesenkampff- Simon FKVO Einführung RN 13f. Zu materiell-rechtlichen Fragen: Alfter WuW 2003 S. 20; Bartosch WuW 2003 S. 574ff.; Burgstaller WuW 2003 S. 726; Böge WuW 2002 S. 825; Voigt/Schmidt WuW 2003 S. 897. Zu verfahrensrechtlichen Fragen: Berg/Digel EWS 2003 S. 445; Lampert WuW 2002 S. 449; Dittert WuW 2004 S. 148. Vgl. zu den Änderungen des Verfahrens im engeren Sinne ausführlich Dittert WuW 2004 S. 148.

[399] Für eine Übersicht vgl. Hirsbrunner EuZW 1998 S. 71; Kleinmann S. 133, 136 in FS f. Schmidt; Baron WuW 1997 S. 581f.; Kronenberg SZW 1998 S. 90; Röhling S. 35; ausführlich Pohlmann EWS 1997 S. 182.

[400] Vgl. zum Verlauf der Revision Bartosch BB 2003 Beilage 3 zu Heft 13 S. 2ff.

[401] Grünbuch RN 21 ff.; gegen eine Absenkung der Schwellenwerte sprachen sich insbesondere die Bundesrepublik Deutschland aus, vgl. Böge, WuW 2004 S. 140.

[402] Grünbuch RN 23; Böge WuW 2004 S. 140.

nicht erreicht.[403] Mehrfachanmeldungen mussten trotz ihrer grenzüberschreitenden Auswirkungen nach wie vor in mehreren Mitgliedsstaaten angemeldet und untersucht werden.[404] Die Überprüfung dieser Regelung ergab, dass auch eine Veränderung des Art. 1 Abs. 3 durch Senkung der Schwellenwerte nicht zur Erfassung aller Mehrfachanmeldungen führen würde.[405] Daher schlug die Kommission zunächst vor, die Regelung des Art. 1 Abs. 3 zu streichen und sie durch ein so genanntes „Drei-Plus-System" zu ersetzen.[406] Danach sollte ein Zusammenschluss auch dann gemeinschaftsweite Bedeutung erhalten und somit in die Zuständigkeit der Kommission fallen, wenn die in Art. 1 Abs. 2 festgelegten Schwellenwerte zwar nicht erreicht werden, der Zusammenschluss jedoch in mehr als drei Mitgliedsstaaten anmeldepflichtig wäre.[407] Diese Regelung fand jedoch bereits keinen Eingang in den Verordnungsvorschlag vom Dezember 2002. Stattdessen wurde zur Optimierung der Zuständigkeitsverteilung ein verbessertes und vereinheitlichtes Verweisungssystem vorgeschlagen, welches schließlich umgesetzt wurde.[408] Im Rahmen der Neuerungen wurde das Verweisungssystem insbesondere mit der Möglichkeit ergänzt, Verweisungen auch vor der Anmeldung durchzuführen. Durch das verbesserte Verweisungssystem soll eine effektive Feinabstimmung der Zuständigkeitsverteilung erfolgen. Damit stellt das neue Verweisungssystem der FKVO im Rahmen der Zuständigkeitsverteilung nunmehr ein wesentliches Schlüsselelement dar. Es soll zum einen hinsichtlich des Subsidiaritätsprinzips als wirksames Korrektiv dienen und zum anderen die Wettbewerbsinteressen der Mitgliedsstaaten in angemessener Weise wahren und dem Bedürfnis nach Rechtssicherheit

---

403 Grünbuch RN 11, 12; a.A. Röhling S. 248 Maßstab für die Bewertung des Art. 1 Abs. 3 ist das Verhältnis zu den Mehrfachanmeldungen in drei oder mehr Mitgliedsstaaten, also den Fällen, die von Art. 1 Abs. 3 FKVO erfasst werden sollen.

404 Vgl. zum Problem der Mehrfachanmeldungen Teil B. III. 3

405 Vgl. Grünbuch RN 30.

406 Vgl. Grünbuch RN 57ff.

407 Vgl. Teil C I. 1.

408 Verordnungsvorschlag Begr. Ziff. 18; Langen/Bunte-Baron 10. Auflage FKVO Einführung RN 6; Loewenheim/Meessen/Riesenkampff-Simon FKVO Einführung RN 13; MK-Koch FKVO Einl. A 51.

sowie dem Grundsatz einer einzigen Anlaufstelle Rechnung tragen.[409] Gleichzeitig trägt die Verweisung des Zusammenschlusses an die Behörde mit besseren Sach- und Marktkenntnissen dem Ziel eines effektiven Wettbewerbsschutzes Rechnung.[410] Zur Erläuterung des Verweisungssystems wurden die materiell-rechtlichen Voraussetzungen sowie praktische Hinweise zu ihrer Funktionsweise in einer Mitteilung der Kommission über Verweisungen von Fusionssachen dargestellt.[411]

a. Anwendung des Verweisungssystems vor der eigentlichen Anmeldung – „pre-notification-Phase"

aa. Allgemeines

Eine wesentliche Schwäche des bisherigen Verweisungssystems bestand darin, dass Verweisungen gemäß Art. 9 und Art. 22 erst nach der Anmeldung des Zusammenschlusses bei der Kommission bzw. bei der nationalen Behörde möglich waren.[412] Dies führte zu erheblichen Zeitverlusten, einem aufwendigen Verfahren und zu höheren Kosten für die beteiligten Unternehmen.[413] Zu Recht wurde von den Unternehmen bemängelt, dass eine maßgebliche Beteiligung von den eigentlich Betroffenen im Rahmen der bisherigen Verweisungsregelungen nicht stattfand.[414] Diese Kritik muss dahingehend erweitert werden, dass das Initiativrecht für die Einleitung eines Verweisungsverfahrens ausschließlich bei der Kommission bzw. den Mitgliedsstaaten lag. Aus diesem Grund wurden die Regelungen des Art. 4 Abs. 4 und Abs. 5 eingefügt, welche die Verweisung eines Zusammenschlusses auch

---

[409] Erwägungsgrund 11.

[410] MüKo-Schild FKVO Art. 9 RN 2 a. E.; Immenga/Mestmäcker-Immenga/Körber FKVO Art. 9 RN 3.

[411] Mitteilung Verweisungsregime (siehe FN 70).

[412] Wolf EuZW 1994 S. 23; Verordnungsvorschlag Begr. Ziff. 22.

[413] Verordnungsvorschlag Begr. Ziff. 22.

[414] Vgl. Grünbuch Annex II, RN 3 S. 111, Befragung der am Zusammenschluss Beteiligten im Vorfeld des Grünbuchs.

schon vor der Anmeldung, in der so genannten „pre-notification-Phase“, auf Initiative der beteiligten Personen und Unternehmen vorsehen.
Gemäß Art. 4 Abs. 4 kann ein Zusammenschluss, welcher zwar in den Anwendungsbereich der FKVO fällt, jedoch besser auf einzelstaatlicher Ebene geprüft werden sollte, bereits in einem frühen Stadium an die zuständige einzelstaatliche Behörde verwiesen werden. Umgekehrt können Zusammenschlüsse, die keine gemeinschaftsweite Bedeutung gemäß Art. 1 haben, aber bereits abzusehen ist, dass sie erhebliche grenzüberschreitende Auswirkungen aufweisen werden, gemäß Art. 4 Abs. 5 an die Kommission verwiesen werden. Bei der Anwendung der Verweisungsregelungen sind vor allem die Mitteilung der Kommission über die Verweisung von Fusionssachen (Mitteilung-Verweisungsregime) und daneben die von den nationalen Wettbewerbsbehörden für die Verweisung nach Art. 4 Abs. 5 geregelten gemeinsamen Leitlinien, die sogenannten ECA-Prinzipien, zu beachten.[415]

bb. Verweisung des Zusammenschlusses gemäß Art. 4 Abs. 4

Durch Einführung des Art. 4 Abs. 4 besteht nunmehr neben Art. 9 eine weitere Regelung, die die Verweisung des Zusammenschlusses von der Kommission an die Mitgliedsstaaten ermöglicht.[416] Beide Regelungen unterscheiden sich im Wesentlichen darin, dass die Verweisung nach Art. 4 Abs. 4 vor der Anmeldung des Zusammenschlusses und auf Initiative der beteiligten Personen und Unternehmen erfolgt. Damit erfolgt auch die Abgrenzung danach, ob bereits eine Anmeldung gemäß Art. 4 Abs. 1 bei der Kommission erfolgt ist oder nicht. Ist bereits eine Anmeldung erfolgt, kommt lediglich eine Verweisung des Zusammenschlusses nach Art. 9 in Betracht.

---

415 „Grundsätze für die Anwendung von Art. 4 Absatz 5 und Art. 22 der Europäischen Fusionskontrollverordnung durch die nationalen Wettbewerbsbehörden der ECA“; abzurufen unter dem entsprechenden Link auf www.fkvo.eu. Der ECA gehören neben den 27 Mitgliedsstaaten der EU auch die EFTA-Staaten Norwegen, Island und Lichtenstein, die Kommission und die EFTA-Überwachungsbehörden an.
416 Vgl. für eine Übersicht des Verfahrens Kogel S. 205.

(1) Verweisungsantrag gemäß Art. 4 Abs. 4

Das Verweisungsverfahren nach Art. 4 Abs. 4 wird durch einen begründeten Antrag der Zusammenschlussparteien eingeleitet. Die Anforderungen an die Verweisungsanträge richten sich nach Art. 6 der Verordnung der Kommission zur Durchführung der FKVO (DVO).[417] Danach haben begründete Anträge nach Art. 4 Abs. 4 und Abs. 5 die im Formblatt RS („Reasoned Submission") aufgeführten Angaben und Unterlagen zu enthalten.[418] Auf der Grundlage des begründeten Antrags erfolgen im weiteren Verlauf des Verfahrens die Entscheidungen der Mitgliedsstaaten und der Kommission.[419] Die Kommission empfiehlt,

---

[417] Verordnung (EG) Nr. 802/2004 der Kommission vom 07.04.2004 zur Durchführung der Verordnung (EG) Nr. 139/2004 des Rates über die Kontrolle von Unternehmenszusammenschlüssen, ABL. EG L 133 vom 30.04.2004 S. 1ff., in Kraft getreten am 01.05.2004 (im Folgenden „DVO" zitiert). Damit wurde die Verordnung über die Anmeldung, über die Fristen sowie über die Anhörung nach der Verordnung Nr. 4064/89 des Rates über die Kontrolle von Unternehmenszusammenschlüssen Nr. 447/98 vom 01.03.1998, ABL. EG 1998 L 61/1 vollständig ersetzt.

[418] Abgedruckt in Anhang III DVO, welche in der Einleitung auch umfangreiche Erläuterungen zur Antragstellung enthält; vgl. Körber WuW 2007 S. 331; Immenga/Mestmäcker-Immenga/Körber Art. 4 FKVO RN 69f.; Soyez ZWeR 2005 S. 419 f.; FK- Hellmann FKVO Art. 4 RN 49; Langen/Bunte-Baron Art. 4 FKVO RN 16; Loewenheim/Meessen/Riesenkampff-Ablasser/Neuhuber Art. 4 FKVO RN 20, 23; Bechtold/Brinker/Bosch/Hirsbrunner Art. 4 FKVO RN 25; MüKo-Schroeder FKVO Art. 4 RN 88; Kogel S. 206, 207, 211 welcher den Umfang der Angaben als unverhältnismäßig bewertet.

[419] Der begründete Antrag ist in einer der Amtssprachen der Europäischen Union vorzunehmen, die dann für alle Antragsteller zur Verfahrenssprache wird. Um die Bearbeitung des Formblatts RS durch die Behörden zu erleichtern, wird den Beteiligten Behörden nahe gelegt, dem begründeten Antrag eine Übersetzung in eine oder mehrere Sprachen beizufügen, die von allen Empfängern des Antrags verstanden werden. Anträge auf Verweisung an einen oder mehrere Mitgliedsstaaten sollten auch in den Sprachen dieses Staates eingereicht werden (vgl. Formblatt RS Anhang III DVO Einl. Ziff. D; Mitteilung Verweisungsregime RN 62). Gemäß Formblatt RS Anhang III Einl. Ziff. D ist das Formblatt RS im Original und in 35-facher Ausfertigung einzubringen. Nach der Praxis der Kommission kann das Formblatt RS auch im Original und in 6-facher-Ausfertigung eingebracht werden, wenn zusätzlich eine elektronische Kopie auf CD-ROM mit dem Formblatt RS und allen dazugehörigen Anlagen zur Verfügung gestellt wird (Vgl. Loewenheim/Meessen/Riesenkampff-Ablasser/Neuhuber Art. 4 FKVO RN 25; MüKo-Schroeder FKVO Art. 4 RN 104; FK- Hellmann FKVO Art. 4 RN 49).

dass dem eigentlichen Antrag informelle Vorgespräche der Unternehmen mit der Kommission und den zuständigen Behörden der Mitgliedsstaaten vorausgehen sollten.[420]

(a) Antragsberechtigte

Antragsberechtigt sind gemäß Art. 4 Abs. 4 Unterabs. 1 die anmeldepflichtigen Personen oder Unternehmen im Sinne des Art. 4 Abs. 2.[421] Demnach steht den zur Anmeldung Berechtigten und Verpflichteten das ausschließliche Initiativrecht zur Einleitung des Verfahrens nach Art. 4 Abs. 4 zu.[422]
Gemäß Art. 4 Abs. 4 Unterabs. 1 i.V.m. Art. 4 Abs. 2 ist der Verweisungsantrag bei Fusionen und bei der Begründung einer gemeinsamen Kontrolle von dem an der Fusion oder der Begründung der gemeinsamen Kontrolle Beteiligten gemeinsam zu stellen.[423] Der gemeinsame Antrag ist gemäß Art. 6 Abs. 2 DVO i.V.m. Art. 2 Abs. 3 DVO von einem gemeinsamen Vertreter einzureichen, welcher ermächtigt ist, im Namen aller Antragsteller Schriftstücke zu übermitteln und zu empfangen. In allen anderen Fällen kann der Verweisungsantrag von dem Unternehmen gestellt werden, welches die Kontrolle über die Gesamtheit oder über Teile eines oder mehrerer Unternehmen erwirbt. So ist der begründete Antrag bei dem Erwerb einer die Kontrolle an einem anderen Unternehmen begründenden Beteiligung von dem

---

[420] Mitteilung Verweisungsregime RN 64; ECA- Prinzipen RN 10.

[421] Vgl. Art. 4 Abs. 2 DVO; Mitteilung Verweisungsregime RN 49; Hellmann EWS 2004 S. 290; Körber WuW 2007 S. 331; Immenga/Mestmäcker-Immenga/Körber FKVO Art. 4 RN 72; MüKo- Schroeder FKOV Art. 4 RN 81; Bechtold/Brinker/Bosch/Hirsbrunner FKVO Art. 4 RN 24; FK-Hellmann FKVO Art. 4 RN 48.

[422] FK-Hellmann FKVO Art. 4 RN 45; Verordnungsvorschlag Begr. Ziff. 19; MüKo-Schroeder FKVO Art. 4 RN 78; Bechtold/Brinker/Bosch/Hirsbrunner FKVO Art. 4 RN 23.

[423] Vgl. auch Formblatt RS Anhang III DVO Einl. Ziff. C; Immenga/Mestmäcker-Immenga/Körber FKVO Art. 4 RN 23; ausführlich MüKo- Schroeder FKVO Art. 4 RN 16; Loewenheim/Meessen/Riesenkampff- Ablasser-Neuhuber FKVO Art. 4 RN 4, 22; FK- Hellmann FKVO Art. 4 RN 48; Bechtold/Brinker/Bosch/Hirsbrunner FKVO Art. 4 RN 24.

Erwerber vorzunehmen.[424] Bei einem öffentlichen Übernahmeangebot ist der begründete Antrag durch den Bieter vorzunehmen.[425] In allen Fällen muss die Vertretungsbefugnis gemäß Art. 6 Abs. 2 DVO i.V.m. Art. 2 Abs. 2 DVO durch entsprechende Urkunden nachgewiesen werden.[426] Die Gleichstellung der Antragsbefugten mit den Anmeldepflichtigen des Zusammenschlusses dient der Vereinfachung des Verfahrens und ermöglicht, auf die bisherige Praxis zurückzugreifen.

(b) Richtigkeit und Vollständigkeit des begründeten Antrages

Die Angaben im Formblatt RS müssen wahrheitsgemäß und vollständig sein.[427] Für die Richtigkeit dieser Angaben haften die jeweiligen Antragsteller.[428] Dies ist vor allem vor dem Hintergrund bedeutsam, dass die Verweisungsanträge in der „pre-notification-Phase" von der Kommission unverzüglich an die Mitgliedsstaaten weitergeleitet werden, und die zuständigen Behörden der jeweiligen Mitgliedsstaaten über den Antrag in der Regel auf der Grundlage der darin enthaltenen Angaben ohne weitere Nachforschung entscheiden.[429] Sind die Angaben oder Unterlagen in dem Antrag unvollständig, werden sie dennoch unverzüglich an die Mitgliedsstaaten weitergeleitet mit der Konsequenz, dass die Fristen für die Entscheidung der Mitgliedsstaaten trotz der Mängel mit Zugang der Anträge beginnen. Dies ergibt sich daraus, dass die begründeten Anträge gemäß Art. 4 Abs. 4 und Abs. 5 im Gegensatz zu dem Verfahren nach Art. 9 und Art. 22 auch dann wirksam sind, wenn die darin enthaltenen Angaben oder Unterlagen in einem wesentlichen

---

[424] Formblatt RS Anhang III DVO Einl. Ziff. C; Immenga/Mestmäcker-Immenga/Körber FKVO Art. 4 RN 23; ausführlich MüKo- Schroeder FKVO Art. 4 RN 16, 17; Loewenheim/Meessen/Riesenkampff- Ablasser/Neuhuber FKVO Art. 4 RN 4.

[425] Formblatt RS Anhang III DVO Einl. Ziff. C; Immenga/Mestmäcker-Immenga/Körber FKVO Art. 4 RN 23; MüKo-Schroeder FKVO Art. 4 RN 20; FK-Hellmann FKVO Art. 4 RN 48.

[426] Vgl. zu den formellen Anforderungen Formblatt RS Anhang III DVO Abschnitt 7.

[427] Formblatt RS Anhang III DVO Einleitung B.

[428] Formblatt RS Anhang III DVO Einl. Ziff. C.

[429] Formblatt RS Anhang III DVO Einleitung B.

Punkt unvollständig sind.[430] Die Kommission muss in diesen Fällen die Antragsteller über die Mängel des Antrags umgehend schriftlich informieren.[431] Werden die mangelhaften Anträge an die Mitgliedsstaaten weitergeleitet, liegt es nahe, dass die betreffenden Mitgliedsstaaten eine Verweisung ablehnen. Daher sollten die Antragsteller im eigenen Interesse bei der Ausarbeitung des Antrags nachprüfen, ob alle zu Grunde liegenden Angaben und Argumente in ausreichendem Umfang durch unabhängige Quellen bestätigt werden.[432] Nicht anders verhält es sich bei Anträgen mit unrichtigen oder irreführenden Angaben bzw. Unterlagen. Auch diese werden mit unvollständigen Angaben gleichgestellt.[433] Fraglich ist jedoch, wie zu verfahren ist, wenn die Verweisung auf der Grundlage der unrichtigen oder irreführenden Angaben bzw. Unterlagen bereits durchgeführt wurde.[434]

(c) Befreiung von der Pflicht für vollständige Angaben

Ausnahmsweise können die Antragsteller von der Pflicht für vollständige Angaben in dem Antrag befreit werden, wenn diese nicht in zumutbarer Weise zugänglich sind (z.B. Angaben über das zu übernehmende Unternehmen bei feindlicher Übernahme) oder ihrer Ansicht nach für die

---

430 Die Regelung des Art. 5 Abs. 2 S. 2 DVO, wonach die Anmeldung am Tag des Eingangs der vollständigen Angaben oder Unterlagen bei der Kommission wirksam wird, findet gemäß Art. 6 Abs. 2 Unterabs. 1 für die Verfahren in der „pre-notification-Phase“ keine Anwendung, so dass anzunehmen ist, dass der Antrag sofort wirksam wird; so auch Soyez ZWeR 2005 S. 434; wohl auch Loewenheim/Meessen/Riesenkampf- Ablasser/Neuhuber FKVO Art. 4 RN 23; a. A. Körber WuW 2007 S. 337; Immenga/Mestmäcker-Immenga/Körber FKVO Art. 4 RN 78 und 86; MüKo-Schroeder FKVO Art. 4 RN 82, welcher die Tatsache, dass Art. 5 Abs. 2 Satz 2 DVO nicht zur Anwendung kommt, dahingehend wertet, dass ein unvollständiger Antrag nicht einfach ergänzt und vervollständigt werden kann, sondern vielmehr völlig neu einzureichen ist.

431 Vgl. Art. 6 Abs. 2 i. V. m. Art. 5 Abs. 2 S. 1 DVO.

432 Formblatt RS Anhang III DVO Einleitung B.

433 Vgl. Art. 6 Abs. 2 Unterabs. 1 i.V.m. Art. 5 Abs. 4. Auch in diesem Fall sind die Anträge wirksam, da die Regelung des Art. 5 Abs. 2 S. 2 vorliegend keine Anwendung findet; a. A. Körber WuW 2007 S. 337; Immenga/Mestmäcker-Immenga/Körber FKVO Art. 4 RN 78.

434 Vgl. Teil B V. 3. a. bb. (1) d.

Prüfung der Sache durch die Kommission bzw. den betreffenden Mitgliedsstaat verzichtbar sind.[435] Im ersten Fall muss der Antragsteller das Fehlen der besagten Angaben begründen und durch bestmögliche Schätzungen unter Angaben der Quellen ersetzen. Nach Möglichkeit ist anzugeben, wo die Kommission oder die Mitgliedsstaaten die fehlenden Informationen gegebenenfalls einholen können.[436] Im zweiten Fall müssen die Antragsteller bereits vor dem Antrag in Gesprächen mit der Kommission und den betroffenen Mitgliedsstaaten begründen, warum die besagten Angaben für die Prüfung des Verweisungsantrags irrelevant oder verzichtbar sind.[437] Es ist außerdem ein schriftlich begründeter Antrag auf eine Verzichtserklärung zu stellen, in der die Kommission gebeten wird, die Antragsteller von der Verpflichtung zur Vorlage vollständiger Informationen gemäß Art. 4 Abs. 2 DVO zu entbinden.[438]

Bei der Entscheidung der Kommission über solche Anträge ist eine Beteiligung der Mitgliedsstaaten nicht zwingend.[439] Allerdings besteht bei einer Befreiung die Gefahr, dass ein Mitgliedsstaat die Verweisung ablehnt, weil sie nach eigener Auffassung trotz eines formal vollständigen Antrags nicht hinreichend informiert ist. Vor diesem Hintergrund dürfte eine Beteiligung der zuständigen Behörden der Mitgliedsstaaten aus praktischen Gesichtspunkten erforderlich sein.[440] Auch dieser Umstand verdeutlicht die Notwendigkeit von Gesprächen mit der Kommission und den Mitgliedsstaaten vor der Antragstellung.[441]

---

[435] Formblatt RS Anhang III DVO Einleitung B. lit. d.) und e.); Klees § 12 RN 8; MüKo- Schroeder FKVO Art. 4 RN 101.

[436] Formblatt RS Anhang III DVO Einleitung B. lit. d).

[437] Formblatt RS Anhang III DVO Einleitung B. lit. e).

[438] Formblatt RS Anhang III DVO Einleitung B. lit. e).

[439] Vgl. Formblatt RS Anhang III DVO Einleitung B. lit. e) a. E., wonach eine Abstimmung mit den nationalen Wettbewerbsbehörden im Ermessen der Kommission liegt.

[440] Klees § 12 RN 10, FN 20; MüKo-Schroeder FKVO Art. 1 RN 101.

[441] MüKo-Schroeder FKVO Art. 4 RN 101.

(d) Verweisung bei fehlerhaftem Antrag

Ist eine Verweisung an die Mitgliedsstaaten auf Grund unvollständiger oder unrichtiger Angaben erfolgt, so kann die Kommission gemäß Art. 14 Abs. 1 lit. a bei vorsätzlich oder fahrlässig unterbreiteten unrichtigen oder irreführenden Angaben gegen die Antragsteller Geldbußen von bis zu 1 % des Gesamtumsatzes des beteiligten Unternehmens festsetzen.
Die Kommission geht weiterhin davon aus, dass bei unrichtigen Angaben in einem Antrag nach Art. 4 Abs. 4 eine Anmeldung nach Art. 4 Abs. 1 verlangt werden kann.[442] Eine Anmeldung kann die Kommission jedoch nur verlangen, wenn sie zuvor die eigene Verweisung widerruft. Da sich eine ausdrückliche Regelung für den Widerruf einer Verweisungsentscheidung in der FKVO nicht findet, ist die Sanktion in Form einer erneuten Anmeldung ausgeschlossen.[443] Bei einer Verweisung des Zusammenschlusses insgesamt bzw. teilweise verliert die Kommission die Entscheidungskompetenz an die jeweiligen Mitgliedsstaaten. Gemäß Art. 4 Abs. 4 Unterabs. 5 erfolgt nach einer Verweisung keine Anmeldung des Zusammenschlusses bei der Kommission und das Wettbewerbsrecht des betreffenden Mitgliedsstaates findet Anwendung. Gegen die Annahme eines Widerrufs spricht weiterhin, dass die FKVO gemäß Art. 6 Abs. 3 lit. a und Art. 8 Abs. 6 lit. a für die dort benannten Entscheidungen der Kommission, die auf unrichtigen Angaben beruhen und die von einem

---

[442] Mitteilung Verweisungsregime RN 60; Formblatt RS Anhang III DVO Einleitung B; MüKo-Schroeder FKVO Art. 4 RN 98: Immenga/Mestmäcker-Immenga/Körber FKVO Art. 4 RN 89; Loewenheim/Meessen/Riesenkampff-Ablasser/Neuhuber FKVO Art. 4 RN 27.

[443] Vgl. Klees § 12 RN 12; Bechtold/Brinker/Bosch/Hirsbrunner FKVO Art. 4 RN 31; MüKo-Schroeder FKOV Art. 4 RN 98; Hirsbrunner EuZW, 2005 S 521; a. A. Körber WuW 2007 S. 337; Immenga/Mestmäcker-Immenga/Körber FKVO Art. 4 RN 89, welche mit Blick auf das Erfordernis der Rechtssicherheit die Möglichkeit eines Widerrufs der Verweisungsentscheidung verlangt und eine Rechtsgrundlage in Analogie zu Art. 6 Abs. 3, 8 Abs. 6 FKVO sieht. Danach sei ein Widerruf nur möglich, wenn die Verweisungsentscheidung auf unrichtigen Angaben beruht, die von dem Antragsteller zu vertreten sind, oder wenn sie auf andere Weise arglistig von ihm herbeigeführt wurde.

beteiligten Unternehmen mindestens zu vertreten sind, einen solchen Widerruf ausdrücklich vorsieht.
Selbst wenn entgegen der vorgebrachten Argumente die Möglichkeit eines Widerrufs bejaht werden sollte, kann unter Beachtung des Verhältnismäßigkeitsgrundsatzes eine Entscheidung nur widerrufen werden, wenn durch die Kommission der Nachweis erbracht wird, dass der Verstoß gegen die Informationspflicht durch die Unternehmen schwerwiegend und kausal für die Verweisung gewesen ist.[444]
Letztlich könnte eine auf unrichtige, irreführende oder unvollständige Angaben beruhende Verweisungsentscheidung dadurch korrigiert werden, indem der Zusammenschluss gemäß Art. 22 erneut an die Kommission zurückverwiesen wird.[445] Eine solche Verweisung müsste allerdings nach Art. 22 Abs. 1 innerhalb der Frist von 15 Arbeitstagen, nachdem der Zusammenschluss angemeldet worden ist, gestellt werden. Vor diesem Hintergrund ist die Gefahr einer erneuten Anmeldung bzw. einer Rückverweisung nach Art. 22 für die Unternehmen gering. Eine Abschreckung ist lediglich in der Verhängung eines Bußgeldes zu sehen.[446]

(e) Zeitpunkt der Antragstellung

Wesentliche Voraussetzung für eine Verweisung nach 4 Abs. 4 ist, dass der Zusammenschluss bereits hinreichend konkret ist.[447] Die beteiligten Unternehmen müssen zumindest einen Zusammenschluss tatsächlich beabsichtigen oder im Fall eines Übernahmeangebots öffentlich ihre Absicht zur Abgabe eines solchen Angebots bekundet haben.[448] Dabei kann auch ein nicht öffentlich bekanntes Vorhaben Gegenstand eines

---

[444] Bechtold/Brinker/Bosch/Hirsbrunner FKVO Art. 4 RN 31; Hirsbrunner EuZW 2005 S. 521; Körber WuW 2007 S. 337.
[445] Formblatt RS Anhang III DVO Einleitung B; MüKo-Schroder FKVO Art. 4 RN 99.
[446] MüKo-Schroeder FKVO Art. 4 RN 100.
[447] Mitteilung Verweisungen RN 66; Körber WuW 2007 S. 331; Immenga/Mestmäcker-Immenga/Körber FKVO Art. 4 RN 75.
[448] Mitteilung Verweisungsregime RN 66; Immenga/Mestmäcker-Immenga/Körber FKVO Art. 4 RN 75.

Verweisungsantrags sein.[449] Ohne die faktische Konkretisierung des Vorhabens wird die Antragstellung bereits an den Anforderungen des Formblattes RS scheitern.[450] Demnach ist dieser Zeitpunkt grundsätzlich parallel zu der Anmeldefähigkeit nach Art. 4 Abs. 2 Unterabs. 2 zu bestimmen.[451]

Ein Verweisungsantrag nach Art. 4 Abs. 4 ist nur solange möglich, wie eine Anmeldung bei der Kommission noch nicht erfolgt ist.[452] Mit der Einreichung einer Anmeldung nach dem Formblatt CO des Zusammenschlussvorhabens erlischt das Antragsrecht der beteiligten Personen oder Unternehmen. Eine Verweisung des Zusammenschlusses an die Mitgliedsstaaten kann nunmehr lediglich nach Art. 9 erfolgen.[453] Für diese Grenze spricht die dadurch bewirkte Rechtssicherheit.[454] Eine solche Sperre soll jedoch dann nicht vorliegen, wenn die Kommission oder die nationale Kartellbehörde das Verfahren nach wirksamer Rücknahme der Anmeldung eingestellt haben,[455] und damit eine erneute Anmeldung erfolgen könnte.[456]

(f) Beendigung des Verfahrens durch Rücknahme des Antrags

Eine Regelung zur Rücknahme des Verweisungsantrags mit der Folge, dass das Verfahren beendet wird, findet sich in der FKVO nicht. Einer solchen Rücknahme stehen jedoch keine Gründe entgegen. Die Antragsteller können das Verfahren zu jedem Zeitpunkt beenden, da das

---

449 Mitteilung Verweisungsregime RN 61 a. E.; Immenga/Mestmäcker-Immenga/Körber FKVO Art. 4 RN 75; MüKo-Schroeder FKVO Art. 4 RN 105.

450 Immenga/Mestmäcker-Immenga/Körber FKVO Art. 4 RN 75.

451 Immenga/Mestmäcker-Immenga/Körber FKVO Art. 4 RN 75.

452 Mitteilung Verweisungsregime RN 68; Immenga/Mestmäcker-Immenga/Körber FKVO Art. 4 RN 76; Körber WuW 2007 S. 331f.; MüKo-Schroeder FKVO Art. 4 RN 103.

453 MüKo-Schroeder FKVO Art. 4 RN 78.

454 Immenga/Mestmäcker-Immenga/Körber FKVO Art. 4 RN 76; Körber WuW 2007 S. 332.

455 Vgl. zur Rücknahme der Anmeldung Immenga/Mestmäcker-Immenga/Körber FKVO Art. 4 RN 54 ff..

456 Immenga/Mestmäcker-Immenga/Körber FKVO Art. 4 RN 76; Körber WuW 2007, 332.

Verfahren ausschließlich durch sie eingeleitet werden kann und sie damit „Herren des Verfahrens“ sind.[457] Hierfür spricht im Übrigen auch, dass den Antragsteller eine Bindung an den Antrag nicht zumutbar ist, wenn sich im Laufe des Verfahrens die Aussichtslosigkeit des Verfahrens herausstellt.[458] Zur Beendigung des Verfahrens kann eine förmliche Anmeldung bei der Kommission eingereicht werden.[459]

(2) Materiell-rechtliche Voraussetzungen für eine Verweisung

Die Verweisung eines Zusammenschlusses an einen Mitgliedsstaat setzt gemäß Art. 4 Abs. 4 voraus, dass ein Zusammenschluss von gemeinschaftsweiter Bedeutung den Wettbewerb auf einem Markt innerhalb eines Mitgliedsstaates, der alle Merkmale eines gesonderten Marktes aufweist, erheblich beeinträchtigen könnte. Diese Voraussetzungen müssen die Antragsteller plausibel und nachprüfbar vortragen.[460] Die Darlegungslast liegt bei ihnen.[461] Die materiell-rechtlichen Voraussetzungen für eine Verweisung nach Art. 4 Abs. 4 entsprechen weitestgehend denen des Art. 9 Abs. 2 lit. a.[462] Im Gegensatz zu Art. 9 können die Antragsteller allerdings auch mehrere Mitgliedsstaaten angeben, in welchen die Voraussetzungen vorliegen, damit der Zusammenschluss nach einer Verweisung parallel überprüft wird.[463]

(a) Zuständigkeit der Kommission und der Mitgliedsstaaten

Voraussetzung für einen Antrag ist zunächst, dass der zu verweisende Zusammenschluss tatsächlich in den Anwendungsbereich der FKVO fällt

---

[457] Klees § 12 RN 17.

[458] Klees § 12 RN 17.

[459] Klees § 12 RN 18.

[460] Hellmann EWS 2004 S. 290.

[461] Loewenheim/Meessen/Riesenkampff-Ablasser-Neuhuber FKVO Art. 4 RN 33; Rosenthal EuZW 2004 S. 328.

[462] Loewenheim/Meessen/Riesenkampf-Ablasser-Neuhuber Art. 4 RN 31; Immenga/Mestmäcker-Immenga/Körber FKVO Art. 4 RN 79.

[463] Formblatt RS, Abschnitt 6.2.1; Körber WuW 2007 S. 332.

und somit die Zuständigkeit der Kommission gegeben ist.[464] Nur in diesem Fall kann eine Verweisung von der Kommission an die Mitgliedsstaaten erfolgen. Hierzu muss in dem Formblatt RS zum einen angegeben werden, ob das Vorhaben einen Zusammenschluss im Sinne von Art. 3 darstellt, und zum anderen muss mittels ausreichender Wirtschafts- oder anderer Daten belegt werden, dass der Zusammenschluss die Schwellenwerte nach Art. 1 erreicht hat oder nicht.[465] Gleichzeitig muss auch sichergestellt sein, dass der Zusammenschluss im Sinne der FKVO auch einen Zusammenschlusstatbestand nach den nationalen Wettbewerbsvorschriften des Mitgliedsstaates darstellt, damit die Verweisung nicht ins Leere läuft.[466] Demnach müssten die antragstellenden Unternehmen oder Personen zum Zeitpunkt der Antragstellung nach Art. 4 Abs. 4 bereits die Zuständigkeit der Kommission festgestellt haben. Diese Prüfung bedeutet für die Antragssteller jedoch keinen Mehraufwand, da die Feststellung der Zuständigkeit unabhängig von einer Verweisung festgestellt werden muss.

(b) Möglichkeit erheblicher Wettbewerbsbeeinträchtigung

Die Regelung des Art. 4 Abs. 4 Unterabs. 1 setzt den Nachweis durch die Antragsteller voraus, dass sich das Vorhaben möglicherweise auf den Wettbewerb in einem gesonderten Markt eines Mitgliedsstaates derart erheblich auswirkt, dass genaue Untersuchungen angezeigt sind.[467] Dieses Kriterium fand gleichzeitig Eingang in die

---

464 Immenga/Mestmäcker-Immenga/Körber FKVO Art. 4 RN 79; Hüfner S. 65; MüKo-Schroeder FKVO Art. 4 RN 84; Langen/Bunte-Baron FKVO Art. 4 RN 14.

465 Vgl. Formblatt RS Anhang III DVO Abschnitt 2 Ziff. 2.1, Ziff. 2.4.

466 Mitteilung Verweisungsregime RN 65; Langen/Bunte-Baron 10. Auflage FKVO Art. 4 RN 14; Immenga/Mestmäcker-Immenga/Körber FKVO Art. 4 RN 79; Körber WuW 2007 S. 332; Insoweit müssen die Antragsteller nach Formblatt RS Abschnitt 6.3.1. Anhang III DVO zu jedem Mitgliedsstaat angeben, ob das Vorhaben nach innerstaatlichem Wettbewerbsrecht geprüft werden kann oder nicht.

467 Mitteilung Verweisungsregime RN 17; Immenga/Mestmäcker-Immenga/Körber FKVO Art. 4 RN 80; FK-Hellmann FKVO Art. 4 RN 50.

Verweisungsvorschriften der Art. 9 Abs. 2 lit. a und Art. 22.[468] Fraglich ist, wann eine erhebliche Beeinträchtigung anzunehmen ist. Da dieses Kriterium in der FKVO nicht definiert ist, ist zur Konkretisierung eine Auslegung des Begriffs erforderlich. Die Methoden und Maßstäbe der Auslegung von primärem und sekundärem Unionsrecht sind nicht den nationalen Rechtsordnungen zu entnehmen, sondern dem Unionsrecht selbst.[469] Daher sollen an dieser Stelle zunächst die Auslegungsmethoden des Unionsrechts veranschaulicht werden, um diese anschließend anzuwenden.

(c) Auslegung des Unionsrechts

Das primäre und sekundäre Unionsrecht wird grundsätzlich einheitlich ausgelegt.[470] Folglich macht es bei der Auslegung keinen Unterschied, dass es sich bei der FKVO um sekundäres Unionsrecht handelt. Zu beachten ist jedoch, dass sekundäres Unionsrecht ausRanggründen so auszulegen ist, dass es mit dem Primärrecht vereinbar ist.[471] Die Auslegungsmethoden des Unionsrechts sind vom Europäischen Gerichtshof entwickelt worden, welcher nach Art. 19 EUV (welcher nach Inkrafttreten des Vertrags von Lissabon den Art. 220 EGV aufgehoben und im Wesentlichen ersetzt hat) die „Wahrung des Rechts bei der Auslegung und Anwendung“ des Vertrags zu sichern hat.[472] Wie bereits aus den nationalen Rechtsordnungen bekannt, wird auch hier zwischen der historischen, grammatikalischen, systematischen und teleologischen Auslegung unterschieden.[473] Die Bedeutung und Gewichtung der unterschiedlichen Interpretationsmittel weichen jedoch auf Grund der Eigentümlichkeiten des Unionsrechts von denen der nationalen Rechtsordnungen ab.[474]

---

[468] MüKo-Schild FKVO Art. 9 RN 31.
[469] Oppermann § 8 RN 18; Nicolaysen S. 101; Schroeder JUS 2004 S. 181.
[470] Oppermann § 8 RN 18; Schroeder JUS 2004 S. 181.
[471] Oppermann § 8 RN 18; Schroeder JUS 2004 S. 182.
[472] Hobe RN 147; Oppermann RN 681.
[473] Schroeder JUS 2004 S. 182f.
[474] Calliess/Ruffert-Wegener Art. 220 RN 11.

(aa) Historische Auslegung

Der historischen Auslegung im Unionsrecht kommt im Vergleich zu nationalen Rechtsordnungen lediglich eine untergeordnete Rolle zu.[475] Allgemein abgelehnt wird die historische Auslegung des Primärrechts, weil keine Materialien zur Entstehungsgeschichte der Gründungsverträge vorhanden sind, die als Richtschnur zur Ermittlung des Willens der Vertragsparteien dienen können.[476] Bei der Auslegung des Sekundärrechts erschweren gegenläufige Stellungnahmen der beteiligten Unionsorgane und der Mitgliedsstaaten die Ermittlung eines ausreichend historischen Willens des Gesetzgebers.[477] Unter anderem ist dies auf den Kompromiss- und Verhandlungscharakter des europäischen Rechtsetzungsverfahrens zurückzuführen, wodurch in Verordnungen und Richtlinien Elemente von verschiedenen Rechtsordnungen Eingang finden.[478] Dennoch gibt das Rechtsetzungsverfahren im Sekundärrecht genügend Anhaltspunkte, welche zumindest als Hilfsmittel dienen können.[479] Von besonderer Bedeutung sind dabei wiederum die Begründungen der Rechtsakte gemäß Art. 296 AEUV. Weiterhin geben die Vorschläge der Kommission und die Änderungen der Rechtsakte im Laufe des Verfahrens Hinweise auf die ursprüngliche Konzeption und die im Laufe des Verfahrens ausgeschiedenen Rechtsetzungsvarianten.[480] Dadurch kann die Entwicklung der Rechtsverordnung nachgezeichnet werden. Für die historische Interpretation können letztlich auch Protokollerklärungen und Stellungnahmen aus dem Rechtsetzungsverfahren herangezogen werden.[481] Zu beachten ist jedoch, dass der Gerichtshof nur solche

---

[475] Schroeder JUS 2004 S. 183; Oppermann § 8 RN 25; Lutter JZ 1992 S. 599; Calliess/Ruffert-Wegener Art. 220 RN 12.

[476] Schroeder JUS 2004 S. 183.

[477] Calliess/Ruffert-Wegener Art. 220 RN 12.

[478] Lutter JZ 1992 S. 599; Calliess/Ruffert- Wegener Art. 220 RN 12.

[479] Oppermann § 8 RN 25.

[480] Calliess/Ruffert-Wegener Art. 220 RN 12.

[481] Insbesondere kommt hier die Stellungnahme des Europäischen Parlaments gemäß Art. 251 Abs. 2 EGV (Art. 294 AEUV) in Betracht, weiterhin kommen die Protokollerklärungen des Rates, der Kommission und einzelner Mitgliedsstaaten in

Erklärungen aus Gründen der Rechtssicherheit in Betracht zieht, wenn sie Ausdruck in der fraglichen Bestimmung gefunden haben, beispielsweise in den Begründungserwägungen oder in einem Anhang.[482]

(bb) Grammatikalische Auslegung

Zunächst ist im Unionsrecht wie auch im Völker- und innerstaatlichen Recht der Text gemäß seinem Wortlaut aus sich selbst heraus auszulegen.[483] Bei der grammatikalischen Auslegung ist dem Umstand Rechnung zu tragen, dass die auszulegende Norm des Unionsrechts in verschiedene Sprachen gefasst ist und zwischen diesen eine prinzipielle Gleichrangigkeit besteht.[484] Dabei kommt es auf Grund von Übersetzungsfehlern zu unbewusster und, bei eventuell vorangegangener Differenzen im Rechtsetzungsverfahren, auch zu bewusster Abweichung der Texte in den verschiedenen Sprachen.[485] Liegen sprachliche Abweichungen der Fassungen vor, muss unter Berücksichtigung des Sinn und Zwecks der Bestimmung und des wirklichen Willens der Urheber eine Übereinstimmung gefunden werden.[486] Neben den sprachlichen Besonderheiten muss bei der Festlegung des Wortsinns auch berücksichtigt werden, ob der konkrete Begriff bereits unionsrechtlich verwendet wird. In diesem Fall muss vor dem Hintergrund der mitgliedsstaatlichen Vorstellungsbilder eine Bewertung erfolgen.[487] Hat sich eine bestimmte Terminologie im Unionsrecht noch nicht entwickelt, versucht der EuGH auf einen

---

Betracht; vgl. ausführlich Bedeutung der Stellungnahmen und Protokollerklärungen für die Auslegung von Rechtsnormen: Karl JZ 1991 S. 593ff. (S. 596); Lutter JZ 1992 S. 599ff.

[482] Schroeder JUS 2004 S. 183.

[483] Oppermann § 8 RN 20; Schroeder JUS 2004, S. 182.

[484] Calliess/Ruffert-Wegener Art. 220 RN 11; Nicolaysen S. 102; Oppermann § 8 RN 21.

[485] Calliess/Ruffert-Wegener Art. 220 RN 11; Schroeder JUS 2004 S. 184f.

[486] Oppermann § 8 RN 21; Nicolaysen S. 102.

[487] Nicolaysen S. 102; Calliess/Ruffert-Wegener Art. 220 RN 11; Lutter JZ 1992 S. 599.

unionsweiten Wortsinn abzustellen.[488] Die Begriffe des Unionsrechts sind folglich autonom unionsrechtlich auszulegen.[489] Auf Grund der Schwierigkeiten, die auf die verschiedenen Sprachen der Mitgliedsstaaten zurückzuführen sind, kommt dem Wortlautargument im Gegensatz zur nationalen Rechtsordnung nur eine eingeschränkte Bedeutung zu.[490] Der EuGH hat insoweit darauf hingewiesen, dass die Wortlautinterpretation lediglich als Ausgangspunkt für eine weiterführende Interpretation oder umgekehrt, als Absicherung eines bereits mit Hilfe anderer Methoden gefundenen Ergebnisses dient.[491]

(cc) Systematische Auslegung

Führt die grammatikalische Auslegung nicht zu einem eindeutigen Ergebnis, ist der Sinn der Norm aus der Systematik des Gesetzes herauszufinden.[492] Dabei werden die Normen in ihrer systematischen Stellung zu anderen Normen und der Gesamtheit der Regelungen unter Berücksichtigung der Stellung und Funktion in der organisierten Gesamtheit interpretiert.[493] Diese Auslegungsmethode weicht von denen der nationalen Rechtsordnungen nicht ab.[494] Allerdings liegt eine Besonderheit im Europarecht darin, dass der EuGH bei dieser Auslegung aus dem Zusammenhang der Verträge gerne auf eine Reihe allgemeiner Grundsätze in den Verträgen (Prinzipien der Gleichheit, Freiheit, Solidarität und Einheit der Verträge) zurückgreift, denen er im konkreten Einzelfall gerecht werden möchte.[495] Als Unterfall der systematischen Auslegung ist der Grundsatz der „vertragskonformen Auslegung" des Sekundärrechts zu beachten.[496] Die

---

[488] Meyer Jura 1994 S. 456.

[489] Calliess/Ruffert-Wegener Art. 220 RN 11; Bleckmann RN 553.

[490] Meyer Jura 1994 S. 456; Calliess/Ruffert-Wegener Art. 220 RN 11; Grabitz/Hilf-Pernice/Mayer Art. 220 RN 42.

[491] EuGH Rs. 6/60 Humblet Slg. 1960 S. 1125, 1194; Schroeder JUS 2004 S.182.

[492] Oppermann § 8 RN 22.

[493] Meyer Jura 1994 S. 456; Schroeder JUS 2004 S. 182.

[494] Calliess/Ruffert-Wegener Art. 220 RN 13.

[495] Oppermann § 8 RN 22.

[496] Meyer Jura 1994 S. 457.

Unionsrechtsordnung bildet eine in sich geschlossene Einheit, in welcher Widersprüchlichkeiten möglichst vermieden werden sollen. Daher ist bei verschiedenen Auslegungsmöglichkeiten im konkreten Fall derjenigen der Vorzug zu geben, bei der die Bestimmung des Sekundärrechts mit dem höherrangigen Recht und den allgemeinen Rechtsgrundsätzen als vereinbar angesehen werden kann.[497] Die systematische Auslegung führt jedoch nicht immer zu eindeutigen Ergebnissen oder ist manchmal mangels Vergleichsmöglichkeiten gar nicht durchführbar.[498] Trotz einiger Entscheidungen, die auf dieser Methode beruhen, hat sie daher keinen entscheidenden Stellenwert bei der Interpretation des EU-Rechts.[499]

(dd) Teleologische Auslegung

Die teleologische Auslegung, die auf den Sinn und Zweck der einschlägigen Unionsnorm als solche abstellt, gilt sowohl für das Primärrecht als auch für das Sekundärrecht als die wichtigste Auslegungsmethode.[500] Diese Auslegungsmethode prägt praktisch alle Entscheidungen des EuGH.[501] Durch die teleologische Auslegung hat der EuGH die Rechtsprechung zur Direktwirkung bestimmter Normen der Verträge, zum unbedingten Vorrang des Europäischen Unionsrechts oder zum Umfang der Außenkompetenz der Europäischen Union begründet.[502]

Der Gerichtshof bedient sich im Rahmen der teleologischen Auslegung weiterhin bestimmter, dem Völker- und innerstaatlichen Recht entlehnter Auslegungsfiguren und Lehren der Sinnauslegung.[503] Hierzu zählt die Lehre von den „implied and resulting powers“ im Sinne der Ergänzung vorhandener Unionskompetenzen der EU[504] und die autonome

[497] Meyer Jura 1994 S. 457.
[498] Oppermann § 8 RN 23.
[499] Schroeder JUS 2004 S. 183.
[500] Karl JZ 1991 S. 596; Calliess/Ruffert-Wegener Art. 220 RN 14; Schroeder JUS 2004 S. 183.
[501] Schroeder JUS 2004 S. 183.
[502] Oppermann § 8 RN 23; Schroeder JUS 2004 S. 183.
[503] Oppermann § 8 RN 24.
[504] EuGHE 1960, 681ff. – RS 20/59 st. Rspr., oben Rz. 6/69).

Vertragsergänzung über Art. 352 AEUV in Anlehnung an die Vertragsziele.[505] Sowohl für das Primär- als auch das Sekundärrecht ist der Effektivitätsgrundsatz „effet utile“ von großer Bedeutung.[506] Dieser Grundsatz besagt, dass jede Bestimmung des Unionsrechts so auszulegen ist, dass ihr Zweck möglichst wirksam erreicht wird.[507]
Eine besondere Bedeutung bei der teleologischen Auslegung kommt den Begründungen der Verordnungen zu. Gemäß Art. 296AEUV sind Verordnungen mit Gründen zu versehen, die auf die Vorschläge oder Stellungnahmen Bezug nehmen, die nach diesem Vertrag eingeholt werden müssen. Die Begründungen dienen sowohl der externen als auch der Selbstkontrolle des handelnden Organs und der besseren Möglichkeit der Betroffenen, die Rechtmäßigkeit des Rechtsakts zu überprüfen.[508] Insbesondere sollen sie als Bestandteil des Rechtsakts in geraffter Form Aufschluss über die Zielorientierung und die Hintergründe des Rechtssetzungsverfahrens geben.[509] Diese Funktion machen die Begründungen zu unverzichtbaren Hilfsmitteln bei der Auslegung der Rechtsnormen. Im Rahmen der teleologischen Auslegung ist für die fragliche Norm unter dem Stichwort „Sachgemäßheit der Regelung‘ mit Hilfe der Begründung des Rechtsakts danach zu fragen, welche Wirkung sie im Gesamtsystem der Verordnung entfalten soll und wie sie auszulegen ist, so dass eine sachgerechte und widerspruchsfreie Regelung erreicht wird.[510]

(d) Auslegung des Begriffs der „erheblichen Beeinträchtigung“

Da die Regelung des Art. 4 Abs. 4 bisher nicht bestand und der auszulegende Begriff sich auch in Art. 9 Abs. 2 lit. a vorfindet, sollte auch letztere Regelung herangezogen werden, um weitere Anhaltspunkte für

---

505 Oppermann § 8 RN 24.
506 Oppermann § 8 RN 24; Schroeder JUS 2004 S. 186.
507 Oppermann § 8 RN 24; Lutter JZ 1992 S. 603.
508 Geiger EUV/EGV Art. 253 RN 1; Calliess/Ruffert-Calliess Art. 253 RN 2, 4, 5.
509 Calliess/Ruffert-Wegener Art. 220 RN 14; Meyer Jura 1994 S. 457.
510 So Lutter JZ 1992 S. 603 für die Auslegung von Richtlinien, wobei sich für Verordnungen nichts anderes ergeben kann.

eine Auslegung zur Verfügung zu haben. Zur Auslegung des Begriffs der „erheblichen Beeinträchtigung“ könnte zunächst das Untersagungskriterium nach Art. 2 Abs. 3 herangezogen werden. Hierfür spricht, dass vor der Neufassung der FKVO a. F. eine begriffliche Parallelität zwischen Verweisungs- und Untersagungsvoraussetzungen gemäß Art. 9 Abs. 2 lit. a FKVO a. F. und Art. 2 Abs. 3FKVO a. F. bestand.[511] Einhergehend mit den Änderungen des Art. 9 Abs. 2 lit. a FKVO a. F. wurde auch der frühere Marktbeherrschungstest durch das Kriterium der drohenden, erheblichen Wettbewerbsbeeinträchtigung (SIEC-Test) ersetzt. Nach Art. 2 Abs. 3 sind Zusammenschlüsse, durch die wirksamer Wettbewerb im gemeinsamen Markt oder in einem wesentlichen Teil desselben erheblich behindert würde, insbesondere durch Begründung oder Verstärkung einer beherrschenden Stellung, für mit dem gemeinsamen Markt unvereinbar zu erklären. Trotz dieser terminologischen Differenzierung wird in der Literatur vertreten, das Untersagungskriterium für die Auslegung der „erheblichen Beeinträchtigung“ heranzuziehen.[512] Überwiegend wird jedoch eine Gleichsetzung mit dem Begriff der „erheblichen Behinderung“ nach Art. 2 Abs. 3 abgelehnt.[513] Die Verweisungs- und Untersagungskriterien unterscheiden sich nicht nur terminologisch, sondern auch inhaltlich

[511] MüKo-Schild FKVO Art. 9 RN 31 mit Hinweis auf die ausländischen Rechtsterminologien: So differenziert zum einen auch die englische Fassung zwischen „significant affection of competition“ (Art. 9) und „significant impediment of competition“ (Art. 2 Abs. 3) zum anderen die französische Terminologie zwischen „...une concentration menace d´affecteur de maniére significative la concurrence...“ (Art. 9) und „les concentration qui entraveraient de maniére significative une concurrence effective...“ (Art. 2 Abs. 3).

[512] Hierfür Immenga/Mestmäcker-Immenga/Körber FKVO Art. 9 RN 23; Wiedemann-Westermann § 17 RN 160; Rosenthal EuZW 2004 S 328; Kogel S. 185 a. E, S.186; Loewenheim/Meessen/Riesenkampff-Westermann § 9 RN 9 (in der dieser Auflage jedoch mit der Einschränkung, dass an eine Wettbewerbsbeeinträchtigung im Sinne von Art. 9 geringere Anforderungen zu stellen sind als an eine Wettbewerbsbehinderung im Sinne von Art. 2.).

[513] Bechtold/Brinker/Bosch/Hirsbrunner FKVO Art. 9 RN 7; Langen/Bunte-Baron 10. Auflage Art. 9 RN 13; Langen-Gromotke RN 1376; Berg BB 2004 S. 564; Böge WuW 2004 S. 142; Klees § 12 RN 47; Rosenthal EuZW 2004 328; FK-Hellmann FKVO Art. 9 RN 33.

voneinander.[514] Hierfür spricht insbesondere der Wille des Verordnungsgebers, eine Vereinfachung der materiell-rechtlichen Anforderungen zu erreichen.[515] Ohne eine inhaltliche Differenzierung würden Verweisungen kaum häufiger als bislang erfolgen.[516] Weiterhin würden in dem Verfahren nach Art. 4 Abs. 4 die Antragsteller der Gefahr einer Selbstbezichtigung ausgesetzt sein, wenn sie substantiierte Wettbewerbsbedenken vorzutragen hätten.[517] Insoweit wird in Erwägungsgrund 16 FKVO ausgeführt, dass die Antragsteller den Antrag stellen können, „ohne das dazu von den beteiligten Unternehmen der Nachweis verlangt werden sollte, dass die Auswirkungen des Zusammenschlusses wettbewerbsschädlich sein würden". Auch wenn das Verfahren nach Art. 9 und Art. 22 durch einen Antrag der Mitgliedsstaaten eingeleitet wird und damit eine Selbstbezichtigung nicht in Betracht kommt, muss diese Beschränkung zur Vermeidung eines Bruchs in der Systematik der FKVO auf Grund differenzierter Auslegung auch für alle anderen Regelungen gelten. Ein solcher Widerspruch ist jedoch im Rahmen einer systematischen Auslegung grundsätzlich zu vermeiden. Aus demselben Grund muss die in der Mitteilung Verweisungsregime ausdrücklich für das Verfahren nach Art. 4 Abs. 4 vorgenommene Konkretisierung, dass die Anforderung an eine Beeinträchtigung als erfüllt gelten kann, wenn ein „betroffener Markt" vorliegt, auch für Art. 9 gelten.[518] Eine weitergehende Auslegung ist durch die Berücksichtigung der bisherigen Rechtspraxis des Art. 9 Abs. 2 lit. b möglich, welche den Begriff der „Beeinträchtigung des

---

[514] MüKo-Schild Art. 9 RN 32, welcher ausführlich den Erwägungsgrund 18 prüft, die auf Grund seines Wortlautes dafür sprechen könnte, dass der Verordnungsgeber die begriffliche Differenzierung zwischen dem Verweisungs- und Untersagungskriterium unbewusst vorgenommen hat. Im Ergebnis gelangt er jedoch zu dem Ergebnis, dass die fehlende Anpassung des Erwägungsgrundes schlicht ein redaktionelles Versäumnis ist.

[515] Berg BB 2004 S. 564; Böge WuW 2004 S. 142; Klees § 12 RN 47; MüKo-Schild FKVO Art. 9 RN 33; FK-Hellmann FKVO Art. 9 RN 33.

[516] MüKo-Schild FKVO Art. 9 RN 33; Berg BB 2004 S. 564.

[517] MüKo-Schild FKVO Art.9 RN 33.

[518] Vgl. Mitteilung Verweisungsregime RN 17 FN 21.

Wettbewerbs" verwendet.[519] Dieser Begriff hat jedoch in der bisherigen Praxis noch keine festen Konturen erfahren.[520] In der Literatur wird unter Berücksichtigung der englischen und französischen Textfassung der FKVO („affected", „affecté") vertreten, dass wohl weniger eine „Beeinträchtigung" als vielmehr eine Betroffenheit des Wettbewerbs gemeint ist.[521] Von einer solchen „Beeinträchtigung" kann ausgegangen werden, sofern ein Zusammenschluss nachweisbare Auswirkungen auf die Wettbewerbsverhältnisse im relevanten Markt hat.[522] Danach würde jeder Zusammenschluss den Wettbewerb „beeinträchtigen", sei es, weil er die Zahl der Wettbewerber verringert, die Finanzkraft eines Unternehmens verstärkt oder andere negative Auswirkungen hat.[523] An eine „erhebliche Wettbewerbsbeeinträchtigung" sind jedoch höhere Anforderungen zu stellen. Das Merkmal der „Erheblichkeit" verdeutlicht, dass Auswirkungen auf den Wettbewerb durch den Zusammenschluss nicht von untergeordneter Bedeutung sein können. In der Literatur wird daher zu Recht vertreten, dass zum Nachweis der „erheblichen Beeinträchtigung" Indikatoren genügen, die allgemein darauf schließen lassen, dass Auswirkungen auf den Wettbewerb zu erwarten sind.[524] Damit sind positive Effekte auf den Wettbewerb wie auch Änderungen der Marktstruktur, die den Wettbewerb beeinflussen, ohne dass sie negativ oder positiv einzustufen sein müssten, mit eingeschlossen.[525] Die

---

519 So auch MüKo-Schild FKVO Art. 9 RN 35.

520 Loewenheim/Meessen/Riesenkampff FKVO Art. 9 RN 12; MüKo-Schild FKVO Art. 9 RN 35.

521 Wiedemann-Wagemann § 17 RN 159 dort FN 380; Loewenheim/Meessen/Riesenkampff-Westermann FKVO Art. 9 RN 12.

522 Mitteilung Verweisungsregime RN 39; Groeben/Thiesing/Ehlermann- Hirsbrunner FKVO Art. 9 RN 24; Immenga/Mestmäcker-Immenga/Körber FKVO Art. 9 RN 29; Loewenheim/Meessen/Riesenkampff FKVO Art. 9 RN 12.

523 MüKo-Schild FKVO Art. 9 RN 35.

524 Mitteilung Verweisungsregime RN 17; Immenga/Mestmäcker-Immenga/Körber FKVO Art. 4 RN 80; Körber WuW 2007, 333.

525 MüKo-Schroeder FKVO Art. 4 RN 86; dem steht auch nicht die bisherige Entscheidungspraxis der Kommission entgegen, weil etwa bislang auf eine Beeinträchtigung im Sinne einer Verminderung von Wettbewerb ausgegangen worden ist (so Loewenheim/Meessen/Riesenkampff-Ablasser/Neuhuber FKVO Art. 9 RN 32). Die bisherige Verweisungspraxis schließt nicht aus, dass auch bei positiven Effekten eine Verweisung vorgenommen werden könnte.

Anforderungen können generell als erfüllt gelten, wenn nachgewiesen wird, dass „betroffene Märkte" im Sinne des Formblattes RS existieren.[526] So auch die bisherige Verweisungspraxis der Kommission.[527] Den Beteiligten steht es ferner frei, auch andere für die wettbewerbsrechtliche Analyse der Sache relevanten Faktoren zu nennen (Überschneidungen, vertikale Integration).[528] Zusammenfassend ist festzustellen, dass lediglich eine Prognose über das Auftreten von Wettbewerbswirkungen des Zusammenschlusses dargelegt werden muss.[529]

(e) Gesonderter Markt

Weiterhin muss der Nachweis erfolgen, dass durch den Zusammenschluss der Wettbewerb auf einem Markt innerhalb eines Mitgliedsstaates betroffen ist, der alle Merkmale eines gesonderten Markts aufweist. Hierzu muss dargelegt werden, dass der oder die betroffenen räumlichen Märkte einen nationalen oder noch kleineren Umfang haben.[530] Der gesonderte Markt kann sich auch mit dem Gebiet

---

526 Mitteilung Verweisungsregime RN 17 FN 21; so auch Kogel S. 186 unter Bezugnahme auf Rosenthal EuZW 2004 S. 328; letzterer führt jedoch nur aus, dass der Maßstab der „betroffenen Märkte" für das Verfahren nach Art. 4 Abs. 4 von der Kommission angedacht wird. Ein betroffener Markt und demnach eine erhebliche Beeinträchtigung läge vor, wenn der Zusammenschluss zu einem gemeinsamen Marktanteil von mindestens 15 % führt (horizontale Beziehung) oder wenn ein Zusammenschluss zwischen einem Unternehmen oder einer Person zustande kommt, welche auf einem Produktmarkt tätig sind, der einem anderen Produktmarkt vor- oder nachgelagert ist, auf dem sich ein anderer am Zusammenschluss Beteiligter betätigt und ihr Marktanteil auf dem einen oder anderen Markt einzeln oder gemeinsam mindestens 25 % beträgt (vertikale Beziehung); (vgl. Formblatt CO Anhang I DVO Abschnitt 6 III). Vgl. zur Definition von „betroffenen Märkten" Formblatt RS Anhang III DVO Abschnitt 4 III.

527 Vgl. Loewenheim/Meessen/Riesenkampff-Ablasser/Neuhuber FKVO Art. 9 RN 32

528 Mitteilung Verweisungsregime RN 17 FN 21.

529 Frenz RN 1848.

530 Mitteilung Verweisungsregime RN 18; Formblatt RS Anhang III DVO Abschnitt 6 Ziff. 6.2.3; eine Marktdefinition und die notwendigen Angaben der betroffenen Märkten findet sich in Formblatt RS Anhang III DVO Abschnitt 4 und 5.

des betreffenden Mitgliedsstaates decken.[531] Zur Bestimmung des gesonderten Markts erachtet die Kommission es für notwendig, dass die Antragsteller alle Faktoren einbringen, die typischerweise auf nationale oder noch engere Märkte hindeuten.[532]
Da diese Voraussetzung mit denen des Art. 9 Abs. 2 lit. a, Abs. 3 Unterabs. 1 lit. b übereinstimmen, kann auf die Praxis zu Art. 9 zurückgegriffen werden.[533] Zur Bestimmung des räumlichen Markts ist die gem. Art. 4 Abs. 4 Unterabs. 5 S. 2 entsprechend anwendbare Legaldefinition des Art. 9 Abs. 7 maßgeblich.[534]

(f) Weitere Umstände für die Verweisung

Neben den rechtlichen Voraussetzungen fordert die Kommission von den Beteiligten, zu prüfen, ob eine Verweisung als sachlich gerechtfertigt eingestuft werden dürfte.[535] Dabei sind die Leitsätze und insbesondere die Ausführungen zu der Frage heranzuziehen, ob die betreffenden Wettbewerbsbehörden am besten für die Prüfung geeignet sind.[536] Die Erwägungen, die für eine Verweisung an den Mitgliedsstaat sprechen, sollten von den Beteiligten im Rahmen des Antrags detailliert begründet werden, um auf diese Weise die Chancen auf eine Verweisung zu steigern.[537]

---

[531] Vgl. ausführlich Wiedemann/Wagemann § 17 RN 152; MüKo-Schroder FKVO Art. 4 RN 85.
[532] Mitteilung Verweisungsregime RN 18 FN 22 mit ausführlichen Beispielen und Verweisen auf die Bekanntmachung der Kommission über die Definition des relevanten Markts im Sinne des Wettbewerbsrechts der Union (ABl. C 372 vom 9.12.1997, S. 5).
[533] Körber WuW 2007 S. 333; für Beispiele vgl. Immenga/Mestmäcker-Immenga/Körber FKVO Art. 2 RN 129 ff. und Art. 9 RN 26.
[534] Die Kriterien des Art. 9 Abs. 7 stimmen weitgehend mit denen im Abschnitt 6 II des Anmeldeformblatts CO und RN 8 der Bekanntmachung über die Definition des relevanten Markts im Sinne des Wettbewerbsrechts der Union, ABl. 1997 C 372/5 überein (vgl. Körber WuW 2007 S. 333).
[535] Mitteilung Verweisungsregime RN 19.
[536] Vgl. Teil B V. 3. a. bb. (3) (d) (aa) (aaa)ff.
[537] FK- Hellmann FKVO Art. 4 RN 51; Immenga/Mestmäcker-Immenga/Körber FKVO Art. 4 RN 82.

(3) Verfahren nach Antragstellung

Das Verweisungsverfahren nach Art. 4 Abs. 4 erfolgt in zwei Stufen. Zunächst entscheiden die betreffenden Mitgliedsstaaten, ob sie der Verweisung zustimmen oder widersprechen. Erfolgt ein solcher Widerspruch nicht, entscheidet die Kommission abschließend über die Verweisung des Zusammenschlusses.

(a) Weiterleitung des Antrags

Die Kommission übersendet den Antrag auf Verweisung unverzüglich, in der Regel am selben oder am darauf folgenden Arbeitstag, an alle Mitgliedsstaaten.[538] Entsprechend dem eindeutigen Wortlaut des Art. 4 Abs. 4 Unterabs. 2 muss der Antrag tatsächlich an alle Mitgliedsstaaten weitergeleitet werden.[539] Dies erscheint fragwürdig, da lediglich die in dem begründeten Antrag benannten Mitgliedsstaaten der Verweisung zustimmen können oder nicht. Auch aus Art. 19, welcher die grundsätzliche Zusammenarbeit zwischen der Kommission und den Mitgliedsstaaten regelt, ergibt sich für die Kommission keine ausdrückliche Mitteilungspflicht. Gemäß Art. 19 Abs. 2 ist lediglich geregelt, dass die Verfahren der FKVO in stetiger Verbindung mit den „zuständigen Behörden" der Mitgliedsstaaten durchgeführt werden. Im Gegensatz zum Verfahren nach Art. 4 Abs. 5 besteht im vorliegenden Verfahren kein Bedürfnis, den vollständigen Antrag an alle Mitgliedsstaaten zu verweisen, um den unberücksichtigten Mitgliedsstaaten eine Überprüfung des Verweisungsantrags zu ermöglichen.[540] Die Weiterleitung des Antrags an alle Mitgliedsstaaten bedeutet eine Erhöhung der Gefahr, dass sensible Tatsachen bzw. das

[538] Vgl. Mitteilung Verweisungsregime RN 56.
[539] Vgl. Mitteilung Verweisungsregime RN 49.
[540] Vgl. Teil B V. 3. a. cc. (4) (b) (aa).

gesamte Zusammenschlussvorhaben nach außen getragen werden könnten.

(b) Geheimhaltung des Zusammenschlussvorhabens

Ein wesentliches Problem, das sich im Rahmen der „pre-notification-Phase“ ergeben kann, ist die Geheimhaltung von sensiblen Daten des Zusammenschlussvorhabens oder unter bestimmten Umständen des gesamten Vorhabens. Regelmäßig werden die Antragsteller ein besonderes Interesse daran haben, dass diese Angaben gerade in diesem frühen Stadium geheim bleiben. Die Regelung des Art. 6 Abs. 2 DVO sieht vor, dass für das vorliegende Verfahren Art. 5 Abs. 5 DVO keine Anwendung findet und damit die Anträge nicht veröffentlicht werden. Weiterhin ist es nach der Geheimhaltungspflicht des Art. 17 Abs. 1, Abs. 2 der Kommission und den zuständigen Behörden der Mitgliedsstaaten sowie deren Beamten und sonstigen Bediensteten untersagt, Kenntnisse preiszugeben, die unter das Geschäftsgeheimnis fallen, und die sie bei der Anwendung der Verordnung erlangt haben.[541] Insoweit sollte die in Art. 4 Abs. 3 S. 2 getroffene Bestimmung, dass die Kommission den berechtigten Interessen der Unternehmen unter Wahrung ihrer Geschäftsgeheimnisse Rechnung tragen soll, entsprechend auch für das Verfahren nach Art. 4 Abs. 4 und Abs. 5 Anwendung finden. Die Kommission ist jedoch gemäß Art. 4 Abs. 4 Unterabs. 2 angehalten, den Antrag an alle Mitgliedsstaaten weiterzuleiten. Die große Zahl von Mitgliedsstaaten birgt die Gefahr, dass sensible Daten des Zusammenschlussvorhabens nicht geheim gehalten werden können.[542] Im Extremfall könnte dieser Umstand die Beteiligten dazu bewegen, von einem Verweisungsantrag Abstand zu nehmen.

---

[541] Nach der Änderung des Wortlauts des Art. 17 Abs. 1 sind nunmehr Informationen, welche in Anträgen mitgeteilt werden, unmittelbar mit umfasst. Bislang wurde der Schutz für diese Informationen durch Auslegung nach Sinn und Zweck ermittelt; vgl. Schröter/Jacob/Mederer-Langheine/Dittert FKVO Art. 17 RN 4.

[542] So auch MüKo-Schroeder FKVO Art. 4 RN 105; Kögel S. 214.

(c) Entscheidung der betreffenden Mitgliedsstaaten

Der betreffende Mitgliedsstaat muss innerhalb einer Frist von 15 Arbeitstagen mitteilen, ob er der Verweisung zustimmt oder nicht.[543]

(aa.) Betreffende Mitgliedsstaaten

Die betreffenden Mitgliedsstaaten im Sinne von Art. 4 Abs. 4 Unterabs. 2 werden in dem Antrag als der Mitgliedsstaat bzw. die Mitgliedsstaaten angeführt, an die der Zusammenschluss verwiesen werden soll.[544] Danach können betreffende Mitgliedsstaaten in diesem Sinne nur solche Staaten sein, in welchen der Zusammenschluss den Wettbewerb in einem Markt innerhalb des jeweiligen Mitgliedsstaates, der alle Merkmale eines gesonderten Marktes aufweist, erheblich beeinträchtigen könnte. Die betreffenden Mitgliedsstaaten sind mit den Antragstellern nach Art. 9 Abs. 2 lit. a gleichzusetzen.

(bb) Zustimmung des betreffenden Mitgliedsstaates

Die Mitgliedsstaaten sind bei ihrer Entscheidung über die Verweisung ungebunden. Sie können ihre Zustimmung selbst für den Fall verweigern, dass alle Voraussetzungen für die Verweisung vorliegen und eine solche unter Berücksichtigung der Leitsätze als sachlich gerechtfertigt eingestuft werden dürfte.[545] Entsprechend ist die

---

[543] Gegen das Erfordernis einer solchen Zustimmung hatte sich insbesondere der Wirtschafts- und Sozialausschuss in seiner Stellungnahme zum Verordnungsvorschlag ausgesprochen (vgl. Stellungnahmen des Wirtschafts- und Sozialausschusses zu dem „Vorschlag für eine Verordnung des Rates über die Kontrolle von Unternehmenszusammenschlüssen“ ABl. C 10/29 vom 14.01.2004 (im Folgenden “Stellungnahme Wirtschafts- und Sozialausschuss” zitiert) Ziff. 3.9.2.

[544] Vgl. Formblatt RS, Anhang III, DVO, Abschnitt 6 Ziff. 6.2.1.

[545] Körber WuW 2007 S. 334; Immenga/Mestmäcker-Immenga/Körber FKVO Art. 4 RN 83; a.A. MüKo-Schroeder FKVO Art. 4 RN 108, wonach den Mitgliedsstaaten die Entscheidungsbefugnis durch die FKVO eingeräumt wird. Sie werde damit EG-rechtlich tätig und hat ihr Ermessen ordnungsgemäß auszuüben und nicht zu missbrauchen. Die Entscheidung der Mitgliedsstaaten sei unter Bezugnahme der Mitteilung Verweisungsregime RN 8 eine Ermessensentscheidung.

Entscheidung auch nicht zu begründen.[546] Eine Zustimmung der Mitgliedsstaaten kann nur in dem im Antrag beschriebenen Umfang erfolgen.[547] Sie dürfen die Verweisung nicht abändern, indem sie beispielsweise nur einer Teilverweisung zustimmen, wenn eine Vollverweisung beantragt ist.

Der Widerspruch eines betreffenden Mitgliedsstaats hat nur Konsequenzen für diesen selbst. Soweit beantragt, kann eine vollständige oder teilweise Verweisung an einen weiteren betreffenden Mitgliedsstaat erfolgen.[548] Verweigert ein Mitgliedsstaat seine Zustimmung zur Verweisung, kann dieser auf Grund des unionsrechtlichen Rechtssatzes des Vertrauensschutzes nach der Anmeldung einen Verweisungsantrag nach Art. 9 nicht mehr stellen.[549]

(cc) Frist für die Entscheidung

Die Entscheidung der Kommission muss gemäß Art. 4 Abs. 4 Unterabs. 2 innerhalb von 15 Arbeitstagen nach Erhalt des Verweisungsantrags der Kommission ergehen.[550] Den Mitgliedsstaaten steht somit eine knapp bemessene Zeitspanne für eine Entscheidung zur Verfügung.[551] Grundsätzlich werden den Mitgliedsstaaten durch den begründeten Antrag nach Formblatts RS genügend Informationen zur Verfügung

---

546 A.A. MüKo-Schroeder FKVO Art. 4 RN 108, welcher davon ausgeht, dass die Entscheidung der Mitgliedsstaaten zu begründen ist. Die Entscheidung der Kommission sei eine Ermessensentscheidung und daher entsprechend dem Rechtsgedanken des Art. 253 i.V.m. Art. 10 EG zu begründen.

547 Mitteilung Verweisungsregime RN 49 Fußnote 40; Bechtold/Brinker/Bosch/Hirsbrunner FKVO Art. 4 RN 25.

548 Immenga/Mestmäcker-Immenga/Körber FKVO Art. 43 RN 83; MüKo-Schroeder FKVO Art. 4 RN 113; FK-Hellmann FKVO Art. 4 RN 54.

549 Klees § 12 RN 44; MüKo-Schroeder FKVO Art. 4 RN 109; MK-Hellmann FKVO Art. 4 RN 51.

550 Nicht durchsetzen konnte sich der Vorschlag des zuständigen Ausschusses des Europäischen Parlaments, die Frist für die Mitgliedsstaaten auf fünf Arbeitstage zu reduzieren, um Verzögerungen zu vermeiden und Sicherheit zu erhöhen (vgl. Bericht des Europäischen Parlaments (A5-0257/2003) S. 14). In dem Verordnungsvorschlag wurde noch eine Frist von zehn Arbeitstagen vorgesehen (vgl. Art. 4 Abs. 2 Unterabs. 2 Verordnungsvorschlag).

551 So auch die Kommission, vgl. Mitteilung Verweisungsregime RN 14.

gestellt, um eine Entscheidung treffen zu können. Bleiben jedoch trotz des begründeten Antrags Fragen offen, hat der Mitgliedsstaat auf Grund der kurzen Frist nur eingeschränkte Möglichkeiten, sich selbst Informationen über den Zusammenschluss zu verschaffen. Eine Hemmung der Frist auf Grund eines unvollständigen bzw. fehlerhaften Antrags ist nicht vorgesehen.[552] Mithin besteht die Gefahr, dass in solchen Konstellationen die Mitgliedsstaaten einer Verweisung widersprechen könnten.

(dd) Zustimmungsfiktion

Teilt der Mitgliedsstaatseine Entscheidung nicht fristgemäß der Kommission mit, so gilt dies nach Art. 4 Abs. 4 Unterabs. 2 als stillschweigende Zustimmung. Eine solche gesetzliche Fiktion der Entscheidung wird mit Effizienzgedanken begründet.[553] Hierdurch kann das Verfahren durch die Untätigkeit des Entscheidungsträgers nicht verzögert werden.[554] Andererseits könnte die Zustimmungsfiktion auch zu einem umgekehrten Ergebnis führen. Hat sich die zuständige Behörde eines Mitgliedsstaates mit dem Antrag nicht innerhalb der Frist auseinandergesetzt oder wegen ungenügender Informationen auseinandersetzen können, könnte diese ihre Zustimmung vorsorglich ablehnen.

(d) Entscheidung der Kommission

Ist die Kommission der Auffassung, dass die Voraussetzungen für eine Verweisung vorliegen, so kann sie gemäß Art. 4 Abs. 4 Unterabs. 3 den gesamten Fall oder einen Teil des Falles an die zuständigen Behörden des betreffenden Mitgliedsstaates mit der Folge verweisen, dass das Wettbewerbsrecht dieses Mitgliedsstaates angewandt wird.[555]

---

552 Vgl. oben Teil B V. 3. a. bb. (1) (b).

553 Verordnungsvorschlag Begr. Ziff. 19.

554 So auch Kögel S. 210.

555 Nach Art. 4 Abs. 4 Unterabs. 4 S. 2 ist die Entscheidung den übrigen Mitgliedsstaaten und den Personen oder Unternehmen mitzuteilen. Da die

(aa) Ermessen der Kommission

Soweit die Voraussetzungen einer Verweisung vorliegen, steht der Kommission ein Ermessensspielraum bei der Entscheidung zu, ob sie den Fall verweist.[556] Dies geht aus dem eindeutigen Wortlaut des Art. 4 Abs. 4 Unterabs. 3, „kann [...] verweisen", hervor. Dieses Ermessen besteht jedoch nicht bei der Frage, ob die rechtlichen Voraussetzungen für eine Verweisung vorliegen.[557] Auch die Kommission ist bei ihrer Entscheidung streng an den Antrag gebunden und kann nicht bei beantragter Verweisung des gesamten Zusammenschlusses lediglich eine Teilverweisung bestimmen oder umgekehrt.[558] Ein Ermessen der Kommission besteht nicht, wenn, wie im Fall des Art. 9 Abs. 2 lit. b, ein Markt betroffen ist, der alle Merkmale eines gesonderten Markts aufweist und keinen wesentlichen Teil des gemeinsamen Markts darstellt, da ein solcher Fall von der Kommission nicht untersagt werden kann. Verweisungsentscheidungen sollen grundsätzlich sämtliche praktische Aspekte des Subsidiaritätsprinzips, die Vorteile einer einmaligen Überprüfung („One-Stop-Shop"-Prinzip) und die Bedeutung der

---

Entscheidung an die betroffenen Mitgliedsstaaten und den Antragsteller adressiert ist, werden die betreffenden Mitgliedsstaaten in der vorgenannten Regelung nicht ausdrücklich erwähnt und es wird angenommen, dass mit den beteiligten Personen oder Unternehmen die anderen Beteiligten im Sinne von Ziff. 1. 2 Formblatt RS gemeint sind (vgl. MüKo-Schroeder FKVO Art. 4 RN 115).

[556] Langen/Bunte-Baron Art. 4 RN 16; Frenz RN 1853; Bechtold/Brinker/Bosch/Hirsbrunner FKVO Art. 4 RN 26; MüKo-Schroeder FKOV Art. 4 RN 113; Loewenheim/Meessen/Riesenkampf-Ablasser/Neuhuber FKVO Art. 4 RN 34; Immenga/Mestmäcker-Immenga/Körber FKVO Art. 4 RN 84; FK-Hellmann FKVO Art. 4 RN 55.

[557] MüKo-Schroeder FKVO Art. 4 RN 112, danach bedeutet die Bezugnahme auf die „Auffassung" der Kommission nur, dass sie diese Fragen nach ihrem aktuellen Kenntnisstand beantworten muss, da sie nicht die Gelegenheit hat, eine Untersuchung durchzuführen. A.A. Immenga/Mestmäcker-Immenga/Körber FKVO Art. 4 RN 84, wonach die Kommission auf Grund des Wortlauts „wenn sie der Auffassung ist" auch auf der Tatbestandsseite über einen Beurteilungsspielraum verfügt.

[558] Mitteilung Verweisungsregime RN 49, FN 40; Langen/Bunte-Baron Art. 4 RN 16; Bechtold/Brinker/Bosch/Hirsbrunner FKVO Art. 4 RN 26; MüKo-Schroeder FKOV Art. 4 RN 113; Immenga/Mestmäcker-Immenga/Körber FKVO Art. 4 RN 84.

Rechtssicherheit in Zuständigkeitsfragen berücksichtigen.[559] Diese Grundsätze sind fallspezifisch abzuwägen.[560] Bei der Ermessensentscheidung soll weiterhin auch der wirksame Schutz des Wettbewerbs in allen von dem Vorhaben betroffenen Märkten Berücksichtigung finden.[561] Die vorgenannten Grundsätze hat die Kommission in ihrer Mitteilung Verweisungsregime in Form von Leitsätzen näher definiert.[562] Daneben hat die Kommission sonstige im Rahmen der Entscheidung zu berücksichtigende Umstände angeführt, welche neben den Leitsätzen im Folgenden angeführt werden sollen.[563]

(aaa) Geeignetere Behörde

Die Verweisung eines Zusammenschlusses an eine andere Behörde soll grundsätzlich nur erfolgen, wenn diese auf Grund der Besonderheiten des Falles und unter Berücksichtigung der ihr zur Verfügung stehenden Instrumente und Erfahrungen besser geeignet ist, den Zusammenschluss zu überprüfen.[564] Von besonderer Bedeutung sind dabei die räumlichen Auswirkungen des Zusammenschlusses, nämlich,

---

[559] Mitteilung Verweisungsregime RN 8, 19; vgl. auch Erwägungsgründe 11 und 14.

[560] Mitteilung Verweisungsregime RN 8.

[561] So hat bereits das Gericht erster Instanz der Europäischen Union in der Entscheidung „Philips/Kommission“ RN 343 ausgeführt, „dass Art. 9 Abs. 3 Unterabs. 1 zwar ein weites Ermessen hinsichtlich der Frage verleiht, ob ein Zusammenschluss zu verweisen ist, dass die Kommission jedoch andererseits eine Verweisung nicht beschließen kann, wenn bei der Prüfung des Verweisungsantrags des Mitgliedsstaates auf Grund einer Gesamtheit genauer und übereinstimmender Hinweise deutlich wird, dass die Verweisung nicht geeignet ist, auf den relevanten Märkten einen wirksamen Wettbewerb aufrechtzuerhalten oder wiederherzustellen“ (vgl. hierzu auch Urteil vom 30.09.2003 Rs. T- 346/02 und Rs. T- 347/02, Cableuropa SA/Kommission RN 215). Die Kommission berücksichtigt dabei u.a., ob ein Mitgliedsstaat ein spezifisches Fusionskontrollrecht erlassen hat und Fachorgane tätig sind, um dieses Recht unter der Kontrolle der nationalen Gerichte umzusetzen, und ob sie die Wettbewerbsprobleme, die durch den Zusammenschluss auf den relevanten Märkten in diesem Mitgliedsstaat verursacht werden, korrekt identifiziert hat (RN 346-347 Rs. Philips/Kommission).

[562] Vgl. Mitteilung Verweisungsregime RN 8-14; vgl. auch MüKo-Schroeder Art. 4 RN 92ff.

[563] Vgl. Mitteilung Verweisungsregime RN 19-23.

[564] Mitteilung Verweisungsregime RN 9; MüKo-Schroeder FKVO Art. 4 RN 92.

wo etwaige Wettbewerbsfolgen am wahrscheinlichsten auftreten werden. Auch Faktoren wie die relativen Kosten, Zeitverluste, Rechtsunsicherheiten und möglicherweise einander widersprechende Entscheidungen, wenn eine Untersuchung ganz oder teilweise von mehreren Behörden durchgeführt wird, können in die Entscheidung miteinbezogen werden.[565] Eine Verweisung ist in der Regel dann zweckmäßig, wenn ein Zusammenschluss erhebliche Wettbewerbsfolgen nach sich zu ziehen droht und deswegen besonders sorgfältig untersucht werden sollte.[566]

(bbb) Grundsatz der einzigen Anlaufstelle („One-Stop-Shop"-Prinzip)

Wie bereits ausgeführt, gehört das „One-Stop-Shop"-Prinzip zu den wesentlichen Grundsätzen der FKVO.[567] Die damit verbundenen Vorteile sollen bei den Verweisungsentscheidungen Berücksichtigung finden. Die Überprüfung eines Zusammenschlusses durch eine Behörde bedeutet einen Gewinn an Effizienz, die Fragmentierungen der Durchsetzungsanstrengungen, regelmäßig Kosten- und Zeitersparnisse für die am Zusammenschluss beteiligten Personen und Unternehmen sowie die Vermeidung von Doppelarbeit und von widersprüchlicher Behandlung durch mehrere Behörden.[568] Vor diesem Hintergrund sollten, soweit nicht offensichtlich der Schutz des Wettbewerbs auf sämtlichen durch das Vorhaben betroffenen Märkten durch mehrere Behörden

---

[565] Mitteilung Verweisungsregime RN 9 FN 14.

[566] Mitteilung Verweisungsregime RN 10; MüKo-Schroeder FKVO Art. 4 RN 92, welcher die Anwendung dieses Satzes nur in den Fällen des Art. 4 Abs. 4 für richtig hält, da der Verweisungsaufwand in einem einfach gelagerten Fall nicht gerechtfertigt sei. In den Fällen des Art. 4 Abs. 5 könne jedoch durchaus auch die Verweisung eines nicht besonders schwierig gelagerten Falls auf Grund des immensen Aufwands von Anmeldungen bei einer großen Zahl von Mitgliedsstaaten gerechtfertigt sein.

[567] Vgl. Teil A III.; Erwägungsgrund 11 FKVO.

[568] Vgl. Teil A III. 4.; MüKo-Schroeder FKVO Art. 4 RN 94.

besser gewährleistet werden kann, Teilverweisungen vermieden werden.[569]

(ccc) Rechtssicherheit

Weiterhin zu berücksichtigen ist die Rechtssicherheit hinsichtlich der Zuständigkeit für alle am Verfahren Beteiligten.[570] Eine Verweisung, insbesondere nach der Anmeldung, soll nur dann vorgenommen werden, wenn es einen zwingenden Grund für ein Abweichen von der ursprünglichen Zuständigkeit gibt.[571] Unbedingt zu vermeiden ist die Verweisung einer Sache, die bereits einmal verwiesen wurde.[572] Da die Rechtssicherheit auch bei den rechtlichen Kriterien für eine Verweisung eine Rolle spielt, sollten Verweisungen vor der Anmeldung auf Fälle beschränkt werden, in denen relativ eindeutig absehbar ist, welchen Umfang die betroffenen Märkte aufweisen und ob sich das Vorhaben auf den Wettbewerb auswirkt, damit über solche Anträge rasch entschieden werden kann.[573]

(ddd) Sonstige zu berücksichtigende Umstände

Neben den vorgenannten Leitsätzen führt die Kommission in ihrer Mitteilung sonstige, bei der Entscheidung zu berücksichtigende Umstände für die Beurteilung von Verweisungen an.[574] Danach kommt eine Verweisung am ehesten in Betracht, wenn die voraussichtlichen Auswirkungen auf den Wettbewerb in rein nationalen oder noch kleineren Märkten stattfinden und sich in ihren wirtschaftlichen und sonstigen Konsequenzen im Wesentlichen auf einen Mitgliedsstaat

---

[569] Mitteilung Verweisungsregime RN 12; MüKo-Schroeder FKVO Art. 4 RN 93; Langen/Bunte-Baron FKVO Art. 4 RN 15.

[570] Vgl. Erwägungsgrund 11; Mitteilung Verweisungsregime RN 13.

[571] Mitteilung Verweisungsregime RN 13; MüKo-Schroeder FKVO Art. 4 RN 94.

[572] Erwägungsgrund 14; Mitteilung Verweisungsregime RN 13; MüKo-Schroeder FKVO Art. 4 RN 94.

[573] Mitteilung Verweisungsregime RN 14; MüKo-Schroeder FKVO Art. 4 RN 94.

[574] Vgl. Mitteilung Verweisungsregime RN 19-23.

beschränken.[575] Eine Einzelfallentscheidung muss hingegen getroffen werden, wenn der Zusammenschluss zwar voraussichtlich beträchtliche Folgen in einem nationalen Markt hat, aber auch erhebliche grenzüberschreitende Auswirkungen entfalten könnte.[576] Da die Kommission und die Mitgliedsstaaten in diesen Fällen gleichermaßen zur Bearbeitung geeignet sein können, sollte den Behörden bei Verweisungsanträgen ein beträchtlicher Ermessensspielraum belassen werden.[577] Liegen die voraussichtlichen Auswirkungen des Zusammenschlusses in mehreren nationalen Märkten vor, ist bei der Verweisungsentscheidung die Zahl der potentiell erheblich betroffenen Märkte, die Aussicht auf die Beseitigung von Wettbewerbsproblemen durch Entscheidungen von mehreren Wettbewerbsbehörden und der zu erwartenden Prüfungsaufwand zu berücksichtigen.[578] Soweit Wettbewerbsprobleme in mehreren Mitgliedsstaaten zu erwarten sind und koordinierte Untersuchungen und Abhilfemaßnahmen erforderlich sind, ist es angebracht, dass die Kommission die Zuständigkeit für die Gesamtheit des Falles behält.[579] Eine Verweisung kommt in Betracht, wenn koordinierte Untersuchungen und Abhilfemaßnahmen trotz der Betroffenheit mehrerer nationaler Märkte nicht erforderlich scheinen.[580] Letztlich sollten auch etwaige besondere Erfahrungen der nationalen Wettbewerbsbehörden mit lokalen Märkten oder mit speziellen Kenntnissen der Branche bei der Entscheidung Berücksichtigung finden.[581]

---

[575] Mitteilung Verweisungsregime RN 20.
[576] Mitteilung Verweisungsregime RN 21 mit Beispielen für solche Fälle.
[577] Mitteilung Verweisungsregime RN 21.
[578] Mitteilung Verweisungsregime RN 22.
[579] Mitteilung Verweisungsregime RN 22.
[580] Mitteilung Verweisungsregime RN 22.
[581] Mitteilung Verweisungsregime RN 23; vgl. auch Langen/Bunte-Baron Art. 4 RN 15 mit weitreichen Nachweisen von konkreten Fällen.

(bb) Frist für die Entscheidung

Die Entscheidung der Kommission über die Verweisung oder Nichtverweisung gemäß Art. 4 Abs. 4 Unterabs. 4 ergeht innerhalb von 25 Arbeitstagen nach Eingang des begründeten Antrags.[582] Im Vergleich zur Frist für die Entscheidung nach Art. 9 Abs. 4 i.V.m. Art. 10 Abs. 1 Unterabs. 2 von 35 Arbeitstagen ist die Frist der Kommission in der Verweisung vor der eigentlichen Anmeldung recht kurz bemessen.[583] Warten die Mitgliedsstaaten mit ihrer Entscheidung die vorgesehene Frist von 15 Arbeitstagen ab, bleiben der Kommission lediglich zehn Arbeitstage, um eine Entscheidung zu treffen. Im Hinblick auf die Beschleunigung des Verfahrens ist diese Frist jedoch angemessen. Es erscheint notwendig, dass sich die Kommission bereits nach Antragseingang mit der Bearbeitung und Prüfung des Verweisungsantrags beschäftigt.[584] Die hierdurch gewonnen Erkenntnisse könnten im Falle eines erfolglosen Verweisungsverfahrens bei der späteren Überprüfung des Zusammenschlusses verwendet werden.

(cc) Verweisungsfiktion

Wird innerhalb der Frist von 25 Arbeitstagen keine Entscheidung getroffen, so gilt gemäß Art. 4 Abs. 4 Unterabs. 4 a.E. der Zusammenschluss entsprechend dem gestellten Antrag als verwiesen.[585] Diese Rechtsfolge erzeugt einen gewissen Druck auf die Kommission, in der vorgesehenen Frist eine Entscheidung über die Verweisung des Zusammenschlusses zu treffen. Fraglich ist, ob die Fiktion auch dann gilt, wenn ihre materiell-rechtlichen Voraussetzungen nicht vorliegen.

---

582 Wie oben festgestellt, beginnt diese auch dann zu laufen, wenn ein unvollständiger bzw. fehlerhafter Antrag weitergeleitet wird (vgl. Teil B V. 3. a. bb. (1) (b).

583 Vgl. Art. 9 Abs. 4 i. V. m. Art. 10 Abs. 1 Unterabs. 2 Verordnungsvorschlag.

584 So auch MüKo-Schroeder FKVO Art. 4 RN 114.

585 Es handelt sich hierbei um eine wesentliche Regel in allen Verweisungsverfahren (vgl. Mitteilung Verweisungsregime RN 49 FN 39).

Eine solche Konstellation wird auf Grund der notwendigen Zustimmung der Mitgliedsstaaten nur in den seltensten Fällen vorkommen. Da das Verfahren des Art. 4 Abs. 4 von den beteiligten Personen oder Unternehmen eingeleitet wird und somit ein berechtigtes Interesse gegen eine Verweisung nicht entgegenstehen dürfte, sollte vor dem Hintergrund der Rechtssicherheit eine Verweisung auch dann Bestand haben, wenn die materiell-rechtlichen Voraussetzungen nicht vorliegen.[586]

(dd) Teilverweisung

Grundsätzlich ist die Kommission an den Antrag gebunden und darf den Zusammenschluss nicht teilweise an einen Mitgliedsstaat verweisen, wenn eine vollständige Verweisung beantragt ist.[587] Allerdings ist eine Teilverweisung dann möglich, wenn beispielsweise die Antragsteller die Verweisung des Zusammenschlusses an mehr als zwei Mitgliedsstaaten beantragt haben und entweder die Voraussetzungen für eine Verweisung nicht für alle betreffenden Mitgliedsstaaten vorliegen oder die Verweisung nicht in allen Fällen sachgerecht ist.[588] Grundsätzlich ist eine Teilverweisung nicht mit dem „One-Stop-Shop"-Prinzip zu vereinbaren und bedeutet für die beteiligten Unternehmen erhebliche Nachteile.[589] Darüber hinaus ist Teilverweisung nicht mit dem Ziel zu vereinbaren, den Unternehmen zu einem frühen Zeitpunkt Rechtssicherheit über die Zuständigkeit der für die Überprüfung zuständigen Behörde zu gewährleisten.[590] Entsprechend hatte sich auch

---

[586] So auch Hoffmann/Terhechte AG 2003 S. 421.

[587] Vgl. oben Teil B V. 3. a. bb. (3) (d) (aa); demnach waren die Befürchtungen unbegründet, wonach derselbe Vorgang der nach dem Willen der Antragsteller von einer einzigen Behörde in einheitlicher Form geprüft werden sollte, schließlich von der Kommission und den Mitgliedsstaaten geprüft wird (vgl. Hellmann EWS 2004 S. 290, Stellungnahmen Wirtschafts- und Sozialausschuss Ziff. 3.9.2.).

[588] Vgl. MüKo-Schroeder FKVO Art. 4 RN 113; missverständlich Immenga/Mestmäcker-Immenga/Körber, welche eine Teilverweisung als möglich erachten, wenn der Antrag darauf gerichtet ist.

[589] Vgl. Teil A III. 6; Teil B V. 3. b. dd. (3).

[590] FK-Hellmann FKVO Art. 4 RN 58.

der Wirtschafts- und Sozialausschuss des Europäischen Parlaments dafür ausgesprochen, in diesem spezifischen Verweisungsfall der Kommission nur die Möglichkeit zu eröffnen, den Zusammenschluss ganz an die einzelstaatlichen Behörden zu verweisen.[591] Um die Nachteile einer Teilverweisung zu vermeiden, wird vorgeschlagen, dass die Kommission im Rahmen der „pre- notification-phase" nur dann eine Teilverweisung vornehmen sollte, wenn der Antragsteller sich damit in dem Antrag ausdrücklich einverstanden erklärt.[592] Diesem Zweck dient dann auch, dass der Antrag nach Art. 4 Abs. 4 Angaben darüber voraussetzt, ob der Zusammenschluss ganz oder teilweise verwiesen werden soll.[593] Die Kommission teilt in diesem Zusammenhang mit, dass Verweisungen, die zu einer Aufspaltung eines Zusammenschlusses auf mehrere Behörden führen, grundsätzlich vermieden werden sollten.[594] Tatsächlich sind seit der Einführung des Art. 4 Abs. 4 nur zwei Fällen eine Teilverweisung erfolgt.[595] Soweit eine Teilverweisung vor der Maßgabe des Subsidiaritätsprinzips nicht zu vermeiden ist, ist die Durchbrechung des „One-Stop-Shop"-Prinzips auf Grund des Vorrangs des Subsidiaritätsprinzip hinzunehmen.[596]

(4) Rechtsfolgen der Verweisung nach Art. 4 Abs. 4

Wenn die Verweisung eines Zusammenschlusses durch die Kommission abgelehnt oder einer Verweisung durch die Mitgliedsstaaten widersprochen wird, verbleibt es bei der Zuständigkeit der Kommission. Soweit eine Verweisung erfolgt, ist gemäß Art. 4 Abs. 4 Unterabs. 5 eine Anmeldung bei der Kommission ausgeschlossen und das Wettbewerbsrecht der betreffenden Mitgliedsstaaten findet Anwendung.

---

[591] Stellungnahme Wirtschafts- und Sozialausschuss Ziff. 3.9.2.

[592] Hellmann EWS 2004 S. 290; FK-Hellmann FKVO Art. 4 RN 59; insoweit auch die Kommission, welche ausdrücklich erklärt, dass die Teilverweisung ja gerade von den Beteiligten selbst ausgeht (vgl. Mitteilung Verweisungsregime RN 22 a.E.).

[593] Formblatt RS Anhang III DVO Abschnitt 6 Ziffer 6.2.2.

[594] Mitteilung Verweisungsregime RN 12; FK-Hellmann FKVO Art4. RN 59.

[595] Vgl. Statistik der Kommission unter: http://ec.europa.eu/competition/mergers/statistics.pdf Stand 30.04.2011.

[596] Vgl. Teil A III. 6; so auch Kögel S. 213.

(a) Anwendung des nationalen Wettbewerbsrechts

Wird der Zusammenschluss von der Kommission an den betreffenden Mitgliedsstaatverwiesen, wendet dieser zur Prüfung des Zusammenschlusses sein innerstaatliches Wettbewerbsrecht an.[597] Andere Mitgliedsstaaten dürfen ihr innerstaatliches Wettbewerbsrecht weiterhin auf diesen Zusammenschluss nicht anwenden.[598] Die nationale Behörde prüft den verwiesenen Zusammenschluss gemäß Art. 4 Abs. 4 Unterabs. 5 unter entsprechender Anwendung des Art. 9 Abs. 6-9. Damit wird gewährleistet, dass ein an die Mitgliedsstaaten verwiesener Fall stets nach denselben Maßstäben überprüft wird.[599]

(b) Anmeldung des Zusammenschlusses

Verweist die Kommission den Zusammenschluss ganz, erfolgt gemäß Art. 4 Abs. 4 Unterabs. 5 keine Anmeldung bei der Kommission.[600] Soweit jedoch lediglich eine Teilverweisung des Falls erfolgt, muss der Zusammenschluss bei der Kommission angemeldet werden.[601] Bei Verweisungen an die Mitgliedsstaaten nach Art. 9 wurden vor der

---

[597] Die Regelung des Art. 21 Abs. 3 Unterabs. 2 sieht zwar ausdrücklich nur für Verweisungen nach Art. 9 eine Ausnahme von der Sperrung der Anwendung des innerstaatlichen Wettbewerbsrechts auf Zusammenschlüsse mit unionsweiter Bedeutung nach § 21 Abs. 3 vor, allerdings ist diese Ausnahme zwangsläufig auch für die Verweisungen nach Art. 4 Abs. 4 anzuwenden. Es ist davon auszugehen, dass der Verordnungsgeber die Erwähnung der Ausnahme auch für Verweisung vor der Anmeldung übersehen hat.

[598] Mitteilung Verweisungsregime RN 49 FN 40 a. E.; MüKo-Schroeder FKVO Art. 4 RN 117; Immenga/Mestmäcker-Immenga/Körber FKVO Art. 4 RN 87.

[599] Siehe Teil B. V. 3. b. ee.

[600] Wird der Zusammenschluss an die Bundesrepublik Deutschland verwiesen, bedarf es gemäß § 39 Abs. 4 GWB keiner Anmeldung, wenn dem Bundeskartellamt die nach § 39 Abs. 3 GWB erforderlichen Angaben in deutscher Sprache vorliegen (vgl. MüKo-Schroeder FKVO Art. 4 RN 121.

[601] Mitteilung Verweisungsregime RN 49 FN 40; FK-Hellmann FKVO Art. 4 RN 61; Immenga/Mestmäcker-Immenga/Körber FKVO Art. 4 RN 87.

Reform unterschiedliche Auffassungen zu der Frage vertreten, ob eine Anmeldung des Zusammenschlusses bei den betreffenden Mitgliedsstaaten zu erfolgen hat oder nicht.[602] Diese Frage wird nunmehr durch die neu eingeführte Regelung des Art. 9 Abs. 6 Unterabs. 4, welche gemäß Art. 4 Abs. 4 Unterabs. 5 entsprechend anzuwenden ist, eindeutig beantwortet.[603] Eine Anmeldung ist vorzunehmen, soweit das einzelstaatliche Recht eine Anmeldung vorsieht.[604] Insoweit kann auf die dortigen Ausführungen Bezug genommen werden.[605]

(c) Identität des geplanten mit dem tatsächlich angemeldeten Zusammenschlussvorhabens

Nach der Mitteilung der Kommission kann ein Verweisungsantrag nur für ausreichend konkrete Zusammenschlussvorhaben eingereicht werden.[606] Hierzu müssen die beteiligten Unternehmen einen Zusammenschluss tatsächlich beabsichtigen oder im Fall eines Übernahmeangebots öffentlich ihre Absicht zur Abgabe eines solchen Angebots bekundet haben.[607] In dieser frühen Phase sind jedoch Änderungen des ursprünglichen Zusammenschlussvorhabens nicht unwahrscheinlich. Bei gravierenden Änderungen kann eine auf der Grundlage des ursprünglichen Zusammenschlusses getroffene Verweisung unter Umständen nicht mehr haltbar sein. Eine ausdrückliche Regelung, wie in diesen Fällen zu verfahren ist, findet sich in der FKVO nicht. Diese Situation ist mit einer Verweisung auf Grund eines fehlerhaften Antrags vergleichbar. Erfolgt letztlich eine Anmeldung,

---

[602] Für eine Pflicht zur Anmeldung Wagemann in Wiedemann § 17 RN 154; gegen eine Anmeldung Hirsbrunner in Schröter/Jacob/Mederer FKVO Art. 9 RN 45, hielt die Ansicht, dass eine Verweisung keine Pflicht zu einer erneuten Anmeldung oder Anzeige begründet für überholt.

[603] Teil B V. 3. b. ee.

[604] Wird der Zusammenschluss an die Bundesrepublik Deutschland verwiesen, bedarf es gemäß § 39 Abs. 4 GWB keiner Anmeldung, wenn dem Bundeskartellamt die nach § 39 Abs. 3 GWB erforderlichen Angaben in deutscher Sprache vorliegen.

[605] Siehe Teil B V. 3. b. ee.

[606] Mitteilung Verweisungsregime RN 66.

[607] Mitteilung Verweisungsregime RN 66.

die mit dem ursprünglichen Antrag nicht identisch ist, können unmittelbar oder analog gemäß Art. 14 Abs. 1 lit. a bei vorsätzlich oder fahrlässig unterbreiteten unrichtigen oder irreführenden Angaben gegen die Antragsteller Geldbußen festgesetzt werden. Darüber hinaus kann die Kommission eine Anmeldung des Zusammenschlusses bei ihr nicht verlangen. Wie bereits im Rahmen der Verweisung auf Grund fehlerhafter Anträge festgestellt, ist mangels einer ausdrücklichen Regelung für den Widerruf eine Verweisungsentscheidung nicht möglich.[608] Auch in diesen Fällen ist, soweit die Voraussetzungen vorliegen, eine Rückverweisung des Zusammenschlusses gemäß Art. 22 möglich. Diese Sanktionen müssen jedoch nach dem Verhältnismäßigkeitsgrundsatz auf Änderungen beschränkt werden, die gravierend sind. Eine andere Lösung für diese Problematik könnte darin liegen, die Verweisung unter der Bedingung zu erteilen, dass der Zusammenschluss, so, wie er in dem begründeten Antrag nach Art. 4 Abs. 4 beschrieben wurde, auch tatsächlich angemeldet wird. Eine ausdrückliche Regelung sieht die FKVO zwar nicht vor. Allerdings bestehen keine rechtlichen Bedenken gegen eine solche Bedingung.

(d) Verfahren

Grundsätzlich ist für das Verfahren nach der Verweisung das einzelstaatliche Recht maßgeblich. Der Verordnungsgebersetzt jedoch durch die Regelung des Art. 9 Abs. 6, welche gemäß Art. 4 Abs. 4 Unterabs. 5 entsprechend anzuwenden ist, gewisse Maßstäbe, die gewährleisten sollen, dass die nationalen Wettbewerbsbehörden die Prüfung des verwiesenen Zusammenschlusses zügig durchführen. So muss die Entscheidung der zuständigen Behörden grundsätzlich ohne unangemessene Verzögerung erfolgen.[609] Die Regelung des Art. 9 Abs.

---

[608] Vgl. Teil B V. 3. a. bb. (1) (d).

[609] Soweit eine Überprüfung durch die Bundesrepublik Deutschland durchgeführt wird, dürfte die Durchführung eines Hauptprüfverfahrens innerhalb der Viermonatsfrist nach § 40 Abs. 2 S. 2 GWB keine unangemessene Verzögerung bedeuten, da ein EG- Fusionskontrollverfahren mit zweiter Phase meist länger dauert (Vgl. MüKo-Schroeder FKVO Art. 4 RN 123).

6 sieht weiterhin vor, dass innerhalb von 45 Arbeitstagen nach der Verweisung die zuständige nationale Wettbewerbsbehörde des betreffenden Mitgliedsstaates den beteiligten Unternehmen das Ergebnis einer vorläufigen wettbewerbsrechtlichen Prüfung sowie über die gegebenenfalls von ihr beabsichtigten Maßnahmen informiert. Diese Frist beginnt, soweit das einzelstaatliche Recht eine Anmeldung vorsieht, an dem Arbeitstag, der auf den Eingang der vollständigen Anmeldung bei der zuständigen Behörde des betreffenden Mitgliedsstaats folgt. Ausnahmsweise kann diese Frist von den betreffenden Mitgliedsstaaten gehemmt werden, wenn die beteiligten Unternehmen die nach dem innerstaatlichen Wettbewerbsrecht zu übermittelnden erforderlichen Angaben nicht übermittelt haben. Die Überprüfungen der verwiesenen Zusammenschlüsse zum Bericht 2009 haben ergeben, dass der Zeitraum für die Überprüfung von verwiesenen Zusammenschlüssen bei Entscheidungen in der Phase I zwischen 61 und 70 Arbeitstage und die eingehenden Untersuchungen der Zusammenschlüsse zwischen 101 und 110 Arbeitstagen betrug.[610]

(5) Verhältnis des Verfahrens nach Art. 4 Abs. 4 zu den Verfahren nach der Anmeldung gemäß Art. 9 und Art. 22

Nicht geregelt ist in der neuen FKVO das Verhältnis des Verfahrens vor der Anmeldung gemäß Art. 4 Abs. 4 mit dem Verweisungsverfahren nach Anmeldung gemäß Art. 9 und Art. 22. Grundsätzlich kann eine Abgrenzung zunächst dahingehend getroffen werden, dass eine Einleitung des Verfahrens nach Art. 4 Abs. 4 nur möglich ist, soweit noch keine förmliche Anmeldung nach Art. 4 Abs. 1 bei der Kommission erfolgt ist.[611] Demnach schließen sich die Verweisungsverfahren nach Art. 9 und Art. 4 Abs. 4 in ihren Anwendungsbereichen aus und können nicht hinsichtlich desselben Zusammenschlusses parallel betrieben werden. Es stellt sich jedoch die Frage, ob nach einem erfolglosen Verfahren nach Art. 4 Abs. 4 ein erneutes Verweisungsverfahren gemäß

[610] Begleitendes Arbeitspapier Bericht 2009 RN 91.
[611] Mitteilung Verweisungsregime RN 68.

Art. 9 eingeleitet werden kann. Nach dem Wortlaut dieser Regelungen ist dies grundsätzlich nicht ausgeschlossen.[612] Die Ablehnung hat keinerlei Auswirkungen auf die Einleitung und Durchführung eines Verfahrens nach Art. 9.[613] Allerdings bestehen gegen ein solches zeitliches Aufeinanderfolgen der Verfahren erhebliche Bedenken im Hinblick auf die Zielsetzung eben dieser Verfahren.[614] So sollen Verweisungen in einer effizienten Weise erfolgen, die weitestgehend ausschließt, dass der Zusammenschluss sowohl vor als auch nach der Anmeldung von einer Stelle an eine andere verwiesen wird.[615] Dieser Grundsatz würde unterlaufen werden, wenn nach einem abgelehnten Verweisungsantrag nach Art. 4 Abs. 4 nach der Anmeldung ein erneutes Verweisungsverfahren nach Art. 9 eingeleitet wird.[616] Weiterhin wäre die Zielsetzung des Art. 4 Abs. 4 gefährdet, den Unternehmen bereits in einem frühen Stadium Rechtssicherheit über die Zuständigkeit der prüfenden Stellen zu ermöglichen.[617] Gegen die erneute Einleitung eines Verweisungsverfahrens sprechen auch die damit verbundenen Nachteile für die beteiligten Unternehmen in Form von Zeitverlusten und erheblichem Mehraufwand.[618] Andererseits wird zu Recht darauf hingewiesen, dass ein erneutes Verweisungsverfahren nach Art. 9 nicht zwangsläufig den Interessen der Unternehmen widerspricht und unter Berücksichtigung der Interessen der Beteiligten eine Verweisung danach

---

[612] MüKo-Schild FKVO Art. 9 RN 6; Hellmann EWS 2004 S. 291.

[613] Der Änderungsantrag des Europäischen Parlaments, ein späteres Verweisungsverfahren nach einem erfolglos durchgeführten Verfahren nach Art. 4 Abs. 4 erheblich zu vereinfachen, konnte nicht umgesetzt werden (vgl. Änderungsantrag 20 Bericht Europäisches Parlament).

[614] Hellmann EWS 2004 S. 292; Hellmann FKVO Art. 4 RN 56; Langen/Bunte-Baron Art. 4 RN 21; Körber WuW 2007 S. 339; vgl. zu den Zielsetzungen ausführlich Erwägungsgründe 12-16 FKVO.

[615] Erwägungsgrund 14.

[616] Immenga/Mestmäcker-Immenga/Körber FKVO Art. 9 RN 48; FK-Hellmann FKVO Art. 4 RN 56; MüKo-Schroeder FKVO Art. 4 RN 109; Soyez ZWeR 2005 S. 433; MüKo-Schild FKVO Art. 9 RN 8.

[617] Hellmann EWS 2004 S. 292; FK-Hellmann FKVO Art. 4 RN 57; MüKo-Schild FKVO Art. 9 RN 8.

[618] Vgl. Klees § 12 RN 44; Berg BB 2004 S. 564; FK-Hellmann FKVO Art. 4 RN 57 und Art. 9 RN 13; MüKo-Schild FKVO Art. 9 RN 8.

möglich sein sollte.[619] Zum einen haben die Unternehmen durch die Einleitung des Verfahrens nach Art. 4 Abs. 4 ihr Interesse an einer Verweisung zum Ausdruck gebracht, und zum anderen ist ihr Anmeldeaufwand bei der Kommission nicht vergeudet, da die Unternehmen auf die von der Kommission nach Art. 19 Abs. 1 an die nationalen Behörden übersandte Kopie der Anmeldung nach Art. 4 Abs. 1 samt wichtiger Schriftstücke bei einer späteren Anmeldung bei den Mitgliedsstaaten verweisen können.[620] Weiterhin kann trotz der vorgenannten Bedenken ein erneutes Verweisungsverfahren dann sachgerecht sein, wenn ein anderer Mitgliedsstaat als derjenige im Verfahren nach Art. 4 Abs. 4 involviert ist oder sich die wettbewerbsrechtliche Konstellation seit Stellung des Antrags nach Art. 4 Abs. 4 wesentlich gewandelt hat.[621] In diesen Fällen erfolgt die Verweisungsprüfung auf unterschiedlichen Grundlagen, so dass die Verfahren nicht inhaltsgleich sind und dasselbe Verfahren nicht „doppelt" durchgeführt wird.[622]

Vor dem Hintergrund der vorgenannten Erwägungen wird im Einzelfall zu entscheiden sein, ob eine Verweisung erfolgen kann oder nicht. In Übereinstimmung mit der überwiegenden Literaturmeinung sollten jedoch diejenigen Mitgliedsstaaten, welche ihre Zustimmung zur Verweisung nach Art. 4 Abs. 4 verwehrt haben, von der Einleitung des Verweisungsverfahren nach Art. 9 grundsätzlich ausgeschlossen sein.[623] Damit wäre gleichzeitig sichergestellt, dass die Mitgliedsstaaten ihrer Entscheidung im Rahmen des Art. 4 Abs. 4 die notwendige Aufmerksamkeit schenken.

Ein erneutes Verfahren hat bereits keine Aussicht auf Erfolg, wenn eine Verweisung nach Art. 4 Abs. 4 auf Grund einer negativen Entscheidung

---

[619] Körber WuW 2007 S. 339; Immenga/Mestmäcker-Immenga/Körber FKVO Art. 9 RN 49.

[620] Körber WuW 2007 S. 339.

[621] MüKo-Schild FKVO Art. 9 RN 7.

[622] MüKo-Schild FKVO Art. 9 RN 7.

[623] Klees § 12 RN 44; MüKo-Schroeder FKVO Art. 4 RN 109; FK- Hellmann FKVO Art. 4 RN 57; Hellmann EWS 2004, 292; Lange/Bunte-Baron FKVO Art. 4 RN 21; Soyez ZWeR 2005 S. 433; MüKo-Schild FKVO Art. 9 RN 9.

der Kommission gescheitert ist.[624] Solange keine wesentlichen Veränderungen des Sachverhalts eingetreten sind, ist die Kommission auf Grund der Vergleichbarkeit der Abwägungskriterien nach Art. 4 und Art. 9 bei der Ausübung ihres Ermessens an die erste Entscheidung gebunden und muss in dem Verfahren nach Art. 9 den Antrag zurückweisen.[625]

Von eher theoretischer Natur ist die Frage, ob nach einem erfolgreichen Verweisungsantrag gemäß Art. 4 Abs. 4 eine Rückverweisung des Zusammenschlusses gemäß Art. 22 an die Kommission erfolgen kann. Eine Rückverweisung gemäß Art. 22 wird in der Regel bereits auf Grund der fehlenden materiell-rechtlichen Voraussetzungen ausscheiden.[626] Nach Art. 4 Abs. 4 wird für eine Verweisung vorausgesetzt, dass der durch den Zusammenschluss betroffene gesonderte Markt einen nationalen oder kleineren Umfang hat, während Art. 22 gerade das Gegenteil, nämlich eine grenzüberschreitende Auswirkung des Zusammenschlusses fordert. Eine Rückverweisung kommt nur dann in Betracht, wenn eine Verweisung ohne Entscheidungen in der Sache wegen Fristabläufen fingiert wurde oder der Zusammenschluss nach der Verweisung an den Mitgliedsstaat sich erheblich ändern würde. Solche Hin- und Her-Verweisungen sollen jedoch grundsätzlich vermieden werden.[627] Eine Ausnahme hiervon ist zu machen, wenn die Verweisung nach Art. 4 Abs. 4 auf der Grundlage von unvollständigen, unrichtigen oder irreführenden Angaben gemacht wurde.[628]

---

[624] Klees § 12 RN 44, FN 91; Körber WuW 2007 S. 339; Immenga/Mestmäcker-Immenga/Körber FKVO Art. 9 RN 48; MüKo-Schroeder FKVO Art. 4 RN 109; MüKo-Schild FKVO Art. 9 RN 8; Langen/Bunte-Baron FKVO Art. 4 RN 21.

[625] Klees § 12 RN 44 FN 91; Körber WuW 2007 S. 339; Immenga/Mestmäcker-Immenga/Körber FKVO Art. 9 RN 48.

[626] Körber WuW 2007 S. 341; Immenga/Mestmäcker-Immenga/Körber FKVO Art. 22 RN 39; MüKo-Schild FKVO Art. 22 RN 19, mit anderer Begründung für eine materiell-rechtliche Abweichung.

[627] Erwägungsgrund 14; Mitteilung Verweisungsregime RN 13.

[628] Mitteilung Verweisungsregime RN 60; Klees § 12 RN 44; Langen/Bunte-Baron FKVO Art. 4 RN 21; vgl. auch Hellmann EWS 2004 S. 292, wonach die Einleitung des Verfahrens nach Art. 9 auch dann möglich sein soll, wenn hierfür trotz abschlägiger Bescheidung des Verfahrens nach Art. 4 Abs. 4 berechtigte Interessen vorliegen.

(6) Rechtsschutz vor der Entscheidung der Kommission

Die Regelung des Art. 4 Abs. 4 Unterabs. 5 bestimmt, dass die Regelung des Art. 9 Abs. 9 entsprechend Anwendung findet. Danach kann jeder Mitgliedsstaat zwecks Anwendung seines innerstaatlichen Wettbewerbsrechts nach Maßgabe der einschlägigen Vorschriften des AEUV beim Gerichtshof Klage erheben. Auf Grund der entsprechenden Anwendung will der Verordnungsgeber wohl die Klagebefugnis der Antragsteller verdeutlichen. Hierfür spricht, dass für das Verfahren nach Art. 4 Abs. 4 das Initiativrecht bei den Unternehmen liegt. Da die Regelung des Art. 9 Abs. 9 jedoch lediglich eine deklaratorische Bedeutung hat,[629] kann dies dahingestellt bleiben. Das Klagerecht der Antragsteller muss sich aus den einschlägigen Vorschriften des AEUV ergeben.

Vor diesem Hintergrund kann zunächst festgestellt werden, dass ein Klagerecht der Mitgliedsstaaten auch im Verfahren nach Art. 4 Abs. 4 unmittelbar gemäß Art. 263 Abs. 2 AEUV besteht. Ein Klagerecht der Antragsteller ergibt sich aus Art. 263 Abs. 4 AEUV. Danach kann jede natürliche oder juristische Person gegen die an sie ergangene Entscheidung sowie gegen diejenigen Entscheidungen Klage erheben, die, obwohl sie an eine andere Person gerichtet sind, sie unmittelbar und individuell betreffen. Mithin setzt eine Klagebefugnis voraus, dass entweder die beteiligten Unternehmen Adressat der Verweisungsentscheidung sind, oder dass diese sie unmittelbar und individuell betreffen. Die Klagebefugnis der beteiligten Unternehmen ergibt sich bereits aus dem Umstand, dass sie Adressaten der Entscheidung nach Art. 4 Abs. 4 sind. Hierfür spricht, dass das Verfahren nach Art. 4 Abs. 4 ausschließlich von den beteiligten Unternehmen eingeleitet und die Entscheidung nach Art. 4 Abs. 4

---

[629] Schröter/Jacob/Mederer Art. 9 RN 47; Hirsbrunner EWS 1998 S. 238; MüKo-Schroeder FKVO Art. 4 RN 127; Bechtold/Brinker/Bosch/Hirsbrunner FKVO Art. 9 RN 14; Loewenheim/Meessen/Riesenkampff-Westermann FKVO Art. 9 RN 26; Langen/Bunte-Baron 10 Auflage FKVO Art. 9 RN 22; Schröter/Jacob/Mederer-Hirsbrunner Art. 9 RN 47; Löffler Art. 9 RN 18; GK-Schütz FKVO Art. 9 RN 21.

Unterabs. 4 S. 2 diesen auch mitgeteilt wird. Richtet sich die Klage gegen die Ablehnung eines Antrags auf Erlass eines Rechtsakts, so liegt eine Klagebefugnis bei einem Adressaten nur dann vor, wenn ein unionsrechtlicher Anspruch auf dieses Tätigwerden besteht.[630] Ein solcher Anspruch ergibt sich unmittelbar aus Art. 4 Abs. 4.

Aber auch wenn die Eigenschaft als Adressat der Verweisungsentscheidung verneint werden sollte, liegt ein Klagerecht im Rahmen des Art. 4 Abs. 4 vor, da durch eine ablehnende Entscheidung eine unmittelbare und individuelle Betroffenheit der Antragsteller vorliegt. Wann eine individuelle Betroffenheit von Nichtadressaten gegeben ist, wird kontrovers diskutiert.[631] Eine individuelle Betroffenheit dürfte jedenfalls dann gegeben sein, wenn der Nichtadressat an einem vorangegangen Verwaltungsverfahren beteiligt war, oder wenn andere materielle Kriterien (spürbare Beeinträchtigung der Marktposition, Grundrechtseingriffe, normativ aufgegebenes Gebot der Berücksichtigung spezifischer Klägerinteressen) gegeben sind.[632] Vorliegend ist sowohl die Beteiligung der Unternehmen am Verfahren als auch die Rechtsstellung der Antragsteller als materielles Kriterium berührt, weil bei einer erfolgreichen Verweisung der Zusammenschluss von den nationalen Behörden statt von der Kommission geprüft worden wäre.[633] Eine unmittelbare Betroffenheit liegt als Nichtadressat der Verweisungsentscheidung vor, wenn die angegriffene Entscheidung selbst in die Interessen des Klägers eingreift, so dass es keiner weiteren Durchführungsmaßnahmen bedarf.[634] Für die Ablehnung ist die unmittelbare Wirkung zu bejahen, da die Verweisung im positiven Falle keiner weiteren Umsetzung mehr bedarf.[635]

---

[630] Geiger Art. 230 RN 18.

[631] Vgl. für eine zusammenfassende Übersicht der Auffassung Calliess/Ruffert-Cremer Art. 230 RN 48ff.

[632] Calliess/Ruffert-Cremer Art. 230 RN 52, 60; Steinz-Ehricke Art. 230 RN 57.

[633] Vgl. für letztere Voraussetzung MüKo-Schroeder FKVO Art. 4 RN 128.

[634] Streinz-Ehricke Art. 230 RN 53; Geiger Art. 230 RN 21.

[635] MüKo-Schroeder FKVO Art. 4 RN 128.

Schließlich ist auch die Klagebefugnis der Wettbewerber zu bejahen.[636] Die individuelle unmittelbare Betroffenheit dieser wurde durch zwei Entscheidungen des EuG im Rahmen des Art. 9 festgestellt[637], welche wegen der gleich gelagerten Situation auch für das Verfahren nach Art. 4 Abs. 4 bindend sein dürften. In der Rechtssache „Royal Philips Electronics" stellte das Gericht die unmittelbare und individuelle Betroffenheit des klagenden Unternehmens als wichtigsten Konkurrenten auf dem betroffenen Markt fest.[638] Eine Klagebefugnis der Wettbewerber wurde sodann auch in der Rechtssache „Cableuropa u.a./Kommission" des EuG bestätigt.[639] Zur Begründung wurde ausgeführt, dass der Gegenstand der angefochtenen Entscheidung nicht in einer Sachentscheidung über die Auswirkungen des von der Verweisung betroffenen Zusammenschlusses auf die in Frage stehenden Märkte bestehe, sondern in der Übertragung der Überprüfungszuständigkeit hierfür an die nationalen Behörden.[640] Die unmittelbare Betroffenheit ist darin zu sehen, dass durch die Verweisungsentscheidung die Möglichkeit der unbeteiligten Unternehmen genommen wird, die Rechtmäßigkeit des Vorhabens von der Kommission gemäß der FKVO prüfen zu lassen und die Unternehmen somit in ihrer Rechtsstellung beschnitten werden.[641] Weiterhin bedeutet die Änderung der Rechtsordnung für die unbeteiligten Unternehmen den Verlust der Verfahrensrechte, die Dritten gemäß Art. 18 Abs. 4 FKVO gewährt werden sowie den Wegfall der Möglichkeit, die später ergehende Entscheidung gemäß Art. 263 AEUV anzufechten.[642]

---

[636] MüKo-Schroeder FKVO Art. 4 RN 128 a.

[637] Bechtold/Brinker/Bosch/Hirsbrunner FKVO Art. 9 RN 14; Langen/Bunte-Baron 10. Auflage FKVO Art. 16 RN 10.

[638] Vgl. EuG Slg. 2003, II- 1433, RN 253 ff. – Royal Philips Electronics.

[639] EuG vom 30.09.2003, RS. T-346/02 und 437/02, Cableuropa u.a./Kommission.

[640] EuG vom 30.09.2003, RS. T-346/02 und 437/02, Cableuropa u.a./Kommission RN 53.

[641] EuG vom 30.09.2003 RS. T-346/02 und 437/02, Cableuropa u.a./Kommission RN 58; Loewenheim/Meessen/Riesenkampff-Westermann FKVO Art. 9 RN 27; Langen/Bunte-Baron 10. Auflage FKVO Art. 16 RN 10.

[642] EuG vom 30.09.2003, RS. T-346/02 und 437/02, Cableuropa u.a./Kommission RN 61ff; Langen/Bunte-Baron 10. Auflage FKVO Art. 16 RN 10.

(7) Bewertung des Art. 4 Abs. 4 unter Berücksichtigung des Subsidiaritäts- und „One-Stop-Shop“-Prinzips

Die Regelung des Art. 4 Abs. 4 steht als Verweisungsvorschrift zur Feinsteuerung der Zuständigkeitsverteilung grundsätzlich im Einklang mit dem Subsidiaritätsprinzip. Diese Regelung ermöglicht neben der Regelung des Art. 9 die Verweisung von Zusammenschlüssen an die nationalen Wettbewerbsbehörden, wenn diese für eine Überprüfung besser geeignet sind. Seit der Einführung des Art. 4 Abs. 4 sind bereits 59 Zusammenschlüsse an die Mitgliedsstaaten verwiesen worden.[643] Die Überprüfung dieser Zusammenschlüsse hat ergeben, dass die überwiegende Zahl der verwiesenen Zusammenschlüsse Märkte mit einem nationalen Rahmen betroffen haben.[644] Damit hat diese Regelung im Rahmen der Zuständigkeitsverteilung eine erhebliche Bedeutung als Instrument der Feinsteuerung gewonnen und trägt einen wichtigen Beitrag zur Erfüllung der Anforderungen des Subsidiaritätsprinzips bei.[645] Allerdings darf nicht außer Acht gelassen werden, dass die Regelung des Art. 4 Abs. 4 von den Unternehmen in der Regel nur angewandt wird, wenn sie der Auffassung sind, dass durch die Überprüfung der Mitgliedsstaaten die Freigabe des Zusammenschlusses wahrscheinlicher oder aus Kosten- und Zeitgründen vorteilhafter ist.[646] Mithin erfolgt durch die Unternehmen das sogenannte „forum shopping“.[647] Deshalb liegt die Annahme nah, dass nicht alle Fälle erfasst werden, zu deren

---

643 Vgl. Statistik der Kommission unter: http://ec.europa.eu/competition/mergers/statistics.pdf Stand 30.04.2011; im Vorfeld zum Bericht 2009 wurde diese Verweisungen ausführlich überprüft; vgl. für die Ergebnisse: Begleitendes Arbeitspapier zum Bericht 2009 RN86ff.

644 Begleitendes Arbeitspapier zum Bericht 2009 RN 88.

645 A. A. Kogel S. 215, welcher jedoch durch die große Zahl der verwiesenen Zusammenschlüsse widerlegt wird.

646 MüKo- Schroeder FKVO Art. 4 RN 78; Kogel S. 214, der sich vor diesem Hintergrund gegen die Möglichkeit der Verweisung auf Antrag der beteiligten Unternehmen ausspricht.

647 Unter dem Begriff des „forum shopping“ ist hier die Wahl der Beteiligten über die Rechtsordnung zu verstehen, der sie unterliegen. So auch Seitz S. 99.

Überprüfung die Mitgliedsstaaten besser geeignet sind. Der Ansicht der Kommission ist zuzustimmen, dass es eine Gewissheit über die wirksame Anwendung der Regelung des Art. 4 Abs. 4 nur dann geben kann, wenn die Zahl der Fälle, die nach dieser Regelung verwiesen wurden, mit der Zahl der Fälle verglichen wird, welche die Voraussetzungen für eine Verweisung nach Art. 4 Abs. 4 erfüllt haben.[648] Daten über Letzteres sind jedoch nicht vorhanden. Auf Grund dessen ist nicht auszuschließen, dass weitere Zusammenschlüsse nach dieser Regelung verwiesen werden können.[649]

Eine Verweisung nach Art. 4 Abs. 4bedeutet dann eine Durchbrechung des „One-Stop-Shop"-Prinzips, wenn der Zusammenschluss an mehrere Mitgliedsstaaten oder nur teilweise verwiesen wird.[650] Die Verweisung des Zusammenschlusses an einen einzigen Mitgliedsstaat ist dagegen mit dem Kerngedanken des „One-Stop-Shop"-Prinzips zu vereinbaren. Im Übrigen erfolgt diese Durchbrechung nur für solche Fälle, die besser von den nationalen Behörden überprüft werden können. Die Durchbrechung des „One-Stop-Shop"-Prinzips ist auf Grund des Vorrangs des Subsidiaritätsprinzips hinzunehmen.[651] In diesem Zusammenhang ist auch die von der Kommission bekundete Absicht zu begrüßen, eine Teilverweisung möglichst zu vermeiden und diese nur dann vorzunehmen, wenn der Schutz des Wettbewerbs auf sämtlichen durch das Vorhaben betroffenen Märkten durch mehrere Behörden offensichtlich besser erfolgen kann.[652] Tatsächlich erfolgten bislang nur zwei Teilverweisung nach Art. 4 Abs. 4.[653]

---

[648] Begleitendes Arbeitspapier zum Bericht 2009 RN 124.

[649] Begleitendes Arbeitspapier zum Bericht 2009 RN 126.

[650] Vgl. Teil A III. 6.

[651] Vgl. Teil A III. 6.

[652] Mitteilung Verweisungsregime RN 12; FK-Hellmann FKVO Art. 9 RN 52.

[653] Vgl. Statistik der Kommission unter: http://ec.europa.eu/competition/mergers/statistics.pdf Stand 30.04.2011.

(8) Stellungnahme zum Verfahren nach Art. 4 Abs. 4

Die Regelung des Art. 4 Abs. 4 ist ein effektives Mittel zur Feinsteuerung der Zuständigkeiten und hat bislang einen erheblichen Beitrag zur Optimierung der Zuständigkeiten geleistet.[654] Den beteiligten Unternehmen wird durch das Verweisungsverfahren vor der Anmeldung nach Art. 4 Abs. 4 ermöglicht, zu einem frühen Zeitpunkt die Zuständigkeit der Mitgliedsstaaten zu begründen und damit regelmäßig die Gewissheit über die letztendlich zuständige Behörde zu erlangen. Im Falle einer Verweisung ersparen sich die beteiligten Unternehmen zudem die zeit- und arbeitsintensive Anmeldung bei der Kommission.[655] Darüber hinaus können die Mitgliedsstaaten einem zu erwartenden Verweisungsverfahren nach Art. 9 zuvorkommen und die damit einhergehenden Nachteile verhindern.[656] Da mangels Daten keine Aussage über die wirksame Anwendung des Art. 4 Abs. 4 gemacht werden kann, kann auch nicht beurteilt werden, ob die Bedenken über eine Entwertung des Verfahrens auf Grund der umfangreichen Anforderungen an eine Verweisung begründet oder unbegründet waren.[657] Jedenfalls erklären einige der im Vorfeld zum Bericht 2009 befragten Unternehmen, dass ein Grund für die geringe Zahl der Verweisungen möglicherweise darin zu suchen sei, dass für eine Verweisung eine „erhebliche Auswirkung auf den Wettbewerb" vorausgesetzt werde.[658] Diese Anforderung stelle ein Hindernis für die Stellung von Verweisungsanträgen dar. Obwohl nach der Mitteilung Verweisungsregime die Beteiligten nicht nachweisen müssen, dass der Zusammenschluss sich nachteilig auf den Wettbewerb auswirkt, kann es als etwas selbst Belastendes wahrgenommen werden und Grund zur

---

[654] So auch die im Vorfeld zum Bericht 2009 befragten Wettbewerbsbehörden und Unternehmen und die Kommission (vgl. Begleitendes Arbeitspapier zum Bericht 2009 RN 93, 95, 122).

[655] Annex II zum Grünbuch RN 3 S. 111; Kogel S. 209.

[656] Im Vergleich zum Art. 9 ist das Verfahren nach Art. 4 Abs. 4 deutlich schneller (vgl. Kogel S. 209)

[657] So Berg in BB 2004 S. 565 und Kogel S. 216.

[658] Begleitendes Arbeitspapier zum Bericht 2009 RN 96.

Annahme geben, dass der Zusammenschluss für den Wettbewerb schädlich wäre.[659] Aus diesem Grund wurde seitens der befragten Unternehmen angeregt, diese Voraussetzung zu streichen oder eine neutrale Formulierung – beispielsweise, dass der Zusammenschluss auf einen gesonderten Markt innerhalb eines Mitgliedsstaates Auswirkungen hat– zu verwenden.[660] Im Übrigen wurde auch der Umfang der Anforderungen nach Formblatt RS von den Unternehmen kritisiert und als mögliches Hemmnis zur Stellung von Anträgen angeführt.[661] In diesem Zusammenhang weist die Kommission daraufhin, dass der Umfang nach Formblatt RS für eine Überprüfung durch die nationalen Wettbewerbsbehörden und von ihr selbst notwendig sei und eine Reduzierung des Umfangs diese Entscheidungsgrundlagen nicht minimieren dürfe.[662]

Viele der befragten Unternehmen habenferner darauf hingewiesen, dass auf Grund der fehlenden Begründungspflicht für die Entscheidung der Mitgliedsstaaten keine Anhaltspunkte dafür bestehen, wann eine Verweisung Aussicht auf Erfolg hat und demnach für sie eine Rechtsunsicherheit besteht.[663] In der Tat bestehen für die Antragsteller erhebliche Unsicherheiten über den Ausgang des Verweisungsverfahrens und damit die Gefahr, dass im Falle des Scheiterns des Verfahrens die nicht unerheblichen zeitlichen und sachlichen Aufwendungen umsonst getätigt wurden.[664] Die Ablehnung der Verweisung bedeutet für die Beteiligten gleichzeitig einen erheblichen Zeitverlust, da in diesen Fällen das Anmeldeverfahren nach Art. 4 Abs. 2 zu erfolgen hat.[665] Erschwerend kommt hinzu, dass im Falle der Nichtverweisung gemäß Art. 4 Abs. 4 nicht ausgeschlossen werden kann, dass nach der Anmeldung des Zusammenschlusses bei der Kommission doch ein Verweisungsverfahren gemäß Art. 9 eingeleitet

---

659 Begleitendes Arbeitspapier zum Bericht 2009 RN 96.
660 Begleitendes Arbeitspapier zum Bericht 2009 RN 96.
661 Begleitendes Arbeitspapier zum Bericht 2009 RN 98, 100.
662 Begleitendes Arbeitspapier zum Bericht 2009 RN 130.
663 Begleitendes Arbeitspapier zum Bericht 2009 RN 97.
664 FK-Hellmann FKVO Art. 4 RN 62; Kogel S. 215.
665 Hellmann EWS 2004 S. 290; FK-Hellmann FKVO Art. 4 RN 62; Kogel S. 211.

und der Zusammenschluss an die Mitgliedsstaaten verwiesen wird.[666] Die damit verbundene Unsicherheit im Hinblick auf die endgültige Zuständigkeit und die Nachteile auf Grund von Zeitverlusten und Mehraufwand sind für die Unternehmen nicht unerheblich. Andererseits weist die Kommission zu Recht darauf hin, dass es bei den Verfahren nach Art. 4 Abs. 4 in keinem Fall zu einer Ablehnung des Antrags durch die Mitgliedsstaaten gekommen ist.[667] Auch wenn die tatsächliche Zahl von Ablehnungen größer sein dürfte, beispielsweise auf Grund von Ablehnungen der Mitgliedsstaaten bereits im Rahmen von Vorgesprächen, ist doch anzunehmen, dass die Wahrscheinlichkeit einer Ablehnung in der großen Mehrheit der Fälle, insbesondere bei solchen, die unproblematisch sind, sehr niedrig ist.[668] In allen anderen Fällen gibt es für die beteiligten Unternehmen die Möglichkeit, im Vorfeld mit den betreffenden Mitgliedsstaaten Kontakt aufzunehmen.[669]

Weiterhin haben die befragten Unternehmen die Dauer des Verfahrens nach Formblatt RS kritisiert und als mögliches Hemmnis zur Stellung von Anträgen angeführt.[670] Die Entscheidung über eine Verweisung des Zusammenschlusses dauere genauso lange wie eine Entscheidung der Kommission in der Phase I. Deswegen werde von den Unternehmen eine Überprüfung durch die Kommission bevorzugt.[671] Im Hinblick auf die Fristen würden fast alle befragten Unternehmen eine Kürzung für die Mitgliedsstaaten und die Kommission bei der Entscheidung über die Verweisung begrüßen.[672] Die befragten nationalen Wettbewerbsbehörden und die Kommission haben jedoch erklärt, dass die ihnen im Verfahren eingeräumte Frist zur Überprüfung des Antrags und bei den Mitgliedsstaaten Zeit für zusätzliche Rücksprachen mit anderen zuständigen Stellen notwendig seien.[673] Mithin besteht kein

---

666 Teil B. V. 3. a. bb. (5).

667 Vgl. Statistik der Kommission unter: http://ec.europa.eu/competition/mergers/statistics.pdf Stand 30.04.2011.

668 Begleitendes Arbeitspapier zum Bericht 2009 RN 131.

669 Begleitendes Arbeitspapier zum Bericht 2009 RN 131.

670 Begleitendes Arbeitspapier zum Bericht 2009 RN 98, 100.

671 Begleitendes Arbeitspapier zum Bericht 2009 RN 98.

672 Begleitendes Arbeitspapier zum Bericht 2009 RN 98.

673 Begleitendes Arbeitspapier zum Bericht 2009 RN 94, 130.

Raum für eine Verkürzung des Verfahrens. Daher weist die Kommission zu Recht darauf hin, dass das Verweisungsverfahren freiwillig ist und die beteiligten Unternehmen eine Abwägung zwischen den Nachteilen und den Vorteilen für die Einleitung des Verfahrens vornehmen müssen.[674]

cc. Verweisung des Zusammenschlusses von den Mitgliedsstaaten an die Kommission gemäß Art. 4 Abs. 5

(1) Allgemeines

Die Regelung des Art. 4 Abs. 5 ermöglicht die Verweisung eines Zusammenschlusses in der „pre-notification-phase" von den Mitgliedsstaaten an die Kommission. Hierzu müssen die Antragsteller im Wesentlichen nachweisen, dass der Zusammenschluss in mindestens drei Mitgliedsstaaten geprüft werden könnte. Diese Voraussetzung verdeutlicht den mit der Regelung verfolgten Zweck, Mehrfachanmeldungen zu vermeiden.[675] Mit dieser vorerst letzten Regelung knüpft der Verordnungsgeber an eine Reihe von nicht in Kraft getretenen Vorschlägen zur Lösung der Mehrfachanmeldungen an.[676] Der gemeinsame Anknüpfungspunkt dieser Regelungen ist dabei stets die Anmeldepflicht in mindestens drei Mitgliedsstaaten.[677]

(2) Antrag auf Verweisung

Das Verweisungsverfahren in der „pre-notification-Phase" wird gemäß Art. 4 Abs. 5 Unterabs. 1 durch einen begründeten Antrag der an dem Zusammenschluss beteiligten Personen oder Unternehmen eingeleitet. Die Anforderungen an den Verweisungsantrag richten sich wie im Verfahren nach Art. 4 Abs. 4 gemäß Art. 6 Abs. 1 DVO nach dem

---

[674] Begleitendes Arbeitspapier zum Bericht 2009 RN 130.
[675] Böge WuW 2004 S. 142; Hellmann EWS 2004 S. 289; FK-Hellmann FKVO Art. 4 RN 64.
[676] Vgl. Teil B V. 3. c. aa. (3) und Teil B. I. 1.
[677] Immenga/Mestmäcker-Immenga/Körber FKVO Art. 4 RN 66; Vgl. Teil B V. 3. c. aa. (3) und Teil B. I. 1.

Formblatt RS.[678] Wie auch im Verfahren nach Art. 4 Abs. 4 sollten vor dem eigentlichen Antrag informelle Vorgespräche der Unternehmen mit Kommission und zuständigen Behörden der Mitgliedsstaaten vorausgehen.[679]

(a) Antragsberechtigte

Ein Antrag auf Verweisung an die Kommission in der „pre-notification-Phase" ist gemäß Art. 4 Abs. 5 i.V.m. Art. 4 Abs. 2 von den beteiligten Personen oder Unternehmen zu stellen, welche grundsätzlich bei Anwendbarkeit der FKVO anmeldepflichtig wären. Demnach sind die Antragsteller für die Verfahren nach Art. 4 Abs. 4 und Abs. 5 identisch und es kann auf die oben gemachten Ausführungen zur Bestimmung der Antragsteller verwiesen werden.[680] Mit dieser Gleichstellung wird eine einheitliche und klare Regelung geschaffen.

(b) Vollständigkeit und Richtigkeit des Antrags; Befreiung von der Pflicht für vollständige Angaben

Grundsätzlich werden auch im Hinblick auf die Vollständigkeit und Richtigkeit des Antrags nach Art. 4 Abs. 5 dieselben Anforderungen gestellt wie nach Art. 4 Abs. 4.[681] Ergänzend ist zu beachten, dass die Ablehnung eines Mitgliedsstaates auf Grund von unvollständigen oder unrichtigen Angaben im vorliegenden Verfahren besonders schwerwiegend ist, da durch die Ablehnung eines Mitgliedsstaates gem. Art. 4 Abs. 5 Unterabs. 3 das gesamte Verfahren scheitern würde. Auch im vorliegenden Verfahren kann eine Befreiung von der Pflicht für vollständige Angaben unter denselben Voraussetzungen wie nach Art. 4 Abs. 4 erfolgen.[682]

---

[678] Vgl. zu den formellen Anforderungen Teil B V. 3. a. bb. (1).
[679] Mitteilung Verweisungsregime RN 64; ECA-Prinzipen RN 10; FK-Hellmann FKVO Art. 4 RN 70.
[680] Vgl. Teil B V. 3. a. bb. (1) (a).
[681] Vgl. Teil B V. 3. a bb. (1) (b).
[682] Vgl. Teil B. V. 3. a. bb. (1) (c).

(c) Verweisung bei fehlerhaftem Antrag

Sollte auf Grund unvollständiger oder unrichtiger Angaben eine Verweisung an die Kommission erfolgt sein, kann die Kommission eine Geldbuße unter den Voraussetzungen des Art. 14 Abs. 1 lit. a verhängen. Weiterhin geht die Kommission davon aus, dass sie in diesen Fällen eine auf die Verweisung folgende Entscheidung nach Art. 6 oder 8 gemäß Art. 6 Abs. 3 lit. a oder Art. 8 Abs. 6 lit. a mit der Folge widerrufen kann, dass nach dem Widerruf erneut nationales Wettbewerbsrecht gilt.[683] Zunächst ist jedoch zu beachten, dass eine Entscheidung nach Art. 6 Abs. 1 lit. b oder Art. 8 Abs. 1 und Abs. 2 nur dann widerrufen werden kann, wenn die jeweilige Entscheidung auf unrichtigen Angaben beruht, die von den beteiligten Unternehmen zu vertreten sind oder von diesen arglistig herbeigeführt wurden. Sollten solche Entscheidungen tatsächlich auf unrichtigen Angaben im Verweisungsantrag beruhen, führt ein Widerruf dieser Entscheidung entgegen der Ansicht der Kommission nicht automatisch zur Geltung des innerstaatlichen Wettbewerbsrechts.[684]

Soweit der Umstand in der ersten Phase des Prüfverfahrens entdeckt wird, kann die Kommission eine Unzuständigkeitsentscheidung nach Art. 6 Abs. 1 lit. a mit der Folge erlassen, dass erneut die Mitgliedsstaaten für den Zusammenschluss zuständig werden.[685] Die Regelung des Art. 6 Abs. 1 lit. a sieht vor, dass die Kommission ihre Unzuständigkeit durch eine Entscheidung feststellt, wenn sie zu dem Schluss kommt, dass der angemeldete Zusammenschluss nicht unter die Verordnung fällt. Wie

---

683 Mitteilung Verweisungsregime RN 60; Formblatt RS Anhang III DVO Einleitung B.

684 MK-Schroder FKVO Art. 4 RN 139; Bechtold/Brinker/Bosch/Hirsbrunner FKVO Art. 4 RN 32; Körber WuW 2007 S. 337f.; Immenga/Mestmäcker-Immenga/Körber FKVO Art. 4 RN 100; Hirsbrunner EuZW 2005 S. 521.

685 Mitteilung Verweisungsregime RN 60; Immenga/Mestmäcker-Immenga/Körber FKVO Art. 4 RN 100; Körber WuW 2007 S. 338; Bechtold/Brinker/Bosch/Hirsbrunner FKVO Art. 4 RN 32, mit der Einschränkung, dass der Antrag in derart schwerwiegender Weise unvollständig oder unrichtig war, dass der Zuständigkeit der Kommission die Grundlage entzogen ist; a. A. MüKo-Schroeder FKVO Art. 4 RN 140, mit der Begründung, dass zu diesem Zeitpunkt die Entscheidung nach Art. 4 Abs. 5 ergangen ist und nicht widerrufen werden kann.

auch in der originären Begründung der Zuständigkeit der Kommission nach Art. 1 Abs. 2 und Abs. 3 beruht die Zuständigkeit der Kommission in den Fällen des Art. 4 Abs. 5 auf einer Rechtsvermutung der gemeinschaftsweiten Bedeutung. Demnach liegen die Voraussetzungen des Art. 6 Abs. 1 lit a FKVO auch in den vorliegenden Fällen vor. Soweit eine Freigabeentscheidung in dieser Phase erfolgt ist, kann auch diese nach Art. 6 Abs. 3 lit. a mit der Folge widerrufen werden, dass die Kommission anschließend die eigene Unzuständigkeit nach Art. 6 Abs. 1 lit. a feststellen kann.[686]

Die erneute Zuständigkeit der Mitgliedsstaaten ist jedoch ausgeschlossen, wenn die Kommission bereits das Hauptverfahren nach Art. 8 eingeleitet hat.[687] In diesem Fall besteht für die Kommission keine Rechtsgrundlage für die Feststellung der eigenen Unzuständigkeit, da ein Widerruf nach Art. 8 Abs. 6 das Verfahren nicht wieder in das Vorverfahren versetzt, sondern lediglich eine neue Hauptprüfung nach sich zieht.[688] Auch im Übrigen sieht die FKVO einen Widerruf der Verweisung nach Art. 4 Abs. 5 nicht vor. Gegen einen Widerruf der Verweisung nach Art. 4 Abs. 5 spricht dann auch, dass in diesen Fällen eine Verweisung nicht auf einer Entscheidung, sondern auf einer Rechtsvermutung der gemeinschaftsweiten Bedeutung des Zusammenschlusses basiert.[689] Letzteres spricht auch gegen eine analoge Anwendung der Art. 6 Abs. 3 und Art. 8 Abs. 6 FKVO.

Unbenommen bleibt der Kommission die Möglichkeit, den Zusammenschluss unter den Voraussetzungen des Art. 9 an die mitgliedsstaatliche Ebene zurückzuverweisen.[690] Dabei dürfte jedoch

---

686 Bechtold/Brinker/Bosch/Hirsbrunner FKVO Art. 4 RN 32.

687 Immenga/Mestmäcker-Immenga/Körber FKVO Art. 4 RN 100; Körber WuW 2007 S. 338; Bechtold/Brinker/Bosch/Hirsbrunner FKVO Art. 4 RN 32.

688 Bechtold/Brinker/Bosch/Hirsbrunner FKVO Art. 4 RN 32; Immenga/Mestmäcker-Immenga/Körber FKVO Art. 4 RN 100.

689 Bechtold/Brinker/Bosch/Hirsbrunner FKVO Art. 4 RN 32; Immenga/Mestmäcker-Immenga/Körber FKVO Art. 4 RN 100; Hirsbrunner EuZW 2005 S. 521; MüKo-Schroeder FKVO RN 139.

690 Bechtold/Brinker/Bosch/Hirsbrunner FKVO Art. 4 RN 32f.; Immenga/Mestmäcker-Immenga/Körber FKVO Art. 4 RN 100; Körber WuW 2007 S. 338.

regelmäßig die Frist von 15 Arbeitstagen für die Antragstellung nach Art. 9 Abs. 2 überschritten sein.[691]

Nichts anderes kann für den Fall gelten, dass die Zuständigkeit eines Mitgliedsstaates übersehen wird.[692] Hierfür spricht, dass jedem Mitgliedsstaat eine gewisse Eigenverantwortung zukommt, die ihm gem. Art. 4 Abs. 5 Unterabs. 2 weitergeleiteten Verweisungsanträge im Hinblick auf eine eventuelle eigene Betroffenheit auszuwerten.[693]

(d) Zeitpunkt der Antragstellung

Wie im Verfahren nach Art. 4 Abs. 4 muss auch vorliegend das Zusammenschlussvorhaben zunächst hinreichend konkret sein.[694] Ein Antrag gemäß Art. 4 Abs. 5 Unterabs. 1 setzt weiterhin voraus, dass der Zusammenschluss noch bei keiner nationalen Behörde angemeldet worden ist.[695] Ist bereits eine formelle Anmeldung bei den zuständigen Behörden eines Mitgliedsstaats erfolgt, erlischt das Antragsrecht gemäß Art. 4 Abs. 5.[696] Eine Verweisung des Zusammenschlusses an die Kommission kann nur noch nach Art. 22 erfolgen. Damit bewirkt diese formelle Grenze eine klare Grenzziehung zu der Regelung des Art. 22.[697] Fraglich ist, ob in den Fällen, in denen eine förmliche Anmeldung bei den nationalen Behörden nicht erforderlich ist, namentlich im Vereinigten Königreich und in Luxemburg, die hinreichende Kenntnis der

---

[691] MüKo-Schroeder FKVO Art. 4 RN 139.

[692] Vgl. ausführlich Bechtold/Brinker/Bosch/Hirsbrunner FKVO Art. 4 RN 33; Immenga/Mestmäcker-Immenga/Körber FKVO Art. 4 RN 100; Körber WuW 2007, 338.

[693] Bechtold/Brinker/Bosch/Hirsbrunner FKVO Art. 4 RN 33; Immenga/Mestmäcker-Immenga/Körber FKVO Art. 4 RN 100; Körber WuW 2007 S. 338.

[694] Mitteilung Verweisungen RN 66; Körber WuW 2007 S. 331.

[695] Mitteilung Verweisungsregime RN 69; Klees § 12 RN 31; Immenga/Mestmäcker-Immenga/Körber FKVO Art. 4 RN 76; Körber WuW 2007 S. 331; MüKo-Schroeder FKVO Art. 4 RN 134.

[696] Mitteilung Verweisungsregime RN 69; Klees § 12 RN 14; Immenga/Mestmäcker-Immenga/Körber FKVO Art. 4 RN 76; Körber WuW 2007 S. 331; MüKo-Schroeder FKVO Art. 4 RN 134.

[697] Immenga/Mestmäcker-Immenga/Körber FKVO Art. 4 RN 76; Körber WuW 2007 S. 332.

zuständigen Behörden, welche nach Art. 22 an die Stelle der Anmeldung tritt, zu einem Ausschluss eines Antrags nach Art. 4 Abs. 5 führt. Dies wird mit der Begründung abgelehnt, dass sich die Gleichsetzung der Kenntniserlangung und der Anmeldung hinsichtlich der Regelung des Art. 22 nur zu Lasten der betroffenen Mitgliedsstaaten auswirkt, mit Blick auf Art. 4 Abs. 5 jedoch zu dem Ergebnis führen würde, dass den Unternehmen die Möglichkeit genommen würde, einen Verweisungsantrag zu stellen.[698] Andererseits führt dies zu dem Ergebnis, dass parallele Verfahren nach Art. 4 Abs. 5 und Art. 22 Abs. 1 nicht zwingend ausgeschlossen sind.[699]

(e) Beendigung des Verfahrensdurch Rücknahme des Antrags

Trotz einer fehlenden Regelung zur Beendigung des Verfahrens durch Rücknahme des Verweisungsantrags ist davon auszugehen, dass die Antragsteller als „Herren des Verfahrens" befugt sind, das Verfahren durch Rücknahme des Antrags zu beenden.[700]

(3) Materiell-rechtliche Voraussetzungen für eine Verweisung

Die Antragsteller müssen gemäß Art. 4 Abs. 5 Unterabs. 1 in einem Antrag begründen, dass ein Zusammenschluss im Sinne des Art. 3 ohne gemeinschaftsweite Bedeutung gemäß Art. 1 vorliegt und nach dem Wettbewerbsrecht mindestens dreier Mitgliedsstaaten geprüft werden könnte.

Die Darlegungslast für das Vorliegen der vorgenannten Kriterien liegt bei den jeweiligen Antragstellern.[701] Da die Kommission im Verfahren nach Art. 4 Abs. 5 über keinen eigenen Entscheidungsspielraum verfügt,

---

[698] Immenga/Mestmäcker-Immenga/Körber FKVO Art. 4 RN 103; Körber WuW 2007 S. 342.

[699] Vgl. Immenga/Mestmäcker-Immenga/Körber FKVO Art. 4 RN 103; Körber WuW 2007 S. 342.

[700] Vgl. Teil B V. 3. a. bb. (1) (f).

[701] Loewenheim/Meessen/Riesenkampff-Ablasser-Neuhuber Art. 4 RN 38.

dienen diese Angaben einzig dazu, ein Veto der betreffenden Mitgliedsstaaten zu verhindern.[702]

(a) Zusammenschluss ohne gemeinschaftsweite Bedeutung im Sinne der FKVO

Zunächst setzt der Antrag voraus, dass es sich um einen Zusammenschluss im Sinne des Art. 3 handelt, welcher keine gemeinschaftsweite Bedeutung gemäß Art. 1 hat.[703] Lägen die Voraussetzungen des Art. 1 vor, wäre bereits die Zuständigkeit der Kommission gegeben.

(b) Prüfbarkeit des Zusammenschlusses in drei Mitgliedsstaaten

Im Wesentlichen müssen die Antragsteller nachweisen, dass der Zusammenschluss nach dem Wettbewerbsrecht mindestens dreier Mitgliedsstaaten geprüft werden könnte.[704] Damit ist der Verordnungsgeber von dem Verordnungsvorschlag der Kommission abgewichen, wonach gemäß Art. 4 Abs. 5 Unterabs. 1 Verordnungsvorschlag für eine Verweisung an die Kommission nachgewiesen werden musste, dass der Zusammenschluss erhebliche grenzübergreifende Auswirkungen haben wird. Ob die Intention dieser Änderung darin lag, eine Konkretisierung der Fälle mit grenzüberschreitenden Auswirkungen vorzunehmen, kann nicht nachvollzogen werden. Diese Annahme liegt jedoch nah, da

---

702 ECA-Prinzipien RN 13; Körber WuW 2007 S. 334; Immenga/Mestmäcker-Immenga/Körber FKVO Art. 4 RN 94.

703 Mitteilung Verweisungsregime RN 65; FK-Hellmann FKVO Art. 4 RN 67; Klees § 12 RN 32; Langen/Bunte-Baron 10. Auflage FKVO Art. 4 RN 18; Frenz RN 1858; Loewenheim/Meessen/Riesenkampff-Ablasser-Neuhuber FKVO Art. 4 RN 36; Immenga/Mestmäcker-Immenga/Körber FKVO Art. 4 RN 90; Körber WuW 2007 S. 333.

704 Bechtold/Brinker/Bosch/Hirsbrunner FKVO Art. 4 RN 27; Lange-Gromotke RN 1392; Langen/Bunte-Baron FKVO 10. Auflage Art. 4 RN 18; Loewenheim/Meessen/Riesenkampff- Ablasser-Neuhuber Art. 4 RN 36; Körber WuW 2007 S. 333; FK-Hellmann FKVO Art. 4 RN 67.

Zusammenschlüsse, die in mehr als drei Mitgliedsstaaten angemeldet werden müssen (Mehrfachanmeldungen), regelmäßig grenzüberschreitende Auswirkungen aufweisen.[705]

Nicht erforderlich ist nach dem Wortlaut des Art. 4 Abs. 5 eine Anmeldepflicht für den Zusammenschluss in dem betreffenden Mitgliedsstaat.[706] Die Prüfbarkeit eines Zusammenschlusses durch einen Mitgliedsstaat soll nach der Kommission als gegeben angesehen werden, wenn dieser im Hoheitsgebiet dieses Mitgliedsstaats unter das auf Unternehmensfusion anwendbare Wettbewerbsrecht fällt.[707] Dazu ist mittels ausreichender Wirtschafts- oder anderer Daten zu belegen, dass der Zusammenschluss die relevanten Zuständigkeitskriterien erfüllt.[708] Dieser Nachweis muss für alle Mitgliedsstaaten, in denen eine Prüfbarkeit möglich ist, erfolgen.[709] Im Rahmen dieser Überprüfungen sind auch die in den nationalen Systemen vorhandenen Ausnahmen von der Anmeldepflicht zu berücksichtigen.[710] Wie für das „Drei-Plus-System" angenommen, würde es auch dem Sinn und Zweck der mit dem Verfahren nach Art. 4 Abs. 5 verfolgten Ziele widersprechen, wenn die Zuständigkeit des jeweiligen Mitgliedsstaats und damit die der Kommission unter Nichtberücksichtigung der Ausnahmevorschrift

---

[705] Vgl. Teil B. III. 2.

[706] Mitteilung Verweisungsregime RN 71; Klees § 12 RN 32; Bechtold/Brinker/Bosch/Hirsbruner FKVO Art. 4 RN 27; Immenga/Mestmäcker-Immenga/Körber FKVO Art. 4 RN 90; Körber WuW 2007, 333; MüKo-Schroeder FKVO Art. 4 RN 133.

[707] Mitteilung Verweisungsregime RN 71.

[708] Formblatt RS Anhang III DVO Abschnitt 6.3.2; Körber WuW 2007 S. 334; Loewenheim/Meessen/Riesenkampff-Ablasser-Neuhuber Art. 4 RN 36; FK-Hellmann FKVO Art. 4 RN 67.

[709] Formblatt RS Anhang III DVO Abschnitt 6.3.1, 6.3.2.; Loewenheim/Meessen/Riesenkampff-Ablasser-Neuhuber Art. 4 RN 36; FK-Hellmann FKVO Art. 4 RN 67.

[710] Gefordert wurde dies insbesondere von dem Bundeskartellamt für das „Drei-Plus-System", welche denselben Ansatz, nämlich die Überprüfung des Zusammenschlusses in mindestens drei Mitgliedsstaaten hat und daher auch hier Berücksichtigung finden sollte. (Stellungnahme Bundeskartellamt S. 7). Solche Ausnahmen können de-minimis- oder Bagatellvorschriften sein (z. B. § 35 Abs. 2 GWB).

begründet werden würde.[711] Durch die detaillierte Darlegung ist gewährleistet, dass die Mitgliedsstaaten ihre Zuständigkeit ohne eigene Untersuchungen feststellen können. Diese Anforderung bedeutet für die Antragsteller auch keine zusätzliche Belastung, da die Feststellung der Zuständigkeiten durch die Antragsteller im Rahmen der regulären Anmeldung des Zusammenschlusses ohnehin hätte erfolgen müssen.

(c) Sonstige zu berücksichtigende Umstände

Über den Nachweis, dass ein Zusammenschluss im Sinne von Art. 3 vorliegt und in drei Mitgliedsstaaten eine Anmeldepflicht besteht, werden für eine Verweisung nach dem Wortlaut des Art. 4 Abs. 5 keine weiteren inhaltlichen Anforderungen an den Zusammenschluss gestellt. Allerdings empfiehlt die Kommission den Beteiligten, darüber hinaus zu prüfen, ob eine Verweisung als sachlich gerechtfertigt eingestuft werden könnte.[712] Dabei sind wiederum die Leitsätze für Verweisungen und insbesondere die Ausführungen zu der Frage heranzuziehen, ob die Kommission tatsächlich besser für die Überprüfung des Zusammenschlusses geeignet ist.[713] Entsprechend fordert die Kommission im Formblatt RS eine Erklärung dazu, aus welchen Gründen der Fall von der Kommission geprüft werden sollte.[714] Dabei soll insbesondere erläutert werden, ob der Zusammenschluss den Wettbewerb über das Hoheitsgebiet eines Mitgliedsstaates hinaus beeinträchtigen könnte.[715] Insoweit ist diese Anforderung auch konsequent, da eine Verweisung an die Kommission nach Erwägungsgrund 16 FKVO insbesondere dann angebracht ist, wenn der betreffende Zusammenschluss den Wettbewerb über das

---

711 Arhold EWS 2002 S. 452 FN 36.

712 Mitteilung Verweisungsregime RN 25; Loewenheim/Meessen/Riesenkampff-Ablasser-Neuhuber Art. 4 RN 37.

713 Vgl. Teil B V. 3. a. bb. (3) (d) (aa) (aaa)ff.

714 Formblatt RS Anhang III DVO Abschnitt 6 Ziffer 6.3.3.; Loewenheim/Meessen/Riesenkampff- Ablasser-Neuhuber Art. 4 RN 27; FK-Hellmann FKVO Art. 4 RN 67; Körber WuW 2007 S. 334.

715 Formblatt RS Anhang III DVO Abschnitt 6 Ziffer 6.3.3.

Hoheitsgebiet eines Mitgliedsstaats hinaus beeinträchtigt.[716] Den Antragstellern wird jedoch nicht abverlangt, Nachweise zu erbringen, dass der Zusammenschluss nachteilig für den Wettbewerb wäre.[717] Zudem haben diese Ausführungen keine Präjudizwirkung für die abschließende Entscheidung über den Zusammenschluss.

(aa) Beeinträchtigung des Wettbewerbs

Bei der Begründung der Beeinträchtigung über das Hoheitsgebiet eines Mitgliedsstaates hinaus ist insbesondere zu erwägen, wo sich die Wettbewerbsfolgen des Vorhabens besonders bemerkbar machen.[718] Dabei sollten Erwägungen darüber getroffen werden, ob es sich um einen, nach seinem Wesen im Hinblick auf seine Wettbewerbsfolgen und die zu seiner ordnungsgemäßen Bearbeitung erforderlichen Untersuchungs- und Vollstreckungsbefugnisse, grenzüberschreitenden Zusammenschluss handelt.[719] Ein Zusammenschluss ist für eine Verweisung geeignet, wenn die potentiell betroffenen Märkte über die Staatsgrenzen hinausreichen und die wichtigsten wirtschaftlichen Folgen des Zusammenschlusses im Zusammenhang mit diesem Markt stehen, da hier Untersuchungen und Vollstreckungsbefugnisse der über die nationalen Grenzen hinausreichenden Folgen in mehreren Ländern erforderlich sind.[720] Dies gilt auch für Fälle, die Wettbewerbsprobleme in einer ganzen Reihe nationaler oder noch kleinerer Märkte in mehreren Mitgliedsstaaten verursachen könnten.[721] Da die Eignung des konkreten

---

[716] Mitteilung Verweisungsregime RN 26; MüKo-Schroeder FKVO Art. 4 RN 137; Langen/Bunte-Baron FKVO Art. 4 RN 19; FK-Hellmann FKVO Art. 4 RN 71; Immenga/Mestmäcker-Immenga/Körber FKVO Art. 4 RN 95.

[717] Mitteilung Verweisungsregime RN 27; Bechtold/Brinker/Bosch/Hirsbrunner FKVO Art. 4 RN 28; MüKo-Schroeder FKVO Art. 4 RN 137.

[718] Mitteilung Verweisungsregime RN 26.

[719] Mitteilung Verweisungsregime RN 27.

[720] Mitteilung Verweisungsregime RN 28; Loewenheim/Meessen/Riesenkampff-Ablasser-Neuhuber FKVO Art. 4 RN 37; Bechtold/Brinker/Bosch/Hirsbrunner FKVO Art. 4 RN 27; MüKo-Schroeder FKVO Art. 4 RN 137; insoweit auch die ECA-Prinzipien RN 8.

[721] Mitteilung Verweisungsregime RN 29; MüKo-Schroeder FKVO Art. 4 RN 137; insoweit auch die ECA-Prinzipien RN 8.

Zusammenschlusses für eine Verweisung letztlich von Einzelfallumständen abhängen wird, geht die Kommission von einem beträchtlichen Ermessensspielraum der Behörden aus.[722] Als Maßregel gilt, dass, je größer das Potential einer Beeinträchtigung des Wettbewerbs über das Hoheitsgebiet eines Mitgliedsstaates hinaus ist, desto wahrscheinlicher ist die Eignung der Kommission für die Überprüfungen des Zusammenschlusses.[723]

(bb) Besondere Eignung der Kommission

Unmittelbar mit der Beeinträchtigung des Wettbewerbs über das Hoheitsgebiet eines Mitgliedsstaates hinaus hängt die Frage der besonderen Eignung der Kommission zusammen. Wie bereits ausgeführt ist die Kommission insbesondere dann für die Überprüfung des Zusammenschlusses besonders geeignet, wenn auf Grund von grenzüberschreitenden Auswirkungen durchgehende, wirksame Untersuchungen und Vollstreckungsbefugnisse in allen betroffenen Mitgliedsstaaten notwendig sind.[724] Darüber hinaus kann die Geeignetheit der Kommission durch spezielle Sachkenntnisse oder durch besondere Erfahrungen in dem betroffenen Bereich begründet werden.[725] Die Kommission berechtigt die Beteiligten weiterhin ausdrücklich anzuführen, dass es trotz augenscheinlich nicht vorhandener Wettbewerbsfolgen zwingende Gründe für eine Überprüfung durch die Kommission auf Grund von Kosten- und Zeitnachteilen bei Mehrfachanmeldungen gibt.[726] Ob unter diesem

---

722 Mitteilung Verweisungsregime RN 30; MüKo-Schroeder FKVO Art. 4 RN 137.

723 Mitteilung Verweisungsregime RN 31; Frenz RN 184.

724 Mitteilung Verweisungsregime RN 28, 29; Langen/Bunte-Baron FKVO Art. 4 RN 19; FK-Hellmann FKVO Art. 4 RN 71; insoweit auch die ECA-Prinzipien RN 9.

725 Mitteilung Verweisungsregime RN 31; ECA-Prinzipien RN 8; MüKo-Schroeder FKVO Art. 4 RN 137; Immenga/Mestmäcker-Immenga/Körber FKVO Art. 4 RN 95; FK-Hellmann FKVO Art. 4 RN 71.

726 Mitteilung Verweisungsregime RN 32 unter Bezugnahme auf Erwägungsgründe 12 und 16 der FKVO; Loewenheim/Meessen/Riesenkampff- Ablasser-Neuhuber FKVO Art. 4 RN 37, 28; Langen/Bunte-Baron FKVO Art. 4 RN 19; Langen/Bunte-Baron FKVO Art. 4 RN 19.

Gesichtspunkt auch ohne eine Beeinträchtigung des Wettbewerbs über das Hoheitsgebiet eines Mitgliedsstaates hinaus eine Überprüfung durch die Kommission erfolgen kann, ist fraglich, da Regelungen des FKVO nur für bedeutende Strukturveränderungen gelten sollten, deren Auswirkungen auf den Markt die Grenzen eines Mitgliedsstaates überschreiten.[727]

(4) Verfahrensablauf nach Antragstellung

Im Gegensatz zum Verfahren nach Art. 4 Abs. 4 ist das Verfahren nach Art. 4 Abs. 5 einstufig aufgebaut. Nach den Entscheidungen der Mitgliedsstaaten, ob der Zusammenschluss genehmigt oder abgelehnt wird, treten die Rechtsfolgen kraft Gesetzes ein. Eine abschließende Entscheidung der Kommission findet nicht statt.

(a) Keine Hemmung der einzelstaatlichen Fristen, die den Zusammenschluss betreffen

Die Regelung des Art. 4 Abs. 5 sieht im Vergleich zu Art. 22 durch die Einleitung des Verfahrens keine Hemmung der den Zusammenschluss betreffenden einzelstaatlichen Fristen vor. Dies könnte zur Folge haben, dass die Antragsteller auf Grund der nationalen Wettbewerbsvorschriften gezwungen wären, eine Anmeldung vorzunehmen, noch bevor das Verweisungsverfahren beendet ist.[728] Erfolgt eine Anmeldung bei den nationalen Behörden wegen des Ausschlusses des Verweisungsverfahrens nach Art. 4 Abs. 5 nicht, droht den Unternehmen, von diesen Behörden mit Bußgeldern belegt zu werden.[729] Im Verordnungsvorschlag der Kommission sah die Regelung des Art. 4 Abs. 5 Unterabs. 3 Verordnungsvorschlag noch ausdrücklich vor, dass bis zur Beendigung des Verfahrens der Zusammenschluss bei den betreffenden Mitgliedsstaaten nicht angemeldet werden muss. Da der

---

[727] Vgl. Erwägungsgrund 8 FKVO.
[728] Diese Bedenken bestanden insbesondere auch nach der Regelung des Art. 22 Abs. 3 FKVO a. F. (vgl. Grünbuch Ziff. 93).
[729] Körber WuW 2007 S. 332; MüKo-Schroeder FKVO Art. 4 RN 134.

Verordnungsgeber eine solche Bestimmung in Kenntnis der vorliegenden Problematik bewusst unterlassen hat, ist der Weg einer analogen Anwendung des Art. 22 Abs. 2 Unterabs. 3 versperrt.[730] Andererseits haben im Gegensatz zur Regelung des Art. 22 in dem vorliegenden Verfahren alle betreffenden Mitgliedsstaaten Kenntnis von dem Verweisungsantrag und könnten entsprechend hierauf Rücksicht nehmen. Die Kommission hat weiterhin eine, allerdings unverbindliche, Aufforderung an die Mitgliedsstaaten gerichtet, während der Bearbeitungszeit des Verweisungsantrags keine Geldbußen wegen Verletzung nationaler Anmeldepflichten zu erheben.[731] Im Falle einer Überschreitung der nationalen Fristen wird darüber hinaus vertreten, dass die Antragsteller sich im Sinne eines Entschuldigungsgrundes darauf berufen können, dass das Verweisungsverfahren gerade auf der Voraussetzung beruhe, dass der Zusammenschluss vor der Entscheidung über einen Verweisungsantrag nicht angemeldet werden kann.[732] In jedem Fall ist den Unternehmen anzuraten, sich diesbezüglich mit den jeweiligen nationalen Wettbewerbsbehörden zu besprechen.[733]

---

[730] Für eine analoge Anwendung: Bechtold/Brinker/Bosch/Hirsbrunner FKVO Art. 4 RN 29; Immenga/Mestmäcker-Immenga/Körber FKVO Art. 4 RN 91; Körber WuW 2007 S. 332; FK-Hellmann FKVO Art. 4 RN 68.

[731] Mitteilung Verweisungsregime RN 69; MüKo-Schroeder FKVO Art. 4 RN 134; Soyez ZWeR 2005 S. 436; Körber WuW 2007 S. 332; Bechtold/Brinker/Bosch/Hirsbrunner FKVO Art. 4 RN 29; FK-Hellmann FKOV Art. 4 RN 68.

[732] Bechtold/Brinker/Bosch/Hirsbrunner FKVO Art. 4 RN 29; so auch Soyez ZWeR 2005 S. 436 und FK-Hellmann FKVO Art. 4 RN 68, mit der Begründung, dass ansonsten der Rationalisierungszweck des Verweisungsverfahrens nach Art. 4 Abs. 5 nicht zum Tragen kommt, wenn trotz des laufenden Verfahrens eine Verpflichtung bestehen würde, das Vorhaben bei den nationalen Behörden anzumelden. Hierfür spreche auch Art. 10 EGV (durch den Vertrag von Lissabon aufgehoben und im Wesentlichen durch Art. 4 EUV ersetzt) sowie praktische Erwägungen.

[733] Mitteilung Verweisungsregime RN 64; ECA-Prinzipien RN 10.

(b) Beteiligung der Mitgliedsstaaten

Die Kommission leitet den Antrag unverzüglich an alle Mitgliedsstaaten weiter.[734] Jeder betreffende Mitgliedsstaat kann gemäß Art. 4 Abs. 5 Unterabs. 3 innerhalb von 15 Arbeitstagen nach Erhalt des Antrags die beantragte Verweisung ablehnen. Lehnt mindestens ein Mitgliedsstaat die Verweisung ab, so wird der Fall gemäß Art. 4 Abs. 5 Unterabs. 4 nicht verwiesen.[735]

(aa) Weiterleitung des Zusammenschlusses an alle Mitgliedsstaaten

Der Weiterleitung des Verweisungsantrages an alle Mitgliedsstaaten stehen zunächst dieselben Bedenken entgegen wie auch im Verfahren nach Art. 4 Abs. 4.[736] Mit dieser Vorgehensweise geht die Gefahr einher, dass sensible Daten des Zusammenschlusses bzw. das gesamte Zusammenschlussvorhaben nach außen getragen werden könnten. Insbesondere in der frühen Phase des Verfahrens ist es für die Beteiligten von besonderer Bedeutung, diese Gefahr zu vermeiden. Vorliegend besteht jedoch ein zwingender Grund für eine Weiterleitung des Antrags an alle Mitgliedsstaaten. Das Verweisungsverfahren nach Art. 4 Abs. 5 scheitert bereits insgesamt, wenn mindestens ein Mitgliedsstaat, der nach seinem Wettbewerbsrecht für die Prüfung des Zusammenschlusses zuständig ist, innerhalb der Frist die beantragte Verweisung ablehnt. Wer zu diesen Mitgliedsstaaten gehört, wird im Antrag durch die Antragsteller festgestellt, indem sie für sämtliche im Formblatt RS genannten Mitgliedsstaaten angeben, ob der Zusammenschluss nach innerstaatlichem Recht geprüft werden kann

---

[734] In der Regel wird der Antrag noch am Tag des Eingangs oder am darauf folgenden Arbeitstag weitergeleitet (vgl. Mitteilung Verweisungsregime RN 56).

[735] Die Regelung des Art. 4 Abs. 5 Verordnungsvorschlag sah noch vor, dass die betreffenden Mitgliedsstaaten nach Erhalt des Antrags beschließen, ob sie die Kommission um Prüfung des Zusammenschlusses ersuchen. Für die Begründung der unionsweiten Bedeutung reichte aus, wenn mindestens drei Mitgliedsstaaten die Kommission um Überprüfung ersuchten.

[736] Vgl. insoweit die Ausführungen zu Art. 4 Abs. 4 unter Teil B V. 3. a. bb. (3) (b).

oder nicht.[737] Damit wird gewährleistet, dass jeder Mitgliedsstaat seine eigene Zuständigkeit überprüfen und gegebenenfalls bei falscher Nichtberücksichtigung einschreiten kann.

(bb) Betreffende Mitgliedsstaaten

Betreffende Mitgliedsstaaten in einem Verfahren sind gemäß Art. 4 Abs. 5 Unterabs. 3 alle, die nach ihrem innerstaatlichen Wettbewerbsrecht für die Überprüfung des Zusammenschlusses zuständig wären. Wie bereits festgestellt, müssen die Antragsteller mittels ausreichender Wirtschafts- oder anderer Daten belegen, dass der Zusammenschluss die relevanten Zuständigkeitskriterien erfüllt.[738] Die Überprüfung der Mitgliedsstaaten wird hierdurch vereinfacht, indem sich die Überprüfung auf die Richtigkeit der Angaben beschränkt. Die Bestimmung der Zuständigkeiten durch die Unternehmen ist sachgerecht, da diese ohnehin überprüfen müssen, in welchen Mitgliedsstaaten eine Anmeldung des Zusammenschlusses erfolgen müsste. Dagegen wäre eine Überprüfung durch die Kommission die denkbar schlechteste Lösung. Dies wäre neben dem enormen administrativen Aufwand mit der Gefahr verbunden, dass die nicht harmonisierten nationalen Fusionskontrollgesetze durch die Kommission und die Mitgliedsstaaten unterschiedlich ausgelegt werden, was zu erheblichen Rechtsunsicherheiten führen würde.

Kommt es zu einer Verweisung, obwohl in dem Antrag fälschlicherweise ein Mitgliedsstaat nicht berücksichtigt wurde, kommen dieselben Rechtsfolgen wie auch bei sonstigen fehlerhaften Anträgen in

---

[737] Formblatt RS Anhang III DVO Abschnitt. 6.3.2. Hierzu müssen die Antragsteller in einer Liste mit allen Mitgliedsstaaten für die Frage, ob der Zusammenschluss nach innerstaatlichem Wettbewerbsrecht der aufgeführten Mitgliedsstaaten geprüft werden kann, die Spalte mit ja bzw. nein ankreuzen.

[738] Formblatt RS Anhang III DVO Abschnitt. 6.3.1., 6.3.2; Loewenheim/Meessen/Riesenkampff-Ablasser-Neuhuber Art. 4 RN 36; Langen/Bunte-Baron 10. Auflage FKVO Art. 4 RN 20.

Betracht.[739] Die Kommission kann zunächst eine Geldbuße unter den Voraussetzungen des Art. 14 Abs. 1 lit. a verhängen. Soweit der Umstand in der ersten Phase des Prüfverfahrens entdeckt wird, kann die Kommission unmittelbar oder nach dem Widerruf einer Freigabeentscheidung nach Art. 6 Abs. 3 lit. a eine Unzuständigkeitsentscheidung nach Art. 6 Abs. 1 lit. a mit der Folge treffen, dass erneut die Mitgliedsstaaten für den Zusammenschluss zuständig sind.[740] Hier müsste sich die Ermessensentscheidung unter Einbeziehung des jeweiligen Mitgliedsstaates danach richten, ob dieser bei seiner ordnungsgemäßen Benennung eine Verweisung abgelehnt hätte und somit das Verfahren nach Art. 4 Abs. 5 gescheitert wäre. Zu berücksichtigen ist weiterhin, dass jedem Mitgliedsstaat mindestens eine gewisse Eigenverantwortung zukommt, die ihm gem. Art. 4 Abs. 5 Unterabs. 2 weitergeleiteten Verweisungsanträge im Hinblick auf eine eventuelle eigene Betroffenheit auszuwerten.[741] Erkennt ein Mitgliedsstaat innerhalb der Entscheidungsfrist von 15 Arbeitstagen, dass er fälschlicherweise nicht als zuständig erkannt worden ist, kann er dies der Kommission mitteilen und seine Bewertung abgeben.[742] Erkennt der Mitgliedsstaat, dass er für eine Überprüfung des Zusammenschlusses nicht zuständig ist, kann er dies der Kommission ohne Abgabe einer Stellungnahme mitteilen.[743]

(cc) Entscheidung der Mitgliedsstaaten

Die betreffenden Mitgliedsstaaten entscheiden gemäß Art. 4 Abs. 5 Unterabs. 3 innerhalb der Frist von 15 Arbeitstagen, ob sie die

---

[739] Vgl. Teil B V. 3. a. cc. (2) (c); vgl. auch ausführlich Bechtold/Brinker/Bosch/Hirsbrunner FKVO Art. 4 RN 33; Immenga/Mestmäcker-Immenga/Körber FKVO Art. 4 RN 100; Körber WuW 2007 S. 338.

[740] Bechtold/Brinker/Bosch/Hirsbrunner FKVO Art. 4 RN 32.

[741] Bechtold/Brinker/Bosch/Hirsbrunner FKVO Art. 4 RN 33; Immenga/Mestmäcker-Immenga/Körber FKVO Art. 4 RN 100; Körber WuW 2007 S. 338.

[742] Langen/Bunte-Baron 10. Auflage FKVO Art. 4 RN 20.

[743] Langen/Bunte-Baron 10. Auflage FKVO Art. 4 RN 20.

beantragte Verweisung ablehnen oder nicht.[744] Da die Ablehnung eines einzigen Mitgliedsstaates zum Scheitern des gesamten Verfahrens führt, wirkt die Entscheidungsbefugnis der Mitgliedsstaaten im Gegensatz zum Verfahren nach Art. 4 Abs. 4, absolut und gegen alle Mitgliedsstaaten.[745] Mit dieser Bestimmung weicht der Verordnungsgeber grundlegend von der Systematik des „Drei-Plus-Systems" ab, wonach die Mitgliedsstaaten ohne eine eigene Beteiligung ihrer Zuständigkeit enthoben wurden.[746] Gegen eine solche Entscheidungsbefugnis der Mitgliedsstaaten hatte sich insbesondere der Wirtschafts- und Sozialausschuss des Europäischen Parlaments ausgesprochen.[747]

Den Mitgliedsstaaten steht ein uneingeschränktes Ermessen zu.[748] Bei ihrer Ermessensausübung sind die Ausführungen in der Mitteilung

---

[744] Immenga/Mestmäcker-Immenga/Körber FKVO Art. 4 RN 95; Bechtold/Brinker/Bosch/Hirsbrunner FKVO Art. 4 RN 28; Langen/Bunte-Baron 10. Auflage FKVO Art. 4 RN 20; MüKo-Schroeder FKVO Art. 4 RN 142.

[745] Immenga/Mestmäcker-Immenga/Körber FKVO Art. 4 RN 95; Körber WuW 2007 S. 336.

[746] Vgl. zum „Drei-Plus-System" ausführlich Teil C I.

[747] Stellungnahme des Wirtschafts- und Sozialausschuss Ziff. 3.9.2.; hierauf Bezug nehmend FK-Hellmann FKVO Art. 4 RN 73.

[748] Mitteilung Verweisungsregime RN 8; MüKo-Schroeder FKVO Art. 4 RN 144 a. A. Hüfner S. 57 ff., wonach unter Berücksichtigung der erheblichen Belastungen für die Betreiber der Vorhaben, eine ablehnende Entscheidung der Mitgliedsstaaten sich nur dann rechtfertigen lassen würde, wenn zwingend nationale Interessen vorlägen, die im Falle des EG- Kontrollverfahrens nur unzureichend berücksichtigt würden Rein machtpolitische Erwägungen würden gegen den Grundsatz der Unionstreue und die daraus abzuleitenden Mitwirkungs- und Unterlassungspflichten verstoßen. Hüfner kommt mit dieser Begründung zu der Auffassung, dass es sich bei der Regelung des Art. 4 Abs. 5 nicht um eine Verweisungsregel, sondern um eine weitere Definitionsvorschrift für das Merkmal der unionsweiten Bedeutung handelt.
Diese Auffassung ist abzulehnen, da sich weder aus der historischen, grammatikalischen, teleologischen noch aus der systematischen Auslegung hierfür Ansatzpunkte ergeben. Vielmehr spricht der klare Wortlaut eindeutig für ein uneingeschränktes Ermessen und dafür, dass es sich bei der Regelung des Art. 4 Abs. 5 um eine Verweisungsvorschrift handelt („Im Falle des Zusammenschlusses im Sinne des Art. 3, der keine unionsweite Bedeutung hat..." Weiter heißt es: „Jeder Mitgliedsstaat [...] kann [...] die beantragte Verweisung ablehnen." Bestätigt wird dies durch die Tatsache, dass das „Drei-Plus-System", nämlich eine Regelung, welche unter denselben Voraussetzungen die Zuständigkeit der Kommission ohne eine Beteiligung der Mitgliedsstaaten begründet, im Vorfeld der Neufassung der

Verweisungsregime und die ECA-Prinzipien zu berücksichtigen.[749] Zwar ist die Mitteilung- Verweisungsregime für die Mitgliedsstaaten nicht rechtsverbindlich, sie besitzen aber dennoch eine erhebliche faktische Autorität.[750] Entsprechend sollte eine Ablehnung der Mitgliedsstaaten auch begründet werden.[751]

Eine ausdrückliche Genehmigung der beantragten Verweisung bedarf es nach dem Gesetzeswortlaut nicht. Da es allein auf die Ablehnung ankommt und nicht auf die Zustimmung, bedarf es auch keiner Fiktion, dass das Vorhaben als nicht abgelehnt gelten sollte, wenn ein Mitgliedsstaat sich nicht fristgerecht erklärt.[752] Die betreffenden Mitgliedsstaaten, die keine Einwände gegenüber einer Verweisung des Zusammenschlusses an die Kommission haben, könnten die Frist einfach ablaufen lassen. Auf Grund des einstufigen Aufbaus des

---

FKVO durch eben diese abgelehnt wurde. Die systematische Stellung der Norm, unmittelbar in Anschluss an die Regelung des Art. 4 Abs. 4, welche in umgekehrter Richtung eine Verweisung an die Mitgliedstaaten vorsieht, verdeutlicht, dass es sich um eine Verweisungsregelung handelt. Dies ergibt sich auch aus der teleologischen Auslegung des Art. 4 Abs. 5. Sinn und Zweck der Regelung ist eine Feinsteuerung der durch die Regelung des Art. 1 Abs. 2 und Abs. 3 zunächst getroffenen Zuständigkeitsverteilung (vgl. Erwägungsgrund 16). Dabei dient sie insbesondere der Vermeidung von Mehrfachanmeldungen, indem für diese die Zuständigkeit der Kommission begründet wird. Letztlich spricht gegen die Auffassung von Hüfner, dass die Regelung des Art. 21 Abs. 4 bei zwingenden nationalen Interessen für die Mitgliedsstaaten bereits die Möglichkeit vorsieht, eine Verweisung auch bei Zuständigkeit der Kommission zu prüfen.

[749] Immenga/Mestmäcker-Immenga/Körber FKVO Art. 4 RN 96; FK-Hellmann FKVO Art. 4 RN 71.

[750] Immenga/Mestmäcker-Immenga/Körber FKVO Art. 4 RN 96; Soyez ZWeR 2005 S. 424, wonach die Mitteilung zwar keine normative Bindungswirkung entfalte, aber auf Grund der Unionstreuepflicht nach Art. 10 EGV (nach dem Vertrag von Lissabon aufgehoben und im Wesentlichen durch Art. 4 EUV ersetzt) eine Berücksichtigungspflicht besteht.

[751] MüKo-Schroeder FKVO Art. 4 RN 144, wonach eine Begründung entsprechend dem Rechtsgedanken des Art. 253 (Art. 296 AEUV) i. V. m Art. 10 EGV (Art. 4 EUV) ergibt; a. A. FK-Hellmann FKVO Art. 4 RN 69. In Deutschland erfolgt die Mitteilung der Ablehnung über das Bundeskartellamt mit bis zu drei erläuternden Dokumenten (Votum der zuständigen Beschlussabteilung, Votum der Grundsatzabteilung, Stellungnahme des Bundeswirtschaftsministeriums) (vgl. MüKo-Schroeder FKVO Art. 4 RN 144).

[752] MüKo-Schroeder FKVO Art. 4 RN 143.

Verfahrens könnte dies jedoch, wie nachfolgend ausgeführt, zu nicht tragbaren Ergebnissen führen.

(dd) Überprüfungspflicht der Mitgliedsstaaten

Findet durch die betreffenden Mitgliedsstaaten eine Überprüfung des Antrags nicht statt, könnte eine Verweisung des Zusammenschlusses erfolgen, ohne dass überhaupt eine Prüfung erfolgt ist. Der Kommission steht weder bei der Weiterleitung des Antrags noch bei Abschluss des Verfahrens eine Entscheidungsbefugnis zu.[753] Theoretisch könnte es zu einer Verweisung eines Zusammenschlusses kommen, ohne dass tatsächlich die Voraussetzungen hierfür vorliegen. Dies würde zu einer „Aufweichung" der Kompetenzkriterien führen, da die FKVO nur bei bedeutenden Strukturveränderungen gelten sollte.[754] Solche Konstellationen können grundsätzlich ausgeschlossen werden, wenn eine Pflicht der betreffenden Mitgliedsstaaten zur Überprüfung des Antrages, insbesondere ihrer eigenen Zuständigkeit, bestünde. Eine solche Pflicht sollte im Rahmen einer allgemeinen Mitwirkungspflicht der Mitgliedsstaaten, welche sich aus der ergänzenden Auslegung des Art. 4 Abs. 5 ergibt, anzunehmen sein. Denn nur bei der Annahme einer Mitwirkungspflicht wird gewährleistet, dass die Voraussetzungen für eine Verweisung tatsächlich überprüft werden und das Verfahren nach Art. 4 Abs. 5 in sich geschlossen ist. Da die Unternehmen angehalten sind, den Verweisungsantrag umfangreich zu begründen, kann eine solche Überprüfung von den jeweiligen nationalen Wettbewerbsbehörden auch ohne größeren Aufwand getätigt werden. Mithin stehen der Annahme einer Überprüfungspflicht auch keine Zumutbarkeitserwägungen entgegen.

---

[753] Vgl. Teil B V. 3. a. cc. (4) (c).

[754] Vgl. Erwägungsgrund 8 FKVO.

(ee) Verweisung des Zusammenschlusses insgesamt

Im Gegensatz zu der Regelung des Art. 22 kann durch das Verweisungsverfahren nach Art. 4 Abs. 5 nur die Verweisung des Zusammenschlusses insgesamt an die Kommission erfolgen. Lehnt auch nur ein Mitgliedsstaat eine Verweisung ab, bleiben auch die Mitgliedsstaaten, die eine Verweisung nicht abgelehnt haben, für die Prüfung des Zusammenschlusses zuständig. Eine Teilverweisung des Zusammenschlusses von einem einzelnen oder mehreren Mitgliedsstaat(en) an die Kommission ist somit im Gegensatz zu Art. 22 nicht möglich.[755] Dies könnte dann einen Nachteil bedeuten, wenn die Antragsteller ein Interesse daran haben, den Zusammenschluss zumindest teilweise an die Kommission zu verweisen, um eine Zuständigkeitskonzentration bei der Kommission zu erreichen. In diesen Fällen kann auch nicht die Rede von der Vermeidung geteilter Zuständigkeiten sein, da bei einem Scheitern des Verweisungsverfahrens nach wie vor unterschiedliche Behörden für denselben Zusammenschluss zuständig wären.[756]

(ff) Frist für die Ablehnung der Mitgliedsstaaten

Die Ablehnung der betreffenden Mitgliedsstaaten muss gemäß Art. 4 Abs. 5 Unterabs. 3 innerhalb einer Frist von 15 Arbeitstagen ergehen. Die Frist beginnt mit dem ersten Arbeitstag, der auf den Zugang der Anträge folgt.[757] Dieser Zeitpunkt ist einfach zu beweisen und bewirkt bei gleichzeitiger Zusendung der Anträge an die Mitgliedsstaaten ein einheitliches Ende der Fristen. Die Frist gilt als vom Mitgliedsstaat gewahrt, wenn dieser vor Fristablauf die Kommission schriftlich von seiner Entscheidung unterrichtet.[758]

---

[755] Demgegenüber sah die Regelung des Art. 4 Abs. 5 Verordnungsvorschlag noch eine Teilverweisung des Zusammenschlusses vor.
[756] Vgl. Klees § 12 RN 35.
[757] Vgl. Art. 7 DVO.
[758] Vgl. Art. 10 Abs. 2 DVO.

(c) Keine Entscheidungsbefugnis der Kommission

Im Unterschied zum Verfahren nach Art. 4 Abs. 4 kommt der Kommission bei dem Verfahren gemäß Art. 4 Abs. 5 keine Entscheidungsbefugnis zu.[759] Der Kommission steht auch keine Überprüfung der Rechtmäßigkeit der Ablehnungsentscheidung des Mitgliedsstaats zu, da eine solche in dem Verfahren nicht vorgesehen ist.[760] Die gemeinschaftsweite Bedeutung des Zusammenschlusses und damit die Zuständigkeit der Kommission werden, wenn keiner der betreffenden Mitgliedsstaaten die Verweisung ablehnt, vermutet. Im Ergebnis wird die Verweisung von den Mitgliedsstaaten entschieden. Die Kommission kann eine Verweisung auch nicht verhindern, indem sie es unterlässt, den Verweisungsantrag weiterzuleiten. Sie muss gemäß Art. 4 Abs. 5 Unterabs. 2 den Antrag unverzüglich an alle Mitgliedsstaaten weiterleiten.

(5) Rechtsfolgen der Verweisung nach Art. 4 Abs. 5; Identität des geplanten mit dem tatsächlich angemeldeten Zusammenschlussvorhaben

Hat keiner der betreffenden Mitgliedsstaaten innerhalb der fünfzehntägigen Frist die beantragte Verweisung abgelehnt, so wird die gemeinschaftsweite Bedeutung des Zusammenschlusses gemäß Art. 4 Abs. 5 Unterabs. 5 vermutet. Obwohl im Vergleich zu Art. 9 Abs. 5 eine ausdrückliche Erklärung fehlt, liegt eine unwiderlegbare Vermutung vor.[761] Hierfür spricht der Grundsatz der Rechtssicherheit.[762] Wird die gemeinschaftsweite Bedeutung des Zusammenschlusses vermutet,

---

[759] Gegen diesen Automatismus hat sich der Wirtschafts- und Sozialausschuss ohne eine Begründung ausgesprochen und eine Entscheidung der Kommission gefordert (vgl. Stellungnahme des Wirtschafts- und Sozialausschusses ABl. C 10/29 Ziff. 4.9); im Verordnungsvorschlag bedurfte es einer Ermessensentscheidung der Kommission für die dort noch vorgesehene Möglichkeit einer Teilverweisung (vgl. § 4 Abs. 5 Unterabs. 5 Verordnungsvorschlag).

[760] A. A. MüKo-Schroeder FKVO Art. 4 RN 150.

[761] FK-Hellmann FKVO Art. 4 RN 72.

[762] Vgl. Erwägungsgrund 11 FKVO.

wendet gemäß Art. 4 Abs. 5 Unterabs. 5 kein Mitgliedsstaat sein innerstaatliches Wettbewerbsrecht auf den Zusammenschluss an. Dies ergibt sich bereits aus Art. 21 Abs. 3, der diese Rechtsfolge für alle Zusammenschlüsse mit gemeinschaftsweiter Bedeutung regelt. Der Zusammenschluss ist sodann gemäß Art 4. Abs. 5 Unterabs. 5 nach den Regelungen des Art. 4 Abs. 1 und Abs. 2 bei der Kommission anzumelden.[763] Im Gegensatz zu Art. 22 wird vorliegend die Überprüfung des Zusammenschlusses durch die Kommission nicht auf die Auswirkungen im Hoheitsgebiet einzelner Mitgliedsstaaten beschränkt.[764]

Auch im Verweisungsverfahren nach Art. 4 Abs. 5 muss gewährleistet sein, dass der dem Verweisungsantrag zugrundeliegende Zusammenschluss ohne wesentliche Änderungen angemeldet wird.[765] Erfolgt letztlich eine Anmeldung eines Zusammenschlusses, die mit dem im Antrag beschriebenen Zusammenschluss nicht identisch ist, kommen auch hier dieselben Rechtsfolgen wie auch bei sonstigen fehlerhaften Anträgen in Betracht.[766] Daneben muss jedoch bei einem erheblichen Abweichen auch die erneute Anmeldung bei den Mitgliedsstaaten möglich sein, da die Verweisung sich auf einen anderen Zusammenschluss bezogen hat.

(6) Verhältnis des Verfahrens nach Art. 4 Abs. 5 zu den Verweisungsverfahren nach der Anmeldung gemäß Art. 9 und Art. 22

Auch das Verhältnis zwischen der Regelung des Art. 4 Abs. 5 und den Verweisungsverfahren nach der Anmeldung gemäß Art. 9 und Art. 22 ist nicht geregelt und kann zunächst nur dahingehend abgegrenzt werden,

---

[763] Die Kommission übermittelt in diesem Fall nach Art. 19 Abs. 1 eine Kopie der Anmeldung und veröffentlicht die Tatsache der Anmeldung nach Art. 4 Abs. 3.

[764] MüKo-Schroeder FKVO Art. 4 RN 147. Vgl. für einen Überblick über die Behandlung der nach Art. 4 Abs. 5 an die Kommission verwiesenen Fälle Begleitendes Arbeitspapier zum Bericht 2009 RN 109ff.

[765] Vgl. insoweit die Ausführungen zu Art. 4 Abs. 4 Teil B V. 3. a. bb. (4) (c).

[766] Vgl. Teil B V. 3. a. cc. (2) (c).

dass eine Verweisung gemäß Art. 4 Abs. 5 nur vor einer formellen Anmeldung bei den Mitgliedsstaaten in Betracht kommt und damit grundsätzlich ein zeitgleiches Zusammentreffen der Verfahren ausgeschlossen ist.[767]

Wird ein Verfahren nach Art. 4 Abs. 5 erfolglos durchgeführt, stellt sich zunächst die Frage, ob die Einleitung eines erneuten Verweisungsverfahrens nach Art. 22 ausgeschlossen ist. Nach dem Wortlaut dieser Regelungen ist ein erneutes Verweisungsverfahren nach Art. 22 grundsätzlich möglich.[768] Bedenken bestehen jedoch im Hinblick auf die Rechtssicherheit für die Unternehmen.[769] Insoweit wird teilweise gefordert, dass zumindest der Mitgliedsstaat, der durch seine Ablehnung eine Verweisung verhindert hat, von der Stellung eines Antrages ausgeschlossen sein sollte.[770] Im Vergleich zur Regelung des Art. 4 Abs. 4 spricht jedoch für ein zeitliches Aufeinanderfolgen der Verweisungsverfahren, dass das Verfahren nach Art. 4 Abs. 5 bereits bei einer Ablehnung eines einzelnen Mitgliedsstaates insgesamt scheitert.[771] Mithin könnte durch ein Verfahren nach Art 22 zumindest noch eine Teilverweisung durch die Mitgliedsstaaten an die Kommission erfolgen, die dem Verweisungsantrag nach Art. 4 Abs. 5 zugestimmt hatten. In diesen Fällen könnte auch das durch die Einleitung des Verfahrens nach Art. 4 Abs. 5 bekundete Interesse der Unternehmen an einer Verweisung fortbestehen.[772]

---

767 Ein zeitgleiches Zusammentreffen beider Verfahren ist jedoch theoretisch möglich, wenn das Vereinigte Königreich oder Luxemburg involviert sind. In beiden Ländern ist eine formelle Anmeldung bei den nationalen Behörden nicht vorgesehen. Kommt es zu einer solchen Überschneidung, muss die Kommission grundsätzlich selbstständig unter gegenseitiger Berücksichtigung über beide Anträge entscheiden (vgl. ausführlich Körber WuW 2007 S. 342; Immenga/Mestmäcker-Immenga/Körber FKVO Art. 4 RN 103).

768 Körber WuW 2007 S. 341; FK-Hellmann FKVO Art. 4 RN 75; Klees § 12 RN 36; Immenga/Mestmäcker-Immenga/Körber FKVO Art. 4 RN 103; MüKo-Schild FKVO Art. 22 RN 15.

769 Langen/Bunte-Baron FKVO Art. 4 RN 21; FK-Hellmann FKVO Art. 4 RN 76.

770 Soyez ZWeR 2005 S. 433; Langen/Bunte-Baron FKVO Art. 4 RN 21; MüKo-Schild FKVO Art. 22 RN 17; FK-Hellmann FKVO Art. 4 RN 76.

771 Körber WuW 2007 S. 341; MüKo-Schild FKVO Art. 22 RN 17.

772 Körber WuW 2007 S. 341.

Eine Rückverweisung des Zusammenschlusses an die Mitgliedsstaaten gemäß Art. 9 nach einer erfolgreichen Verweisung gemäß Art. 4 Abs. 5 ist auf Grund des Grundsatzes der Rechtssicherheit abzulehnen.[773] Die Beteiligten wären ansonsten der Gefahr ausgesetzt, dass ihre Bemühungen in der „pre-notification-Phase“ letztlich ins Leere gehen würden.[774] Weiterhin steht einer Rückverweisung nach Art. 9 der Rechtsgedanke des Vertrauensschutzes entgegen, wenn ein Mitgliedsstaat, welcher von seinem Ablehnungsrecht nach Art. 4 Abs. 5 Unterabs. 3 nicht Gebrauch macht, erneut einen Verweisungsantrag stellt.[775] Darüber hinaus ist bei einem solchen widersprüchlichen Verhalten des Mitgliedsstaates davon auszugehen, dass die Kommission einem späteren Antrag des Mitgliedsstaates nicht stattgeben wird.[776] Etwas anderes sollte gelten, wenn sich die Wettbewerbssituation kurzfristig wesentlich gewandelt hat[777] oder wenn die Verweisung auf der Grundlage von unvollständigen, unrichtigen oder irreführenden Angaben erfolgt ist[778].

(7) Rechtsschutz gegen die Ablehnung einer Verweisung

Fraglich ist, ob im Falle eines erfolglosen Verfahrens für die Antragsteller und im Falle eines erfolgreichen Verfahrens für die Wettbewerber Rechtsschutz besteht. Im Gegensatz zur Regelung des Art. 22 dürfte im Rahmen des Art. 4 Abs. 5 zwar grundsätzlich die für eine Klage nach Art. 263 Abs. 4 AEUV notwendige unmittelbare und individuelle Betroffenheit gegeben sein.[779] Jedoch ist eine gerichtliche Kontrolle sowohl im

---

[773] Vgl. Erwägungsgrund 14, Mitteilung Verweisungsregime RN 13; FK-Hellmann FKVO Art. 4 RN 76; Körber WuW 2007 S. 340; MüKo-Schild FKVO Art. 9 RN 11.

[774] FK-Hellmann FKVO Art. 4 RN 76; Hellmann EWS 2004 S. 292; MüKo-Schild FKVO Art. 9 RN 11.

[775] MüKo-Schroeder FKVO Art. 4 RN 149; MüKo-Schild FKVO Art. 9 RN 11.

[776] Körber WuW 2007 S. 340.

[777] MüKo-Schild FKVO Art. 9 RN 10.

[778] Mitteilung Verweisungsregime RN 13, FN 19, RN 60; Körber WuW 2007 S. 340; Immenga/Mestmäcker-Immenga/Körber FKVO Art. 9 RN 50; MüKo-Schroeder FKVO Art. 4 RN 149.

[779] Vgl. insoweit die Ausführungen zu Art. 4 Abs. 4 Teil B V. 3. b. (6).

Hinblick auf das Unionsrecht als auch im Hinblick auf das nationale Recht mangels geeigneten Anfechtungsgegenstands ausgeschlossen, da eine Entscheidung der Kommission im Verfahren nach Art. 4 Abs. 5 nicht vorliegt und die gemeinschaftsweite Bedeutung vermutet wird.[780] Auch eine Anfechtung der nationalen Entscheidungen ist zweifelhaft. Bereits in der Kesko-Entscheidung des EuG ist festgestellt worden, dass der Unionsrichter im Rahmen einer gemäß Art. 263 AEUV erhobenen Klage nicht für die Entscheidung über die Rechtmäßigkeit von Handlungen nationaler Behörden zuständig ist.[781] Eine Überprüfung vor den nationalen Gerichten muss im Einzelnen anhand des einschlägigen Rechts überprüft werden.[782]

(8) Bewertung des Art. 4 Abs. 5 unter Berücksichtigung des Subsidiaritäts- und „One-Stop-Shop"-Prinzips

Die Regelung des Art. 4 Abs. 5 bezweckt die Vermeidung von Mehrfachanmeldungen, indem Zusammenschlüsse die in mindestens drei Mitgliedsstaaten überprüft werden könnten, in den Anwendungsbereich der FKVO fallen. Solche Zusammenschlüsse weisen regelmäßig grenzüberschreitende Auswirkungen auf und sollten

---

[780] Vgl. auch Bechtold/Brinker/Bosch/Hirsbrunner FKVO Art. 4 RN 30; Hirsbrunner EuZW 2005 S. 521; kritisch auch Soyez ZWeR 2005 S. 435; Immenga/Mestmäcker-Immenga/Körber FKVO Art. 4 RN 98 a. E., welcher die Verweisung allenfalls im Rahmen einer Klage gegen die verfahrensabschließende Entscheidung nach Art. 6 oder 8 gerichtlich nachprüfbar hält; im Ergebnis auch FK-Hellmann FKVO Art. 4 RN 69, welcher eine Überprüfung für nicht möglich hält, da es keine Regelung für die Begründung der Ablehnung gäbe und der Entscheidungsprozess bei den Mitgliedsstaaten eher intransparent sei; insoweit auch MüKo-Schroeder FKVO Art. 4 RN 154, welcher jedoch in der Unterrichtung der Antragsteller durch die Kommission nach Art. 4 Abs. 5 Unterabs. 4 S. 2 eine anfechtbare Entscheidung sieht. Eine Klage sei begründet, wenn die Kommission dem Antragsteller mitteilt, dass der Zusammenschluss nicht verwiesen wird, obwohl der ablehnende Mitgliedsstaat das ihm EU-rechtlich eingeräumte Entscheidungsermessen missbräuchlich ausgeübt hat.

[781] EuG Slg. 1999, II, 3775, RN 83- Kesko.

[782] Für die Bundesrepublik Deutschland wird ein solcher Rechtsschutz angenommen, da die Ablehnung des Bundeskartellamt keine verwaltungsinterne Vorbereitungshandlung nach § 44 a VwGO sei. Gleichwohl sei einstweiliger Rechtsschutz nicht rechtzeitig zu erlangen (vgl. Soyez ZWeR 2005 S. 437).

daher auf der Unionsebene geprüft werden.[783] Demnach ist die Regelung des Art. 4 Abs. 5 als Ausprägung des Subsidiaritätsprinzips zu verstehen. Da die Kommission durch eine Verweisung ausschließlich zur Überprüfung des Zusammenschlusses zuständig wird, führt die Anwendung des Art. 4 Abs. 5 gleichzeitig zu einer Stärkung des „One-Stop-Shop“-Prinzips.[784] Die Tatsache, dass nach dieser Regelung bislang 208 Zusammenschlüsse an die Kommission verwiesen wurden, verdeutlicht ihre erhebliche Bedeutung zur Gewährleistung des Subsidiaritäts- und des „One-Stop-Shop“-Prinzips.[785] Die Überprüfungen dieser Fälle zum Bericht 2009 haben auch ergeben, dass in der überwiegenden Zahl der Fälle Märkte betroffen waren, die größer als die nationalen Märkte waren und damit ein Indiz für grenzüberschreitende Auswirkungen vorlag.[786] Die im Vorfeld zum Bericht 2009 befragten Wettbewerbsbehörden waren sich einig, dass die verwiesenen Fälle im Hinblick auf die Auswirkungen auf den Wettbewerb und die geografischen Aspekte zu Recht an die Kommission verwiesen wurden.[787] Berücksichtigt werden muss jedoch, dass es sich bei diesen Zusammenschlüssen nur um solche Fälle handelte, bei denen sich die Unternehmen einen Vorteil von der Überprüfung durch die Kommission erhofften oder eine erfolgreiche Verweisung erwartet haben. Es liegt in der Natur der Sache, dass die Beteiligten den für sie vorteilhaftesten Weg und damit „forum shopping“ betreiben. Sie werden die Kosten der Überprüfung durch die nationalen Behörden oder durch die Kommission, die Dauer und Erfolgsaussichten der nationalen Prüfverfahren und des Kommissionsverfahrens nach der FKVO berücksichtigen.[788] Alleindieser Grundlegt den Schluss nahe, dass nicht alle Fälle von

---

[783] Vgl. Teil B III. 2..

[784] So auch Hüfner S. 50 und die Kommission, siehe Begleitendes Arbeitspapier zum Bericht 2009 RN 122.

[785] Vgl. Statistik der Kommission unter: http://ec.europa.eu/competition/mergers/statistics.pdf Stand 30.04.2011; vgl. für eine Auswertung dieser Fälle Begleitendes Arbeitspapier zum Bericht 2009 RN 103ff.

[786] Begleitendes Arbeitspapier zum Bericht 2009 RN 107.

[787] Begleitendes Arbeitspapier zum Bericht 2009 RN 114.

[788] So auch Kogel S. 243, welcher vor diesem Hintergrund ein derartiges Initiativrecht der beteiligten Unternehmen ablehnt.

Mehrfachanmeldungen durch die Regelung des Art. 4 Abs. 5 vermieden werden können. Eine Aussage über die effektive Anwendung des Art. 4 Abs. 5 ist nur möglich, wenn die Fälle, die tatsächlich die Verweisungsvoraussetzungen nach Art. 4 Abs. 5 erfüllen, mit den verwiesenen Fällen ins Verhältnis gesetzt werden.[789]

Die Kommission hatte bereits im Rahmen ihrer Überprüfung für das Jahr 2000 festgestellt, dass die Zahl der Mehrfachanmeldungen 75 betrug und war davon ausgegangen, dass sich die Zahl von Mehrfachanmeldungen auf Grund der Globalisierung und der EU-Erweiterung weiter steigern werde.[790] Vergleicht man die Zahl der nach Art. 4 Abs. 5 verwiesenen Fälle, aufgeschlüsselt auf die einzelnen Jahre, steht die vorgenannte Vermutung außer Frage.[791] Diese Vermutung wird durch die jüngsten Untersuchungen der Kommission zum Bericht 2009 bestätigt. Nach der von der Kommission durchgeführten Analyse der von den nationalen Wettbewerbsbehörden erteilten Aussagen, mussten im Jahr 2007 102 Zusammenschlüsse in drei oder mehr Mitgliedsstaaten angemeldet werden, von denen die überwiegende Zahl grenzüberschreitende Auswirkungen aufwies.[792] Nach den Untersuchungen zum Bericht 2009 scheint es, dass die beteiligten Unternehmen von der Beantragung von Verweisungen von vornherein absehen, wenn deren Schwerpunkt sich in einem bestimmten Mitgliedsstaat befindet und demnach eine Ablehnung durch diesen Mitgliedsstaat wahrscheinlich ist.[793] Weiterhin liegen Anhaltspunkte dafür, dass es Fälle gibt, in denen die Mitgliedsstaaten bereits in

---

[789] Begleitendes Arbeitspapier zum Bericht 2009 RN 122.

[790] Grünbuch RN 24, 27.

[791] Es erfolgten 16 Verweisungen im Jahr 2004, 24 Verweisungen im Jahr 2005, 39 Verweisungen im Jahr 2006, 50 Verweisungen im Jahr 2007, 22 Verweisungen im Jahr 2008, 25 Verweisungen im Jahr 2009, 24 Verweisungen im Jahr 2010, und im Jahr 2011 erfolgten bislang acht Verweisungen (vgl. Statistik der Kommission unter: http://ec.europa.eu/competition/mergers/statistics.pdf. Stand 30.04.2011).

[792] Bericht 2009 RN 12, 13; Begleitendes Arbeitspapier zum Bericht 2009 RN 45, 47, 53, 124; vgl. ausführlich oben Teil B III. 2.

[793] Begleitendes Arbeitspapier zum Bericht 2009 RN 106.

Vorgesprächen ihre klare Ablehnung einer Verweisung deutlich machen.[794]

(9) Stellungnahme zur Regelung des Art. 4 Abs. 5

Obwohl eine große Anzahl von Mehrfachanmeldungen nach wie vor nicht in den Anwendungsbereich der FKVO fallen, ist festzustellen, dass die Regelung des Art. 4 Abs. 5 als wirksames Mittel zur Feinsteuerung der Zuständigkeitsverteilung funktioniert und bislang einen erheblichen Beitrag zur Optimierung der Zuständigkeitsverteilung geleistet hat.[795] So wurden in dem Zeitraum von 2004 bis 2008 durch die Regelung des Art. 4 Abs. 5 die Zahl der Verfahren von 970 auf 150 Parallel- Verfahren reduziert.[796] Die Möglichkeit nach Art. 4 Abs.5 auf eigene Initiative die Zuständigkeit der Kommission für die Überprüfung des Zusammenschlusses zu begründen, stellt für die Unternehmen einen erheblichen Vorteil dar. Damit können sie zu einem frühen Zeitpunkt die Gewissheit über die für die Überprüfung zuständige Behörde erlangen und gegebenenfalls einem zu erwartenden Verweisungsverfahren nach Art. 22 zuvorkommen, um die damit verbundenen erheblichen Zeitverluste zu verhindern.[797] Die Ausgestaltung des Art. 4 Abs. 5 ist jedoch für die Antragstellermit erheblichen Schwierigkeiten verbunden. Ein Mitgliedsstaat kann durch eine ablehnende Entscheidung das gesamte Verfahren scheitern lassen. Mit Blick auf die einfachen materiellen Verweisungsvoraussetzungen des Art. 4 Abs. 5 erscheinen die umfangreichen Anforderungen im Formblatt RS nicht notwendig.[798] Viele der Befragten vertreten die Ansicht, dass die Entscheidungen der Mitgliedsstaaten auf Grund mangelnder Transparenz – diese müssen ihre Entscheidungen nicht begründen – nicht vorhersehbar seien und

---

[794] Begleitendes Arbeitspapier zum Bericht 2009 RN 106.

[795] So auch die nationalen Wettbewerbsbehörden und die Kommission (vgl. Begleitendes Arbeitspapier zum Bericht 2009 RN 114, 122).

[796] Begleitendes Arbeitspapier zum Bericht 2009 RN 122.

[797] Im Vergleich zum Art. 22 ist das Verfahren nach Art. 4 Abs. 5 deutlich schneller (vgl. Kogel S. 240)

[798] Begleitendes Arbeitspapier zum Bericht 2009 RN 116.

damit eine erhebliche Rechtsunsicherheit bestehe.[799] Berücksichtigt man auch die Dauer des Verfahrens, stellen diese Umstände trotz der guten Erfolgsaussichten oftmals Gründe dar, von einem Verweisungsverfahren nach Art. 4 Abs. 5 Abstand zu nehmen.[800] Die Antragstellung ist für die Unternehmen stets mit dem Risiko verbunden, dass der nicht unerhebliche Aufwand vergeblich war. Mit einer Ablehnung liegt die Folge nahe, dass beim Scheitern eines Antrags die Mitgliedsstaaten, die eine Verweisung genehmigt haben, einen Verweisungsantrag nach Art. 22 stellen werden.[801] Ob dies für Unternehmen einen Nachteil bedeutet, ist im Einzelfall zu entscheiden. Diese Unwägbarkeiten stellen jedoch einen wesentlichen Nachteil zu einer Regelung dar, die die Zuständigkeit der Kommission ohne eine Entscheidung der Mitgliedsstaaten begründet.

Von den Unternehmen wurde vorgeschlagen, die Notwendigkeit oder die Rechtsfolgen der Entscheidungen der Mitgliedsstaaten zu überprüfen. Einige der Befragten haben sich mit Blick auf die geringe Zahl der Weigerungen für die Aufhebung des Verweisungssystems und die Einführung des „Drei-Plus-Systems“ ausgesprochen.[802]

Weiterhin wurde von den befragten Unternehmen auf die durch die unterschiedlichen nationalen Rechtsordnungen bestehenden Rechtsunsicherheiten im Zusammenhang mit dem Verweisungsverfahren hingewiesen.[803] Im Einzelnen wurde erklärt, dass die sehr niedrigen Anmeldeschwellen in einigen Mitgliedsstaaten, diesen einen unverhältnismäßigen Einfluss auf den Ausgang des Verweisungsverfahrens geben.[804] Deswegen wurde vorgeschlagen, das Recht auf Ablehnung nicht lediglich an die Möglichkeit zur Überprüfung des Zusammenschlusses zu knüpfen, sondern auch darauf abzustellen, ob durch den Zusammenschluss Auswirkungen auf den Markt des

[799] Begleitendes Arbeitspapier zum Bericht 2009 RN 118.
[800] Begleitendes Arbeitspapier zum Bericht 2009 RN 118, 119.
[801] Vgl. Klees § 12 RN 36.
[802] Begleitendes Arbeitspapier zum Bericht 2009 RN 120.
[803] Begleitendes Arbeitspapier zum Bericht 2009 RN 121.
[804] Begleitendes Arbeitspapier zum Bericht 2009 RN 121.

betroffenen Mitgliedsstaates möglich sind.[805] Die Kommission hat in diesem Zusammenhang jedoch zu Recht darauf hingewiesen, dass nur solche Mitgliedsstaaten über die Verweisung entscheiden, die ohnehin über den Zusammenschluss hätten entscheiden können.[806] Die Kritik richtet sich mehr an die nationalen Schwellenwerte als an die Entscheidungsbefugnisse dieser Mitgliedsstaaten im Verfahren nach Art. 4 Abs. 5.[807]

Letztlich wird es für den Erfolg des Art. 4 Abs. 5 darauf ankommen, ob die Mitgliedsstaaten von ihrem Vetorecht nur in begründeten Fällen und maßvoll Gebrauch machen.[808] Von den 218 erfolgten Verweisungsanträgen wurden bislang lediglich fünf abgelehnt.[809] Diese Zahl verdeutlicht zwar einerseits, dass die Antragsteller nur selten die Nachteile einer Ablehnung erleiden mussten, anderseits ist es wahrscheinlich, dass die Zahl der tatsächlichen Ablehnungen weitaus höher ist.[810]

Ähnlich wie bei dem Verfahren nach Art. 4 Abs. 4 haben die befragten Unternehmen Bedenken wegen der Dauer des Verfahrens und des Umfangs der beizubringenden Informationen nach dem Formblatt RS zum Ausdruck gebracht.[811] Auch im Verfahren nach Art. 4 Abs. 5 besteht kein Raum für eine Verkürzung oder Vereinfachung des Verfahrens. Die befragten nationalen Wettbewerbsbehörden haben erklärt, dass die ihnen eingeräumte Frist zur Überprüfung des Antrags und für zusätzliche Rücksprachen mit anderen zuständigen Stellen notwendig sei.[812] Vor diesem Hintergrund weist die Kommission zu Recht darauf hin, dass das Verweisungsverfahren freiwillig ist, und die beteiligten Unternehmen eine

[805] Begleitendes Arbeitspapier zum Bericht 2009 RN 121.
[806] Begleitendes Arbeitspapier zum Bericht 2009 RN 131.
[807] Begleitendes Arbeitspapier zum Bericht 2009 RN 131.
[808] FK-Hellmann FKVO Art. 4 RN 72.
[809] Vgl. Statistik der Kommission unter http://ec.europa.eu/competition/mergers/statistics.pdf Stand 30.04.2011.
[810] Begleitendes Arbeitspapier zum Bericht 2009 RN 106.
[811] Begleitendes Arbeitspapier zum Bericht 2009 RN 116.
[812] Begleitendes Arbeitspapier zum Bericht 2009 RN 130.

Abwägung zwischen den Nachteilen und Vorteilen für die Einleitung des Verfahrens vornehmen müssen.[813]

b. Verweisungen nach der „deutschen Klausel“ Art. 9

aa. Allgemeines

Die Regelung des Art. 9 ermöglicht neben Art. 4 Abs. 4 die Verweisung eines Zusammenschlusses von der Kommission an die zuständigen Behörden der Mitgliedsstaaten. Ursprünglich als Kompromissformel eingefügt, soll Art. 9 angesichts des Subsidiaritätsprinzips nunmehr als Teil eines verbesserten Verweisungssystems als wirksames Korrektiv wirken.[814] Es soll ein Ausgleich zu der starren Zuständigkeitsregelung des Art. 1 hergestellt werden, indem Zusammenschlüsse, deren Überprüfung besser durch die nationalen Behörden erfolgen kann, an diese verwiesen werden.[815] Mit anderen Worten kann eine Feinsteuerung der durch Art. 1 zunächst erfolgten Zuständigkeitsverteilung erfolgen.[816] Nach wie vor dient die Regelung des Art. 9 auch der Schließung einer Kontrolllücke.[817] Zusammenschlüsse, die zwar gemäß Art. 1gemeinschaftsweite Bedeutung haben, aber nur einen unwesentlichen Teil des gemeinsamen Markts betreffen, können auf Grund des Art. 2 Abs. 3 nicht von der Kommission untersagt werden.[818] Mithin kann eine Überprüfung des Zusammenschlusses auf Grund der Sperrwirkung des

---

[813] Begleitendes Arbeitspapier zum Bericht 2009 RN 130.

[814] Erwägungsgrund 11 FKVO.

[815] Erwägungsgrund 11 FKVO; Mitteilung Verweisungsregime RN 5; Calliess S. 234; Wolf EuZW 1994 S. 236; Bechtold/Brinker/Bosch/Hirsbrunner FKVO Art. 9 RN 1; Lange- Gromotke RN 1375.

[816] Immenga/Mestmäcker-Immenga/Körber FKVO Art. 9 RN 4; Bechtold/Brinker/Bosch/Hirsbrunner FKVO Art. 9 RN 1; Langen/Bunte-Baron 10. Auflage FKVO Art. 9 RN 1; MüKo-Schild FKVO Art. 9 RN 2; Kogel S. 178.

[817] Immenga/Mestmäcker-Immenga/Körber FKVO Art. 9 RN 2; Röhling S. 41; Kogel S. 177; Niederleithinger WuW 1990, S. 725; MüKo-Schild FKVO Art. 9 RN 4.

[818] MüKo-Schild FKVO Art. 9 RN 3; Immenga/Mestmäcker-Immenga/Körber FKVO Art. 9 RN 2; Loewenheim/Meessen/Riesenkampf-Westermann FKVO Art. 9 RN 1; Röhling S. 41; Niederleithinger WuW 1990 S. 725; Kamburoglu WuW 1993 279.

Art. 21 Abs. 3 nur gewährleistet werden, wenn der Zusammenschluss an die Mitgliedsstaaten verwiesen wird. Um den neuen Anforderungen gerecht werden zu können, wurde Art. 9 FKVO a. F. sowohl in materieller als auch in formeller Hinsicht geändert. Diese Änderungen sind im Folgenden darzustellen. In einem Grundlagenteil werden zunächst die historische Entwicklung des Art. 9, die Kritik an dieser Regelung und die Vorschläge zur Verbesserung der Regelung behandelt.

(1) Historische Entwicklung des Art. 9

In der Endphase der Verhandlungen über die FKVO bestanden bei den Vertretern der Bundesrepublik Deutschland noch Bedenken wegen institutioneller Schwächen der europäischen Fusionskontrolle.[819] Hintergrund dieser Bedenken waren einmal mehr die Befürchtungen über Beschränkungen der eigenen Zuständigkeiten im Bereich der Fusionskontrolle und die damit einhergehende Forderung nach dem Erhalt eines Restbestands an nationaler Fusionskontrolle.[820] Unterstützt wurde diese Forderung insbesondere von Großbritannien.[821] Erstmalig wurde in einer Nachtsitzung im Rahmen des EG-Binnenmarktrates in Luxemburg am 10.10.1989 die Grundkonzeption des späteren Art. 9 FKVO a. F. zwischen dem damaligen Wettbewerbskommissar und dem deutschen Verhandlungsführer erörtert.[822] Die Tatsache, dass die Regelung des Art. 9FKVO a. F. in keinem der zahlreichen Entwürfe der Kommission enthalten war, eine Stellungnahme des Europäischen Parlaments oder des Wirtschafts- und Sozialausschusses zu dieser Regelung nicht vorlag und letztlich der Umstand, dass sie in keinem der Erwägungsgründe im Vorspann der FKVO a. F. erwähnt wird, zeigt, dass

---

[819] Janicki 1992/93 S. 63; Immenga/Mestmäcker-Immenga/Körber FKVO Art. 9 RN 5; Langen/Bunte-Baron 10. Auflage FKVO Art. 9 RN 2.
[820] Schröter/Jacob/Mederer FKVO Art. 9 RN 1; FK-Rösler FKVO Art. 9 RN 1; Wiedemann-Wagemann § 17; Krimphove S. RN 138f.; Immenga/Mestmäcker-Immenga FKVO Art. 9 RN 3; Lange-Gromotke RN 1375.
[821] Immenga/Mestmäcker-Immenga/Körber FKVO Art. 9 RN 5; Röhling S. 40.
[822] Janicki 1992/93 S. 63.

die Bestimmung „in letzter Minute“ Eingang in die Verordnung gefunden hat.[823] Erst durch die Einführung des Art. 9 FKVO a. F. konnten die Bedenken der deutschen Delegation ausgeräumt werden, was der Regelung den Beinamen „deutsche Klausel“ eingebracht hat.[824] Mit der Novelle der FKVO 1997 wurde Art. 9FKVO a. F. erstmals geändert und dadurch ein Teil der bestehenden Ungenauigkeit ausgeräumt.[825] Durch die Änderungen wurde unter anderem in Art. 9 Abs. 2FKVO a. F. klargestellt, dass die Kommission zu einer Verweisung des Zusammenschlusses verpflichtet ist, wenn ein gesonderter Markt betroffen ist, der keinen wesentlichen Teil des gemeinsamen Markts ausmacht.[826] Materiell-rechtliche Erleichterung hat die Regelung für diese Fälle in Art. 9 Abs. 2 lit. b FKVO a. F. dahingehend erfahren, dass der Antragsteller nicht mehr darlegen muss, dass der Zusammenschluss eine marktbeherrschende Stellung begründet oder verstärkt, sondern lediglich dass der Wettbewerb im betroffenen Markt beeinträchtigt wird.[827] Der Regelung des Art. 9 Abs. 2 lit. b FKVO a. F. wurde jedoch trotz der Änderungen nur eine geringe Bedeutung für die Zukunft vorausgesagt, da es nur sehr wenige Märkte gibt, die keine wesentlichen Teile des gemeinsamen Marktes ausmachen.[828] Tatsächlich wurde Art. 9 Abs. 2 lit. b FKVO a. F. nur dreimal mit Erfolg als Rechtsgrundlage für einen Verweisungsantrag herangezogen.[829] Letztlich wurde in Art. 9 Abs. 3FKVO a. F. klargestellt, dass die Kommission einen Zusammenschluss auch teilweise an den Mitgliedsstaat zurückverweisen kann.[830]

---

[823] MüKo-Schild FKVO Art. 9 RN 5.

[824] Bechtold/Brinker/Bosch/Hirsbrunner FKVO Art. 9 RN 1; Langen/Bunte-Baron 10. Auflage FKVO Art. 9 RN 2.

[825] Baron WuW 1997 S. 589.

[826] Immenga/Mestmäcker-Immenga/Körber FKVO Art. 9 RN 6; Wiedemann-Wagemann § 17 RN 153; Schröter/Jacob/Mederer- Hirsbrunner FKVO Art. 9 RN 25; Röhling S. 44; Langen/Bunte-Baron 10. Auflage FKVO Art. 9 RN 2.

[827] Niewiarra EWS 1998 S. 116f.; Kronenberg SZW 1998 S. 94; Hirsbrunner EuZW 1998 S. 74; Baron WuW S. 589.

[828] Hirsbrunner EuZW 1998 S. 389, 395.

[829] Berg 2004 S. 564; so die Fälle: Govia/Connex South Central COMP/M.2446; CONNEX/DNVBVG/JV, COMP/M.2730; Leroy Merlin/Brico COMP/M.2898.

[830] Baron WuW 1997 S. 589; Immenga/Mestmäcker-Immenga/Körber FKVO Art. 9 RN 6; Langen/Bunte-Baron 10. Auflage FKVO Art. 9 RN 2.

(2) Kritik an der „deutschen Klausel"

Die Tatsache, dass seit dem Inkrafttreten der FKVO erst 26 Verweisungen gemäß Art. 9 erfolgt sind, verdeutlicht die beschränkte Bedeutung der Verweisungsregel.[831] Dieser Umstand ist allein auf die eingeschränkte Anwendung durch die Mitgliedsstaaten zurückzuführen. Die Kommission selbst entspricht in der Verwaltungspraxis überwiegend den Verweisungsanträgen der Mitgliedsstaaten.[832]

Die Anwendung des Art. 9FKVO a. F. wurde von den nationalen Wettbewerbsbehörden als schwierig eingestuft.[833] Kritisiert wurde die Vorschrift wegen der Fristen, der Verweisungskriterien und der durch Teilverweisungen verursachten Probleme.[834] Insbesondere die Frist von drei Wochen zur Stellung eines Verweisungsantrags durch die nationalen Wettbewerbsbehörden wurde als zu lang angesehen.[835] Durch diese Frist wurde zum einen der nach innerstaatlichem Recht vorgesehene Zeitplan für Übernahmen durcheinander gebracht, und zum anderen konnte es zu Problemen kommen, wenn der Antrag erst kurz vor Ablauf der Frist einging und die Parteien sich mittlerweile schon auf Verhandlungen mit der Kommission eingestellt hatten.[836]

Bedenken wurden auch gegenüber der Behandlung verwiesener Fälle durch die nationalen Kartellbehörden geäußert.[837] Es bestehe Unsicherheit in Bezug auf die Länge der einzelstaatlichen Verfahren und die Wahrung der Geschäftsgeheimnisse im laufenden Verfahren.[838]

---

[831] Vgl. Statistik der Kommission unter http://ec.europa.eu/competition/mergers/statistics.pdf Stand 30.04.2011; für eine Übersicht der Verweisungsentscheidungen gemäß Art. 9: vgl. Röhling S. 266ff.

[832] Loewenheim/Meessen/Riesenkampff-Westermann FKVO Art. 9 RN 2. So wurde seit dem Inkrafttreten der FKVO lediglich in fünf Fällen eine Verweisung abgelehnt (vgl. Statistik der Kommission unter http://ec.europa.eu/competition/mergers/statistics.pdf Stand 30.04.2011).

[833] Vgl. Bartosch/Nollau EuZW 2002 S. 197, 200; Klees § 12 RN 41.

[834] Grünbuch RN 72ff.; Berg BB 2004 S. 564.

[835] Grünbuch RN 73; vgl. ausführlich Teil B V. 3 b. bb. (1).

[836] Grünbuch RN 73.

[837] Berg BB 2004 S. 564; Grünbuch RN 76.

[838] Grünbuch RN 76.

Weiterhin wurde die Gefahr einer politischen Einflussnahme auf die Überprüfung des Zusammenschlusses auf nationaler Ebene nicht ausgeschlossen.[839] Zu der Prüfung durch die nationalen Wettbewerbsbehörden wird angemerkt, dass die Regelung des Art. 9 Abs. 6 FKVO a. F. den Kartellbehörden die Möglichkeit gibt, sich länger mit dem Zusammenschluss zu beschäftigen, als dies der Kommission bei unveränderter Zuständigkeit möglich wäre.[840]

(3) Vorschläge zur Verbesserung des Art. 9 FKVO a. F.

Im Grünbuch der Kommission wurde zunächst vorgeschlagen, die Verweisungskriterien zu vereinfachen und damit einhergehend die Antragsfrist zu verkürzen.[841] Die Regelung des Art. 9 Abs. 2 lit. b FKVO a. F. sollte dahingehend vereinfacht werden, dass es für eine Verweisung ausreicht, wenn glaubhaft dargelegt werden kann, dass der Wettbewerb auf einem gesonderten Markt innerhalb des Mitgliedsstaates beeinträchtigt wird.[842] Gleichzeitig wurde eine Vereinfachung des geografischen Kriteriums vorgeschlagen.[843] Für Fälle ohne nennenswerte grenzüberschreitende Auswirkungen sollte die Kommission die Möglichkeit der Verweisung von Amts wegen, nach vorheriger Absprache mit den nationalen Wettbewerbsbehörden, erhalten.[844] Damit blieben den Mitgliedsstaaten die für die Antragstellung nötigen Verfahrensschritte erspart.[845] Eine solche Verweisung von Amts wegen fand jedoch bereits auf Grund des Widerstands der nationalen

---

839 Grünbuch RN 77.

840 Grünbuch RN 78.

841 Grünbuch RN 79; Klees § 12 RN 42.

842 Grünbuch RN 81 lit. a.

843 Für das geografische Kriterium sollte genügen, wenn in dem Antrag festgestellt wird, dass die vermuteten Auswirkungen auf den Wettbewerb nicht so weit reichen, dass es zu einer Marktabschottung, einem Übergreifen auf räumlich größere benachbarte Märkte oder ähnlichen über die Landesgrenzen hinausreichenden Begleiterscheinungen kommt (vgl. Grünbuch RN 81 lit. a).

844 Grünbuch RN 80; RN 81 lit. b.

845 Grünbuch RN 80.

Behörden keinen Eingang im Verordnungsvorschlag.[846] Weiterhin wurde vorgeschlagen die Fristen für die abschließende Entscheidung der Mitgliedsstaaten zu harmonisieren, indem hierfür die gleiche Frist festgesetzt wird, die auch für eine Kommissionsentscheidung gelten würde.[847] Angedacht wurde letztlich, auch die Prüfung des Zusammenschlusses durch die Mitgliedsstaaten nach den Bestimmungen der FKVO vorzuschreiben.[848]

bb. Antrag der Mitgliedsstaaten

Das Verweisungsverfahren wird nach dem Wortlaut der deutschen Fassung des Art. 9 durch eine Mitteilung der Mitgliedsstaaten eingeleitet. Dagegen hat sich in der Praxis und in der Literatur, ohne eine inhaltliche Differenzierung, der Begriff Antrag durchgesetzt.[849] Einen solchen Antrag müssen die Mitgliedsstaaten innerhalb einer Frist von 15 Arbeitstagen nach Übermittlung der Kopie der Anmeldung bei der Kommission stellen.[850] Eine besondere Form wird für den Antrag zwar nicht ausdrücklich verlangt, jedoch wird aus praktischen Erwägungen davon

---

[846] Arhold EWS 2002 S. 453; Klees EuZW 2003 S. 199; MüKo-Schild FKVO Art. 9 RN 23; Böge WuW 2004 S. 142.

[847] Grünbuch RN 82.

[848] Grünbuch RN 82.

[849] In den förmlichen Schreiben an die Kommission verwendet das Bundeskartellamt aber weiter die Bezeichnung Mitteilung (Langen/Bunte-Baron 10. Auflage FKVO Art. 9 RN 8). Dagegen wird bei der Kommission (vgl. Mitteilung Verweisungsregime RN 50) als auch beim EuG (vgl. EuG 03.04.2003, Rs. T-119/02, Slg. 2003, II-1433 Tz. 343, „Royal Philips Elecronics") die Bezeichnung Antrag verwendet. Vgl. für die Verwendung des Begriffs Antrag im Schrifttum: Langen/Bunte-Baron 10. Auflage FKVO Art. 9 RN 8; Immenga/Mestmäcker-Immenga/Körber FKVO Art. 9 RN 15; Loewenheim/Meessen/Riesenkampf-Westermann FKVO Art. 9 RN 4; GK- Schütz Art. 9 FKVO RN 5; MüKo-Schild FKVO Art. 9 RN 12.

[850] Die Antragszuständigkeit liegt bei den Mitgliedsstaaten als solche. Deutschland wird durch die Bundesregierung vertreten, welche jedoch die Kommission unterrichtet hat, dass für Anträge nach Art. 9 Abs. 2 das Bundeskartellamt unmittelbar zuständig ist (vgl. Immenga/Mestmäcker-Immenga-Körber FKVO Art. 9 RN 17; Langen/Bunte-Baron Art. 9 RN 9; Loewenheim/Meessen/Riesenkampf-Westermann FKVO Art. 9 RN 5; ausführlich MüKo-Schild FKVO Art. 9 RN 18 und 19)

ausgegangen, dass er schriftlich gestellt wird.[851] Nach der Neufassung hat die Kommission nunmehr die Möglichkeit, die Mitgliedsstaaten zu einer solchen Antragstellung aufzufordern.

(1) Antragsfrist

Gemäß Art. 9 Abs. 2 muss der Antrag durch die Mitgliedsstaaten binnen 15 Arbeitstagen nach Erhalt der Kopie der Anmeldung erfolgen.[852] Trotz der Forderungen nach einer Verkürzung ist diese Frist unverändert geblieben. Wie bereits ausgeführt, wurde im Grünbuch der Kommission die Frist von drei Wochen auf Grund ihrer Länge als problematisch bewertet.[853] Zur Begründung wurde angeführt, dass durch diese Frist der nach innerstaatlichem Recht vorgesehene Zeitplan für Übernahmen durcheinander gebracht werden könnte und sich Probleme ergeben könnten, wenn der Antrag erst kurz vor Ablauf der Frist eingehe und die Parteien sich mittlerweile schon auf Verhandlungen mit der Kommission über Abhilfemaßnahmen eingestellt hätten.[854] Es wurde vorgeschlagen, die Antragsfrist auf zehn Arbeitstage zu reduzieren, wodurch das Verfahren beschleunigt und den geänderten Anforderungen für die Stellung des Verweisungsantrags durch die Mitgliedsstaaten gerecht werde.[855] Dagegen hielt das Bundeskartellamt die Reduzierung der Antragsfrist nur bei erheblicher Absenkung der Antragsvoraussetzungen

---

[851] Immenga/Mestmäcker-Immenga/Körber FKVO Art. 9 RN 20; MüKo-Schild FVKO Art. 9 RN 15.

[852] Gemäß Art. 24 DVO sind Arbeitstage im Sinne der FKVO alle Tage mit Ausnahme der Samstage, der Sonntage und der Feiertage der Kommission, welche vor Beginn jeden Jahres im Amtsblatt der Europäischen Union bekannt gegeben werden.
Die Frist beginnt gemäß Art. 9 Abs. 2 i.V.m. Art. 7 DVO am ersten Arbeitstag nach Erhalt der Kopie der Anmeldung (Art. 19 Abs. 1) und endet gemäß Art. 8 DVO mit Ablauf des letzten Arbeitstages. Die DVO ersetzt damit die Verordnung (EG) Nr. 447/98 über die Anmeldung, über die Fristen sowie über die Anhörung nach der Verordnung (EWG) Nr. 4064/89 des Rates über die Kontrolle von Unternehmenszusammenschlüssen ABl. 1998 Nr. L 62 S. 1.

[853] Grünbuch RN 73.

[854] Grünbuch RN 73, 81 c.

[855] Grünbuch RN 73.

für denkbar, da sich die bisherige Antragsfrist von drei Wochen bewährt hätte.[856] Auch die Mehrheit der von der Kommission befragten Unternehmen hielt die bestehenden Fristen für angemessen.[857] Dem Bundeskartellamt ist zuzustimmen, dass die Mitgliedsstaaten einen Antrag auch ohne Änderung der Frist früher stellen würden, wenn dies auf Grund von vereinfachten Kriterien möglich wäre.[858] Zu Recht wurde auch eingewandt, dass in einigen Mitgliedsstaaten unterschiedliche Behörden bei der Antragstellung zusammenwirken müssen und diese notwendige Konsultation zusätzlich Zeit beansprucht.[859]

(2) Aufforderung der Kommission zur Stellung eines Verweisungsantrags gemäß Art. 9

Der Kommission wird nunmehr gemäß Art. 9 Abs. 2 die Möglichkeit eingeräumt, die jeweiligen Mitgliedsstaaten aufzufordern, einen Verweisungsantrag gemäß Art. 9 zu stellen. Ob ein Antrag gestellt wird, liegt jedoch nach wie vor im Ermessen des jeweiligen Mitgliedsstaates.[860] Dies ergibt sich aus dem unveränderten Wortlaut des Art. 9 Abs. 2. „Ein Mitgliedsstaat kann [...]“. Damit beschränkt sich die Wirkung dieser Regelung auf eine Signalfunktion. Bei der Aufforderung durch die Kommission ergeben sich jedoch praktische Schwierigkeiten. Eine Aufforderung zur Stellung eines Verweisungsantrags kann nur dann erfolgen, wenn die Kommission zuvor in einer eigenen Prüfung das Vorliegen der Voraussetzungen des Art. 9 festgestellt hat. Zur Wahrung der Frist von 15 Arbeitstagen für die Antragstellung durch die Mitgliedsstaaten müsste die Kommission parallel zu diesen eine Überprüfung hinsichtlich des Vorliegens der

---

[856] Stellungnahme Bundeskartellamt S. 10f.

[857] Annex II zum Grünbuch Tabelle 2-3.

[858] Stellungnahme Bundeskartellamtes S. 10.

[859] Stellungnahme Bundeskartellamtes S. 10.

[860] MüKo-Schild FKVO Art. 9 RN 20; Loewenheim/Meessen/Riesenkampff-Westermann Art. 9 RN 6; GK-Schütz Art. 9 FKVO RN 5; Immenga/Mestmäcker-Immenga/Körber FKVO Art. 9 RN 15; Langen/Bunte-Baron 10. Auflage FKVO Art. 9 RN 10; Hüfner S. 64.

Verweisungsvoraussetzungen vornehmen. Eine Aufforderung nach Ablauf der Frist wirft die Frage auf, ob noch ein Antrag gestellt werden kann. Dies ist im Hinblick auf die damit verbundenen Verfahrensverlängerungen und Rechtsunsicherheiten zu bezweifeln. Der für die Kommission mit dieser Regelung eingeräumte Spielraum könnte allenfalls im Hinblick auf die gegenseitige Rücksichtnahme, auf Grund der engen Zusammenarbeit zwischen den nationalen und europäischen Behörden, ein gewisses Gewicht haben.

cc. Materiell-rechtliche Voraussetzungen

Die Regelung des Art. 9 bestimmt in Abs. 2 lit. a und lit. b unterschiedliche Voraussetzungen und Rechtsfolgen für eine Verweisung, die voneinander zu trennen sind. Die Verweisung eines Zusammenschlusses an einen Mitgliedsstaat setzt materiell-rechtlich voraus, dass der Zusammenschluss gemäß Abs. 2 lit. a den Wettbewerb in einem gesonderten Markt des Mitgliedsstaates entweder erheblich zu beeinträchtigen droht oder – sofern es sich gemäß Abs. 2 lit. b bei dem betroffenen Markt nicht um einen wesentlichen Teil des gemeinsamen Markts handelt – den Wettbewerb auf diesem Markt beeinträchtigen würde.

(1) Änderungen der Verweisungsvoraussetzungen

Bei der Regelung des Art. 9 Abs. 2 lit. b wurde die Umschreibung „ […] der Zusammenschluss den Wettbewerb beeinträchtigt“ durch „beeinträchtigen würde“ ersetzt.[861] Damit soll die Darlegungs- und

[861] Nicht durchsetzen konnte sich zum einen der Vorschlag im Grünbuch, dass es für eine Verweisung ausreichen sollte, wenn glaubhaft dargelegt werden kann, dass der Wettbewerb auf einem gesonderten Markt innerhalb des Mitgliedsstaates beeinträchtigt wird. Zum anderen, dass statt des Kriteriums, dass der betreffende Markt einen wesentlichen Teil des gemeinsamen Markts ausmacht, genügen sollte, wenn in dem Verweisungsantrag festgestellt wird, dass die vermuteten Auswirkungen auf den Wettbewerb nicht so weit reichen, dass es zu einer Marktabschottung, einem Übergreifen auf räumlich größere benachbarte Märkte oder ähnlichen über die Landesgrenzen hinausreichenden Begleiterscheinungen kommt

Beweislast dahingehend erleichtert werden, dass lediglich ein tatsächliches Risiko einer Wettbewerbsbeeinträchtigung glaubhaft vorgetragen werden muss.[862] Dagegen haben sich die Voraussetzungen für Art. 9 Abs. 2 lit. a erheblich geändert. Bislang mussten die Mitgliedsstaaten für eine Verweisung gemäß Art. 9 Abs. 2 lit. a nachweisen, dass der Zusammenschluss eine beherrschende Stellung zu begründen oder zu verstärken drohe, durch die ein wirksamer Wettbewerb auf einem Markt in diesem Mitgliedsstaat, der alle Merkmale eines gesonderten Marktes aufweist, erheblich behindert würde.[863] Nach der Neufassung bedarf es, wie oben ausgeführt, des Nachweises einer erheblichen Wettbewerbsbeeinträchtigung. Dieses Kriterium fand gleichzeitig Eingang in die neue Verweisungsvorschrift des Art. 4 Abs. 4 sowie in die bestehende Verweisungsvorschrift des Art. 22.[864] Wie bereits im Rahmen der Ausführungen zu Art. 4 Abs. 4 ausgeführt, findet sich eine Definition dieses Kriteriums nicht in der FKVO und muss daher zur Konkretisierung ausgelegt werden. Da zur Vermeidung eines Bruchs in der Systematik der FKVO eine abweichende Auslegung in Art. 4 Abs. 4 und Art. 9 Abs. 2 lit a nicht erfolgen kann, auch wenn der Ausgangspunkt ein anderer ist, kann auf die dortigen Ausführungen Bezug genommen werden.[865]

(vgl. Grünbuch 81 lit. a). So auch die Forderungen des Wirtschafts- und Sozialausschusses in seiner Stellungnahme zu dem „Vorschlag für eine Verordnung des Rates über die Kontrolle von Unternehmenszusammenschlüssen (vgl. Stellungnahme Wirtschafts- und Sozialausschuss Verordnungsvorschlag Ziff. 3.9.1).

[862] MüKo-Schild FKVO Art. 9 RN 35, so auch Hüfner S. 61.

[863] Art. 9 Abs. 2 lit. a VO 1310/97, ABl. 1997 L 180/1; gegen die Aufgabe des Erfordernisses der „marktbeherrschenden Stellung" hat sich das Europäische Parlament (vgl. Bericht des Europäischen Parlaments über den Vorschlag für eine Verordnung des Rates über die Kontrolle von Unternehmenszusammenschlüssen (A5-0257/2003) Änderungsantrag 15 und 17) und der Wirtschafts- und Sozialausschuss (Stellungnahme zum Grünbuch über die Revision der Verordnung (EWG) Nr. 4064/89 des Rates (ABl. C 2431/130) Ziff. 3.1.11.) ausgesprochen.

[864] MüKo-Schild FKVO Art. 9 RN 31.

[865] Vgl. Teil B V. 3. a. bb. (2). (d)..

(2) Begründungsumfang

Obwohl die FKVO eine Begründung der materiell-rechtlichen Voraussetzungen im Antrag nicht ausdrücklich vorsieht, wird in der Praxis und Literatur einhellig von einer Verpflichtung zur Begründung ausgegangen.[866] Auf Grund der nicht abgeschlossenen Sachverhaltsaufklärung werden an die Antragsbegründung jedoch keine hohen Anforderungen gestellt.[867] Der Nachweis über die Auswirkungen auf den Wettbewerb ist nach einer vorläufigen Analyse darzulegen.[868] Bei den vorläufigen Anhaltspunkten kann es sich durchaus um Anscheinsbeweise handeln, die nicht dem Ergebnis der eigentlichen Untersuchung vorgreifen.[869] Die erforderlichen Ermittlungen für die Vorbereitung eines Verweisungsantrags können die Mitgliedsstaaten nach der Ausnahme des Art. 21 Abs. 3 Unterabs. 2 vornehmen.

dd. Verfahrensablauf nach Antragstellung – Entscheidung der Kommission

Nach Eingang des Verweisungsantrags muss die Kommission unter Berücksichtigung der in Art. 9 Abs. 4 geregelten Fristen eine Entscheidung gemäß Art. 9 Abs. 3 treffen. Ergibt die Überprüfung der Kommission, dass die Verweisungsvoraussetzungen nach Art. 9 nicht vorliegen, wird dies gemäß Art. 9 Abs. 3 Unterabs. 2 in einer an die Mitgliedsstaaten gerichteten Entscheidung festgestellt und sie behandelt den Fall selbst.[870] In diesen Fällen besteht zwar ein Beurteilungsspielraum hinsichtlich des Vorliegens bzw. Nichtvorliegens der Verweisungsvoraussetzung, jedoch keinen Ermessensspielraum der

---

[866] Mitteilung Verweisungsregime RN 35; Stellungnahme Bundeskartellamt S. 22; Immenga/Mestmäcker-Immenga/Körber FKVO Art. 9 RN 6; Schröter/Jacob/Mederer/Hirsbrunner FKVO Art. 9 RN 10; MüKo-Schild FKVO Art. 9 RN 15.

[867] MüKo-Schild FKVO 9 RN 15.

[868] Mitteilung Verweisungsregime RN 35, 39.

[869] Mitteilung Verweisungsregime RN 35, 39; MüKo-Schild FKVO Art. 9 RN 15.

[870] Der Grund für die Ablehnung ist häufig eine unterschiedliche Beurteilung der räumlichen Märkte (Langen/Bunte-Baron 10. Auflage FKVO Art. 9 RN 5).

Kommission auf der Rechtsfolgenseite.[871] Sofern die Voraussetzungen für eine Verweisung vorliegen und ein wesentlicher Teil des gemeinsamen Markts betroffen ist, liegt die Entscheidung über die Verweisung im Ermessen der Kommission.[872] Möglich ist in diesen Fällen nach wie vor eine Teilverweisung des Zusammenschlusses. Soweit die Kommission der Auffassung ist, dass ein gesonderter Markt beeinträchtigt ist, der keinen wesentlichen Teil des gemeinsamen Markts darstellt (Art. 9 Abs. 2 lit. b), muss die Kommission den Zusammenschluss gemäß Art. 9 Abs. 3 Unterabs. 3 unabhängig davon, ob sie die wettbewerbliche Einschätzung der nationalen Behörde teilt oder nicht, verweisen.[873] Ein Ermessen der Kommission liegt in diesem Fall nicht vor, da ein solcher Fall in die Kontrolllücke des Art. 2 fällt und deswegen der Zusammenschluss von der Kommission nicht untersagt werden könnte.[874] Ergreift die Kommission trotz Erinnerung durch den Mitgliedsstaat nicht die vorbereitenden Schritte im Sinne des Abs. 4, erfolgt eine automatische Verweisung an die Mitgliedsstaaten nach Art. 9 Abs. 5.[875]

---

[871] Immenga/Mestmäcker-Immenga/Körber FKVO Art. 9 RN 51, mit Hinweis darauf, dass eine dogmatisch saubere Trennung zwischen dem Beurteilungsspielraum auf der Tatbestandsseite und dem Ermessen auf der Rechtsfolgenseite von dem EuG und der Kommission regelmäßig nicht vollzogen wird.

[872] GK-Schütz FKVO Art. 9 RN 11; Schröter/Jacob/Mederer-Hirsbrunner Art. 9 RN 14, 25; Hirsbrunner EuZW 1998 S. 74; Niewiarra EWS 1998 S. 117; Wiedemann-Wagemann § 17 RN 153; Immenga/Mestmäcker-Immenga/Körber FKVO Art. 9 RN 11, 35; Lampert S. 118; MüKo-Schild FKVO Art. 9 RN 67.

[873] Immenga/Mestmäcker-Immenga/Körber FKVO Art. 9 RN 11; Wiedemann-Wagemann § 17 RN 153; GK-Schütz FKVO Art. 9 RN 15; FK-Hellmann FKVO Art. 9 RN 35; MüKo-Schild FKVO Art. 9 RN 73; Loewenheim/Meessen/Riesenkampff-Westermann FKVO Art. 9 RN 17; Hüfner S. 62.

[874] Immenga/Mestmäcker-Immenga FKVO Art. 9 RN 52; Wiedemann-Wagemann § 17 RN 153; MüKo-Schild FKVO Art. 9 RN 73, mit ausführlicher Argumentation für ein solches Ermessen.

[875] Vgl. für die Voraussetzungen ausführlich MüKo-Schild FKVO Art. 9 RN 79ff.; Immenga/Mestmäcker-Immenga/Körber FKVO Art. 9 RN 60ff.; Bechtold/Brinker/Bosch/Hirsbrunner FKVO Art. 9 RN 9.

(1) Ermessen der Kommission

Wie bereits ausgeführt, steht der Kommission bei ihrer Entscheidung über die Verweisung des Zusammenschlusses an die Mitgliedsstaaten ein Ermessen zu, soweit die Voraussetzungen vorliegen und ein wesentlicher Teil des gemeinsamen Markts betroffen ist. Bei ihrer Entscheidung verfügt die Kommission sowohl über einen Beurteilungsspielraum hinsichtlich des Vorliegens der materiellen Voraussetzungen als auch über ein Ermessen auf der Rechtsfolgenseite.[876] Nach der Neufassung der FKVO a. F. hat die Kommission in der Mitteilung Verweisungsregime Leitsätze dargelegt, die bei der Ermessensausübung zu berücksichtigen sind.[877]

(a) Bisherige Praxis

In der bisherigen Entscheidungspraxis hatten sich für die Verweisung bestimmte Kriterien herausgebildet.[878] Insbesondere die vom Rat und der Kommission entworfene Protokollerklärung[879] hatte in diesen Fällen eine wichtige Bedeutung.[880] Nach Ziffer 5 der Protokollerklärung sollte das Verfahren nach Art. 9 nur in Ausnahmefällen angewandt werden, wenn ein gesonderter Markt einen erheblichen (wesentlichen) Teil des gemeinsamen Markts darstellt. Des Weiteren sollte nach Ziffer 5 der Protokollerklärung nur verwiesen werden, wenn Wettbewerbsinteressen der betreffenden Mitgliedsstaaten nicht auf eine andere Weise hinreichend geschützt werden können. Die von der Kommission entschiedenen Fälle zeigen auf, dass eine Verweisung praktisch nicht in Betracht kam, wenn der Zusammenschluss auch in anderen

---

[876] Immenga/Mestmäcker-Immenga/Körber FKVO Art. 9 RN 35.

[877] Vgl. Mitteilung Verweisungsregime RN 37 und 8ff.; ausführlich Teil B V. 3. a. bb. (3) (d) (aa) (aaa)ff.

[878] Wiedemann-Wagemann § 17 RN 146; GK-Schütz Art. 9 RN 13.

[879] Erklärungen für das Ratsprotokoll vom 19.12.1989 abgedruckt in WuW 1990 S. 241 f.

[880] Immenga/Mestmäcker-Immenga FKVO Art. 9 RN 12, welcher zu Recht vertrat, dass die Protokollerklärung mit dem Subsidiaritätsgrundsatz gemäß Art. 5 EGV (heute Art. 5 EUV) kollidiert ; GK-Schütz Art. 9 RN 13.

Mitgliedsstaaten als dem antragstellenden spürbare Auswirkungen hatte.[881] Mittels einer restriktiven Auslegung erfolgte eine Verweisung nur dann, wenn es sich um lediglich regionale oder lokale Märkte handelte.[882] Von diesem Grundsatz wurde nur abgewichen, wenn „außergewöhnliche Umstände" vorlagen.[883] Diese lagen beispielsweise vor, wenn der angemeldete Zusammenschluss in einem sachlichen Zusammenhang mit einem anderen Zusammenschluss stand, der gerade von der antragstellenden nationalen Behörde geprüft wurde[884] oder, wenn der Zusammenschluss eine beherrschende Stellung auf einem nationalen Markt begründete, der traditionell ausländischem Wettbewerb nur geringfügig zugänglich gewesen war[885]. Bei der Entscheidung der Kommission fanden jedoch auch praktische Gesichtspunkte Berücksichtigung.[886] So konnte zum Beispiel ein Grund für die Verweisung sein, dass die Behörde des Mitgliedsstaates den fraglichen Markt aus anderen Gründen bereits untersucht hatte und deshalb über besonders gute Marktkenntnisse verfügte.[887]

(b) Ermessen nach der Neufassung der FKVO a. F.

Das Bundeskartellamt forderte im Rahmen der Neufassung der FKVO a. F., den Spielraum der Kommission bei der Verweisungsentscheidung zu beschränken.[888] In diesem Rahmen schlug die Bundesregierung vor, das

---

881 GK-Schütz Art. 9 RN 14; Hirsbrunner EuZW 1995 S. 299; Wolf EuZW 1994 S. 236.

882 Wolf EuZW 1994 S. 236; Calliess S. 235.

883 Wiedemann-Wagemann § 17 RN 146; Schröter/Jacob/Mederer FKVO Art. 9 RN 22; Hirsbrunner EWS 1998 S. 236.

884 So in den Fällen Steetley/Tarmac Zusammenfassung im 22. Wettbewerbsbericht RN 264, 265; Gehe/Lloyds Zusammenfassung im 26. Wettbewerbsbericht RN 153 ; Preussag/Hapag-Lloyd/TUI WuW 1998 S. 44.

885 So in Rheinmetall/British Aerospaces/STN Atlas WuW 1997 S. 598.

886 GK-Schütz Art. 9 RN 14.

887 Interbrew/Bass COMP/M.2048 WuW 2000, 989; Mesäliito/Vapo COMP/M.2334 WuW 2001 S. 364.

888 Stellungnahme Bundeskartellamtes S. 9f.; Für eine Einschränkung des Ermessens auch Bartosch/Nollau EuZW 2002 S. 197, S. 201. Gegen eine Ermesseneinschränkung Drauz WuW 2002 S. 446.

Ermessen der Kommission bei der Ablehnung von Anträgen nach Art. 9FKVO a. F. auf enumerativ aufgeführte Gründe zu beschränken.[889] Eine solche Einschränkung des Ermessens der Kommission würde jedoch einen erheblichen Einschnitt in die Effektivität der Verweisungsregelungen bedeuten. So würde etwa eine abschließende Aufzählung von Gründen nicht die Gewähr dafür tragen, dass die konkrete Konstellation der Zusammenschlüsse hinreichend berücksichtigt wird. Gerade im Hinblick auf die unterschiedliche Ausgestaltung der Zusammenschlüsse und Konstellationen im Hinblick auf die betroffenen Gebiete ist eine Einzelfallbewertung unumgänglich.

Verweisungen sollen nach Auffassung der Kommission nach wie vor Ausnahmen darstellen und die Kompetenzverteilung mittels objektiver Umsatzzahlen die Regel bleiben.[890] Aus Gründen der Rechtssicherheit sollen Verweisungen nur dann vorgenommen werden, wenn es einen zwingenden Grund vom Abweichen von der ursprünglichen Zuständigkeit gibt.[891] Fraglich ist in diesem Zusammenhang ferner, ob die vorgenannte gemeinsame Protokollerklärung des Rats und der Kommission auch nach der Neufassung der FKVO a. F. mit der Folge Gültigkeit hat, dass die Verweisungsvoraussetzungen des Art. 9 Abs. 2 eng auszulegen sind.[892]

Dies kann jedoch aus folgenden Gründen dahingestellt bleiben. Zwar muss die Kommission wegen ihrer Stellung im internationalen Gefüge der Europäischen Union einen Verweisungsantrag nach wie vor primär unter einem gemeinschaftlichen Blickwinkel prüfen und deshalb einen Verweisungsantrag abweisen, sofern eine Verweisung nicht geeignet ist, auf den relevanten Märkten einen wirksamen Wettbewerb

---

[889] Stellungnahme der Bundesregierung zum Grünbuch der Europäischen Kommission über die Revision der Verordnung (EWG) Nr. 4064/89 des Rates KOM (2001) 745/6 endgültig unter http://europa.eu.int/comm/competition/mergers/review/comments.html S. 25.

[890] Mitteilung Verweisungsregime RN 7.

[891] Mitteilung Verweisungsregime RN 13 und 7; so auch Frenz RN 1946.

[892] So hatte die Protokollerklärung nach Auffassung der EuG auch nach der Novelle der FKVO zum 01.03.1998 noch Gültigkeit (vgl. FK-Hellmann FKVO Art. 9 RN 40; Immenga/Mestmäcker-Immenga/Körber FKVO Art. 9 RN 43).

aufrechtzuerhalten oder wiederherzustellen.[893] Aber andererseits ist die Anwendung des Subsidiaritätsprinzips durch Art. 5 Abs. 3 EUV primärrechtlich vorgeschrieben und die Berücksichtigung desselben ausdrücklich in Erwägungsgrund 14 FKVO vorgesehen, so dass eine Einschränkung dieses Grundsatzes auf Grund der vorgenannten Umstände nicht möglich ist.[894] Im Übrigen haben Verweisungsregelungen in dem neuen Zuständigkeitssystem der FKVO eine zentrale Bedeutung.[895] Die Verweisungsregelungen stellen ein Instrument zur Feinsteuerung der Zuständigkeiten dar, um die ungenaue Fallzuteilung nach den Schwellenwerten in Art. 1 zu korrigieren.[896] Mithin spricht auch die Systematik der Verordnung für eine Abweichung von der bisher restriktiven Haltung.

(2) Leitsätze und sonstige zu berücksichtigende Umstände bei der Ermessensausübung

Die Kommission berücksichtigt bei der Verweisungsentscheidung neben den rechtlichen Voraussetzungen insbesondere die in der Mitteilung Verweisungsregime dargestellten Leitsätze und die Ausführungen zu der Frage, ob die Wettbewerbsbehörden tatsächlich am besten für die Überprüfung des Vorhabens geeignet sind.[897] Zu berücksichtigen sind dabei sämtliche praktische Auswirkungen des Subsidiaritätsprinzips, das „One-Stop-Shop"-Prinzip und die Rechtssicherheit.[898] Die vorgenannten Kriterien sind fallspezifisch miteinander abzuwägen.[899] Da die Kriterien denjenigen für eine Entscheidung über einen Antrag auf Verweisung vor Anmeldung nach Art. 4 Abs. 4 entsprechen, kann auf die dortigen Ausführungen verwiesen werden.[900] Neben den Leitsätzen führt die

---

[893] Vgl. Mitteilung Verweisungsregime RN 8 FN 13; Schröter/Jacob/Mederer-Hirsbrunner FKVO Art. 9 RN 24; Frenz RN 1944.

[894] So auch Immenga/Mestmäcker-Immenga/Körber FKVO Art. 9 RN 44.

[895] Vgl. Teil B V. 3.

[896] Vgl. Teil B V. 3.; Langen/Bunte-Baron 10. Auflage FKVO Art. 9 RN 16 a.

[897] Mitteilung Verweisungsregime RN 37, 8 ff.

[898] Erwägungsgrund 11, 14; Mitteilung Verweisungsregime RN 8, 37.

[899] Mitteilung Verweisungsregime RN 8.

[900] Siehe Teil B V. 3. a. bb. (3) (d) (aa (aaa)ff.

Kommission in ihrer Mitteilung Verweisungsregime sonstige Umstände an, die bei der Verweisungsentscheidung zu berücksichtigen sind.[901] Dabei handelt es sich um die Darstellung von bestimmten Umständen, deren Vorliegen entweder für oder gegen eine Verweisung spricht. Auch diesbezüglich kann auf die Ausführungen bei Art. 4 Abs. 4 verwiesen werden.[902]

(3) Teilverweisung des Zusammenschlusses

Soweit die Voraussetzungen für eine Verweisung vorliegen, besteht für die Kommission nach wie vor die Möglichkeit, den Zusammenschluss nur teilweise an einen oder mehrere Mitgliedsstaaten zu verweisen. Eine Teilverweisung bedeutet, dass der verwiesene Teil des Zusammenschlusses nach dem jeweiligen nationalen Wettbewerbsrecht überprüft wird, während der restliche Teil des Zusammenschlusses der Prüfung durch die FKVO unterliegt. Die Kommission hat in der Vergangenheit bereits in einer Vielzahl von Fällen Teilverweisungen vorgenommen.[903] Nach dem Inkrafttreten der FKVO wurden sie zunächst auf zweifelhafter Rechtsgrundlage durchgeführt. Begründet wurden Teilverweisungen mit dem Grundsatz der Verhältnismäßigkeit, da eine Teilverweisung des Zusammenschlusses an den Mitgliedsstaat verhältnismäßiger sei, als den Antrag insgesamt abzulehnen.[904] Durch die Novellierung 1997 wurde die Möglichkeit der Teilverweisung, die sich bis zu diesem Zeitpunkt zu einer regelmäßigen Praxis entwickelt hatte, in Art. 9 Abs. 3 lit. b ausdrücklich aufgenommen. Damit konnte die

---

[901] Mitteilung Verweisungsregime RN 37 mit Verweis auf RN 20 ff.; vgl. FK-Hellmann FKVO Art. 9 RN 41ff.; Immenga/Mestmäcker-Immenga/Körber FKVO Art. 9 RN 38.

[902] Siehe Teil B V. 3. a. bb. (3) (d) (aa) (ddd).

[903] Seit dem Inkrafttreten der FKVO erfolgten nach Art. 9 insgesamt 41 Teilverweisungen; vgl. Statistik der Kommission unter: http://ec.europa.eu/competition/mergers/statistics.pdfStand 30.04.2011; vgl. auch Seitz S. 183ff., welche Fälle von Teilverweisungen ausführt und bespricht.

[904] Seitz S. 191.

bisherige Kommissionspraxis nunmehr auf eine ausdrückliche Rechtsgrundlage gestützt werden.[905]

Für die beteiligten Unternehmen sind Teilverweisungen jedoch mit erheblichen Schwierigkeiten verbunden. Ein einheitliches Zusammenschlussvorhaben wird durch die Entscheidung der Kommission auseinandergerissen und nunmehr von unterschiedlichen Behörden beurteilt. Damit wird das in der FKVO verankerte „One-Stop-Shop"-Prinzip durchbrochen, was für die beteiligten Unternehmen eine längere Verfahrensdauer, höhere Kosten und Rechtsunsicherheit bedeutet.[906] Eine Teilverweisung führt somit im Wesentlichen zu denselben Problemen, wie auch die Fälle der Mehrfachanmeldungen.[907] Diese Probleme verstärken sich, wenn in demselben Verfahren mehrere Teilverweisungen an verschiedene Mitgliedsstaaten, so genannte Mehrfachverweisungen, erfolgen.[908] Eine Aufspaltung der Zuständigkeiten hat das EuG im Hinblick auf das Prinzip des „One-Stop-Shop-Prinzips" als „unerwünscht" bezeichnet.[909] Das EuG hat im Weiteren darauf hingewiesen, dass sich in dem Verweisungssystem, das zu diesem Zeitpunkt gilt, die Gefahr unvereinbarer oder gar sich widersprechender Entscheidungen der Kommission und der Mitgliedsstaaten verbirgt.[910] Im Rahmen der Diskussion über die Revision der FKVO hat sich insbesondere der Europäische Wirtschafts- und Sozialausschuss unter Berufung auf die erwähnten Nachteile kritisch

---

[905] Vgl. für eine ausführliche Darstellung der Entscheidungen mit Teilverweisungen bis einschließlich 2001 Seitz S. 193ff.

[906] FK-Hellmann FKVO Art. 9 RN 52.

[907] Vgl. für die Nachteile der Mehrfachanmeldungen Teil B III. 3.

[908] Vgl. hierzu den Fall Lafarge/Redland IV/M.1030, ABl. 1998 Nr. C 76, S. 6ff.

[909] In der Rechtssache Philips/Kommission vertrat das Gericht 1. Instanz die Auffassung, dass durch die Verweisungsregelung eine Aufspaltung einer Sache auf mehrere Behörden hervorgerufen werden kann, aber angesichts des Grundsatzes der einzigen Anlaufstelle, auf dem FKVO beruht, gewiss nicht wünschenswert ist (Entscheidung des EuG „Philips/Kommission" vom 03.04.2004- Rs. T- 119/02 Tz. 350).

[910] EuG 03.04.2003 Rs. T-119/02 SEB/Moulinex, RN 380.

gegenüber Teilverweisungen ausgesprochen.[911] Die Möglichkeit der Teilverweisung wurde dennoch aufrechterhalten.[912] Die Kommission ist sich aber über die Probleme der Teilverweisungen bewusst und teilt in ihrer Mitteilung Verweisungsregime mit, dass Teilverweisungen soweit wie möglich vermieden werden sollen, es sei denn, dass dadurch der Schutz des Wettbewerbs auf sämtlichen, durch das Vorhaben betroffenen Märkten durch mehrere Behörden offensichtlich besser erreicht werden kann.[913] Soweit eine Teilverweisung nicht zu vermeiden ist, könnten die damit verbundenen Probleme durch eine stärkere Zusammenarbeit der nationalen und europäischen Behörden gelöst werden, indem die jeweiligen Entscheidungen aufeinander abgestimmt werden.[914]

ee. Rechtsfolgen der Verweisung

Keine wesentlichen Veränderungen haben sich durch die neugefasste FKVO bei den Rechtsfolgen einer Verweisung ergeben. Lediglich bislang unklare verfahrensrechtliche Probleme haben eine eindeutige Regelung erfahren. So hat der Verordnungsgeber durch die ausdrückliche Anknüpfung der in Art. 9 Abs. 6 Unterabs. 3 bestimmten Fristen an die Anmeldung in dem betreffenden Mitgliedsstaat klargestellt, dass die FKVO nach der Verweisung des Zusammenschlusses von einer erneuten Anmeldung in den betreffenden Mitgliedsstaaten ausgeht.[915]

---

911 Stellungnahme des Europäischen Wirtschafts- und Sozialausschusses zu dem Vorschlag für eine Verordnung des Rates über die Kontrolle von Unternehmenszusammenschlüssen, ABl. EG 2004 Nr. C 10, 29ff., Ziff. 3.9.2..

912 Seit der Neufassung der FKVO sind bereits 11 Teilverweisungen auf der Grundlage des Art. 9 erfolgt. (vgl. Statistik der Kommission unter: http://ec.europa.eu/competition/mergers/statistics.pdf Stand 30.04.2011).

913 Mitteilung Verweisungsregime RN 12; FK-Hellmann FKVO Art. 9 RN 52.

914 Seitz S. 205.

915 MüKo-Schild FKVO Art. 9 RN 106; Langen/Bunte-Baron 10. Auflage FKVO Art. 9 RN 19; Frenz RN 1947; Schröter/Jacob/Mederer-Hirsbrunner FKVO Art. 9 RN 45; wohl auch Loewenheim/Meessen/Riesenkampff-Westermann FKVO Art. 9 RN 25, welcher davon ausgeht, dass eine erneute Pflicht zur Anzeige oder Anmeldung des Zusammenschlusses bei den nationalen Behörden ausscheiden dürfte, wenn die benötigten Angaben auf Grund der Anmeldung bei der Kommission bereits vorliegen.

Ob bei einer Verweisung dann tatsächlich eine Anmeldung zu erfolgen hat, bestimmt sich nach dem einschlägigen nationalen Recht.[916]

Wird der Zusammenschluss verwiesen, wenden die betreffenden Mitgliedsstaaten bei der Überprüfung des verwiesenen Zusammenschlusses gemäß Art. 9 Abs. 3 lit. b in den Grenzen des Art. 9 Abs. 8 nach wie vor ihr eigenes Wettbewerbsrecht an.[917] Keinen Eingang fand damit die im Rahmen der Neufassung der FKVO a. F. diskutierte „dezentrale Anwendung der FKVO".[918] Im Falle der Verweisung sollten die nationalen Wettbewerbsbehörden nicht das zersplitterte nationale Recht, sondern die einheitlichen Regelungen der FKVO zur Prüfung des verwiesenen Zusammenschlusses anwenden.[919] Insbesondere durch das Bundeskartellamt wurde gegen die dezentrale Anwendung der FKVO erheblicher Widerstand geleistet.[920] Bereits beim materiell-rechtlichen Prüfungsumfang des Art. 2 Abs. 2 sei unklar, ob ein Zusammenschluss von einer nationalen Behörde für nicht vereinbar mit dem gemeinsamen Markt erklärt werden kann, wenn nur die Auswirkungen auf einen nationalen, regionalen oder sogar nur lokalen Markt untersucht wurden.[921] Weiterhin seien die Verfahrensvorschriften auf die Kommission und nicht auf die nationalen Wettbewerbsbehörden zugeschnitten.[922] Des Weiteren ließe sich die Prüfung von Fusionen

---

[916] Langen/Bunte-Baron 10 Auflage FKVO Art. 9 RN 19; Frenz RN 1947; Schröter/Jacob/Mederer-Hirsbrunner FKVO Art. 9 RN 45; in Deutschland ist gemäß § 39 Abs. 4 GWB eine erneute Anmeldung entbehrlich, wenn die nach § 39 Abs. 3 GWB erforderlichen Angaben bereits in deutscher Sprache in der Anmeldung nach CO-Form bei der Kommission vorliegen oder dem Bundeskartellamt auf Grund anderer Informationsquellen bekannt sind.

[917] Vgl. zum Prüfungsumfang FK-Hellmann FKVO Art. 9 RN 59; Langen/Bunte-Baron FKVO Art. 9 RN 20; MüKo-Schild FKVO Art. 9 RN 113.

[918] Vgl. Grünbuch RN 82; Hoffmann/Terhechte AG 2003 S. 423; Arhold EWS 2002 S. 454; MüKo-Schild FKVO Art. 9 RN 105.

[919] Vgl. Schröter/Jacob/Mederer-Hirsbrunner FKVO Art. 9 RN 44; Langen/Bunte-Löffler FKVO Art. 9 RN 18; die dezentrale Anwendung des europäischen Fusionskontrollrechts wird auch insgesamt als eine Möglichkeit für die Optimierung der Zuständigkeitsverteilung vorgeschlagen (vgl. Hoffmann/Terhechte AG 2003 S. 423).

[920] Stellungnahme Bundeskartellamt S. 11.

[921] Stellungnahme Bundeskartellamt S. 11; MüKo-Schild FKVO Art. 9 RN 105.

[922] Stellungnahme Bundeskartellamt S. 11; MüKo-Schild FKVO Art. 9 RN 105.

nach der FKVO mit Strukturen nur schwer anpassen, die, wie im Vereinigten Königreich und Spanien der Fall, die Prüfung des Zusammenschlusses durch mehrere Wettbewerbsbehörden vorsehen.[923] Letztlich wird gegen eine dezentrale Anwendung der FKVO angeführt, dass der nationale Gesetzgeber das nationale Fusionskontrollverfahren auf der Grundlage der Rechtsprinzipien und Rechtstradition seines Landes in der Weise ausgestaltet hat, dass es einen für diesen Mitgliedsstaat bestmöglichen Wettbewerbsschutz gewährleistet. Es sei nicht einzusehen, warum ein Zusammenschluss, dessen Auswirkungen ausschließlich oder auch nur schwerpunktmäßig in diesem Mitgliedsstaat liegen, nicht anhand des für die nationalen Verfahren entwickelten und als effektiv anerkannten Systems geprüft werden soll.[924]

Nach wie vor wird in der FKVO keine feste Frist für eine endgültige Entscheidung in der Sache durch die mitgliedsstaatlichen Behörden vorgesehen. Die Regelung des Art. 9 Abs. 6 Unterabs. 1 bestimmt lediglich, dass die zuständigen Behörden des jeweiligen Mitgliedsstaates „ohne unangemessene Verzögerung" über den Fall zu entscheiden haben. Sie müssen so schnell wie möglich handeln.[925] Damit besteht jedoch die Gefahr, dass es unter Umständen zu einer langen Überprüfungsphase durch die Mitgliedsstaaten kommen kann. Die Kommission hatte daher zunächst in Erwägung gezogen, die Fristen für den Erlass der abschließenden Entscheidung zu harmonisieren, indem eine abschließende Entscheidung nach nationalem Recht innerhalb der gleichen Frist erfolgen muss, welche auch für die Kommissionsentscheidung gegolten hätte.[926] Die Bestimmung einer solchen einheitlichen Frist war jedoch auf Grund der bestehenden Unterschiede in den innerstaatlichen Rechtsvorschriften nicht möglich.[927] Gemäß dem neu gefassten Art. 9 Abs. 6 Unterabs. 2 müssen die

---

[923] Stellungnahme Bundeskartellamt S. 11, MüKo-Schild FKVO Art. 9 RN 105.

[924] Stellungnahme Bundeskartellamt S. 11, MüKo-Schild FKVO Art. 9 RN 105.

[925] Erwägungsgrund 18; Mitteilung Verweisungsregime RN 82; MK-Schild FKVO Art. 9 RN 112.

[926] Grünbuch RN 82; Langen/Bunte-Baron 10. Auflage FKVO Art. 9 RN 18.

[927] Vgl. Erwägungsgrund 18 FKVO; Langen/Bunte-Baron 10. Auflage FKVO Art. 9 RN 18.

Mitgliedsstaaten den beteiligten Unternehmen innerhalb von 45 Arbeitstagen nach der Verweisung das Ergebnis ihrer vorläufigen wettbewerbsrechtlichen Prüfung mitteilen und sie über die von ihnen beabsichtigten Maßnahmen informieren.[928] Abweichend von der bisherigen Praxis, welche die Veröffentlichung vorsah, erfolgt die Mitteilung nunmehr unmittelbar gegenüber den beteiligten Unternehmen. Damit stellt sich das Problem, wie die erforderliche Publizität der nationalen Entscheidung gewährleistet wird.[929]

ff. Verhältnis zu den Verweisungsregelung nach Art. 4 Abs. 4 und Art. 4 Abs. 5

Bereits bei den Ausführungen der Art. 4 Abs. 4 und Art. 4 Abs. 5, welche die Möglichkeit der Verweisung vor einer Anmeldung auf Initiative der beteiligten Unternehmen regeln, wurde ausführlich auf das Verhältnis der Verweisungsregeln eingegangen, so dass insoweit auf die dortigen Ausführungen Bezug genommen werden kann.[930]

gg. Bewertung des Art. 9 unter Berücksichtigung des Subsidiaritäts- und „One-Stop-Shop"-Prinzips

Durch eine Verweisung nach Art. 9 kann zum einen eine Kontrolle des Zusammenschlusses durch die hierfür besser geeigneten nationalen Wettbewerbsbehörden und zum anderen in den Fällen des Art. 9 Abs. 2 lit. b durch die Verweisung überhaupt erst eine Überprüfung des Zusammenschlusses ermöglicht werden. Die durch Art. 9 ermöglichte

---

[928] Vgl. Immenga/Mestmäcker-Immenga/Körber FKVO Art. 9 RN 68; MüKo-Schild FKVO Art. 9 RN 109.

[929] Langen/Bunte-Baron 10. Auflage FKVO Art. 9 RN 20, welcher gleichzeitig davon ausgeht, dass ein ausreichender Informationsaustausch über das Netzwerk der nationalen Wettbewerbsbehörden gewährleistet wird.

[930] Vgl. Teil B V. 3. a. bb. (5) und Teil B V. 3. a. cc. (6).

Feinsteuerung der Zuständigkeitsverteilung stellt daher eine Ausprägung des Subsidiaritätsprinzips dar.[931]

Wie bereits oben ausgeführt, wurde jedoch unter Vorgabe der gemeinsamen Protokollerklärung der Kommission und des Rats von der Regelung des Art. 9 in der Vergangenheit nur in engen Grenzen Gebrauch gemacht.[932] Nach der Auffassung der Kommission soll auch nach der Neufassung der FKVO a. F. eine Verweisung nur in Ausnahmefällen erfolgen.[933] Damit werden zwar Durchbrechungen des „One-Stop-Shop“-Prinzips möglichst begrenzt. Jedoch steht eine solche restriktive Praxis der Kommission im Widerspruch zum Subsidiaritätsprinzip, da eine notwendige Feinsteuerung der Zuständigkeitsverteilung verhindert wird.[934] Die Anwendung des Subsidiaritätsprinzips durch Art. 5 Abs. 3 EUV ist primärrechtlich vorgeschrieben und die Berücksichtigung von diesem in der FKVO vom Verordnungsgeber ausdrücklich in Erwägungsgrund 14 FKVO vorgesehen, so dass eine Einschränkung des Subsidiaritätsprinzips durch eine solche restriktive Handhabung nicht möglich ist.[935] Damit ist jedoch nicht gewährleistet, dass tatsächlich eine wirksame Feinsteuerung der Zuständigkeitsverteilung erfolgt, da die Anwendung der Verweisungsregelung einen Antrag der Mitgliedsstaaten voraussetzt. Seit dem Inkrafttreten der FKVO a.F. sind insgesamt 97 Verweisungsanträge nach Art. 9 bei der Kommission eingegangen, von

---

[931] Schröter/Jacob/Mederer-Hirsbrunner FKVO Art. 9 RN 2; Röhling S. 93; Calliess S. 236; Wolf EuZW 1994 S. 236; Grünbuch RN 69; Britain WuW 1993 S. 210; Sauter S. 17; Wolf 1997 S. 8; Berg/Camesaca WuW 1998 S. 1147; Kamburoglu WuW 1993 S. 277; Krimphove S. 387; Langen/Bunte-Baron 10. Auflage FKVO Art. 9 RN 17; Schmidthuber/Hitzler EuZW 1993 S. 8; Loewenheim/Meessen/Riesenkampff-Westermann FKVO Art. 9 RN 1; Immenga/Mestmäcker-Immenga/Körber FKVO Art. 9 RN 4; Grünbuch RN 69; Lange-Gromotke RN 1375; Bechtold/Brinker/Bosch/Hirsbrunner FKVO Art. 9 RN 1; Seitz S. 223ff.

[932] Siehe Teil B V. 3. b. dd. (1) (a).

[933] Mitteilung Verweisungsregime RN 7 und 13; Frenz RN 1946.

[934] A. A. Möschel NJW 1995 S. 285, welcher die restriktive Praxis der Kommission zur Förderung der Rechtssicherheit und Verfahrenserleichterung hinsichtlich des Art. 5 EGV (heute Art. 5 EUV) für begründet hält.

[935] So auch Immenga/Mestmäcker-Immenga/Körber FKVO Art. 9 RN 44.

denen lediglich sechs abgelehnt wurden.[936] Dies lässt darauf schließen, dass die relativ geringe Anzahl der nach Art. 9 verwiesenen Fälle auf eine eingeschränkte Anwendung der Mitgliedsstaaten zurückzuführen ist. Letztlich kann, wie auch bei der Regelung des Art. 4 Abs. 4, eine Bewertung der Anwendung des Art. 9 nicht erfolgen, da die Zahl der Fälle, die tatsächlich hätten verwiesen werden können, nicht bekannt ist. Eine Verweisung nach Art. 9 stellt nur dann eine Durchbrechung des „One-Stop-Shop"-Prinzips dar, wenn eine Teilverweisung oder eine Verweisung an mehrere nationale Mitgliedsstaaten erfolgt.[937] Dagegen entspricht eine Verweisung des Zusammenschlusses an einen Mitgliedsstaat insgesamt dem Grundgedanken des „One-Stop-Shop"-Prinzips.[938] Insoweit ist die von der Kommission bekundete Absicht zu begrüßen, Teilverweisungen soweit wie möglich zu vermeiden und nur dann vorzunehmen, wenn der Schutz des Wettbewerbs auf sämtlichen betroffenen Märkten durch mehrere Behörden offensichtlich besser erreicht werden kann.[939] Die Tatsache, dass seit der Neufassung der FKVO bei 39 erfolgten Verweisungsanträgen insgesamt 11 Teilverweisungen erfolgt sind, verdeutlicht, dass dieses Problem nicht zu unterschätzen ist.[940] Letztlich ist die Durchbrechung des „One-Stop-Shop"-Prinzips auf Grund des Vorrangs des Subsidiaritätsprinzips hinzunehmen.[941]

hh. Stellungnahme

Durch die Änderungen der materiell-rechtlichen Voraussetzungen für eine Verweisung nach Art. 9 Abs. 2 lit. a sind die Anforderungen an eine Verweisung erheblich verringert. So müssen die nationalen Behörden für

---

[936] Vgl. Statistik der Kommission unter: http://ec.europa.eu/competition/mergers/statistics.pdf Stand 30.04.2011.

[937] Wiedemann-Wagemann § 17 RN 145; Lange-Gromotke RN 1375; MüKo-Schild FKVO Art. 9 RN 1 a. A. Janicki S. 63, 65; Röhling S. 41.

[938] Vgl. Teil A III. 6.

[939] Mitteilung Verweisungsregime RN 12; FK-Hellmann FKVO Art. 9 RN 52.

[940] Vgl. Statistik der Kommission unter: http://ec.europa.eu/competition/mergers/statistics.pdf Stand 30.04.2011.

[941] Vgl. Teil A III. 6..

eine Antragstellung keine umfangreichen Prüfungen mehr über die Begründung einer Marktbeherrschung anstellen. Dies führt zu einer wesentlichen Vereinfachung des Verfahrens. Ferner wird durch diese Änderung vermieden, dass bereits im Vorfeld eines Zusammenschlussverfahrens, bevor überhaupt die Zuständigkeitsfrage geklärt ist, substantiierte Wettbewerbsbedenken vorgetragen werden müssen.[942] Die von der Kommission beabsichtigte Straffung des Verweisungsverfahrens durch Änderungen der Fristenregelung ist zwar nicht erfolgt, allerding könnte sich eine Beschleunigung des Verfahrens auf Grund des reduzierten Prüfungsumfangs von alleine einstellen. Unter Berücksichtigung der sehr eingeschränkten Anwendung der Regelung des Art. 9 Abs. 2 lit. b ist zu bedauern, dass der Verordnungsgeber diese Regelung durch Veränderungen der Anforderungen nicht noch weiter vereinfacht hat. Wie bereits ausgeführt, sind seit der Neufassung der FKVO a. F.30 Verweisungsanträge erfolgt. Die Zahl der verwiesenen Fälle, die vor der Neufassung durchschnittlich acht Verweisungen pro Jahr innerhalb von fünf Jahren betrug, ist nach der Neufassung auf durchschnittlich vier Verweisungen pro Jahr gesunken.[943] Diese Zahlen können jedoch auf Grund der nach Art. 4 Abs. 4 verwiesenen Fällen nicht ohne weiteres in Verhältnis miteinander gesetzt werden, da sich diese Regelung nicht von der des Art. 9 abgrenzt, sondern sich beide ergänzen.[944] Mangels fehlender Kenntnisse über die Zahl der Fälle, die nach Art. 4 Abs. 4 und Art. 9 hätten verwiesen werden können, kann keine Aussage über die wirksame Anwendung getroffen werden.[945] Demnach kann auch nicht beurteilt werden, ob die Änderungen des Art. 9, insbesondere die Reduzierung der Verweisungsvoraussetzungen, Einfluss auf die Zahl der Verweisungen haben.[946] Die Mehrheit der im

---

942 Kofler-Senoner/Scholz Wbl 2004 S. 267; Drauz WuW 2002 S. 457.

943 Vgl. Statistik der Kommission unter: http://ec.europa.eu/competition/mergers/statistics.pdf Stand 30.04.2011.

944 Begleitendes Arbeitspapier zum Bericht 2009 RN 151.

945 Begleitendes Arbeitspapier zum Bericht 2009 RN 124.

946 So erfolgten in dem Zeitraum von 2004 bis zum 30.04.2011 insgesamt 39 Verweisungsanträge. Dagegen erfolgten in dem vergleichbaren Zeitraum 1999 bis 2003 40 Verweisungsanträge. Vgl. Statistik der Kommission unter: http://ec.europa.eu/competition/mergers/statistics.pdf Stand 30.04.2011.

Vorfeld zum Bericht 2009 befragten Unternehmen und Wettbewerbsbehörden erklärte, dass die Regelung des Art. 9 wirksam funktioniert.[947]Jedoch wird von der überwiegenden Anzahl der befragten Unternehmen und zwei der befragten nationalen Wettbewerbsbehörden die Dauer des Verweisungsverfahrens und die damit verbundene Verlängerung der Zeit für die Durchsetzung des Zusammenschlusses bemängelt.[948] Dies ist tatsächlich ein Problem von Verweisungen, das nicht von der Hand zu weisen ist. Zur Reduzierung der Nachteile könnten die beteiligten Unternehmen, soweit ein Verfahren nach Art. 9 abzusehen ist, durch eine Verweisung nach Art. 4 Abs. 4 diesem zuvorzukommen.

c. Verweisungen nach der „holländischen Klausel", Art. 22

aa. Allgemeines

Art. 22 regelt neben Art. 4 Abs. 5, in umgekehrter Richtung zu Art. 9 und Art. 4 Abs.4, die Verweisung von Zusammenschlüssen an die Kommission. Danach können ein oder mehrere Mitgliedsstaaten beantragen, dass ein Zusammenschluss ohne gemeinschaftsweite Bedeutung gemäß Art. 1 durch die Kommission überprüft werden soll. Nach der Neufassung der FKVO a. F. dient die Regelung des Art. 22, der die Regelung des Art. 22 Abs. 3-5 FKVO a. F. ersetzt, als Teil des Verweisungssystems der Feinsteuerung der Zuständigkeitsverteilung.[949] Dadurch soll insbesondere sichergestellt werden, dass jeder Fall unter Beachtung des Subsidiaritätsprinzips von der für ihn am besten geeigneten Behörde behandelt wird und Mehrfachanmeldungen weitgehend ausgeschlossen werden.[950] Die Regelung des Art. 22 FKVO a. F. hat sowohl materiell-rechtliche als auch formell-rechtliche

---

[947] Begleitendes Arbeitspapier zum Bericht 2009 RN 150, 152.
[948] Begleitendes Arbeitspapier zum Bericht 2009 RN 150.
[949] Bechtold/Brinker/Bosch/Hirsbrunner FKVO Art. 22 RN 1; Wiedemann-Wagemann § 17 RN 163; MüKo-Schild FKVO Art. 22 RN 1; Immenga/Mestmäcker-Immenga/Körber FKVO Art. 22 RN 4; Kogel S. 219.
[950] MüKo-Schild FKVO Art. 22 RN 3.

Änderungen erfahren, die im Folgenden darzustellen sind. Zum besseren Verständnis der Regelung soll auch hier ein Grundlagenteil vorangestellt werden, in welchem die historische Entwicklung, die Kritik und die Vorschläge zur Verbesserung des Art. 22FKVO a. F. behandelt werden.

(1) Historische Entwicklung des Art. 22

Die Möglichkeit der Verweisung gemäß Art. 22 Abs. 3-5 FKVO a. F. wurde durch die Initiative der holländischen Regierung erst im Rahmen der Schlussverhandlungen 1989 in den Verordnungstext aufgenommen, auf Grund dessen sie auch „holländische Klausel" genannt wird.[951] Hintergrund war, dass die Niederlande neben einer Reihe weiterer Mitgliedsstaaten über keine eigene Fusionskontrollregelung verfügte und durch eine Verweisung die Überprüfung von Zusammenschlüssen anhand der FKVO gewährleistet werden sollte.[952] Tatsächlich hatte diese Regelung nur eine geringe Bedeutung. Bislang erfolgten nur vier Verweisungsanträge einzelner Mitgliedsstaaten.[953] Nach dem Erlass der FKVO haben sich in der Folge immer mehr Mitgliedsstaaten eine eigene Fusionskontrolle gegeben.[954] Vor diesem Hintergrund hat der ursprüngliche Zweck der Regelung zwangsläufig einen Wandel erfahren.

---

951 Langen/Bunte-Baron 10. Auflage FKVO Art. 22 RN 1; Loewenheim/Meessen/Riesenkampff-Westermann FKVO Art. 22 RN 2; Bechtold/Brinker/Bosch/Hirsbrunner FKVO Art. 22 RN 1; FK-Hellmann FKVO Art. 22 RN 1.

952 Langen/Bunte-Baron 10. Auflage FKVO Art. 22 RN 1; MüKo-Schild FKVO Art. 22 RN 2; FK-Hellmann FKVO Art. 22 RN 1; vgl. Erwägungsgrund 29 der Verordnung 4064/89. Bis zum Erlass der FKVO hatten sich neben den Ländern Deutschland, Frankreich und Großbritannien auch die Mitgliedsstaaten Griechenland, Spanien, Irland und Portugal ein eigenes Fusionskontrollsystem gegeben.

953 Langen/Bunte-Baron 10. Auflage FKVO Art. 22 RN 1; Loewenheim/Meessen/Riesenkampff FKVO Art. 22 RN 1.

954 Nach Erlass der FKVO folgten noch die Länder Belgien und Italien. Zum Zeitpunkt der Novellierung 1997 verfügten die Mitgliedsstaaten Dänemark, Luxemburg, Niederlande und Finnland über keine eigenen Fusionskontrollsysteme. Alle späteren Beitrittsländer verfügten bereits über eigene Fusionskontrollgesetze. Heute verfügt lediglich Luxemburg über kein eigenes Fusionskontrollgesetz.

Durch die Novelle von 1997 wurde die Regelung des Art. 22 Abs. 3 FKVO a. F. dahingehend geändert, dass der Antrag an die Kommission nunmehr auch von mehreren Mitgliedsstaaten gemeinsam gestellt werden konnte.[955] Dadurch sollte die Verweisung von Zusammenschlüssen an die Kommission ermöglicht werden, die trotz ihrer grenzüberschreitenden Auswirkungen nicht in die Zuständigkeit der Kommission fallen.[956] Im Zusammenwirken mit dem neu eingefügten Art. 1 Abs. 3 sollte die Regelung des Art. 22 Abs. 3 FKVO a. F. das Problem der Mehrfachanmeldungen lösen.[957]

(2) Kritik an der „holländischen Klausel“

Trotz der Änderungen durch die vorgenannte Novellierung konnte die Regelung des Art. 22 Abs. 3 FKVO a. F. keine größere Bedeutung in der Praxis der FKVO erlangen.[958] Nach der Novelle von 1997 kam es bis zur Neufassung der FKVO a. F. nur in drei Fällen zu einer Verweisung an die Kommission durch mehrere Mitgliedsstaaten.[959] Dies wurde darauf zurückgeführt, dass die betroffenen Mitgliedsstaaten in den wenigsten Fällen für einen gemeinsamen Antrag miteinander in Kontakt traten oder sich mit der Kommission verständigten, welches jedoch Voraussetzung für eine erfolgreiche Verweisung bei einer derartigen Regelung ist.[960] In den Fällen, in denen informelle Kontakte zwischen der Kommission und den Mitgliedsstaaten bestanden, stellten sich Probleme verfahrensrechtlicher Art heraus, die ein koordiniertes Vorgehen der Behörden erschwerten.[961] So bestanden auf Grund der unterschiedlichen nationalen Regelungen Unklarheiten darüber, wann die Frist für die

---

[955] Niewiarra EWS 1998 S. 117; Immenga/Mestmäcker-Immenga Ergänzungsband FKVO Art. 22 RN 2 S. 19; Grünbuch RN 86.

[956] Baron WuW 1997 S. 589; Niewiarra EWS 1998 S. 117; Langen/Bunte-Baron 10 Auflage FKVO Art. 22 RN 1f..

[957] Grünbuch RN 86; Niewiarra EWS 1998 S. 117.

[958] Grünbuch RN 86; Langen/Bunte-Baron 10. Auflage FKVO Art. 22 RN 2; Schröter/Jacob/Mederer-Langheine/Dittert Art. 22 RN 6.

[959] Grünbuch RN 85, 86.

[960] Grünbuch RN 89.

[961] Grünbuch RN 90.

Stellung eines Verweisungsantrages gemäß Art. 22 Abs. 4 Unterabs. 2 FKVO a. F. begann und wann sie endete.[962] Ein besonderes Problem stellte das Fehlen einer Bestimmung dar, welche die auf nationaler Ebene geltenden Fristen bis zur gemeinsamen Verweisung an die Kommission aussetzte.[963] Darüber hinaus liegt es in der Natur einer solchen Regelung, welche die Überprüfung einer Verweisung durch mehrere Mitgliedsstaaten voraussetzt und letztlich auch das Stellen eines Verweisungsantrags in deren Ermessen stellt, dass sich die Verfahrensdauer insgesamt verlängert und zwangsläufig mit Unsicherheiten behaftet ist.[964] Kommt es zu einer Verweisung, obwohl nicht alle Mitgliedsstaaten einen Verweisungsantrag gestellt haben, könnten die Mitgliedsstaaten, die keinen Antrag gestellt haben, parallel ein Verfahren durchführen.[965] Umgekehrt könnten für den Fall, dass ein solches Verfahren überhaupt nicht durchgeführt wird, die von der Kommission festgestellten wettbewerblichen Bedenken ins Leere laufen.[966]

(3) Vorschläge zur Verbesserung des Art. 22 FKVO a. F.

Damit die Regelung des Art. 22 Abs. 3 FKVO a. F. seine Funktion zur Vermeidung von Mehrfachanmeldungen erfüllen konnte, musste, im Hinblick auf die fehlenden Kontakte zwischen den Beteiligten, ein Verfahren für den Informationsaustausch zwischen diesen entwickelt werden.[967] Die Festschreibung einer solchen obligatorischen Konsultation zwischen den Beteiligten hielt die Kommission jedoch nicht für möglich.[968] Die Kommission hielt es daher zunächst für fraglich, ob Art. 22 Abs. 3 FKVO a. F. soweit geändert werden kann, dass dieser sich als wirksames und generelles Mittel zur Lösung des Problems der

---

[962] Grünbuch RN 91, 92.
[963] Grünbuch RN 93.
[964] Grünbuch RN 96.
[965] Grünbuch RN 97.
[966] Grünbuch RN 97.
[967] Grünbuch RN 89.
[968] Grünbuch RN 94.

Mehrfachanmeldungen erweist.[969] Sie griff daher das bereits im Grünbuch von 1996 vergeblich vorgeschlagene „Drei-Plus-System" wieder auf, wonach eine automatische Zuständigkeit der Europäischen Union für Fälle begründet wird, die in mehr als drei Mitgliedsstaaten angemeldet werden müssten.[970] Auf Grund zahlreicher Widerstände der Mitgliedsstaaten rückte die Kommission jedoch wieder von ihrem Vorschlag ab.[971] Die Regelung des Art. 22 sollte nunmehr wesentlich geändert und im Zusammenwirken mit den übrigen Verweisungsregelungen als ein wirksames Instrument für die Prüfung von Fällen mit erheblichen grenzübergreifenden Wirkungen dienen.[972] Nicht durchsetzen konnte sich die zunächst im Verordnungsvorschlag vorgesehene Änderung, dass nach Art. 22 Abs. 3 FKVO a. F. ein Zusammenschluss auch dann gemeinschaftsweite Bedeutung erlangt, und damit ausschließlich in die Zuständigkeit der Kommission fällt, wenn mindestens drei der zur Prüfung des Zusammenschlusses zuständigen Mitgliedsstaaten die Kommission um die Prüfung des Zusammenschlusses ersucht hätten.[973]

bb. Antrag

Das Verfahren nach Art. 22 setzt formell zunächst den Antrag der Mitgliedsstaaten voraus. Besondere Formerfordernisse bestehen zwar für den Antrag nicht, jedoch wird allgemein vorausgesetzt, dass dieser schriftlich bei der Kommission eingereicht wird.[974] Das Initiativrecht für die Einleitung des Verweisungsverfahrens vor der Anmeldung liegt wie

---

[969] Grünbuch RN 99.

[970] Grünbuch RN 54ff.; Langen/Bunte-Baron 10. Auflage FKVO Art. 22 RN 2; siehe ausführlich Abschnitt VI. 1.

[971] Immenga/Mestmäcker-Immenga/Körber FKVO Art. 9 RN 4; Verordnungsvorschlag Begr. Ziff. 13ff.

[972] Verordnungsvorschlag Begr. Ziff. 19ff. insbesondere Ziff. 26.

[973] Vgl. für diesen Vorschlag: Verordnungsvorschlag Begr. Ziff. 26f.; Klees, EuZW 2003 S. 199; Berg/Diegel EWS 2003 S. 445; Bartosch BB 2003 Beilage 3 S. 4; Bischke/Mäger, EWS 2003 S. 102; Kogel S. 223f..

[974] FK-Hellmann FKVO Art. 22 RN 17; Immenga/Mestmäcker-Immenga/Körber FKVO Art. 22 RN 17.

bei Art. 9 ausschließlich bei den betreffenden Mitgliedsstaaten.[975] Nach wie vor wird zwischen den gemeinsamen Verweisungsanträgen und dem Einzelverweisungsantrag unterschieden. Letzterer hat jedoch vor dem Hintergrund, dass mit Ausnahme von Luxemburg alle Mitgliedsstaaten über eine eigene Fusionskontrolle verfügen, keine Bedeutung mehr.[976]

(1) Gemeinsame Verweisungsanträge – Netzwerk der Wettbewerbsbehörden

Wie bereits ausgeführt, ist die geringe Bedeutung des Art. 22 auf die mangelnde Zusammenarbeit der einzelnen Wettbewerbsbehörden zurückzuführen. Demnach sind Erfolgsaussichten dieser Regelung trotz erheblicher Verbesserungen nicht gegeben, wenn eine enge Zusammenarbeit der einzelnen nationalen Wettbewerbsbehörden nicht gewährleistet wird. Der Verordnungsgeber fordert daher, dass die Kommission gemeinsam mit den zuständigen Behörden der Mitgliedsstaaten ein Netz von Behörden bildet, die ihre jeweiligen Zuständigkeiten in enger Zusammenarbeit durch effiziente Regelungen für Informationsaustausch und Konsultation wahrnehmen.[977] Eine solche Zusammenarbeit erfolgt über das „European Competition Authorities"-Netzwerk (ECA), an dem die nationalen Wettbewerbsbehörden des EWR, die Kommission und die EFTA-Überwachungsbehörden teilnehmen.[978] Entsprechend der von dort gefassten Grundsätze soll durch einen frühzeitigen und intensiven Informationsaustausch eine Einigung über die Verweisungsentscheidung erzielt werden.

---

[975] Vgl. Teil B V. 2. b. bb.

[976] Entsprechend hatte sich das Bundeskartellamt dafür ausgesprochen, das Recht zur Antragstellung nur noch mehreren Mitgliedsstaaten gemeinsam einzuräumen (vgl. Stellungnahme Bundeskartellamt S. 12).

[977] Vgl. Erwägungsgrund 14 FKVO.

[978] Immenga/Mestmäcker-Immenga/Körber FKVO Art. 22 RN 15; MüKo-Schild FKVO Art. 22 RN 22; FK-Hellmann FKVO Art. 22 RN 20ff.

(2) Aufforderung der Kommission zur Antragstellung

Gemäß Art. 22 Abs. 5 kann die Kommission einem oder mehreren Mitgliedsstaaten mitteilen, dass ein Zusammenschluss nach ihrem Dafürhalten die Kriterien einer Verweisung nach Art. 22 erfüllen und diese Mitgliedsstaaten auffordern, einen entsprechenden Verweisungsantrag zu stellen. Wie auch im Verfahren nach Art. 9 bleibt es nach einer Aufforderung durch die Kommission im Ermessen der Mitgliedsstaaten, ob sie tatsächlich einen Verweisungsantrag stellen.[979]
Da die Zuständigkeiten und die Verweisungen durch die enge Zusammenarbeit der nationalen und europäischen Behörden wahrgenommen werden sollen, könnte eine solche Aufforderung der Kommission im Hinblick auf die gegenseitige Rücksichtnahme ein gewisses Gewicht haben. Von daher sind wesentliche Auswirkungen auf die Praxis der Fusionskontrolle nicht zu erwarten. Soweit die zuständige Behörde des Mitgliedsstaates die Zuständigkeit für die Überprüfung beibehalten will, wird auch eine entsprechende Aufforderung diesen Entschluss nicht ändern können. Mithin kommt dieser Regelung lediglich eine Signalfunktion zu.
Aus praktischen Erwägungen stellt sich die Frage, auf welcher Grundlage die Entscheidung der Kommission über eine Aufforderung nach Art. 22 Abs. 5 erfolgt. Im Gegensatz zum Verfahren nach Art. 9 hat die Kommission vorliegend keine Informationen über den Zusammenschluss. Regelmäßig wird sie daher nur bei besonderen Zusammenschlussvorhaben genügend Informationen für eine solche Aufforderung haben. Daneben kommt eine Aufforderung in Betracht, wenn die Kommission nach einem gescheiterten Verweisungsverfahren nach Art. 4 Abs. 5 zumindest eine Verweisung der dort zustimmenden Mitgliedsstaaten erreichen möchte.

---

979 Mestmäcker/Schweitzer § 23 RN 54, Klees § 12 RN 64; Loewenheim/Meessen/Riesenkampff-Westermann FKVO Art. 22 RN 4; Langen/Bunte-Baron 10. Auflage FKVO Art. 22 RN 3; FK-Hellmann FKVO Art. 22 RN 15; Hüfner S. 64.

(3) Fristen zur Antragstellung

Der Verweisungsantrag muss von den Mitgliedsstaaten gemäß Art. 22 Abs. 1 Unterabs. 2 innerhalb von 15 Arbeitstagen, nachdem der Zusammenschluss bei dem betreffenden Mitgliedsstaat angemeldet oder – falls eine Anmeldung nicht erforderlich ist – ihm anderweitig zur Kenntnis gebracht worden ist, erfolgen.[980] Damit wurde die bisher in Art. 22 Abs. 4 S. 4 FKVO a. F. vorgesehene Monatsfrist zur Gewährleistung eines schnellen Verfahrens aufgehoben.[981] Weiterhin ist mit der Anknüpfung des Fristbeginns an den Zeitpunkt der Anmeldung bei den Mitgliedsstaaten, jedenfalls für die überwiegende Zahl der Mitgliedsstaaten, die eine Anmeldepflicht kennen, eine Unklarheit der bisherigen Regelung beseitigt worden.[982] Das Abstellen auf den Tag der Anmeldung bedeutet jedoch, dass die beteiligten Unternehmen und Personen die mühsame Ausarbeitung mehrerer Anmeldungen für verschiedene Mitgliedsstaaten auf sich nehmen müssen, obwohl der Fall letztlich an die Kommission verwiesen werden könnte.[983] Ein weiteres Problem in diesem Zusammenhang können die unterschiedlich ausgestalteten Zeitpunkte für eine Anmeldung des Zusammenschlusses in den nationalen Fusionskontrollsystemen sein.[984] Gemeinsame Verweisungsanträge könnten erschwert werden, weil möglicherweise ein Land wegen drohenden Fristablaufs eine Entscheidung über einen eigenen Verweisungsantrag treffen muss, während in einem anderen Mitgliedsstaat noch eine längere Frist zur Verfügung steht, weil etwa noch nicht alle Voraussetzungen für eine Anmeldung vorliegen.[985]

---

[980] Die Frist beginnt gemäß Art. 7 DVO an dem Arbeitstag, der auf den Eingang der Anmeldung oder der Kenntniserlangung folgt und endet gemäß Art. 8 DVO mit Ablauf des letzten Arbeitstages. Keine Arbeitstage sind gemäß Art. 24 DVO Samstage, Sonntage sowie Feiertage nach der Europäische Union (diese werden zu Beginn des Jahres im Amtsblatt der Europäischen Union bekannt gegeben).

[981] Auch die neue Frist wird jedoch teilweise als zu lang bewertet (vgl. Berg BB 2004 S. 565).

[982] Vgl. Grünbuch RN 91; Stellungnahme Bundeskartellamt S. 13.

[983] Grünbuch RN 91 FN 15.

[984] Grünbuch RN 92.

[985] MüKo-Schild FKVO Art. 22 RN 40.

(4) Hemmung der nationalen Fristen

Eine weitere Neuerung des Verfahrens ist die Hemmung aller den Zusammenschluss betreffenden nationalen Fristen gemäß Art. 22 Abs. 2 Unterabs. 3. Diese Hemmung gilt insoweit auch für solche Mitgliedsstaaten, die keinen Antrag gestellt haben.[986] Mit dieser Änderung wurde eine erhebliche Schwäche der bisherigen Regelung aufgehoben.[987] Auf Grund der unterschiedlichen Fristen der nationalen Wettbewerbsordnungen ist es möglich, dass bestimmte Mitgliedsstaaten über den gemeldeten Zusammenschluss entscheiden müssen, weil sie nach ihrem innerstaatlichem Wettbewerbsrecht dazu verpflichtet sind, noch bevor in einem anderen Mitgliedsstaat die Frist für die Befassung der Kommission mit der Sache abgelaufen ist.[988] Gleichzeitig werden auch die Unternehmen bis zur Entscheidung der Kommission, vor der parallelen Fortführung mehrerer Verfahren und vor eventuellen Buß- und Zwangsgeldern wegen Versäumung nationaler Fristen bewahrt.[989] Die Hemmung der nationalen Frist endet, wenn der betreffende Mitgliedsstaat der Kommission und den beteiligten Unternehmen mitteilt, dass er sich dem Verweisungsantrag nicht anschließt, oder spätestens nach 15 Arbeitstagen, nachdem der Mitgliedsstaat von der Kommission über den Verweisungsantrag informiert wurde, da danach ein Anschluss an den Verweisungsantrag nicht mehr in Betracht kommt.[990]

cc. Materiell-rechtliche Voraussetzungen

Eine Verweisung des Zusammenschlusses an die Kommission gemäß Art. 22 setzt materiell-rechtlich voraus, dass ein Zusammenschluss im Sinne von Art. 3, der keine gemeinschaftsweite Bedeutung im Sinne von Art. 1 hat, den Handel zwischen Mitgliedsstaaten beeinträchtigen und den Wettbewerb im Hoheitsgebiet des bzw. der antragstellenden

---

[986] Immenga/Mestmäcker-Immenga/Körber FKVO Art. 22 RN 26.
[987] Grünbuch RN 93; MüKo-Schild FKVO Art. 22 RN 39; Kogel S. 221.
[988] Grünbuch RN 93; so auch MüKo-Schild FKVO Art. 22 RN 29.
[989] Immenga/Mestmäcker-Immenga/Körber FKVO Art. 22 RN 26.
[990] Bechtold/Brinker/Bosch/Hirsbrunner FKVO Art. 22 RN 9.

Mitgliedsstaaten erheblich zu beeinträchtigen droht. Während das Kriterium der Beeinträchtigung des Handels zwischen den Mitgliedsstaaten beibehalten wurde, wird für eine Verweisung nach Art. 22 nicht mehr die Begründung oder Verstärkung einer marktbeherrschenden Stellung vorausgesetzt, sondern eine erhebliche Beeinträchtigung des Wettbewerbs. Da dieses Kriterium auch in Art. 4 Abs. 4 und Art. 9 Abs. 2 lit. a verwendet wird, kann auf die dortigen Ausführungen Bezug genommen werden.[991] Wie bereits für die Regelungen festgestellt wurde, kommt auch im Rahmen des Art. 22 keine Gleichsetzung mit dem Begriff der „erheblichen Behinderung" nach Art. 2 Abs. 2 und Abs. 3 in Betracht.[992]

Damit wurden die Anforderungen zu der alten Fassung des Art. 22 erheblich gemindert.[993] Die Mitgliedsstaaten werden davor bewahrt, durch umfangreiche Prüfungen die Begründung oder Verstärkung einer beherrschenden Stellung des Zusammenschlusses nachzuweisen. Sie müssen lediglich anhand einer vorläufigen Analyse, aufzeigen, dass eine echte Gefahr einer nicht unbedeutenden negativen Auswirkung auf den Wettbewerb durch den Zusammenschluss besteht.[994] Hinweise auf solche Auswirkungen des Zusammenschlusses können auch durch Annahmen sowie im Rahmen eines Anscheinsbeweises erfolgen, deren Beleg den endgültigen Ausgang der Überprüfung des Zusammenschlussvorhabens nicht beeinflussen.[995]

---

[991] Vgl. Teil B V. 3. a. bb. (2) (d).

[992] Vgl. Teil B V. 3. a. bb. (2) (d); FK-Hellmann FKVO Art. 22 RN 36; MüKo-Schild FKVO Art. 22 RN 54; a. A. Immenga/Mestmäcker-Immenga/Körber FKVO Art. 22 RN 33; Bechtold/Brinker/Bosch/Hirsbrunner FKVO Art. 22 RN 5; Kogel S. 223. Loewenheim/Meessen/Riesenkampff-Westermann FKVO Art. 22 RN 5; wohl auch Wiedemann-Wagemann § 17 RN 167.

[993] Langen/Bunte-Baron 10. Auflage FKVO Art. 22 RN 5; MüKo-Schild FKVO Art. 22 RN 54; Hüfner S. 62.

[994] Mitteilung Verweisungsregime RN 44; Langen/Bunte-Baron 10. Auflage FKVO Art. 22 RN 5.

[995] Mitteilung Verweisungsregime RN 44.

dd. Verfahrensablauf nach Antragstellung

Das Verfahren nach dem neu gefassten Art. 22 ist entsprechend der Erfahrungen der Kommission in den wenigen Verweisungsfällen, die nach dieser Regelung erfolgt sind, präzisiert und gestrafft worden.[996] Eine grundlegende Änderung stellt die Möglichkeit eines betreffenden Mitgliedsstaates dar, sich einem Verweisungsantrag eines anderen Mitgliedsstaates anzuschließen.

(1) Anschluss durch die übrigen betreffenden Mitgliedsstaaten

Soweit ein Verweisungsantrag gestellt ist, kann sich gemäß Art. 22 Abs. 2 Unterabs. 2 jeder andere Mitgliedsstaat diesem innerhalb von 15 Arbeitstagen anschließen.[997] Hierzu muss lediglich nachgewiesen werden, dass die materiell-rechtlichen Verweisungsvoraussetzungen auch für ihr Hoheitsgebiet erfüllt sind.[998] Durch diese Änderung kann durch den Antrag von mindestens einem Mitgliedsstaat die Wirkung eines umfangreichen gemeinsamen Verweisungsantrags erreicht werden.

(a) Unterrichtung der betreffenden Mitgliedsstaaten

Gemäß Art. 22 Abs. 2 Unterabs. 1 werden die zuständigen Behörden der Mitgliedsstaaten von der Kommission unverzüglich über einen gestellten Verweisungsantrag unterrichtet, wodurch die Grundlage für den Anschluss an den Antrag geschaffen wird. Mithin geht diese Regelung über die in Art. 19 Abs. 2 normierte enge und stetige Verbindung zwischen der Kommission und den zuständigen Behörden der Mitgliedsstaaten hinaus.

---

[996] Verordnungsvorschlag Begr. Ziff. 27.

[997] Gemäß Art. 7 DVO beginnt die Frist an dem Arbeitstag, der der Unterrichtung durch die Kommission folgt und endet gemäß Art. 8 DVO mit dem Ablauf des letzten Arbeitstages.

[998] Bechtold/Brinker/Bosch/Hirsbrunner FKVO Art. 22 RN 8; Immenga/Mestmäcker-Immenga/Körber FKVO Art. 22 RN 25.

(aa) Betreffende Mitgliedsstaaten

Nach dem eindeutigen Wortlaut des Art. 22 Abs. 2 Unterabs. 2 kann sich „jeder andere Mitgliedsstaat" dem ersten Antrag anschließen. Entsprechend wird in der Literatur und von der Kommission vertreten, dass sich dem Verweisungsantrag auch ein Mitgliedsstaat anschließen kann, welcher für die Überprüfung des Zusammenschlusses nach nationalem Recht überhaupt nicht zuständig ist.[999] Voraussetzung sei lediglich, dass in dem Hoheitsgebiet der Zusammenschluss den Wettbewerb erheblich zu beeinträchtigen droht.[1000] Gegen eine solche Auslegung könnte jedoch der eindeutige Wortlaut des Erwägungsgrundes 15 FKVO sprechen, in dem es heißt: „Weitere Mitgliedsstaaten, die für die Überprüfung des Zusammenschlussvorhabens ebenfalls zuständig sind, sollen die Möglichkeit haben, dem Antrag beizutreten." Eine solche Auslegung wäre jedoch inkonsequent, wenn nach Art. 22 auch Mitgliedsstaaten einen Verweisungsantrag stellen können, die über gar kein Fusionskontrollrecht verfügen. Die Frage, ob eine Verweisung von Mitgliedsstaaten möglich sein solle, welche nach nationalem Recht nicht für die Überprüfung zuständig ist, wurde im Vorfeld des Berichts 2009 thematisiert.[1001] Einige der befragten Unternehmen und neun von 14 befragten Wettbewerbsbehörden sprachen sich gegen eine

[999] Langen/Bunte-Baron 10. Auflage FKVO Art. 22 RN 8; für das Recht, auch bei Unzuständigkeit einen Verweisungsantrag zu stellen und damit konsequenterweise auch für das Recht auf einen Anschluss an einen solchen: Bechtold/Brinker/Bosch/Hirsbrunner FKVO Art. 22 RN 3; MüKo-Schild FKVO Art. 22 RN 25, welcher dabei auch überprüft, inwieweit einer solchen Auslegung das nationale Recht entgegensteht. Auch die Kommission hat in jüngster Zeit einen Verweisungsantrag akzeptiert, dem Verweisungen von Mitgliedsstaaten zugrunde lagen, deren Aufgreifschwellen nach nationaler Fusionskontrolle nicht erfüllt waren (vgl. Kommission vom 18.05.2005 COMP/;.3796-OMYA/J.M. Huber PCC; vgl. auch FK-Hellmann FKVO Art. 22 RN 31); vgl. auch Begleitendes Arbeitspapier zum Bericht 2009 RN 133; a.A. FK-Hellmann FKVO Art. 22 RN 23, 31; Wiedemann-Wagemann § 17 RN 168 a.E.

[1000] Langen/Bunte-Baron 10. Auflage FKVO Art. 22 RN 8; MüKo-Schild FKVO Art. 22 RN 47.

[1001] Begleitendes Arbeitspapier zum Bericht 2009 RN 137, 140 und 144.

Verweisungsbefugnis von unzuständigen Mitgliedsstaaten aus.[1002] In diesem Zusammenhang weist die Kommission daraufhin, dass Art. 22 für eine Verweisung voraussetzt, dass der Zusammenschluss „den Wettbewerb im Hoheitsgebiet des beziehungsweise der antragstellenden Mitgliedsstaaten erheblich zu beeinträchtigen droht". Da es nicht auszuschließen sei, dass diese Voraussetzung in einem Mitgliedsstaat vorliegt, aber die Zuständigkeitskriterien nicht erfüllt sind, sollte unter diesen Umständen eine Verweisung nach der FKVO möglich sein.[1003]
Im Ergebnis ist davon auszugehen, dass es sich beim Erwägungsgrund 15 um einen redaktionellen Fehler handelt. Folglich sind auch alle Mitgliedsstaaten von dem Verweisungsantrag zu unterrichten.[1004]

(bb) Umfang der Unterrichtung

Nicht geregelt ist, in welchem Umfang die Unterrichtung zu erfolgen hat. Eine Pflicht zur Übermittlung des gesamten Antrags mit allen dazugehörigen Informationen kann aus dem Wortlaut des Art. 22 Abs. 2 Unterabs. 1 nicht hergeleitet werden. Wird jedoch der Antrag ohne die dazugehörigen Informationen versendet, stellt sich die Frage, auf welcher Grundlage die Mitgliedsstaaten ihre Anschlussentscheidung nach Art. 22 Abs. 2 treffen sollen, wenn eine Anmeldung bislang nicht erfolgt oder eine Anmeldung nicht notwendig ist. Es besteht damit die Gefahr, dass der betreffende Mitgliedsstaat mangels einer Entscheidungsgrundlage, die Anschlussfrist verstreichen lässt, da die Stellung eines eigenen Verweisungsantrags hiervon nicht beeinflusst werden kann. Vor diesem Hintergrund sollte zumindest den für die Überprüfung des Zusammenschlusses zuständigen Mitgliedsstaaten der gesamte Antrag auf Verweisung mit den beigefügten Antragsgründen und Voraussetzungen zugeleitet werden. Auf dieser Grundlage könnten die unterrichteten Mitgliedsstaaten innerhalb der Frist eine Entscheidung über den Anschluss treffen. Es bestünde auch nicht die Gefahr, dass

[1002] Begleitendes Arbeitspapier zum Bericht 2009 RN 138, 140.
[1003] Begleitendes Arbeitspapier zum Bericht 2009 RN 144.
[1004] Vgl. Mitteilung Verweisungsregime RN 50; Immenga/Mestmäcker-Immenga/Körber FKVO Art. 22 RN 22.

durch diese Übermittlung schutzwürdige Interessen, der am Zusammenschluss Beteiligten, verletzt werden würden, da eine Anmeldung bei diesen Mitgliedsstaaten ohnehin erfolgen müsste. Die Kommission empfiehlt auf Grund der vorgenannten Problematik den Unternehmen, eine Anmeldung bei allen zuständigen Mitgliedsstaaten zu stellen.[1005] Dieser Empfehlung werden die Mitgliedsstaaten jedoch nur nachkommen, wenn sie in der Verweisung einen Vorteil sehen.

(b) Anschlussentscheidung der anderen Mitgliedsstaaten

Die Entscheidung der Mitgliedsstaaten über den Anschluss an den Verweisungsantrag liegt in ihrem Ermessen.[1006] Dies ergibt sich zum einen aus dem eindeutigen Wortlaut der Regelung und zum anderen aus der Tatsache, dass den Mitgliedsstaaten ihre originäre Zuständigkeit nicht ohne weiteres entzogen werden kann.[1007] Erfolgt innerhalb der Frist keine Entscheidung der Mitgliedsstaaten, wird die Anschlusserklärung, im Gegensatz zur Regelung des Art. 4 Abs. 5 Unterabs. 5, nicht fingiert.[1008] Die in der ursprünglichen Fassung noch enthaltene Anschlussfiktion bei fehlender Entscheidung wurde damit nicht umgesetzt.[1009]

(2) Entscheidung der Kommission

Gemäß Art. 22 Abs. 3 trifft die Kommission innerhalb von zehn Arbeitstagen eine Entscheidung darüber, ob sie die Verweisungsvoraussetzung für gegeben erachtet und den Zusammenschluss gemäß dem Verweisungsantrag selbst überprüft.[1010]

[1005] Vgl. Mitteilung Verweisungsregime RN 50 FN 44.

[1006] MüKo-Schild FKVO Art. 22 RN 45.

[1007] MüKo-Schild FKVO Art. 22 RN 45.

[1008] FK-Hellmann FKVO Art. 22 RN 23; MüKo-Schild FKVO Art. 22 RN 44; Immenga/Mestmäcker-Immenga/Körber FKVO Art. 22 RN 24.

[1009] Vgl. Art. 22 Abs. 2 Unterabs. 3 Verordnungsvorschlag.

[1010] Zwar ist in der FKVO eine Anhörung der beteiligten Unternehmen nicht vorgesehen, jedoch wird nach einhelliger Auffassung davon ausgegangen, dass aus Gründen des rechtlichen Gehörs eine solche geboten ist (vgl. Langen/Bunte-Baron

(a) Umfang der Überprüfung durch die Kommission

Zunächst überprüft die Kommission, ob die materiell-rechtlichen Verweisungsvoraussetzungen vorliegen. Der Wortlaut der Regelung „[...] ihrer Ansicht nach [...]“ verdeutlicht, dass die Kommission hierbei über einen Beurteilungsspielraum verfügt.[1011] Die Prüfung der Kommission beschränkt sich auf die Richtigkeit der von den Mitgliedsstaaten begründeten Anträge. Liegen die Voraussetzungen nach Ansicht der Kommission nicht vor, muss sie den Verweisungsantrag ablehnen.

(b) Ermessensentscheidung der Kommission

Soweit die materiell-rechtlichen Verweisungsvoraussetzungen vorliegen, wird vertreten, dass der Kommission bei der Entscheidung über den Verweisungsantrag ein Ermessen zusteht.[1012] Dieses Ermessen ergebe sich aus dem eindeutigen Wortlaut des Art. 22 Abs. 3 („kann [...] beschließen“). Trotz des eindeutigen Wortlauts der bisherigen Regelung des Art. 22 Abs. 3 FKVO a. F. („[...] so kann die Kommission [...]“), wurde vertreten, dass es sich hierbei nicht um ein Ermessen der Kommission handelt, sondern vielmehr um eine Befugnis.[1013] Dies ergebe sich aus der Tatsache, dass Art. 22 Abs. 3 FKVO a. F. ausdrücklich auf Art. 8 verweise, bei welchem es sich vorbehaltlich gewisser Beurteilungsspielräume um eine gebundene Entscheidung handelt.[1014] Diese Auffassung kann jedoch nach den Änderungen des

---

10. Auflage FKVO Art. 22 RN 9; Bechtold/Brinker/Bosch/Hirsbrunner FKVO Art. 22 RN 11; Immenga/Mestmäcker-Immenga/Körber FKVO Art. 22 RN 23).

[1011] Dies gilt jedoch nicht für die anschließend folgende Entscheidung der Kommission über den Zusammenschluss. Hier kann eine Untersagung des Zusammenschlusses nur bei Beeinträchtigung des Handels erfolgen, da nur in diesem Fall ein Nachteil für die Beteiligten entstehen würde. So auch Lange RN 1388, der jedoch das Vorliegen auch für eine Genehmigung voraussetzt.

1012 Berg BB 2004 S. 565; Klees § 12 RN 71; MüKo-Schild FKVO Art. 22 RN 61; Wiedemann-Wagemann § 17 RN 170; Immenga/Mestmäcker-Immenga/Körber FKVO Art. 22 RN 35.

[1013] GK-Schütz FKVO Art. 22 RN 6.

[1014] GK-Schütz FKVO Art. 22 RN 6.

Art. 22FKVO a. F. nunmehr nicht mehr vertreten werden, da sich der Verweis auf Art. 8 nicht mehr im Zusammenhang mit der Entscheidung der Kommission, sondern im Rahmen der allgemeinen Verweise in Art. 22 Abs. 4 Unterabs. 1 findet. Andererseits ist vor dem Hintergrund des Sinn und Zwecks der Regelung des Art. 22 –eine Feinsteuerung der Zuständigkeitsverteilung zu gewährleisten – das Ermessen der Kommission auf null zu reduzieren, wenn mindestens drei Mitgliedsstaaten eine Verweisung beantragen und die weiteren Voraussetzungen vorliegen. Solche Fälle sind im Hinblick auf die Anforderungen des Subsidiaritäts- und „One-Stop-Shop"-Prinzips zwingend auf der Unionsebene zu prüfen.[1015]

(c) sonstige zu berücksichtigende Umstände

Die Kommission berücksichtigt bei der Verweisungsentscheidung die in der Mitteilung Verweisungsregime dargestellten Leitsätze und die Ausführungen zu der Frage, ob die Wettbewerbsbehörden, die die Verweisung beantragen, tatsächlich am besten für die Überprüfung des Vorhabens geeignet sind.[1016] Zu berücksichtigen sind dabei sämtliche praktische Auswirkungen des Subsidiaritätsprinzips, das „One-Stop-Shop"-Prinzip und die Rechtssicherheit.[1017] Im Hinblick auf den mit einer Verweisung nach Anmeldung einhergehenden zusätzlichen Zeit- und Kostenaufwand für die Unternehmen wird die Kommission nur dann eine Verweisung beschließen, wenn der Fall seinem Anschein nach eine echte Gefahr für den Wettbewerb und den Handel zwischen den Mitgliedsstaaten darstellt und daher am besten auf Unionsebene behandelt werden müsste.[1018] Für eine Verweisung gemäß Art. 22 ist regelmäßig derjenige Zusammenschluss geeignet, bei dem ernste Wettbewerbsbedenken in Bezug auf einen oder mehreren räumliche Märkte bestehen, die über die Staatsgrenzen hinausreichen, oder bei

[1015] Insoweit geht die Auffassung zu weit, dass im Rahmen des Art. 22 der Kommission grundsätzlich kein Ermessen zusteht (vgl. Kogel S. 234).
[1016] Mitteilung Verweisungsregime RN 37.
[1017] Erwägungsgrund 11, 14 FKVO; Mitteilung Verweisungsregime RN 8, 37.
[1018] Mitteilung Verweisungsregime RN 45.

denen einige der möglicherweise betroffenen Märkte über die Staatsgrenzen hinausreichen, und der ökonomische Schwerpunkt des Zusammenschlusses in diesen Märkten stattfindet.[1019] Ferner sind solche Fälle für eine Verweisung geeignet, die den Wettbewerb in mehreren nationalen Märkten betreffen und die wichtigsten wirtschaftlichen Folgen des Zusammenschlusses mit diesen Märkten in Zusammenhang stehen.[1020]

(d) Frist für die Entscheidung der Kommission

Eine Entscheidung der Kommission über die Überprüfung des Zusammenschlusses muss gemäß Art. 22 Abs. 3 spätestens zehn Arbeitstage nach Ablauf der Anschlussfrist der betreffenden Mitgliedsstaaten gemäß Art. 22 Abs. 2 erfolgen. Sind die Mitgliedsstaaten zu unterschiedlichen Zeiten über einen Verweisungsantrag unterrichtet worden, beginnt die Frist für die Kommission erst nach Ablauf der Frist für diejenigen Behörden, welche als letzte informiert worden sind.[1021] Mithin könnte es zu Verzögerungen der Entscheidung kommen, wenn die Mitgliedsstaaten über den Verweisungsantrag verspätet informiert worden sind.[1022] Die Frist für die Entscheidung der Kommission sollte konsequenterweise nicht zu laufen beginnen, wenn der Kommission von den betreffenden Mitgliedsstaaten die für die Prüfung des Falles erforderlichen Angaben nicht vorgelegt wurden.[1023]

[1019] Mitteilung Verweisungsregime RN 45.

[1020] Mitteilung Verweisungsregime RN 45.

[1021] Vgl. Klees § 12 RN 71 FN 160, der davon ausgeht, dass diese Fristen regelmäßig zusammenfallen, wenn die Kommission die Behörden der betreffenden Mitgliedsstaaten – wie es im Bereich der VO 1/2003 vorgesehen ist – via Intranet informiert.

[1022] Berg BB 2004 S. 565.

[1023] Kogel S. 220; so auch die bisherige Praxis der Kommission (Schröter/Jacob/Mederer- Langeheine/Dittert FKVO Art. 22 RN 11); vgl. Entscheidung der Kommission vom 17.12.1993 IV/M.278- British Airways/Dan Air, RN 9; vgl. auch EuG-Air France/Kommission Slg. 1994, II- 121, RN 46; a. A. Immenga/Mestmäcker-Immenga/Körber FKVO Art. 22 RN 41.

(e) Entscheidungsfiktion

Hat die Kommission innerhalb der Frist von zehn Arbeitstagen keinen Beschluss gefasst, gilt dies gemäß Art. 22 Abs. 3 Unterabs. 1 a.E. als Entscheidung, den Zusammenschluss gemäß dem Antrag zu prüfen. Nach dem eindeutigen Wortlaut ist dies selbst dann anzunehmen, wenn die materiellen Voraussetzungen gar nicht erfüllt sind.[1024] Die Fiktion der Annahme zur Überprüfung des Zusammenschlusses soll einen schnellen Ablauf des Verfahrens gewährleisten[1025] und stellt eine wesentliche Regelung in allen Verweisungsverfahren dar.[1026]

ee. Rechtsfolgen der Verweisung

Hat die Kommission eine Entscheidung getroffen, unterrichtet sie gemäß Art. 22 Abs. 3 Unterabs. 2 hiervon zunächst alle Mitgliedsstaaten und die beteiligen Personen oder Unternehmen.[1027] Im Falle einer negativen Entscheidung bleiben die Mitgliedsstaaten für den Zusammenschluss zuständig. Die Hemmung der nationalen Fristen entfällt gemäß Art. 22 Abs. 2 Unterabs. 3. Soweit eine positive Entscheidung getroffen oder die Entscheidung fingiert wird, verlieren die antragstellenden und die sich dem Antrag anschließenden Mitgliedsstaaten ihre Zuständigkeit und können ihr Wettbewerbsrecht nach Art. 22 Abs. 3 Unterabs. 3 nicht mehr auf den Zusammenschluss anwenden. Für diese erfolgt die Überprüfung durch die Kommission auf der Grundlage der FKVO.[1028] Mitgliedsstaaten, die keinen Antrag gestellt haben, können ihr innerstaatliches Wettbewerbsrecht nach wie vor auf den Zusammenschluss anwenden

---

1024 Loewenheim/Meessen/Riesenkampff- Westermann FKVO Art. 22 RN 7.

1025 Vgl. Begründung RN 27 Verordnungsvorschlag.

1026 Vgl. Mitteilung der Kommission über Verweisungen RN 49 Fußnote 39; eine solche Regelung findet sich weiterhin in Art. 4 Abs. 4 Unterabs. 2 und 4, Abs. 5 Unterabs. 4 und Art. 9 Abs. 5.

1027 Diese Unterrichtungspflicht ist aus Gründen der Rechtssicherheit und zur besseren Klarheit auch für den Fall anzunehmen, dass die Entscheidung der Kommission fingiert wird (vgl. Frenz RN 1914).

1028 Vgl. Klees § 12 RN 71; Mitteilung Verweisungsregime RN 50; Loewenheim/Meessen/Riesenkampff-Westermann FKVO Art. 22 RN 9 ff..

und werden regelmäßig, parallel zum Verfahren bei der Kommission, ein eigenes Verfahren einleiten (zersplitterte Zuständigkeit).[1029] Die Kommission kann gemäß Art. 22 Abs. 3 Unterabs. 2 S. 2 nunmehr ausdrücklich eine Anmeldung fordern oder aber das Verfahren nach der FKVO ohne eine solche einleiten.[1030] Die Anmeldung nach dem Formblatt CO bedeutet für die Beteiligten jedoch großen Zeit- und Kostenaufwand. Im Hinblick auf diese Nachteile ist davon auszugehen, dass die Kommission eine Anmeldung nur ausnahmsweise verlangen wird, z. B. wenn ihr durch den Verweisungsantrag nicht bereits alle erforderlichen Angaben mitgeteilt worden sind.[1031] Hierfür spricht auch der Wortlaut des Art. 22 Abs. 4 Unterabs. 2: „Ist eine Anmeldung nach 4 nicht erforderlich […].“

Keine Veränderungen haben sich für die Überprüfung des Zusammenschlusses durch die Kommission ergeben. Die Prüfung der Kommission verläuft nach einer Verweisung grundsätzlich nach dem üblichen Verfahren der ersten und zweiten Phase mit sämtlichen Ermittlungsbefugnissen.[1032] Gestrichen wurde die problematische Beschränkung des Art. 22 Abs. 5 FKVO a. F., wonach die Kommission nur befugt war, solche Maßnahmen zu treffen, die zur Aufrechterhaltung oder Wiederherstellung wirksamen Wettbewerbs im Gebiet der antragstellenden Mitgliedsstaaten unbedingt erforderlich waren.[1033] Hieraus ergibt sich jedoch keine materiell-rechtliche Änderung.[1034]

[1029] Mitteilung Verweisungsregime RN 50; MüKo-Schild FKVO Art. 20 RN 67; Immenga/Mestmäcker-Immenga/Körber FKVO Art. 22 RN 47. So auch nach der bisherigen Regelung des Art. 22 Abs. 3; vgl. Schröter/Jacob/Mederer-Langeheine/Dittert FKVO Art. 22 RN 21; Heidenhain EuZW 1990 S. 85.

[1030] Trotz einer fehlenden Bestimmung wurde auch bisher überwiegend eine Anmeldung gefordert (vgl. MK –Schild FKVO Art. 22 RN 74).

[1031] Vgl. auch Rosenthal EuZW S. 329; Klees § 12 RN 75.

[1032] Loewenheim/Meessen/Riesenkampff-Westermann FKVO Art. 22 RN 9; Langen/Bunte-Baron 10. Auflage FVKO Art. 22 RN 10; Immenga/Mestmäcker-Immenga/Körber FKVO Art. 22 RN 50. Besonderheiten bestehen nur in Bezug auf Vollzugsverbot und Verfahrensfristen (vgl. Immenga/Mestmäcker-Immenga/Körber FKVO Art. 22 RN 51ff.).

[1033] Diese Formulierung warf im Hinblick auf die Prüfungskompetenz der Kommission Fragen auf (vgl. Löffler FKVO Art. 22 RN 7). Vertreten wurde etwa, dass die Betonung dieses Wortlauts auf dem territorialen Aspekt lag (vgl.

ff. Verhältnis zu den Verweisungsregelungen der Art. 4 Abs. 4, Abs. 5 und Art. 9

Bereits bei den Ausführungen der Art. 4 Abs. 4 und Art. 4 Abs. 5 wurde ausführlich auf das Verhältnis der Verweisungsregeln zueinander eingegangen, so dass insoweit auf die dortigen Ausführungen Bezug genommen werden kann.[1035]

Sollte nach dem Verfahren des Art. 22 die Kommission zuständig werden, besteht nunmehr die Möglichkeit, den Zusammenschluss gemäß Art. 9 erneut zurück an die Mitgliedsstaaten zu verweisen.[1036] Eine Rückverweisung bedeutet jedoch für die beteiligten Unternehmen erhöhte Kosten und einen erheblichen Zeitverlust. In Kenntnis dieser Nachteile fordert der Verordnungsgeber, dass Verweisungen von der Kommission an die Mitgliedsstaaten und von den Mitgliedsstaaten an die Kommission in einer effizienten Weise zu erfolgen haben, welche weitgehend ausschließt, dass ein Zusammenschluss hin und her verwiesen wird.[1037] Eine Ausnahme hiervon ist zu machen, wenn die Verweisung nach Art. 22 auf der Grundlage von unvollständigen, unrichtigen oder irreführenden Angaben gemacht wurde.

Immenga/Mestmäcker-Immenga Art. 22 RN 8; GK- Schulz FKVO Art. 22 RN 7; Groeben/Thiesing/Ehlermann Art. 22 RN 15). Unter anderem veranlasste diese Bestimmung die Kommission im Fall „Kesko/Tuko" vom 19.02.1997 ABl. 1997 L 174/47 zu längeren Ausführungen. Hier legte die Kommission den Maßstab für die „unbedingt erforderlichen Maßnahmen" in der ersten Anwendung der Vorschrift an dem Grundsatz der Verhältnismäßigkeit an. Als übergeordnetes Prinzip findet dieser Grundsatz jedoch auch nach dem Wegfall Anwendung.

[1034] Immenga/Mestmäcker- Immenga/Körber FKVO Art. 22 RN 54.

[1035] Vgl. Teil B V. 3. a. bb. (5) und Teil B V. 3. a. cc. (6).

[1036] Gemäß Art. 22 Abs. 4 Unterabs. 1 findet Art. 9 im Gegensatz zur alten Fassung nunmehr Anwendung auf Zusammenschlüsse nach der Verweisung.

[1037] Erwägungsgrund 14 FKVO.

gg. Bewertung des Art. 22 unter Berücksichtigung des Subsidiaritäts- und „One-Stop-Shop"-Prinzips

Auch die Regelung des Art. 22 dient der Feinsteuerung der Zuständigkeitsverteilung und ist damit als Ausprägung des Subsidiaritätsprinzips zu werten.[1038] Die Regelung bezweckt im Wesentlichen, Mehrfachanmeldungen auf Grund ihrer gemeinschaftsweiten Auswirkungen zu vermeiden.[1039] Seit der Neufassung der FKVO a. F. erfolgten bereits 19 Verweisungsanträge nach Art. 22, von denen 17 stattgegeben wurden.[1040] Von diesen Zusammenschlüssen waren jedoch bis zum Jahr 2008 lediglich in fünf Fällen drei oder mehr Mitgliedstaaten betroffen.[1041]

Auf Grund der großen Anzahl der nach Art. 4 Abs. 5 verwiesene Fälle kann nicht ohne weiteres der Schluss gezogen werden, dass im Verhältnis zur bisherigen Praxis keine verstärkte Anwendung des Art. 22 stattfindet. Es steht jedoch außer Frage, dass nur ein geringer Anteil der Mehrfachanmeldungen durch die Regelung des Art. 22 erfasst werden konnten.

Gleichzeitig führt die Anwendung des Art. 22 zu einer Stärkung des „One-Stop-Shop"-Prinzips. Dies gilt auch, wenn die Kommission lediglich eine teilweise Überprüfung des Zusammenschlusses von mehreren

---

[1038] Wolf EuZW 1994 S. 236; Krimphove S. 384; MüKo-Schild FKVO Art. 22 RN 5; FK- Hellmann FKVO Art. 22 RN 9; wohl auch die Kommission im Grünbuch RN 84; Calliess S. 239 sieht in der Regelung des Art. 22 eine Ausprägung der positiv auffordernden Subsidiarität, die eine Hilfeleistungspflicht der Union gegenüber den Mitgliedsstaaten begründet.

[1039] MüKo-Schild FKVO Art. 22 RN 3.

[1040] Vgl. Statistik der Europäischen Kommission unter: http://ec.europa.eu/competition/mergers/statistics.pdf Stand 30.04.2011.

[1041] Begleitendes Arbeitspapier zum Bericht 2009 RN 136; in diesem Zusammenhang ist darauf hinzuweisen, dass die Kommission abweichend von ihrer Statistik auf der Internetseite in dem Begleitenden Arbeitspapier zum Bericht 2009 von 14 verwiesenen Zusammenschlüssen in dem Zeitraum von 2004-2008 ausgeht, während aus der Statistik zu entnehmen ist, dass lediglich zwölf Zusammenschlüsse verwiesen worden sind (vgl. Statistik der Europäischen Kommission unter: http://ec.europa.eu/competition/mergers/statistics.pdf Stand 30.04.2011).

Mitgliedsstaaten annimmt, da zumindest eine Bündelung der Überprüfung bei der Kommission erfolgt.[1042]

hh. Stellungnahme

Berücksichtigt man das Scheitern des „Drei-Plus-Systems" und der zunächst vorgesehenen Ausgestaltung des Art. 22 in dem Verordnungsvorschlag, erscheint die aktuelle Fassung des Art. 22 als ein weiterer politischer Kompromiss im Rahmen der FKVO. Um die Regelung des Art. 22 zu einem wirksamen Instrument zur Vermeidung von Mehrfachanmeldungen zu gestalten, wurden die materiellen Voraussetzungen vereinfacht und die verfahrensrechtlichen Bestimmungen gestrafft. Insbesondere wurden solche Probleme behoben, die ein koordiniertes Vorgehen der Behörden erschwerten. Die Ausgestaltung des Art. 22 setzt als antrags- und ermessensabhängige Verweisungsnorm für eine erfolgreiche Verweisung ein verstärktes Zusammenwirken zwischen den Behörden der betreffenden Mitgliedsstaaten und der Kommission voraus. Der Verordnungsgeber fordert daher in Erwägungsgrund 14 FKVO die Bildung eines Netzwerks zwischen den zuständigen Behörden der Mitgliedsstaaten und der Kommission, welches durch das Netzwerk der „European Competition Authorities" (ECA) gewährleistet ist.[1043] Die Einleitung eines Verweisungsverfahrens steht jedoch trotz der Möglichkeit, die Mitgliedsstaaten zu einer Antragstellung aufzufordern, im Ermessen der Mitgliedsstaaten. Ob diese einen Verweisungsantrag stellen, ist durch wettbewerbsrechtliche und wettbewerbspolitische Erwägungen geprägt. Der Widerstand einiger nationaler Wettbewerbsbehörden gegen Einschnitte in ihre Kompetenzbereiche spricht vielmehr gegen eine verstärkte Anwendung des Art. 22. Dementsprechend erfolgten seit der

---

[1042] MüKo-Schild FKVO Art. 22 RN 4, 5; FK-Hellmann FKVO Art. 22 RN 9; Kogel S. 225f.

[1043] Vgl. Grundsätze für die Anwendung von Art. 22 der europäischen Fusionskontrollverordnung durch die nationalen Wettbewerbsbehörden des ECA-Netzwerks, veröffentlicht unter: www.bundeskartellamt.de/ECA-Principles-Final-dt.pdf; vgl. auch Kurzinformationen WuW 1997 S. 768.

Neufassung der FKVO a. F. lediglich 19 Verweisungsanträge nach Art. 22, von denen 17 stattgegeben wurden.[1044] Die Tatsache, dass die Hälfte von den nach Art. 22 verwiesenen Fällen in der Phase II entschieden wurden (üblicherweise werden lediglich 5 % der in die Zuständigkeit der Kommission fallenden Zusammenschlüsse in der Phase II entschieden), verdeutlicht, dass diese Regelung von den Mitgliedsstaaten regelmäßig bei komplexen und schwierigen Fällen verwendet wird.[1045] Die im Vorfeld zum Bericht 2009 befragten Wettbewerbsbehörden erklärten, dass aus ihrer Sicht die Regelung des Art. 22 funktioniere und es keinen Spielraum für eine Verkürzung der Überprüfungsfristen gäbe.[1046] Dagegen verzögere die Dauer des Verweisungsverfahrens die Durchführung des Zusammenschlusses für einen übermäßig langen Zeitraum und forderten sie daher entsprechende Kürzungen der bestehenden Fristen.[1047] Während die Wettbewerbsbehörden die Beibehaltung der Möglichkeit von Einzelverweisungen befürworteten, sprachen sich einige Unternehmen für die Angleichung der Verweisungsregeln des Art. 22 mit denen des Art. 4 Abs. 5aus und forderten für eine Verweisung die Möglichkeit der Anmeldung in drei Mitgliedsstaaten.[1048] Die Kommission hat hierbei auf die Notwendigkeit von Einzelverweisungen hingewiesen und sich für die Beibehaltung des Art. 22 in ihrer jetzigen Ausgestaltung ausgesprochen.[1049] Die Beibehaltung der Regelung ist richtig und konsequent, da sie der FKVO die notwendige Flexibilität bei der Zuweisung von Zuständigkeiten ermöglicht.

[1044] Vgl. Statistik der Europäischen Kommission unter: http://ec.europa.eu/competition/mergers/statistics.pdf Stand 30.04.2011.

[1045] Begleitendes Arbeitspapier zum Bericht 2009 RN 136.

[1046] Begleitendes Arbeitspapier zum Bericht 2009 RN 137.

[1047] Begleitendes Arbeitspapier zum Bericht 2009 RN 142.

[1048] Begleitendes Arbeitspapier zum Bericht 2009 RN 139, 141.

[1049] Begleitendes Arbeitspapier zum Bericht 2009 RN 143, 146.

4. Bewertung der Zuständigkeitsverteilung unter Berücksichtigung des Verweisungssystems nach der FKVO

Nach der FKVO soll durch ein gestrafftes und vereinheitlichtes Verweisungsverfahren eine effektive Zuständigkeitsverteilung zwischen den nationalen und den europäischen Behörden erreicht werden. Nach Erwägungsgrund 11 FKVO sollen die Verweisungsvorschriften angesichts des Subsidiaritätsprinzips als wirksames Korrektiv dienen und gleichzeitig dem Grundsatz der einzigen Anlaufstelle, also dem „One-Stop-Shop"-Prinzip Rechnung tragen. Hierfür wurden die Regelungen des Art. 9 und Art. 22 vereinfacht und durch die Regelungen der Art. 4 Abs. 4 und Abs. 5 die Verweisung von Zusammenschlüssen auch vor der eigentlichen Anmeldung ermöglicht. Die Untersuchungen haben ergeben, dass jede dieser Regelungen grundsätzlich mit dem Subsidiaritäts- und dem „One-Stop-Shop"-Prinzip zu vereinbaren ist. Fraglich ist jedoch, ob durch die vorgenannten Verweisungsregelungen insgesamt eine wirksame Feinsteuerung der Zuständigkeitsverteilung möglich ist.

Es ist nicht von der Hand zu weisen, dass durch das neue Verweisungssystem eine Vielzahl von Zusammenschlüssen von der Kommission an die Mitgliedsstaaten und umgekehrt von den Mitgliedsstaaten an die Kommission verwiesen wurde.[1050] Damit ist eine erhebliche Verbesserung der bisherigen Zuständigkeitsverteilung eingetreten. Allerdings konnten längst nicht alle Mehrfachanmeldungen an die Kommission verwiesen werden. Nach den Untersuchungen zum Bericht 2009 mussten im Jahr 2007 nach wie vor 102 Zusammenschlüsse in drei oder mehr Mitgliedsstaaten angemeldet werden, von denen die überwiegende Zahl grenzüberschreitende Auswirkungen aufwiesen.[1051] Demnach werden nach wie vor eine große Zahl von Zusammenschlüssen mit grenzüberschreitenden Auswirkungen weder von den Schwellenwerten des Art. 1 erfasst noch durch die

---

[1050] Vgl. Statistik der Europäischen Kommission unter: http://ec.europa.eu/competition/mergers/statistics.pdf.

[1051] Begleitendes Arbeitspapier Bericht 2009 RN 47; Bericht 2009 RN 12, 13.

Regelungen des Art. 4 Abs. 5 oder Art. 22 an die Kommission verwiesen. Auch wenn für andere Zeiträume seit der Neufassung der FKVO a. F. keine konkreten Zahlen vorliegen, ist davon auszugehen, dass auch in diesen Zeiträumen eine große Zahl von Zusammenschlüssen mit grenzüberschreitenden Auswirkungen nicht in den Anwendungsbereich der FKVO gelangt ist. Bereits im Jahr 2000 – wohlgemerkt vor den EU-Erweiterungen – betrug die Zahl der festgestellten Mehrfachanmeldungen bereits 75, von denen nur 20 durch die Schwellenwerte des Art. 1 erfasst wurden.[1052] Gleichzeitig wurde festgestellt, dass Mehrfachanmeldungen sowohl in absoluten Zahlen als auch im Vergleich zu den angemeldeten Fällen ständig zunehmen.[1053] Dies wird dadurch bestätigt, dass im Jahr 2007 102 Mehrfachanmeldungen nicht von der FKVO erfasst wurden. Ferner wurden im selben Jahr 48 Zusammenschlüsse durch die Reglungen des Art. 1 Abs. 3 erfasst[1054] und insgesamt 50 Zusammenschlüsse nach Art. 4 Abs. 5 an die Kommission verwiesen[1055]. Mithin lag die Zahl von potenziellen Mehrfachanmeldungen allein im Jahr 2007 bei etwa 200 Fällen. Demgegenüber wurden nach Art. 4 Abs. 5 bislang lediglich 208 Zusammenschlüsse an die Mitgliedsstaaten verwiesen.[1056] Weiterhin wurden in demselben Zeitraum durch die Regelung des Art. 22 insgesamt 24 Zusammenschlüsse an die Kommission verwiesen, von denen bis zum Jahr 2008 lediglich fünf Zusammenschlüsse drei oder mehr Mitgliedsstaaten betrafen.[1057] Im Jahr 2008 gelangten durch die Regelung des Art. 1 Abs. 3 lediglich 24 Zusammenschlüsse in den Anwendungsbereich der FKVO. Vor diesem Hintergrund kann kein Zweifel daran bestehen, dass eine große Zahl von

[1052] Grünbuch RN 24.

[1053] Grünbuch RN 24, 27.

[1054] Begleitendes Arbeitspapier zum Bericht 2009 RN 37 FN 16.

[1055] Vgl. Statistik der Kommission unter: http://ec.europa.eu/competition/mergers/statistics.pdf Stand 30.04.2011.

[1056] Vgl. Statistik der Kommission unter http://ec.europa.eu/competition/mergers/statistics.pdf Stand 30.04.2011.

[1057] Vgl. Statistik der Kommission unter http://ec.europa.eu/competition/mergers/statistics.pdf Stand 30.04.2011; Begleitendes Arbeitspapier zum Bericht 2009 RN 136.

Mehrfachanmeldungen nicht in den Anwendungsbereich der FKVO gelangte.[1058]

Die Kommission sah die Vorteile eines verbesserten Verweisungssystems zum einen in der Zuverlässigkeit eines solchen Systems gegenüber dem „Drei-Plus-System“ und in der Möglichkeit, dass sich ein Ausgleich zwischen den Unionsinteressen und den nationalen Interessen einstellte.[1059] Obwohl die Instrumente für eine optimale Zuständigkeitsverteilung, insbesondere zur Vermeidung von Mehrfachanmeldungen, nach der Neufassung gegeben sind, kann ein befriedigendes Ergebnis unter Berücksichtigung der Anforderungen des Subsidiaritätsprinzips und der Gewährleistung des „One-Stop-Shop“-Prinzips nicht erreicht werden.

Zwar gaben die im Vorfeld zum Bericht 2009 befragten Unternehmen als Hindernisse für die Stellung von Verweisungsanträgen die lange Verfahrensdauer, die hohen Anforderungen und die Rechtsunsicherheiten über den Ausgang des Verfahrens an. Jedoch dürfte der eigentliche Grund hierfür darauf zurückzuführen sein, dass durch ein antrags- und ermessensabhängiges System zwangsläufig die Interessen der Beteiligten von ausschlaggebender Bedeutung sind. Die Anwendung des Verweisungssystems und damit die vollständige Vermeidung von Mehrfachanmeldungen beruht letztlich auf dem Entschluss der beteiligten Unternehmen oder der Mitgliedsstaaten. Bei einem Verfahren nach Art. 4 Abs. 5 werden die Unternehmen vor der Antragstellung die Kosten der Überprüfung durch die nationalen Behörden bzw. durch die Kommission, die Dauer und die Erfolgsaussichten der nationalen Prüfverfahren und des Kommissionsverfahrens nach der FKVO berücksichtigen und damit „forum shopping“ betreiben. Die nationalen Wettbewerbsbehörden sind bestrebt, die Einschränkung ihrer Kompetenzen so gering wie möglich zu halten und werden bei herausragenden Fällen ihre Befugnisse beibehalten wollen. Wird das Verweisungssystem nicht angewandt, weil es etwa aus Sicht des Entscheidungsträgers unvorteilhaft ist, bringt auch

---

[1058] So auch die Kommission vgl. Bericht 2009 RN 12.

[1059] Verordnungsvorschlag Begr. Ziff. 29.

die Zuverlässigkeit und die Möglichkeit des Ausgleichs zwischen Unionsinteressen und nationalen Interessen nicht den gewünschten Erfolg. Damit wird deutlich, dass sich die Optimierung der Zuständigkeitsverteilung durch eine intensive und ausgewogene Zusammenarbeit zwischen der Kommission und den Mitgliedsstaaten sowie unter den Mitgliedsstaaten selbst auf Grund der unterschiedlichen Interessen nicht zu erzielen ist. Eine optimale Feinsteuerung kann durch ein freiwilliges System nicht erreicht werden.

Weiterhin ist zu berücksichtigen, dass die Optimierung der Zuständigkeitsverteilung durch ein gestrafftes und vereinheitlichtes Verweisungsverfahren für die Unternehmen stets mit Nachteilen verbunden ist. Durch Verweisungen nach der Anmeldung entstehen bei den Unternehmen Unsicherheiten, Verzögerungen und zusätzliche Arbeitsbelastungen. Diese Nachteile verstärken sich noch im Falle einer Teilverweisung, da hierbei zwei oder mehr parallele Verfahren betrieben werden müssen. Auch Verweisungen vor der Anmeldung bedeuten für die beteiligten Unternehmen einen erheblichen administrativen Aufwand und sind stets mit dem Risiko des Scheiterns verbunden. Diese Einschätzung wird von den im Vorfeld des Berichts 2009 befragten Unternehmen bestätigt, indem sie erklärten, dass in vielen Fällen von einem Verweisungsantrag abgesehen wurde, weil die Verfahren zu zeit- und arbeitsaufwändig sind.[1060] Zur Gewährleistung des Subsidiaritätsprinzips und zur Stärkung des „One-Stop-Shop"-Prinzips ist der Verordnungsgeber angehalten, eine wirksame Lösung zur Vermeidung von Mehrfachanmeldungen zu finden.

[1060] Bericht 2009 RN 19; Begleitendes Arbeitspapier zum Bericht 2009 RN 98, 116.

Teil C – Alternativer Vorschlag und Fazit

I. Lösung der Mehrfachanmeldung durch das „Drei-Plus-System“

Auf Grund der vorangegangenen Untersuchungen steht fest, dass die Regelung des Art. 4 Abs. 5 und Art. 22 nicht für alle Fälle von Mehrfachanmeldungen die Zuständigkeit der Kommission begründet. Der wesentliche Grund hierfür liegt darin, dass bei den antrags- und ermessensabhängigen Regelungen der Art 4. Abs. 5 als auch Art. 22 stets die Interessen der Beteiligten Berücksichtigung finden. Vor diesem Hintergrund können Mehrfachanmeldungen nur durch eine zwingende Regelung, welche bereits bei der ursprünglichen Bestimmung des Anwendungsbereichs zur Anwendung kommt, vollständig vermieden werden. Eine solche Regelung stellt das „Drei-Plus-System“ dar, nach dem Zusammenschlüsse automatisch in den Anwendungsbereich der FKVO fallen, wenn sie in mindestens drei Mitgliedsstaaten angemeldet werden müssen. Damit wird für die Fälle der Mehrfachanmeldungen das „One-Stop-Shop“-Prinzip verankert. Es wird für die Behandlung der Fälle ein „level playing field“ geschaffen und für die beteiligten Unternehmen Rechtsunsicherheiten, Kosten- und Zeitnachteile vermieden.[1061] Das „Drei-Plus-System“ ist zudem einfach anwendbar und führt in kurzer Zeit zur Feststellung der Zuständigkeit. Diese Auflassung wird nach den jüngsten Untersuchungen der FKVO insoweit bestätigt, als dass das „Drei-Plus-System“ als möglicher Lösungsansatz erneut angeführt wird.[1062] Als wesentliches Argument wird hierfür angebracht, dass die Mitgliedsstaaten nur in sehr wenigen Fällen von ihrem Einspruchsrecht nach Art. 4 Abs. 5 Gebrauch gemacht haben.[1063] Im Folgenden soll daher das „Drei-Plus-System“ aufgezeigt und als Lösung für das Problem der Mehrfachanmeldungen diskutiert werden.

[1061] Vgl. Teil A III. 4.

[1062] Bericht 2009 RN 20 FN 13; Begleitendes Arbeitspapier zum Bericht 2009 RN 30, 129.

[1063] Bericht 2009 RN 20 FN 13; Begleitendes Arbeitspapier zum Bericht 2009 RN 30, 129.

1. Das „Drei-Plus-System“

Infolge der Diskussion um das „Drei-Plus-System“ haben sich zwei unterschiedliche Ausgestaltungen entwickelt. Unterschieden wird zwischen dem „verbindlichen Drei-Plus-System“ und dem „fakultativen Drei-Plus-System“. Beide Regelungen grenzen sich insoweit voneinander ab, als dass bei der letzteren Alternative den Unternehmen noch ein Wahlrecht dahingehend zusteht, ob der Zusammenschluss letztlich bei den Mitgliedsstaaten oder bei der Kommission angemeldet werden soll.

a. „Verbindliches Drei-Plus-System“

Zur Lösung der Mehrfachanmeldungen wurde im Grünbuch der Kommission das so genannte „verbindliche Drei-Plus-System“ favorisiert. Danach sollten Zusammenschlüsse, die nach den jeweiligen nationalen Vorschriften von drei oder mehr Mitgliedsstaaten anmeldepflichtig sind, automatisch eine gemeinschaftsweite Bedeutung erhalten und somit in den Anwendungsbereich der FKVO fallen.[1064] Dieser Lösungsweg wurde bereits im Grünbuch 1996 favorisiert, hatte aber in den Diskussionen zur Revision der FKVO 1997 nicht genügend Anhänger gefunden. Begründet wurde die Ablehnung mit den unterschiedlichen Zuständigkeiten und Verfahren der nationalen Fusionskontrollsysteme. Insbesondere konnte keine Lösung gefunden werden, wie über die zum Teil komplizierten Zuständigkeitsfragen innerhalb der notwendigen kurzen Fristen entschieden werden soll.[1065] Auf Grund der starken Angleichung der Fusionskontrollvorschriften in den Mitgliedsstaaten seit 1997 wurde das „Drei-Plus-System“ von der Kommission erneut als Lösungsweg für das Problem der Mehrfachanmeldungen herangezogen.[1066] Im Gegensatz zur Revision von 1997 wurde nunmehr eine Beschränkung auf Fälle, die bestimmte Umsatzschwellen erreichen,

---

[1064] Grünbuch RN 54ff.; Kogel S. 161.
[1065] Baron WuW 1997 S. 584.
[1066] Grünbuch RN 57.

wegen der genaueren Kenntnisse über die Funktionsweise des Art. 1 Abs. 3 nicht mehr für notwendig gehalten.[1067] Bereits in dem Verordnungsvorschlag der Kommission wurde jedoch von diesem System wiederum Abstand genommen.[1068] Ohne weitere Überprüfungen und unter Abkehr der vorgenannte Argumente wurde die Ablehnung zum einen damit begründet, dass die Mitgliedstaten und Beitrittskandidaten möglicherweise sehr niedrige Anmeldeschwellen haben, oder sogar ein hinreichender Anknüpfungspunkt zum nationalen Rechtssystem ganz fehlt, und somit die Pflicht zur Anmeldung in drei oder mehr Mitgliedsstaaten als Nachweis des Unionsinteresses nicht ausreicht.[1069] Zum anderen aus Gründen der Rechtssicherheit für die Unternehmen auf Grund der unterschiedlichen nationalen Vorschriften der Zusammenschlusskontrolle.[1070]

b. „Fakultatives Drei-Plus-System“

Nach dem so genannten „fakultativen Drei-Plus-System“ haben die Unternehmen die Wahl, ob sie den Zusammenschluss bei den Mitgliedsstaaten anmelden oder die gemeinschaftsweite Bedeutung des Zusammenschlusses mit der Folge beantragen, dass der Zusammenschluss bei der Kommission anzumelden ist.[1071] Durch die Einräumung eines solchen Wahlrechts würden sich Nachteile für die beteiligten Unternehmen, wie beispielsweise die Gefahr der Doppelung der Verfahren, relativieren.[1072] Weiterhin wurde angeführt, dass für die

---

[1067] Grünbuch RN 57.

[1068] Insbesondere das Europäische Parlament befürwortete das „Drei-Plus-System“ als Lösung für die Mehrfachanmeldungen mit der Begründung, dass die Beseitigung der Rechtsunsicherheiten, die sich aus dem Problem der Mehrfachanmeldungen ergeben, eine etwaige Ungenauigkeit in Bezug auf die unionsweite Bedeutung mehr als aufwiegt (vgl. Bericht des Europäischen Parlaments über den Vorschlag für eine Verordnung des Rates über die Kontrolle von Unternehmenszusammenschlüssen („EG-Fusionskontrollverordnung“) endg. A5-0257/2003 S. 32.

[1069] Verordnungsvorschlag Begr. Ziff. 14, 15.

[1070] Verordnungsvorschlag Begr. Ziff. 14, 15; Drauz S. 46, 49.

[1071] Verordnungsvorschlag Begr. Ziff. 16; Lampert WuW 2002 S. 454; Kogel S. 169.

[1072] Lampert WuW 2002 S. 454; Kogel S. 169f.

Unternehmen die Anmeldung bei der Kommission nicht immer ein Vorteil sei. In bestimmten Konstellationen sei eine Anmeldung bei mehreren nationalen Behörden für diese vorteilhafter.[1073] Neben den Gründen für die Ablehnung des Grundmodells wurde zusätzlich angeführt, dass bei der Wahl der zuständigen Behörde durch die Beteiligten die Gefahr bestehe, dass diese sich für die günstigste Rechtsordnung entscheiden werden und damit „forum shopping“ betreiben.[1074] Eine solche Wahlmöglichkeit widerspricht dem Verständnis von der Fusionskontrolle als zwingenden präventiven Verfahrens vor dem Vollzug eines Zusammenschlusses.[1075]

2. Einwände gegen das „Drei-Plus-System“

Im Folgenden Abschnitt sollen die Einwände gegen das „Drei-Plus-System“ überprüft und gleichzeitig Lösungsansätze dargestellt werden.

a. Mangelnde Harmonisierung der nationalen Zuständigkeitskriterien

Wie bereits ausgeführt, wurde die Ablehnung des „Drei-Plus-Systems“ im Wesentlichen darauf gestützt, dass die Mitgliedsstaaten möglicherweise sehr niedrige Anmeldeschwellen haben, oder ihnen ein hinreichender Anknüpfungspunkt zu nationalen Rechtssystemen ganz fehle, und damit die Anmeldung in mindestens drei Mitgliedsstaaten nicht allein auf grenzüberschreitende Auswirkungen des Zusammenschlusses schließen lasse.[1076] Zum anderen führe das verbindliche „Drei-Plus-

[1073] So sei der Formalaufwand für eine Anmeldung in Deutschland, Österreich und auch Irland in der Regel um ein Vielfaches geringer, als eine Anmeldung nach Formblatt CO bei der Kommission in Brüssel (vgl. Lampert WuW 2002 S. 454).
[1074] Verordnungsvorschlag Begr. Ziff. 17.
[1075] Kogel S. 171.
[1076] Verordnungsvorschlag Begr. Ziff. 14, 15; Drauz S. 49; damit folgt die Kommission weitestgehend der Argumentation des Bundeskartellamts (vgl. Stellungnahme Bundeskartellamt S. 3).

System“ auf Grund der unterschiedlichen nationalen Regelungen zu unzumutbaren Rechtsunsicherheiten.[1077]

Gegen diese Argumentation bestehen erhebliche Bedenken, da die Kommission in ihrem Grünbuch zunächst selbst anführt, dass sich die Fusionskontrollvorschriften in den Mitgliedsstaaten seit 1997 in starkem Maße angeglichen haben, und auf Grund der genauen Kenntnisse der Funktionsweise des Art. 1 Abs. 3 sogar kein Grund mehr bestehe, die Anwendbarkeit eines „Drei-Plus-Systems“ auf Fälle zu beschränken, die bestimmte Umsatzschwellen erreichen.[1078] Die vorgenannten Ablehnungsgründe der Kommission beruhen auf keinen konkreten Untersuchungen. Soweit solche Untersuchungen tatsächlich durchgeführt worden wären, hätte für eine kritische Würdigung auch der Frage nachgegangen werden müssen, ob die Regelung trotz fehlender Harmonisierung dennoch als Zuständigkeitsregel für die FKVO geeignet sei, wenn sie auf Fälle beschränkt würde, die bestimmte Umsatzschwellen erreichten. Trotz dieser Argumentation wird nach der von der Kommission selbst vorgeschlagenen Regelung des Art. 4 Abs. 5 für eine Verweisung allein auf den Nachweis der Anmeldepflicht des Zusammenschlusses in mindestens drei Mitgliedsstaaten abgestellt. Auch wenn letztlich eine Verweisung von der Zustimmung der Mitgliedsstaaten abhängt, bleibt der Anknüpfungspunkt derselbe.

Es kann allerdings nicht von der Hand gewiesen werden, dass auf Grund der niedrigen Anmeldeschwellen in Einzelfällen Zusammenschlüsse erfasst werden, die keine grenzüberschreitenden Auswirkungen aufweisen.[1079] Die überwiegende Zahl der Mehrfachanmeldungen weisen jedoch grenzüberschreitende Auswirkungen auf.[1080] Die Tatsache, dass ein Zusammenschluss gleichzeitig in drei verschiedenen Mitgliedsstaaten überprüft werden könnte, stellt insoweit ein eindeutiges Indiz für die gemeinschaftsweiten Auswirkungen dar.[1081] Bestätigt wird

---

[1077] Verordnungsvorschlag Begr. Ziff. 15; Drauz S. 46, 49.

[1078] Grünbuch RN 57.

[1079] Vgl. Arhold EWS 2002 S. 451.

[1080] Vgl. Teil B III. 2.

[1081] Grünbuch RN 24, 25; Grünbuch 1996 RN 52; Böge WuW 2004 S. 142; Hellmann EWS 2004 S. 289.

diese Feststellung durch die jüngsten Untersuchungen der Kommission. Danach wiesen die überwiegende Zahl von 102 Mehrfachanmeldungen aus dem Jahr 2007 grenzüberschreitende Auswirkungen auf.[1082]

Nicht nachvollzogen werden kann der Einwand der Kommission, dass das „Drei-Plus-System“ unzumutbare Rechtsunsicherheiten für die Unternehmen schaffe. Die Kommission selbst weist in ihrem Grünbuch darauf hin, dass die Unternehmen durch das „Drei-Plus-System“ nicht erschwert werden, da sie die unterschiedlichen nationalen Regelungen ohnehin anwenden müssen, um die zuständigen Behörden für die Anmeldung des Zusammenschlusses zu ermitteln.[1083] Im Übrigen sind sie hierzu auch in einem Verweisungsverfahren nach Art. 4 Abs. 5 angehalten.

aa. Harmonisierung der nationalen Wettbewerbsordnungen

Wie bereits ausgeführt, können durch das „Drei-Plus-System“ in bestimmten Konstellationen Zusammenschlüsse erfasst werden, die keine grenzüberschreitenden Auswirkungen haben. Um die tatsächlichen Auswirkungen der unterschiedlichen nationalen Wettbewerbsregelungen im Rahmen eines „Drei-Plus-Systems“ festzustellen, müsste eine umfangreiche Überprüfung der nationalen Fusionskontrollregelungen erfolgen. Ein solcher Vergleich würde jedoch den Rahmen dieser Arbeit sprengen. Allerdings kann vorliegend überprüft werden, ob und wie eine Angleichung der nationalen Fusionskontrollsysteme stattfinden kann, um eine Grundlage für das „Drei-Plus-Systems“ zu gewährleisten. Daneben bringt eine Harmonisierung der Wettbewerbsordnungen auch eine Reihe von anderen Vorteilen. So haben sich im Hinblick auf die mit den Mehrfachanmeldungen verbundenen Nachteilen die im Vorfeld des Berichts 2009 befragten Beteiligten für eine Harmonisierung der Wettbewerbsordnungen ausgesprochen.[1084] Auch die Kommission regt in ihrem Bericht 2009 an, die einzelstaatlichen Regeln zur Fusionskontrolle

---

[1082] Vgl. Teil B III. 2.

[1083] Kommission im Grünbuch RN 61.

[1084] Begleitendes Arbeitspapier der Kommission zum Bericht 2009 RN 50.

kohärenter zu gestalten und deren Zusammenspiel mit Regeln der Europäischen Union zu verbessern, um die Schwierigkeiten auszuräumen, die sich aus mehreren parallelen Anmeldungen ergeben.[1085] Letztlich könnten durch eine Harmonisierung der Wettbewerbsordnungen die grenzüberschreitenden Auswirkungen einzelner Zusammenschlüsse anhand der nationalen Schwellenwerte unmittelbar messbar sein, und ein System mit Umsatzschwellen aus der FKVO ganz verschwinden.[1086] Der Anwendungsbereich der FKVO könnte dadurch eröffnet werden, dass der Fall mehrfach angemeldet werden muss.

(1) Harmonisierung durch EU-Richtlinie

Eine Angleichung der nationalen Fusionskontrollsysteme ist zunächst durch eine EU-Richtlinie denkbar. Die hierdurch bedingte Schaffung materiell einheitlichen Rechts oder die Schaffung einheitlicher Normen für bestimmte Bereiche oder Regelungspunkte bedeutet einen besonders starken Eingriff in die Souveränität der beteiligten Staaten und bedarf daher eines legitimen Zweckes und einer Rechtsgrundlage. Gegen die Angleichung durch eine Richtlinie spricht, dass die nationalen Fusionskontrollen auf Grund des eingeschränkten Anwendungsbereichs der FKVO, und ihrer größeren Sachnähe und besseren Marktkenntnisse, für die Aufrechterhaltung des Systems unverfälschten Wettbewerbs nach Art. 3 Abs. 1 lit. g) EGV (nach dem Vertrag von Lissabon aufgehoben und im Wesentlichen ersetzt durch Art. 3 AEUV) unverzichtbar sind.[1087] In der Vergangenheit wurde zur Sicherung des Mindeststandards wiederholt der Erlass von einer Kartellrechts-Richtlinie durch die

[1085] Bericht 2009 RN 15.
[1086] Grünbuch RN 67.
[1087] Kögel S. 293, 311; a. A. Gäbelein in FS Beusch S. 283; Huber S. 12, die eine vollständige Angleichung der Fusionskontrolle fordern, um eine einheitliche Rechtsanwendung im Binnenmarkt zu gewährleisten.

Europäische Union gefordert.[1088] Als Rechtsgrundlage für die Angleichung des nationalen Rechts kommt Art. 114 AEUV in Betracht.[1089] Diese Regelung sieht die Angleichung von Rechtsvorschriften vor, welche die Errichtung und das Funktionieren des Binnenmarkts vorsehen. In der Entscheidung „Titadioxid-Richtlinie"[1090] hat der EuGH deutlich gemacht, dass unterschiedliche Wettbewerbsbedingungen, die zu indirekten Wettbewerbsverzerrungen führen, Gegenstand rechtsangleichender Maßnahmen nach Art. 114 AEUV sein können.[1091] Demnach können auch Kartellrechtsvorschriften angeglichen werden. Eine Einschränkung muss jedoch für solche Zusammenschlüsse vorgenommen werden, die rein nationale Auswirkungen aufweisen, da nach Maßgabe des Subsidiaritätsprinzips eine Harmonisierung nur möglich ist, wenn die autonome Schaffung adäquater nationaler Kartellrechtsvorschriften nicht gewährleistet werden kann.[1092] Allerdings ist in vergangener Zeit bei den nationalen Fusionskontrollen durch Reformen das Schutzniveau erhöht worden. Da eine Richtlinie diesen eigenständigen Prozess nur stören würde, erscheint eine Harmonisierungsrichtlinie als rechtspolitisch wenig sinnvoll.[1093]

(2) Autonome Angleichung der nationalen Wettbewerbsrechte

Ein weiterer Ansatz zur Harmonisierung der nationalen Wettbewerbsrechte ist die Rechtsangleichung durch einen

---

[1088] Günther WuW 1961 S. 760, Rittner S. 58ff., Meier WuW 1988 S. 731; Hommelhoff in FS Nirk S. 482; Bechtold S. 356; Niederleithinger S. 89; Dujm/Winter S. 242.

[1089] Dreher AG 1993 S. 445; ausführlich Kögel S. 314ff., ablehnend Everling S. 84.

[1090] EuGH, Rs C- 300/89, Slg. I 1991 S. 1867, 2899.

[1091] Kogel S. 315; Dreher AG 1993 S. 438; Reich EuZW 1991 S. 207,; Bunte WuW 1994 S. 7 ff.

[1092] Kögel S. 317; ähnlich Hommelhoff in FS Nirk S. 481; vgl. für die Vorzugswürdigkeit einer Richtlinie gegenüber einer EG-VO vor dem Hintergrund des Subsidiaritätsprinzips: Scholz in FS Helmrich S. 424; Jarass EuGRZ 1994 S. 215 ff..

[1093] Kommission, 17 Wettbewerbsbericht 1988; Bunte WuW 1994 S. 7ff; Dreher AG 1993 S. 445ff.; Kögel S. 317ff.; Landzettel S. 23.

eigenständigen Prozess innerhalb der jeweiligen Mitgliedsstaaten.[1094] In der Literatur wird eine Reihe von verschiedenen Ansätzen für die Begründung einer Rechtspflicht zur Angleichung an das Unionsrecht vertreten.[1095] Dabei wird sowohl auf Bestimmungen des nationalen Verfassungsrechts[1096] als auch auf das Europäische Primärrecht[1097] zurückgegriffen. Überwiegend wird eine Rechtspflicht zur Angleichung jedoch aus Art. 10 EGV (durch den Vertrag von Lissabon aufgehoben und im Wesentlichen durch Art. 4 AEUV ersetzt worden) begründet.[1098] Für eine Rechtsangleichung werden weiterhin auch rechtspolitische Gründe angeführt.[1099] Diese Entwicklung ist bereits seit Jahren bei den nationalen Kartellrechtsvorschriften zu beobachten.[1100] Auch die Fusionskontrollvorschriften der Mitgliedsstaaten haben sich seit 1996 stark aneinander angeglichen.[1101] Jedoch führen unterschiedliche Zuständigkeitskriterien oder Zusammenschlussdefinitionen der einzelstaatlichen Regelungen immer noch zu unzumutbaren Rechtsunsicherheiten.[1102] Dies bedeutet einen wesentlichen Nachteil der autonomen Angleichung. Ein solcher Prozess führt zum einen erst nach einer langen Entwicklung zu spürbaren Veränderungen, und zum

[1094] Kögel S. 317, der auch eingehend eine Rechtspflicht zur Angleichung der nationalen Fusionsregelungen an die FKVO überprüft.

[1095] Vgl. ausführlich Kögel S. 319ff..

[1096] Unterschiedliche Wettbewerbsvorschriften werden dabei als Verstöße gegen verschiedene Grundrechtsnormen gewertet: vgl. Leo in FS Steindorff S. 1007ff; Nicolaysen EuR 1991 S. 107ff. (zu Art. 12 GG), 115ff. (zu Art. 3 GG); Fastenrath JZ 1987 S. 173ff. (Art. 3 GG); ablehnend Bach WuW 1992 S. 575 ff.

[1097] Für eine Rechtspflicht aus Art. 96 EGV (Art. 116 AEUV): vgl. Meier WuW 1988 S. 731ff.; ablehnend Ebenroth/Parche BB 1988 Beilage 18 S. 15ff.; Bach WuW 1992 S. 572; vgl. für eine Rechtspflicht aus Art. 28 EGV (Art. 34 AEUV) Ebenroth/Lange BB 1991 S. 853; Bach WuW 1992 S. 572; Kurz S. 259ff.; Rösler S. 189.

[1098] Bach WuW 1992 S. 572ff.; Dreher AG 1993 S. 447; Ebenroth/Lange BB 1991 S. 853; Knöpfle NJW 1992 S. 472ff.; Müller-Graff NJW 1993 S. 16ff; ausführlich Kögel S. 319ff.

[1099] Vgl. für die Forderung nach einer homogenen Wettbewerbsordnung mit einheitlichen Bewertungsmaßstäben K. Schmidt S. 73ff.; Rösler S. 195, Frabit S. 1242, Klaue WuW 1989 S. 36ff.; ausführlich Kögel S. 324ff.

[1100] Vgl. Dreher AG 1993 S. 440ff.; Brittan S. 31; Ehlermann WuW 1992 S. 5; Kommission 23. Wettbewerbsbericht S. 585ff.; Hirsch S. 135.

[1101] Grünbuch RN 57.

[1102] Verordnungsvorschlag RN 15.

anderen muss das Fortbestehen von nationalen Sonderregelungen in Kauf genommen werden.[1103] Andererseits wirkt eine dezentrale Harmonisierung des Wettbewerbsrechts weniger belastend und ist liberaler.

(3) Verstärkung der Kooperation zwischen den Kartellbehörden

Die Verstärkung der Kooperation zwischen den nationalen Kartellbehörden führt ebenfalls zu einer Angleichung der nationalen Wettbewerbsregelungen.[1104] Neben der Angleichung kann die Kooperation der Kartellbehörden auch zur Effizienzsteigerung des Kartellrechtsvollzugs dienen.[1105] Die Zusammenarbeit der Behörden schafft eine verstärkte Informationsbasis, die langfristig zu einer Annährung der Wettbewerbsrechte führen kann.[1106] Allerdings sind bei sehr unterschiedlichen Wettbewerbsordnungen nur beschränkte Auswirkungen zu erwarten. Eine solche Zusammenarbeit im Rahmen der FKVO wird durch die ECA-Prinzipien gewährleistet.[1107]

(4) Unionskonforme Auslegung des nationalen Kartellrechts

Die Harmonisierung der Entscheidungspraxis der Kartellbehörden könnte auch ohne eine Angleichung der Wettbewerbsvorschriften durch eine unionskonforme Auslegung des nationalen Kartellrechts erfolgen.[1108] Da weder ein genereller Geltungsvorrang der FKVO gegenüber nationalen Kartellrechtsvorschriften besteht, noch

---

[1103] Kögel S. 317.
[1104] Kögel S. 334.
[1105] Kögel S. 334.
[1106] Kögel S. 334.
[1107] „Grundsätze für die Anwendung von Art. 4 Absatz 5 und Art. 22 der Europäischen Fusionskontrollverordnung durch die nationalen Wettbewerbsbehörden der ECA"; abzurufen unter dem entsprechenden Link auf www.fkvo.eu. Der ECA gehören neben den 27 Mitgliedsstaaten der EU auch die EFTA-Staaten Norwegen, Island und Lichtenstein, die Kommission und die EFTA-Überwachungsbehörden an.
[1108] Kögel S. 338.

entsprechende Grundsätze sich aus Art. 10 EGV (durch den Vertrag von Lissabon aufgehoben und im Wesentlichen durch Art. 4 EUV ersetzt worden) ergeben, kann eine Rechtspflicht zur verordnungskonformen Auslegung des nationalen Kartellrechts nicht bestehen.[1109] Jedoch könnte eine unionskonforme Auslegung aus eigenem Antrieb der nationalen Kartellbehörden und Gerichten zur Entscheidungsharmonie mit der Kommissionspraxis und zur Vermeidung von Wertungswidersprüchen im Rahmen der Fusionskontrolle führen.[1110] Neben einer gefestigten Anwendungspraxis der Kommission kommt es für den Erfolg einer solchen Vorgehensweise entscheidend darauf an, inwieweit eine solche Auslegung auf Grund der Ausgestaltung des nationalen Rechts möglich ist. Eine Harmonisierung der nationalen Zuständigkeitsregeln kann durch eine unionskonforme Auslegung nicht erfolgen.

(5) Wettbewerb der Rechtssysteme

Eine Harmonisierung der Wettbewerbsordnung kann ohne Angleichung der Wettbewerbsvorschriften auch durch einen Wettbewerb der Rechtssysteme erfolgen.[1111] Voraussetzung für einen Systemwettbewerb ist, dass die Unternehmen sowie die Produktionsfaktoren Kapital und Arbeit mobil sind.[1112] Dies ist in der Europäischen Union durch die Grundfreiheiten des AEUVs gewährleistet. In dem Wettbewerb soll sich dann das beste institutionelle Rechtssystem durchsetzen. Die ineffizienten nationalen Regelungen werden im Systemwettbewerb durch

---

[1109] Vgl. zum Thema unionskonforme Auslegung: Benisch in FS Rittner S. 31; Zuleeg EuR 1990 S. 133 ff.

[1110] Kögel S. 339ff., der die Möglichkeit der freiwilligen unionskonformen Auslegung im Rahmen der §§ 23ff. GWB prüft und zu dem Ergebnis kommt, dass der Spielraum hierfür sehr eng ist. Die Berücksichtigung ist nur im Rahmen der Sachverhaltswürdigung und bei der Ausfüllung bestehender Beurteilungskriterien möglich.

[1111] Kögel S. 343; vgl. allgemein zum Systemwettbewerb: Streit/Mussler S. 75 ff.; Vollmer S. 29ff.

[1112] Vgl. zu den weiteren Voraussetzungen eines Systemwettbewerbs: Mestmäcker S. 10ff.; Vollmer S. 31; Streit/Mussler S. 77ff.

Abwanderung mobiler Ressourcen sanktioniert, wodurch Anreize für die Schaffung effizienter Regelungsmechanismen geschaffen werden. Bei einem Systemwettbewerb im Bereich der Fusionskontrolle muss berücksichtigt werden, dass mit der Einführung der FKVO bereits eine Teilharmonisierung stattgefunden hat und somit nur noch ein Restwettbewerb der Systeme möglich ist.[1113] Die Möglichkeit, eine Harmonisierung durch einen Systemwettbewerb zu erreichen, erscheint jedoch nur theoretisch möglich.[1114] Denn die Sanktionsmechanismen in einem Wettbewerb der Rechtssysteme in Form von Wanderungsbewegungen der Produktionsfaktoren sind nur beschränkt möglich. Der Systemwettbewerb kann demnach bei der Harmonisierung der Wettbewerbsordnungen nur einen Beitrag zur wissenschaftlichen Diskussion leisten.

bb. Lösung durch die Feinsteuerung der Zuständigkeitsverteilung

Selbst wenn man unterstellt, dass auf Grund der bestehenden nationalen Zuständigkeitskriterien durch das „Drei-Plus-System" in bestimmten Einzelfällen Zusammenschlüsse erfasst werden, die keine gemeinschaftsweiten Auswirkungen haben, bedeutet dies nicht, dass es zur Lösung der Mehrfachanmeldungen ungeeignet ist. Wie auch die Regelung des Art. 1 Abs. 2 sollte auch das „Drei-Plus-System" lediglich als Grobsteuerung der Zuständigkeitsverteilung betrachtet werden. Die Verweisungsregelung des Art. 4 Abs. 4 und Art. 9 würden neben dem „Drei-Plus-System" bestehen bleiben und Fälle die tatsächlich keine grenzüberschreitende Auswirkungen haben, könnten ohne weiteres an die Mitgliedsstaaten verwiesen werden, um eine Feinsteuerung der zunächst getroffenen Zuständigkeitsverteilung zu erreichen.[1115]

[1113] Janicki WuW 1990 S. 205; Kögel S. 346.

[1114] Gerken S. 11ff.; Everling in FS Steindorff S. 1171ff.; Everling S. 88, der ausführt, dass es zwischen ordnungspolitischen Vorschriften keinen Systemwettbewerb geben könne; zustimmend auch Kögel S. 344.

[1115] So auch Arhold EWS 2002 S. 451.

b. Mangelnde Harmonisierung der nationalen Verfahrensregeln

Ein großes Problem des „Drei-Plus-Systems“ wird in der mangelnden Harmonisierung der nationalen Verfahrensregeln gesehen. Im Wesentlichen wird eingewandt, dass die Mitgliedsstaaten möglicherweise sehr niedrige Anmeldeschwellen haben oder in ihnen ein hinreichender Anknüpfungspunkt zu nationalen Rechtssystemen ganz fehlt und damit die Anmeldung in mindestens drei Mitgliedsstaaten nicht allein auf grenzüberschreitende Auswirkungen des Zusammenschlusses schließen lässt.[1116] Aber auch im Übrigen können die unterschiedlichen nationalen Vorschriften zur Zusammenschlusskontrolle in einem „Drei-Plus-System“ zu Rechtsunsicherheiten führen.

aa. Anmeldezeitpunkt

So ist etwa der Zeitpunkt, wann eine Anmeldung zu erfolgen hat, in den Mitgliedsstaaten unterschiedlich geregelt.[1117] Ein Zusammenschluss kann etwa in Deutschland angemeldet werden, sobald ein ausreichend konkretes Vorhaben vorliegt. Während in vielen anderen Mitgliedsstaaten die Anmeldepflicht jedoch erst ab Unterzeichnung einer verbindlichen Vereinbarung, der Veröffentlichung eines Übernahmeangebots oder des Erwerbs der Kontrolle gegeben ist. Dies kann beispielsweise dazu führen, dass das Bundeskartellamt seine Prüfung bereits weitgehend oder ganz abgeschlossen hat, während in einem anderen Mitgliedsstaat erst jetzt die Anmeldung des Zusammenschlusses erfolgen kann.[1118] Wird nunmehr durch die Anwendung des „Drei-Plus-Systems“ die Zuständigkeit der Kommission begründet, bedeutet dies für die beteiligten Unternehmen eine Doppelung des Verfahrens.[1119] Daher wird das „Drei-Plus-System“ für nicht handhabbar gehalten, solange keine Harmonisierung der

---

[1116] Verordnungsvorschlag Begr. Ziff. 14, 15; Drauz S. 49.
[1117] Lampert WuW 2002 S. 453.
[1118] Lampert WuW 2002 S. 453.
[1119] Lampert WuW 2002 S. 453.

nationalen Regelungen über das Ereignis erfolgt, welche die Anmeldung auslöst.[1120]

Diese Bedenken sind unberechtigt. Anlehnend an die Regelung des Art. 4 Abs. 5 sollte als Ansatzpunkt für ein „Drei-Plus-System" bestimmt werden, dass der Zusammenschluss nach dem Wettbewerbsrecht mindestens dreier Mitgliedsstaaten geprüft werden könnte. Eine Anmeldepflicht für den Zusammenschluss in dem betreffenden Mitgliedsstaat sollte nicht erforderlich sein. Mithin kann dahingestellt bleiben, wann die Überprüfung bei den nationalen Behörden tatsächlich stattfindet. Eine solche Bestimmung hat sich bereits im Verfahren nach Art. 4 Abs. 5 bewährt und kann ohne Bedenken auch auf ein „Drei-Plus-System" Anwendung finden. Die betroffenen Unternehmen sind ohnehin angehalten, zu einem frühen Zeitpunkt Feststellungen über die Zuständigkeit der Behörden zu treffen. Weiterhin sollte für die Verfahrensdauer des „Drei-Plus-Systems" eine Hemmung der einzelstaatlichen Fristen bestimmt werden. Damit würden eventuelle Nachteile wegen der Verletzung der unterschiedlichen nationalen Anmeldepflichten verhindert werden.

bb. Nachweis über die Zuständigkeit der Mitgliedsstaaten

Ein weiterer Nachteil auf Grund der mangelnden Harmonisierung kann sich aus der Feststellung über die Zuständigkeit der einzelnen Mitgliedsstaaten ergeben.[1121] Die Anmeldepflicht in den Mitgliedsstaaten knüpft entweder an den Umsatzzahlen oder den Marktanteilen der beteiligten Unternehmen an. Bei der letzteren Alternative ist der Nachweis weitaus schwieriger zu führen. Zwar ist die Zahl der Mitgliedsstaaten, die andere Kriterien als den Umsatz für ihre Zuständigkeit anwenden, zurückgegangen, aber durch die Osterweiterung sind mit den Ländern Lettland, Polen, Slowenien und der

---

[1120] Lampert WuW 2002 S. 453, der dennoch das Abstellen auf das Erfordernis mindestens dreier Anmeldungen bei den Mitgliedsstaaten als ein sachgerechtes Abgrenzungskriterium ansieht und daher ein System vorschlägt bei denen die beteiligten Unternehmen ein Wahlrecht zusteht (vgl. Lampert WuW 2002 S. 454ff.).

[1121] Arhold EWS 2002 S. 452.

Slowakei Staaten der EU beigetreten, in denen die Anmeldepflicht von Marktanteilen abhängt.[1122] Schwierigkeiten ergeben sich auch bei Rechtsordnungen mit einer freiwilligen Fusionskontrolle wie etwa im Vereinigten Königreich.[1123] Des Weiteren könnten die in den nationalen Systemen vorhandenen Ausnahmen von der Anmeldepflicht Schwierigkeiten bereiten.[1124] Es würde dem Sinn und Zweck der mit dem „Drei-Plus-System" verfolgten Ziele widersprechen, wenn die Zuständigkeit des jeweiligen Mitgliedsstaates und damit die der Kommission unter Nichtberücksichtigung der Ausnahmevorschrift begründet werden würde.[1125]
Auch diesen Bedenken können die Erfahrungen mit der Regelung des Art. 4 Abs. 5 entgegengehalten werden. Den Antragstellern ist es ohne weiteres zumutbar, die Zuständigkeiten der jeweiligen Mitgliedsstaaten festzustellen. Hierzu sind sie im Vorfeld einer Anmeldung ohnehin angehalten. Zur Überprüfung der Richtigkeit dieser Angaben kann in dem Verfahren vorgesehen werden, dass die einzelnen nationalen Behörden die Gelegenheit erhalten, ihre Zuständigkeit zu überprüfen, da diese ihre eigenen Regelungen am besten kennen. Eine weitere Vereinfachung könnte durch eine gemeinsame Mitteilung der Kommission und Mitgliedsstaaten über die nationalen Zuständigkeitsregelungen erreicht werden.

c. Überlastung der Kommission und längere Dauer des Verfahrens

Auf Grund des „Drei-Plus-Systems" kann es zu einer starken Überlastung Belastung der Kommission kommen, wodurch die Dauer des Genehmigungsverfahrens insgesamt stark ansteigen könnte.[1126] Die

---

[1122] Vgl. Grünbuch RN 61.
[1123] So im Vereinigten Königreich. In diesem Fall kann auf die im System zur freiwilligen Anmeldung vorgesehenen Schwellenwerte abgestellt werden (vgl. Arhold EWS 2002 S. 453).
[1124] Stellungnahme Bundeskartellamt S. 7; bspw. de-minimis- oder Bagatellvorschriften (z. B. § 35 Abs. 2 GWB).
[1125] Arhold EWS 2002 S. 452 FN 36.
[1126] Stellungnahme Bundeskartellamt S. 5; Arhold EWS 2000 S. 452.

Einführung des „Drei-Plus-Systems“ bedeutet die Ausdehnung der Kommissionszuständigkeit auf alle Fälle von Mehrfachanmeldungen, deren Zahl auf Grund der Globalisierung und der Erweiterung der Mitgliedsstaaten noch zunehmen dürfte.[1127]

Eine Überlastung der Kommission kann jedoch durch entsprechende Personalaufstockung und Bildung von Spezialistenteams unproblematisch aufgefangen werden. So hat die Kommission bereits im Rahmen der neuesten Revision der FKVO eine Reihe von organisatorischen Maßnahmen vollzogen.[1128] Eine Überlastung der Kommission kann im Übrigen verhindert werden, indem mehr Zusammenschlüsse unter den Voraussetzungen des Art. 9 und Art. 4 Abs. 4 an die nationalen Behörden verwiesen werden, und durch den Aufbau von weiteren Kommissionsressourcen, die durch die Einführung von Anmeldegebühren, deren Höhe sich nach dem Zusammenschlusswert richtet, finanziert werden könnten.[1129]

d. Umgehung der Regelung durch Staffelanmeldungen

Ein weiteres Problem wird in der Möglichkeit der beteiligten Unternehmen gesehen, durch zeitlich versetzte Anmeldung (Staffelanmeldung) die Regelung des „Drei-Plus-Systems“ zu umgehen.[1130] So könnte beispielsweise der Zusammenschluss erst in einem Mitgliedsstaat angemeldet und dort die Entscheidung abgewartet werden, bevor dieser zeitlich gestaffelt bei weiteren Mitgliedsstaaten angemeldet werden.[1131]

Eine solche Staffelanmeldung könnte verhindert werden, wenn das „Drei-Plus-System“ auf die Möglichkeit der Überprüfung des

---

[1127] Arhold EWS 2002 S. 452.

[1128] Vgl. Berg BB 2004 S. 562.

[1129] Arhold EWS 2002 S. 452; Lampert WuW 2002 S. 455f.; insoweit kann die Argumentation der Kommission, Gebühren grundsätzlich nicht in das Budget der Wettbewerbsbehörden einfließen zu lassen, um sich nicht dem Vorwurf der Parteilichkeit auszusetzen, nicht nachvollzogen werden (vgl. Grünbuch RN 228).

[1130] Stellungnahme Bundeskartellamt S. 8.

[1131] Stellungnahmen Bundeskartellamt S. 8.

Zusammenschlusses nach dem Wettbewerbsrecht mindestens dreier Mitgliedsstaaten abstellt. Soweit diese Voraussetzungen vorliegen, bedarf es keiner weiteren Entscheidung zur Begründung der Zuständigkeit der Kommission. Die Anmeldung bei einem Mitgliedsstaat ist eine Anmeldung bei einer unzuständigen Behörde. Die originäre Zuständigkeit der Kommission wird hierdurch jedenfalls nicht berührt. Die kompetenzwidrig ergehende nationale Entscheidung ist als nichtig zu behandeln , womit einer solchen Vorgehensweise der Sinn genommen wird.[1132]

e. Rechtsschutz

Ein weiteres Problem könnte sich aus der Anfechtung von Entscheidungen der Kommission unter Hinweis auf ihre Unzuständigkeit ergeben.[1133] So ergeben sich Schwierigkeiten, wenn das konkrete System eine Entscheidung der nationalen Wettbewerbsbehörden über die Anmeldepflicht in dem Mitgliedsstaat voraussetzt.[1134] Es stellt sich dann die Frage, ob Rechtsakte der nationalen Behörden durch die europäischen Gerichte überprüft und wie eine solche Überprüfung durchgeführt werden kann. Die europäischen Gerichte müssten gegebenenfalls Rechtsordnungen von 27 Mitgliedsstaaten samt ihrer Methodik und den zugehörigen Rechtstraditionen heranziehen und anhand dieser, die Entscheidungen der nationalen Behörden überprüfen.[1135]

Eine derartige Ausgestaltung des „Drei-Plus-Systems“ wäre aber nur mit einem enormen administrativen Aufwand möglich. Daher wurde bereits in dem Grünbuch vorgeschlagen, dass die beteiligten Unternehmen den Nachweis erbringen müssen, dass ihr Vorhaben die Schwellenwerte für die Anmeldung in drei Mitgliedsstaaten erfülle, und die nationalen Wettbewerbsbehörden bestätigen müssten, dass die beteiligten Unternehmen die einzelstaatlichen Schwellenwerte richtig ausgelegt

[1132] So auch Arhold EWS 2002 S. 453.
[1133] Stellungnahme Bundeskartellamt S. 6.
[1134] Stellungnahme Bundeskartellamt S. 6.
[1135] Stellungnahme Bundeskartellamt S. 6.

haben.[1136] Demnach wäre weitestgehend ein Automatismus des Verfahrens gewährleistet. Der Kommission kommt sodann lediglich die Möglichkeit einer Plausibilitäts- und Willkürüberprüfung im Hinblick auf die Feststellungen der Zuständigkeiten durch die beteiligten Unternehmen und der jeweiligen Mitgliedsstaaten zu. Im Übrigen bestehen im Hinblick auf eine gerichtliche Überprüfung dieselben Bedenken, die auch im Rahmen des Verfahrens nach Art. 4 Abs. 5 in Kauf genommen werden.

3. Beurteilung des „Drei-Plus-Systems“ unter Berücksichtigung des Subsidiaritäts- und „One-Stop-Shop“-Prinzips

Durch die Einführung des „Drei-Plus-Systems“ wird die Kommission für die Fälle der Mehrfachanmeldungen zuständig. Nach Auffassung des Bundeskartellamtes verstoße dies gegen das in Art. 5 Abs. 3 EUV verankerte Subsidiaritätsprinzip.[1137] Das Bundeskartellamt vertritt die Auffassung, dass durch die Schwellenwerte des Art. 1 Abs. 2 und Abs. 3 die Anforderungen des Subsidiaritätsprinzips ausreichend erfüllt werden.[1138] Anderseits sei das „Drei-Plus-System“ nicht geeignet, Fälle mit erheblichen grenzüberschreitenden Auswirkungen zu ermitteln, da die Mitgliedsstaaten keine hohen Anforderungen an das Eingreifen der nationalen Fusionskontrollvorschriften stellen, um auch Zusammenschlüsse mit lediglich lokalen und regionalen Auswirkungen kontrollieren zu können.[1139] Die Zuständigkeit der Kommission für Zusammenschlüsse, welche in mindestens drei Mitgliedsstaaten anzumelden wären, könne nur dann mit dem Subsidiaritätsprinzip begründet werden, wenn das Ziel der Fusionskontrolle – Entstehung oder Verstärkung von Marktbeherrschung zu verhindern – durch die bestehende praktische Arbeitsteilung nicht möglich wäre.[1140] Hierzu

[1136] Grünbuch RN 59, 60.
[1137] Stellungnahme des Bundeskartellamt S. 2f.; Berg/Diegel EWS 2003 S. 450ff.; Arhold EWS 2002, 450f.
[1138] Stellungnahme Bundeskartellamt S. 2f.
[1139] Stellungnahme Bundeskartellamt S. 3; Arhold EWS 2002 S. 451.
[1140] Stellungnahme Bundeskartellamt S. 4.

reiche es nicht aus, dass sich die Kommission in ihrem Grünbuch lediglich auf mögliche Verfahrenserleichterungen für die beteiligten Unternehmen beziehe. Vielmehr müsse dargelegt werden, ob in der Vergangenheit Zusammenschlüsse, die nicht in den Anwendungsbereich der FKVO gefallen sind und durchgeführt wurden, zur Marktbeherrschung führten und von der Kommission untersagt worden wären.[1141]

Wie bereits ausgeführt, weisen Zusammenschlüsse, die in drei oder mehr Mitgliedsstaaten angemeldet werden müssen, regelmäßig grenzüberschreitende Auswirkungen auf.[1142] Für solche Fälle besteht dann auch die Notwendigkeit, sie von der Kommission überprüfen zu lassen, um eine wirksame Fusionskontrolle zu gewährleisten.[1143] Die Überprüfung des Zusammenschlusses durch die einzelnen Mitgliedsstaaten kann nur eingeschränkt auf dem nationalen Markt erfolgen, während die grenzüberschreitenden Auswirkungen eine Gesamtbetrachtung auf den gesamten Auswirkungsbereich erfordern. Zudem kann die Kommission geeignete Maßnahmen über die Grenzen einzelner Mitgliedsstaaten hinaus treffen. Die Verfahrenserleichterungen für die beteiligten Unternehmen stellen nur weitere Vorteile dar, die sich durch die Überprüfung der Kommission einstellen. Selbst wenn man unterstellt, dass durch das „Drei-Plus-System" in bestimmten Einzelfällen Zusammenschlüsse erfasst werden, die keine gemeinschaftsweiten Auswirkungen haben,[1144] bedeutet dies nicht, dass die Regelung mit dem Subsidiaritätsprinzip nicht zu vereinbaren ist. Auch durch die Regelung des Art. 1 Abs. 2 werden Zusammenschlüsse erfasst, zu deren Überprüfung die nationalen Wettbewerbsbehörden besser geeignet sind. Wie auch die Regelung des Art. 1 Abs. 2 sollte daher das „Drei-Plus-System" lediglich als Grobsteuerung der Zuständigkeitsverteilung betrachtet werden. Durch die Verweisungsregelung der Art. 4 Abs. 4 und Art. 9 könnten

---

[1141] Stellungnahme Bundeskartellamt S. 4.
[1142] Vgl. Teil B III. 2.
[1143] Vgl. Teil B II. 2. und 3.
[1144] Arhold EWS 2002 S. 451.

Zusammenschlüsse ohne grenzüberschreitende Auswirkungen an die Mitgliedsstaaten verwiesen werden.[1145]

Die Anwendung des „Drei-Plus-Systems“ führt dazu, dass die Zusammenschlüsse, die bislang in drei oder mehr Mitgliedsstaaten anzumelden wären, nunmehr ausschließlich von der Kommission überprüft werden. Damit wird für die Fälle der Mehrfachanmeldungen das „One-Stop-Shop“-Prinzip verankert. Die Überprüfung des Zusammenschlusses ausschließlich durch die Kommission bedeutet für die Unternehmen Kosten- und Zeitersparnis sowie Rechtssicherheit.[1146]

4. Vorschlag für die Gestaltung des „Drei-Plus-Systems“

Unter Berücksichtigung der vorgenannten Ergebnisse und in Anlehnung an die Erfahrung mit dem Verfahren nach Art. 4 Abs. 5 könnte ein „Drei-Plus-System“ die Regelung des Art. 1 Abs. 3 wie folgt ersetzen.[1147]

a. Vorschlag für die Ausgestaltung des „Drei-Plus-Systems“

„(3) Ein Zusammenschluss, der die in Absatz 2 vorgesehenen Schwellen nicht erreicht, hat gemeinschaftsweite Bedeutung, wenn dieser nach dem Wettbewerbsrecht mindestens dreier Mitgliedsstaaten geprüft werden könnte. Dies gilt nicht, wenn die beteiligten Unternehmen jeweils mehr als zwei Drittel ihres gemeinschaftsweiten Gesamtumsatzes in ein und demselben Mitgliedsstaat erzielen.

Die in Artikel 4 Abs. 2 genannten Personen oder Unternehmen sind verpflichtet, der Kommission spätestens zum Zeitpunkt der Anmeldung

---

1145 So auch Arhold EWS 2002 S 451.

1146 Vgl. Teil A III. 4..

1147 Die Regelung des Art. 1 Abs. 3 wäre durch die Einführung eines „Drei-Plus-Systems“ nicht mehr notwendig, da diese ursprünglich als Regelung zur Vermeidung von Mehrfachanmeldungen eingeführt wurde und im Übrigen keinen weiteren Zweck erfüllt. Im Rahmen der jüngsten Überprüfung der FKVO wurde bereits von Anwaltskanzleien und Unternehmen vertreten, dass für die Regelung des Art. 1 Abs. 3 auf Grund der Regelung des Art. 4 Abs. 5 keine Notwendigkeit mehr besteht (Begleitendes Arbeitspapier zum Bericht 2009 RN 31).

nach Artikel 4 Abs. 1 Unterabs. 1 in einer begründeten Mitteilung nachzuweisen, dass der Zusammenschluss nach dem Wettbewerbsrecht mindestens dreier Mitgliedsstaaten geprüft werden könnte.

Die Kommission unterrichtet die zuständigen Behörden der betreffenden Mitgliedsstaaten unverzüglich von der Mitteilung.

Die betreffenden Mitgliedsstaaten sind verpflichtet, die jeweiligen Feststellungen nach Unterabs. 2 über ihre eigene Zuständigkeit zu überprüfen und innerhalb von 10 Arbeitstagen der Kommission mitzuteilen, ob der Zusammenschluss nach ihrem jeweiligen nationalen Wettbewerbsrecht geprüft werden könnte oder nicht. Bei unzureichenden Angaben für die Überprüfung, kann die vorgenannte Frist durch eine Mitteilung an die Kommission gehemmt werden. Erfolgt innerhalb der Frist keine Mitteilung der betreffenden Mitgliedsstaaten gelten die Feststellungen in der Mitteilung über die Zuständigkeit als richtig. Soweit ein betreffender Mitgliedsstaat der Auffassung ist, dass die ihn betreffenden Feststellungen unrichtig sind, muss dieses Ergebnis gegenüber der Kommission ausführlich begründet werden. Die Mitteilung der betreffenden Mitgliedsstaaten ist bindend.

Alle einzelstaatlichen Fristen, die den Zusammenschluss betreffen, werden gehemmt, bis nach dem Verfahren dieses Art. feststeht, ob die Voraussetzungen dieses Art. vorliegen. Die Hemmung der einzelstaatlichen Fristen endet, sobald die Kommission den beteiligten Personen und Unternehmen mitteilt, dass die Voraussetzungen dieses Art. nicht vorliegen".

b. Materielle Ausgestaltung des „Drei-Plus-System"

Neben den abweichenden materiellen Voraussetzungen gelten für die „Drei-Plus-Regelung" dieselben Anforderungen, die auch für den Art. 1 Abs. 2 gelten. So richtet sich etwa das Vorliegen des Zusammenschluss-Tatbestands nach den Bestimmungen der FKVO.

aa. Kein Wahlrecht der beteiligten Unternehmen

Nach der hier vorgeschlagenen Regelung für ein „Drei-Plus-System" wird von der Einräumung eines Wahlrechts für die Unternehmen abgesehen. Ein solches Wahlrecht würde zwar für die Unternehmen einen erheblichen Vorteil bedeuten, aber meines Erachtens einen Verstoß gegen das Subsidiaritätsprinzip darstellen. Muss ein Zusammenschluss in mindestens drei Mitgliedsstaaten angemeldet werden, liegen regelmäßig grenzüberschreitende Auswirkungen vor, für deren Überprüfung die Kommission die besser geeignete Behörde ist. Des Weiteren wird durch diese Ausgestaltung verhindert, dass die Unternehmen „forum shopping" betreiben.

bb. Möglichkeit der Überprüfung in mindestens drei Mitgliedsstaaten

Maßgebliches Kriterium für den vorliegenden Vorschlag eines „Drei-Plus-Systems" ist die Möglichkeit der Überprüfung des Zusammenschlusses in mindestens drei Mitgliedsstaaten. Damit wird an die Regelung des Art. 4 Abs. 5 und die Erfahrungen mit dieser Regelung angeknüpft.[1148] Mithin wird materiell-rechtlich vorausgesetzt, dass der Nachweis darüber erfolgt, dass der Zusammenschluss nach dem Wettbewerbsrecht von mindestens drei Mitgliedsstaaten geprüft werden könnte. Eine Anmeldepflicht für den Zusammenschluss ist nicht erforderlich. Die Prüfbarkeit eines Zusammenschlusses in einem Mitgliedsstaat soll, wie im Verfahren nach Art. 4 Abs. 5, als gegeben angesehen werden, wenn dieser im Hoheitsgebiet dieses Mitgliedsstaates unter das auf Unternehmensfusion anwendbare Wettbewerbsrecht fällt.[1149] Mit anderen Worten muss der Anwendungsbereich der nationalen Fusionskontrollregelungen eröffnet sein. Wie auch für das Verfahren nach Art. 4 Abs. 5 angenommen, sollen die in den nationalen Systemen

---

[1148] Für den Fall, dass ein „Drei-Plus-System" Eingang in der FKVO finden würde, bedarf es der Regelung des Art. 4 Abs. 5 nicht mehr.
[1149] Vgl. Mitteilung Verweisungsregime RN 71.

vorhandenen Ausnahmen von der Anmeldepflicht Berücksichtigung finden.[1150] Es würde dem Sinn und Zweck der mit dem „Drei-Plus-System" verfolgten Ziele widersprechen, wenn die Zuständigkeit des jeweiligen Mitgliedsstaates, und damit die der Kommission, unter Nichtberücksichtigung der Ausnahmevorschrift begründet werden würde.[1151]

cc. Anwendung der „Zwei-Drittel-Regelung"

Auch im Rahmen des „Drei-Plus-Systems" sollte die „Zwei-Drittel-Regelung" Eingang finden um eine schwerpunktmäßige Verteilung der Kompetenz zu gewährleisten. Demnach liegt keine gemeinschaftsweite Bedeutung des Zusammenschlusses vor, wenn deren wirtschaftlicher Schwerpunkt in einem der betreffenden Mitgliedsstaaten liegt. Gegen die uneingeschränkte Anwendung dieser Regelung wird angeführt, dass das „One-Stop-Shop"-Prinzip unverhältnismäßig eingeschränkt werde, da ihre Anwendung nicht dazu führe, dass der Zusammenschluss bei einer einzigen Behörde angemeldet werden muss.[1152] Stattdessen wird vorgeschlagen, die „Zwei-Drittel-Regelung" für mögliche Verweisungsanträge gemäß Art. 9 FKVO nutzbar zu machen. Diesem Einwand ist zuzustimmen, da durch die Anwendung des „Drei-Plus-System" das „One-Stop-Shop"-Prinzip nicht konsequent für Mehrfachanmeldungen umgesetzt wird. Allerdings ist die „Zwei-Drittel-Regelung" Ausdruck des Willens, Vorhaben, deren wirtschaftlicher Schwerpunkt und wettbewerbsrechtliche Problematik in einem Mitgliedsstaat liegen, nach nationalem Recht zu beurteilen, auch wenn er bestimmte grenzüberschreitende Effekte hat.[1153] Mithin werden durch

---

[1150] Vgl. hierzu Stellungnahme Bundeskartellamt S. 7; solche Ausnahmen können de-minimis- oder Bagatellvorschriften sein (z. B. § 35 Abs. 2 GWB).

[1151] Arhold EWS 2002 S. 452 FN 36.

[1152] Arhold EWS 2002 S. 452; vgl. für weitere Kritik an dieser Bestimmung Teil B IV. 2. b. cc.

[1153] Vgl. Teil B IV. 2. b. cc.; Stellungnahme Bundeskartellamt S. 4.

diese Regelung die Anforderungen des Subsidiaritätsprinzips gewahrt.[1154]

c. Einleitung des Verfahrens

Stellen die beteiligten Personen oder Unternehmen bei der Vorbereitung zu der Anmeldung des Zusammenschlusses fest, dass der Zusammenschluss in mindestens drei Mitgliedsstaaten geprüft werden könnte, sind die Unternehmen verpflichtet, dies der Kommission durch eine begründete Mitteilung bis spätestens zum Zeitpunkt der Anmeldung nach Art. 4 Abs. 1 Unterabs. 1 nachzuweisen. In dem begründeten Nachweis muss im Einzelnen dargelegt werden, dass in mindestens drei Mitgliedsstaaten die Überprüfung des Zusammenschlusses durch die zuständigen Behörden nach deren jeweiligen Regelungen möglich ist. Die Kommission unterrichtet unverzüglich die zuständigen Behörden der Mitgliedsstaaten, welche innerhalb einer Frist von zehn Arbeitstagen mitteilen, ob der Zusammenschluss nach ihrem nationalen Wettbewerbsrecht tatsächlich zu überprüfen wäre. Steht fest, dass der Zusammenschluss in mindestens drei Mitgliedsstaaten geprüft werden könnte, hat der Zusammenschluss gemeinschaftsweite Bedeutung und ist bei der Kommission anzumelden. Abgesehen von diesen Besonderheiten gelten für die Regelung des „Drei-Plus-Systems" dieselben formellen Maßstäbe, die auch für die Regelung des Art. 1 Abs. 2 gelten.[1155] Die Besonderheiten des Verfahrens sollten ergänzend im Formblatt CO durch die Kommission als Richtlinie festgehalten werden.

aa. Nachweisverpflichtete

Die Pflicht für den Nachweis liegt bei den beteiligten Personen oder Unternehmen gemäß Art. 4 Abs. 2. Die Gleichstellung der Nachweisverpflichteten mit den Anmeldeverpflichteten nach der FKVO schafft eine einheitliche und klare Regelung und gewährleistet eine

---

[1154] Vgl. Teil B IV. 2. b. cc.

[1155] So auch im Grünbuch vorgesehen (vgl. Grünbuch RN 58).

Vereinfachung des Verfahrens. Ein solcher Nachweis ist den Beteiligten auch ohne weiteres zumutbar, da sie ohnehin prüfen müssen, welche Behörde für die Überprüfung des Zusammenschlusses zuständig ist. Der Nachweis durch die beteiligten Personen oder Unternehmen birgt die Gefahr in sich, dass zur Umgehung der Kommissionszuständigkeit ein solcher Nachweis unterlassen wird. Diese Gefahr ist jedoch nur für die Fälle denkbar, in welchen die Anmeldung bei den einzelnen Mitgliedsstaaten günstiger ist als bei der Kommission. Im Übrigen gehen die Unternehmen mit einer solchen Vorgehensweise ein erhebliches Risiko ein, da sie zum einen den erheblichen Geldbußen des Art. 14 Abs. 2 ausgesetzt sind, weil sie einen Zusammenschluss vor seinem Vollzug nicht gemäß Art. 4 angemeldet haben. Zum anderen könnte die Kommission auch nach der Anmeldung bei den nationalen Behörden und einer eventuellen Freigabe durch diese eine erneute Anmeldung bei der Kommission verlangen, da sie für die Überprüfung des Zusammenschlusses originär zuständig ist und bleibt. Damit ist einer solchen Vorgehensweise der Sinn genommen, da die hierdurch bedingte kompetenzwidrig ergehende nationale Entscheidung nichtig ist.[1156]

bb. Begründeter Nachweis

Der Nachweis über die Zuständigkeit der Mitgliedsstaaten muss so detailliert begründet werden, dass die Feststellungen durch die jeweiligen Mitgliedsstaaten ohne eigene Nachforschungen überprüft werden können. Für jeden einzelnen Mitgliedsstaat muss mittels ausreichender Wirtschafts- oder anderer Daten belegt werden, dass der Zusammenschluss die relevanten Zuständigkeitskriterien nach innerstaatlichem Wettbewerbsrecht erfüllt hat.[1157] Da diese Überprüfung im Rahmen der regulären Anmeldung des Zusammenschlusses bei den Mitgliedsstaaten ohnehin durchgeführt werden müssen, bedeutet der Umfang des Nachweises keine zusätzliche Belastung. Soweit der Antrag nicht ausreichend begründet ist, geht dies zu Lasten der beteiligten Unternehmen. Die betreffenden Mitgliedsstaaten können in diesem Fall,

---

1156 So auch die Forderung von Arhold EWS 2002 S. 453.

die für die Überprüfung vorgesehene Frist von zehn Arbeitstagen durch eine Mitteilung an die Kommission hemmen.

cc. Frist für den Nachweis

Die beteiligten Unternehmen müssen die begründete Mitteilung spätestens zum Zeitpunkt der Anmeldung nach Art. 4 Abs. 1 Unterabs. 1 der Kommission übermittelt haben.[1158] Durch die Anknüpfung an die Regelung des Art. 4 Abs. 1 Unterabs. 1 wird eine einheitliche und klare Regelung geschaffen. Den beteiligten Unternehmen ist es bei dem vorliegend gewählten Wortlaut „spätestens" möglich, der Kommission auch zu einem früheren Zeitpunkt die begründete Mitteilung zu übersenden.[1159]

d. Verfahrensablauf nach Eingang der Mitteilung bei der Kommission

Das Verfahren des „Drei-Plus-Systems" sollte derart automatisiert werden, dass es weder einer Entscheidung der Mitgliedsstaaten, noch einer abschließenden Entscheidung der Kommission bedarf. Die Rechtsfolge der gemeinschaftsweiten Bedeutung soll kraft Gesetzes eintreten.

aa. Hemmung der einzelstaatlichen Anmeldefristen

Die vorliegende Regelung sieht anlehnend an die Regelung des Art. 22 bei Einleitung des Verfahrens eine Hemmung der nationalen Anmeldefristen vor, welche den Zusammenschluss betreffen.[1160] Damit wird verhindert, dass die Antragsteller auf Grund der nationalen

---

[1157] Insoweit sollten die in Formblatt RS Anhang III DVO Abschnitt 6.3.2 festgelegten Anforderungen für das Verfahren nach Art. 4 Abs. 5 auch Eingang in das Formblatt CO finden.
[1158] So auch im Grünbuch RN 60 vorgesehen.
[1159] So auch im Grünbuch RN 60 vorgesehen.
[1160] Vgl. Teil B V. 3. c. bb. (4).

Wettbewerbsvorschriften gezwungen werden, eine Anmeldung vorzunehmen, noch bevor das Verfahren nach der „Drei-Plus-Regelung“ beendet ist. Damit wird verhindert, dass die Beteiligten durch die nationalen Behörden auf Grund verspäteter Anmeldung mit Bußgeldern belegt werden.[1161]

bb. Beteiligung der Mitgliedsstaaten

Nachdem die Kommission den begründeten Nachweis unverzüglich an die betreffenden Mitgliedsstaaten weitergeleitet hat, sind diese angehalten, innerhalb von zehn Arbeitstagen nach Erhalt mitzuteilen, ob ihre von den beteiligten Unternehmen festgestellte Zuständigkeit vorliegt oder nicht. Die Entscheidung ist für die Kommission nicht bindend. Für den Fall, dass einer der betreffenden Mitgliedsstaaten sich für unzuständig hält, muss die Entscheidung von diesem nachvollziehbar begründet werden. Soweit der Antrag unvollständig ist, geht dies zu Lasten der beteiligten Unternehmen. Die Frist wird gehemmt, wenn innerhalb dieses Zeitraums über die Kommission weitere Details des Zusammenschlusses im Hinblick auf die eigene Zuständigkeit gefordert werden.

(1) Benachrichtigung der betreffenden Mitgliedsstaaten

Für eine Weiterleitung des Verweisungsantrags an alle Mitgliedsstaaten besteht im Vergleich zur Regelung des Art. 4 Abs. 5 keine Notwendigkeit, da eine Entscheidung der Mitgliedsstaaten nicht vorgesehen ist. Den begründeten Nachweis erhalten nur solche Mitgliedsstaaten, die nach der begründeten Mitteilung gemäß ihrem innerstaatlichen Wettbewerbsrecht für den Zusammenschluss zuständig wären (betreffende Mitgliedsstaaten). Damit wird die Gefahr gemindert, dass sensible Daten des Zusammenschlusses nach außen getragen

---

[1161] Diese Nachteile sind im Verfahren nach Art. 4 Abs. 5 gegeben, weil eine solche Hemmung dort nicht vorgesehen wird (vgl. Teil B V. 3. a. cc. (4) (a).

werden könnten.[1162] Dem steht auch nicht die Regelung des Art. 19 Abs. 2 entgegen, wonach die in der FKVO vorgesehenen Verfahren in enger und stetiger Verbindung zwischen der Kommission und den zuständigen Behörden der Mitgliedsstaaten geführt werden soll. Eine Pflicht zur Information über das Verfahren nach der „Drei-Plus-Regelung“ ist nicht anzunehmen, da dieses Verfahren nur zur Ermittlung der Zuständigkeit dient und weder eine Entscheidung der Kommission noch der Mitgliedsstaaten vorgesehen ist.

(2) Überprüfung durch die betreffenden Mitgliedsstaaten

Nach Erhalt der begründeten Nachweise sind die zuständigen Behörden der Mitgliedsstaaten verpflichtet, die Feststellungen in der Mitteilung dahingehend zu überprüfen und der Kommission mitzuteilen, ob der Zusammenschluss nach ihrem einschlägigen Recht überprüft werden könnte.[1163] Die Überprüfung durch die Mitgliedsstaaten gewährleistet eine schnelle und effektive Kontrolle im Rahmen des „Drei-Plus-Systems“. Die jeweiligen zuständigen Wettbewerbsbehörden sind am besten für die Überprüfung ihrer Zuständigkeit nach den eigenen Wettbewerbsregelungen geeignet. Der Umfang dieser Überprüfungen kann sich auf Grund der umfangreichen Nachweispflicht der beteiligten Unternehmen auf die Richtigkeit der getroffenen Feststellungen beschränken. Im Rahmen der Überprüfung besteht für die zuständigen Behörden keinerlei Ermessen. Damit wird weitestgehend ein Automatismus gewährleistet. Stellen die nationalen Wettbewerbsbehörden im Rahmen ihrer Überprüfung fest, dass sie nach ihren nationalen Wettbewerbsvorschriften für die Überprüfung des Zusammenschlusses zuständig sind, sollte eine kurze Mitteilung an die

[1162] Vgl. Teil B V. 3. a. bb. (3). (b).

[1163] So auch im Grünbuch mit der Begründung vorgesehen, dass eine Überprüfung durch die Kommission neben dem enormen administrativen Aufwand mit der Gefahr verbunden wäre, dass die nicht harmonisierten nationalen Fusionskontrollregelungen durch die Kommission abweichend von den jeweiligen Mitgliedsstaaten ausgelegt werden und es somit zu erheblichen Rechtsunsicherheiten führt (vgl. Grünbuch RN 59).

Kommission erfolgen. Ist eine nationale Behörde der Ansicht, dass ihre nationalen Regelungen von den beteiligten Unternehmen nicht richtig angewandt wurden und die Überprüfung für diesen Zusammenschluss nicht notwendig ist, muss dieses Ergebnis ausführlich begründet werden. Dadurch besteht für die Kommission die Möglichkeit, gegebenenfalls die Ausführungen der Mitgliedsstaaten nachzuprüfen. Die Mitteilung der betreffenden Mitgliedsstaaten ist jedoch bindend.[1164] Andernfalls wäre die Ausgestaltung des Verfahrens mit erheblichen Problemen verbunden. So hätte sich die Frage über die Rechtsfolgen einer solchen fehlerhaften Mitteilung des betreffenden Mitgliedsstaates gestellt (beispielsweise ob diese durch Kommission ersetzt werden könnte) und ob und wie Streitigkeiten über die Feststellungen durch die europäischen Gerichte überprüft werden können.[1165]

Die Überprüfung durch die Mitgliedsstaaten wurde bei der vorliegenden Ausgestaltung bewusst als Verpflichtung manifestiert, da ansonsten eine Überprüfung der materiellen Voraussetzung nicht gewährleistet wäre. Dieses Problem stellt sich beispielsweise im Verfahren nach Art. 4 Abs. 5. Um die Überprüfung der Verweisungsvoraussetzungen und damit ein in sich geschlossenes Verfahren des Art. 4 Abs. 5 zu gewährleisten, ist dort eine solche Überprüfungspflicht durch eine ergänzende Auslegung anzunehmen.[1166]

(3) Frist für die Mitteilung der betreffenden Mitgliedsstaaten; Fiktion der Bestätigung

Um ein schnelles Verfahrens zu gewährleisten, wurde den betreffenden Mitgliedsstaaten eine kurze, aber angemessene Frist für ihre Mitteilung eingeräumt. Diese Frist ist angemessen, da sich die Überprüfung der betreffenden Mitgliedsstaaten lediglich auf die Richtigkeit der im Nachweis getroffenen Feststellungen beschränkt. Die Frist beginnt mit

---

1164 So auch Lampert in WuW 2002 S. 454.

1165 Vgl. Teil C I. 2. e.

1166 Vgl. Teil B V. 3. a. cc. (4) (b). (dd).

dem ersten Arbeitstag, der dem Zugang der Anträge folgt.[1167] Dieser Zeitpunkt ist einfach zu bestimmen und zu beweisen und bewirkt bei gleichzeitiger Zusendung der begründeten Nachweise ein einheitliches Ende der Fristen. Die Frist gilt als vom Mitgliedsstaat gewahrt, wenn die Mitteilung vor Fristablauf bei der Kommission eingeht.[1168]
Erfolgt innerhalb der Frist keine Mitteilung, wird die Richtigkeit der Feststellungen fingiert. Diese aus den Verweisungsregelungen bekannte Fiktion soll ebenfalls ein schnelles Verfahren gewährleisten.

e. Rechtsfolge der gemeinschaftsweiten Bedeutung

Wird von mindestens drei der in der begründeten Mitteilung angeführten Mitgliedsstaaten die Möglichkeit der Überprüfung bestätigt bzw. fingiert, hat der Zusammenschluss gemeinschaftsweite Bedeutung. Gemäß Art. 21 Abs. 3 wendet kein Mitgliedsstaat sein innerstaatliches Wettbewerbsrecht auf den Zusammenschluss an.[1169] Der Zusammenschluss ist gemäß Art. 4 Abs. 1 und Abs. 2 anzumelden.

f. Mitteilung über die nationalen Regelungen

Die Tatsache, dass durch das „Drei-Plus-System“ zwangsläufig die Unionszuständigkeit an nationale Regelungen angelehnt wird, lässt es notwendig erscheinen, in einer Mitteilung der Kommission die unterschiedlichen Voraussetzungen und Ausnahmen für die Anmeldung der Zusammenschlüsse in den jeweiligen Mitgliedsstaaten zu erläutern, um die Schwierigkeiten bei der Feststellung der Zuständigkeiten zu verringern. Diese Mitteilung müsste in Zusammenarbeit mit den nationalen Wettbewerbsbehörden erarbeitet werden. Allerdings sollten die Angaben in den Mitteilungen nur als eine Unterstützung für die beteiligten Unternehmen verstanden werden und deswegen

[1167] Vgl. Art. 7 DVO.
[1168] Vgl. für den Fristablauf Art. 8 DVO.
[1169] Insoweit sollte in Art. 21 Abs. 3 Unterabs. 2 auch die im Rahmen des „Drei-Plus-Systems“ erforderlichen Befugnisse der Mitgliedsstaaten Berücksichtigung finden.

unverbindlich sein, da diesen letztlich die Pflicht trifft, die jeweiligen Regelungen der Mitgliedsstaaten richtig anzuwenden.

5. Zusammenfassung

Die Untersuchungen der Zuständigkeitsverteilung nach der FKVO zeigen, dass das Problem der Mehrfachanmeldungen nur durch eine zwingende Regelung, welche bereits bei der Bestimmung des Anwendungsbereichs der FKVO eingreift, vollständig vermieden werden kann. Eine solche Regelung stellt das „Drei-Plus-System" dar, nach dem Zusammenschlüsse automatisch in den Anwendungsbereich der FKVO fallen, wenn sie in mindestens drei Mitgliedsstaaten angemeldet werden müssen. Daneben hatte sich das „fakultative Drei-Plus-System" entwickelt, welches ein Wahlrecht der Unternehmen vorsieht, ob der Zusammenschluss bei den Mitgliedsstaaten oder bei der Kommission angemeldet wird.

Die Ablehnung des „Drei-Plus-Systems" wurde im Wesentlichen darauf gestützt, dass die Mitgliedsstaaten möglicherweise sehr niedrige Anmeldeschwellen haben oder ihnen ein hinreichender Anknüpfungspunkt zu den nationalen Rechtssystemen ganz fehle und damit die Anmeldung in mindestens drei Mitgliedsstaaten nicht allein auf grenzüberschreitende Auswirkungen des Zusammenschlusses schließen lasse. Trotz der Bedenken gegen diese Argumentation kann nicht von der Hand gewiesen werden, dass auf Grund der niedrigen Anmeldeschwellen in Einzelfällen tatsächlich Zusammenschlüsse erfasst werden, die keine grenzüberschreitenden Auswirkungen aufweisen. Die überwiegende Zahl der Mehrfachanmeldungen weist jedoch grenzüberschreitende Auswirkungen auf. Soweit durch das „Drei-Plus-System" Zusammenschlüsse erfasst werden, können diese, wie auch bei der Regelung des Art. 1 Abs. 2, durch die Verweisungsregelung der Art. 4 Abs. 4 und Art. 9 an die Mitgliedsstaaten verwiesen werden, um eine Feinsteuerung der zunächst getroffenen Zuständigkeitsverteilung zu erreichen. Auch die im Übrigen gegen das „Drei-Plus-System" angeführten Schwächen auf Grund der mangelnden Harmonisierung der nationalen Verfahrensregeln sind überwiegend unbegründet bzw.

können durch entsprechende Ausgestaltung der Regelung beseitigt werden.
Letztlich könnten alle vorgenannten Bedenken durch eine Harmonisierung der nationalen Wettbewerbsvorschriften vollständig ausgeräumt werden. Eine solche Harmonisierung wird sich früher oder später durch die autonome Angleichung der Wettbewerbsvorschriften und die verstärkte Kooperation zwischen den Kartellbehörden, wie nunmehr in der FKVO vorgesehen, einstellen.
Das „Drei-Plus-System“ entspricht dem Subsidiaritätsprinzip, da es für Mehrfachanmeldungen die Zuständigkeit der Kommission begründet. Weiterhin kommt für die Fälle der Mehrfachanmeldungen das „One-Stop-Shop“-Prinzip zum Tragen. So wird für die Behandlung dieser Fälle ein „level playing field“ geschaffen und für die beteiligten Unternehmen Rechtsunsicherheiten, Kosten- und Zeitnachteile vermieden. Das „Drei-Plus-System“ ist zudem einfach anwendbar und führt in kurzer Zeit zur Feststellung der Zuständigkeit. Im Ergebnis stellt das „Drei-Plus-System“ unter Berücksichtigung des Subsidiaritäts- und des „One-Stop-Shop“-Prinzips ein wirksames Instrument zur Vermeidung von Mehrfachanmeldungen dar.

II. Fazit der Untersuchung

Die Darstellung der historischen Entwicklung der Fusionskontrolle auf der Unionsebene zeigt, dass die Zuständigkeitsverteilung zwischen der europäischen Kommission und den Mitgliedsstaatendurch politische Kompromisse geprägt ist. Der Grund hierfür liegt in dem Bestreben der Mitgliedsstaaten, auf Grund der wachsenden ökonomischen und politischen Bedeutung von Zusammenschlussvorhaben, ihre nationalen Kompetenzen zu erhalten.
Als Maßstab für die Bewertung der Zuständigkeitsverteilung in der FKVO wurde das Subsidiaritätsprinzip dargestellt. Danach stellt das Subsidiaritätsprinzip nach Art. 5 Abs. 3 EUV eine rechtlich verbindliche Regelung der Zuständigkeiten zwischen der Europäischen Union und den einzelnen Mitgliedsstaaten dar. Soweit dieser Grundsatz zur Anwendung kommt, soll gemäß Art. 5 Abs. 3 EUV die Europäische

Union nur dann tätig werden, wenn die Ziele ihrer Tätigkeiten durch die Mitgliedsstaaten nicht hinreichend erreicht werden können und wenn diese Ziele wegen des Umfangs der Wirkungen, der in Aussicht genommenen Tätigkeiten besser durch die Europäische Union erledigt werden können. Die durchgeführten Untersuchungen haben bestätigt, dass das Subsidiaritätsprinzip sowohl bei der Bestimmung der FKVO als auch bei seiner Anwendung uneingeschränkt zu berücksichtigen ist. Dies ist insbesondere für die Mitgliedsstaaten von besonderer Bedeutung, da das Subsidiaritätsprinzip eine allgemein zuständige Europäische Union und die damit einhergehenden Kompetenzverluste der Mitgliedsstaaten verhindern soll.
Mithin ist der Anwendungsbereich der FKVO so zu bestimmen, dass die Kommission nur dann zuständig wird, wenn die Mitgliedsstaaten auf Grund ihres begrenzten Zugriffs nicht in der Lage sind, zur Gewährleistung eines unverfälschten Wettbewerbs eine wirksame Kontrolle von Zusammenschlüssen durchzuführen und die Überprüfung solcher Zusammenschlüsse auf Grund ihres Umfangs oder ihrer Wirkung besser auf der Unionsebene erfolgen kann. Zudem sind bei Verweisungsentscheidungen sämtliche praktische Aspekte des Subsidiaritätsprinzips, insbesondere welche Behörde für Überprüfung des Zusammenschlusses geeigneter ist, zu berücksichtigen.
Im letzten Grundlagenteil wurde als weiterer Grundsatz der FKVO das „One-Stop-Shop"-Prinzip erörtert. Hierbei handelt es sich weniger um ein Kriterium zur Abgrenzung der Zuständigkeiten zwischen der Kommission und den nationalen Wettbewerbsbehörden, als vielmehr um eine wünschenswerte Vorgabe des Verordnungsgebers. Geregelt ist das „One-Stop-Shop"-Prinzip im engeren Sinne in Art. 21 Abs. 2 und Abs. 3. Danach ist die Kommission ausschließlich für die Überprüfung von Zusammenschlüssen zuständig, die in den Anwendungsbereich der FKVO fallen. Zudem dürfen die Mitgliedsstaaten ihr nationales Wettbewerbsrecht auf diese Zusammenschlüsse nicht anwenden. Darüber hinaus gilt das „One-Stop-Shop"-Prinzipals allgemeiner Grundsatz für die Zuständigkeitsverteilung und soll gewährleisten, dass die Kontrolle von Zusammenschlüssen einheitlich bei einer Behörde erfolgt. Hierdurch werden einheitliche Bedingungen für die Behandlung

dieser Fälle geschaffen, das sogenannte „level playing field". Die Überprüfung allein durch die Kommission führt außerdem regelmäßig zu einer Verfahrensvereinfachung, zu Rechtssicherheit sowie zu Kosten- und Zeitersparnissen bei den beteiligten Unternehmen.

Das Subsidiaritätsprinzips und das „One-Stop-Shop"-Prinzip stehen grundsätzlich in einem ausgewogenen Verhältnis zueinander. Eine Kollision der beiden Prinzipien ist in den Fällen gegeben, in denen ein Zusammenschluss im Einklang mit dem Subsidiaritätsprinzip von der Kommission an mehrere nationale Behörden verwiesen wird oder eine Teilverweisung erfolgt. In diesen Fällen ist das Subsidiaritätsprinzip als primärrechtliche Regelung dem „One-Stop-Shop"-Prinzip als sekundäres Recht übergeordnet. Dagegen steht eine Verweisung des Zusammenschlusses an einen Mitgliedsstaat insgesamt sowohl mit dem Subsidiaritäts- als auch mit dem Kerngedanken des „One-Stop-Shop"-Prinzips im Einklang, da die Bündelung des Zusammenschlusses bei nur einer Behörde gewährleistet ist. Nichts anderes gilt für Verweisungen des Zusammenschlusses insgesamt an die Kommission und bei einer Zuständigkeitskonzentration bei der Kommission durch die Verweisung von mehreren Mitgliedsstaaten.

Im ersten Abschnitt des Hauptteils wurde die grundsätzlich beabsichtigte Zuständigkeitsverteilung aufgezeigt und bewertet. Nach Erwägungsgrund 8 der FKVO sollen auf der Unionsebene bedeutsame Strukturveränderungen überprüft werden, deren Auswirkungen auf den Markt die Grenzen eines Mitgliedsstaates überschreiten. In Praxis und Literatur wird zur Bestimmung dieser Zusammenschlüsse das Kriterium der grenzüberschreitenden Auswirkungen verwendet. Ein Zusammenschluss weist in der Regel grenzüberschreitende Auswirkungen auf, wenn bedeutende Aktivitäten in mehreren Mitgliedsstaaten vorliegen. Die durchgeführten Untersuchungen haben bestätigt, dass Zusammenschlüsse mit gemeinschaftsweiten Auswirkungen unter Maßgabe des Subsidiaritätsprinzips auf der Unionsebene zu prüfen sind, da eine wirksame Überprüfung von solchen Zusammenschlüssen auf der Ebene der Mitgliedsstaaten auf Grund des eingeschränkten Anwendungsbereichs ihrer nationalen Wettbewerbsvorschriften nicht ausreichend durchgeführt werden, und

die Kommission inhaltlich und verfahrensmäßig für die Überprüfung besser geeignet ist.
Im Anschluss hieran wurde auf das wesentliche Problem der Zuständigkeitsverteilung, die so genannten Mehrfachanmeldungen, eingegangen. Hierbei handelt es sich um Zusammenschlüsse, die nicht in den Anwendungsbereich der FKVO fallen und in drei oder mehr Mitgliedsstaaten überprüft werden könnten. Den Untersuchungen der Kommission zufolge weisen diese regelmäßig bedeutende grenzüberschreitende Auswirkungen auf und sollten daher im Hinblick auf das Subsidiaritätsprinzip und seine praktischen Aspekte durch die Kommission überprüft werden. Der Umstand, dass für Mehrfachanmeldungen das „One-Stop-Shop"-Prinzip nicht zum Tragen kommt, bedeutet zum einen das keine einheitlichen Bedingungen bei der Behandlung vorliegen („level playing field") und zum anderen Rechtsunsicherheiten sowie Kosten- und Zeitnachteile für die beteiligten Unternehmen.
Die konkrete Zuständigkeitsverteilung erfolgt in der FKVO durch die umsatzorientierten Schwellenwerte des Art. 1 Abs. 2 und Abs. 3. Diese Regelungen führen zwar zu einer einfachen, klaren und effizienten Abgrenzung, da ohne Schwierigkeiten die Zuständigkeiten ermittelt werden können. Andererseits bleiben durch die starre Anknüpfung an die Umsätze der Unternehmen die jeweiligen Marktverhältnisse unberücksichtigt. Damit wird der Umstand außer Acht gelassen, dass sektorbedingt eine Marktbeherrschung mit unterschiedlichen Umsatzhöhen möglich ist. Trotz der „Zwei-Drittel-Regelung" fallen Zusammenschlüsse, in den Anwendungsbereich der FKVO, denen auf Grund nationaler Ausrichtung der beteiligten Unternehmen ein Unionsbezug fehlt. Mit der Einführung des Art. 1 Abs. 3 konnte das Ziel, für Mehrfachanmeldungen die Zuständigkeit der Kommission zu begründen, nicht erreicht werden. Damit eignen sich allein die Regelungen des Art. 1 Abs. 2 und Abs. 3 nicht zur Erfassung von Zusammenschlüssen mit grenzüberschreitenden Auswirkungen und sind deswegen nur als Grobsteuerung mit dem Subsidiaritätsprinzip zu vereinbaren. Im Ergebnis erfüllt die Zuständigkeitsverteilung nur dann die Anforderungen des Subsidiaritätsprinzips, wenn für die nach Art. 1

getroffene Zuständigkeitsverteilung eine Feinsteuerung erfolgt, indem Zusammenschlüsse mit grenzüberschreitenden Auswirkungen von den Mitgliedsstaaten an die Kommission und umgekehrt Zusammenschlüsse ohne grenzüberschreitende Auswirkungen von der Kommission an die Mitgliedsstaaten verwiesen werden. Eine solche Feinsteuerung könnte grundsätzlich durch die Verweisungsvorschriften Art. 4 Abs. 4 und Abs. 5, Art. 9 und Art. 22 erfolgen. Wie bereits ausgeführt, sind bei der Durchführung des Verweisungsverfahrens sämtliche praktischen Aspekte des Subsidiaritätsprinzips zu berücksichtigen. Deswegen müssen Zusammenschlüsse die trotz gemeinschaftsweiter Auswirkungen nicht in den Anwendungsbereich der FKVO fallen, von den Mitgliedsstaaten an die Kommission verwiesen werden und umgekehrt Zusammenschlüsse, die in den Anwendungsbereich der Kommission fallen, jedoch keine grenzüberschreitende Auswirkungen aufweisen, an die Mitgliedsstaaten verwiesen werden.
Bis zur Neufassung der FKVO a. F. wurde von dem Verweisungssystem nur eingeschränkt Gebrauch gemacht. Insgesamt erfolgten bis zur Neufassung der FKVO a. F. nur 54 Verweisungen von der Kommission an die Mitgliedsstaaten nach Art. 9 FKVO a. F. und nur drei Verweisungen von Mehrfachanmeldungen an die Kommission auf der Grundlage des Art. 22 FKVO a. F. Demnach war die Zuständigkeitsverteilung bis zur Neufassung der FKVO a. F. nicht mit dem Subsidiaritätsprinzip zu vereinbaren. Gleichzeitig war auch das „One-Stop-Shop"-Prinzip nicht ausreichend gewährleistet, da die Fälle von Mehrfachanmeldungen nicht in den Anwendungsbereich der FKVO fielen und damit die Überprüfung des Zusammenschlusses bei nur einer Behörde gebündelt wurde.
Nach der Neufassung der FKVO a. F. soll eine effektive Zuständigkeitsverteilung zwischen den nationalen Wettbewerbsbehörden und der Kommission durch ein gestrafftes und vereinheitlichtes Verweisungsverfahren erreicht werden. Der Verordnungsgeber erklärt in Erwägungsgrund 11 der FKVO nunmehr ausdrücklich, dass die Verweisungsvorschriften angesichts des Subsidiaritätsprinzips als wirksames Korrektiv dienen und gleichzeitig dem Grundsatz der einzigen Anlaufstelle („One-Stop-Shop"-Prinzip) Rechnung tragen sollen. Hierfür

wurden die Regelungen der Art. 9 und Art. 22 vereinfacht und verbessert und durch die Regelungen der Art. 4 Abs. 4 und Abs. 5 ergänzt. Letztere ermöglichen Verweisungen auch vor der eigentlichen Anmeldung des Zusammenschlusses in der so genannten „pre-notification-phase". Mehrfachanmeldungen sollen insbesondere durch die Regelung des Art. 4 Abs. 5vermieden werden. Dieser sieht eine Verweisung für solche Fälle vor, die in mindestens drei Mitgliedsstaaten geprüft werden könnten. Dagegen konnte eine pauschale Zuständigkeit der europäischen Kommission für Zusammenschlüsse, die in mindestens drei Mitgliedsstaaten geprüft werden können, wie durch das „Drei-Plus-System" vorgesehen, nicht durchgesetzt werden. Dies belegt einmal mehr, dass die Bestimmungen der Zuständigkeiten der FKVO aus einer Kette von politischen Kompromissen bestehen.

Grundsätzlich stehen die Verweisungsregeln der Art. 4 Abs. 4 und Abs. 5, Art. 9 und Art. 22 als Instrumente zur Feinsteuerung der Zuständigkeitsverteilung im Einklang mit dem Subsidiaritätsprinzip. Sie ermöglichen die Zuweisung des Zusammenschlusses an die für die Überprüfung besser geeignete Behörde. Weiterhin wird durch die Anwendung der Verweisungsregeln auch das „One-Stop-Shop"-Prinzip weitestgehend gewährleistet. So stehen Verweisungen des Zusammenschlusses insgesamt an einen Mitgliedsstaat mit dem „One-Stop-Shop"-Prinzips im Einklang, da in diesen Fällen nur eine Behörde für die Überprüfung des Zusammenschlusses zuständig bleibt. Die Verweisung von Zusammenschlüssen von den Mitgliedsstaaten an die Kommission insgesamt bedeutet sogar die Stärkung des „One-Stop-Shop"-Prinzips. Selbst eine Verweisung von mehreren Mitgliedsstaaten an die Kommission entspricht dem Kerngedanken des „One-Stop-Shop"-Prinzips, da zumindest eine Konzentration der Zuständigkeit bei der Kommission erfolgt. Lediglich die Verweisung von der Kommission an mehrere Mitgliedsstaaten, oder eine Teilverweisung, führt zur Durchbrechungen des „One-Stop-Shop"-Prinzips.

Durch die FKVO wurde bereits eine Vielzahl von Zusammenschlüssen von der Kommission an die Mitgliedsstaaten und umgekehrt von den Mitgliedsstaaten an die Kommission verwiesen. Dies ist insbesondere auf den Erfolg der Verweisungsvorschriften des Art. 4 Abs. 4 und Abs. 5

zurückzuführen. Die verstärkte Anwendung führte zu einer erheblichen Verbesserung der Zuständigkeitsverteilung. Allerdings konnten nicht alle Mehrfachanmeldungen an die Kommission verwiesen werden. Die Überprüfungen der Kommission im Vorfeld des Berichts 2009 belegen, dass auch nach der Neufassung der FKVO a. F. eine große Zahl von Mehrfachanmeldungen mit grenzüberschreitenden Auswirkungen nicht in den Anwendungsbereich der FKVO fällt. Demnach wurden im Jahr 2007 insgesamt 102 Zusammenschlüsse in drei oder mehr Mitgliedsstaaten angemeldet, von denen die überwiegende Zahl grenzüberschreitende Auswirkungen aufwies. Obwohl von den Unternehmen eine Reihe von Gründen in der Ausgestaltung für die zurückhaltende Anwendung des Art. 4 Abs. 5 angeführt wurden, dürfte die zurückhaltende Anwendung darauf zurückzuführen sein, dass die am Verfahren Beteiligten im Rahmen eines antrags- und ermessensabhängigen Systems zwangsläufig ihre eigenen Interessen verfolgen und deswegen „forum shopping“ betreiben. So werden die beteiligten Unternehmen vor der Einleitung eines Verfahrens nach Art. 4 Abs. 5 die Kosten der Prüfung durch die nationalen Behörden bzw. durch die Kommission, die Dauer und Erfolgsaussichten der nationalen Prüfverfahren und des Kommissionsverfahrens nach der FKVO berücksichtigen. Die nationalen Wettbewerbsbehörden werden nur dann ein Verfahren nach Art. 22 einleiten, wenn sie eine Einschränkung ihrer Kompetenzen in Kauf nehmen. So haben die jüngsten Untersuchungen der Kommission ergeben, dass eine Verweisung nach Art. 22 regelmäßig nur bei schwierigen und komplizierten Fällen erfolgt. Vor diesem Hintergrund ist eine optimale Zuständigkeitsverteilung durch die Anwendung des Verweisungssystems nicht möglich.

Daneben ist zu berücksichtigen, dass die Verweisung von Zusammenschlüssen für die beteiligten Unternehmen stets mit Nachteilen verbunden ist. Durch eine Verweisung nach der Anmeldung treffen bei den Unternehmen Zeitverluste und Arbeitsbelastungen ein. Die Einleitung eines Verweisungsverfahrens vor der Anmeldung bedeutet für die beteiligten Unternehmen einen erheblichen administrativen Aufwand und ist stets mit dem Risiko des Scheiterns verbunden.

Im Ergebnis ist daher festzuhalten, dass die durch die Regelung des Art. 1 erfolgende Zuständigkeitsverteilung nicht im ausreichenden Maße durch das vereinheitlichte und verbesserte Verweisungssystem der FKVO feingesteuert werden kann. Die vollständige Vermeidung von Mehrfachanmeldungen ist durch die Anwendung der Verweisungsvorschriften nicht möglich. Die Zuständigkeitsverteilung zwischen der Kommission und den nationalen Wettbewerbsbehörden genügt damit nicht vollständig den Anforderungen des Subsidiaritätsprinzips und begründet auch nicht in ausreichendem Maße das „One-Stop-Shop"-Prinzip.
Dagegen ist das „Drei-Plus-System" geeignet, eine den Anforderungen des Subsidiaritätsprinzips und den Vorgaben des „One-Stop-Shop"-Prinzips entsprechende Zuständigkeitsverteilung zu begründen. Die Überprüfung des „Drei-Plus-Systems" hat ergeben, dass die angeführten Schwächen überwiegend unbegründet beziehungsweise durch entsprechende Ausgestaltung der Regelung gelöst werden können. Das „Drei-Plus-System" begründet die Zuständigkeit der Kommission für alle Mehrfachanmeldungen. Da nicht auszuschließen ist, dass durch das „Drei-Plus-System" vereinzelt Zusammenschlüsse in den Anwendungsbereich der FKVO fallen, die keine grenzüberschreitende Auswirkungen aufweisen, könnten diese von der Kommission nach Art. 4 Abs. 4 oder Art. 9 an die Mitgliedsstaaten verwiesen werden. Damit steht das „Drei-Plus-System" im Einklang mit dem Subsidiaritätsprinzip und führt zu einer Stärkung des „One-Stop-Shop"-Prinzips für diese Fälle. Es wird für die Behandlung dieser Fälle ein „level playing field" geschaffen und es werden für die beteiligten Unternehmen Rechtsunsicherheiten, Kosten- und Zeitnachteile vermieden. Das „Drei-Plus-System" ist zudem einfach anwendbar und führt in kurzer Zeit zur Feststellung der Zuständigkeit.

Literaturverzeichnis

Alfter, Mette — Untersagungskriterien in der Fusionskontrolle - SLC – Test versus Marktbeherrschenden Stellung – Eine Frage der Systematik ? -
Wirtschaft und Wettbewerb 2003 S. 20- 28
(zit. Alfter WuW 2003)

Arhold, Christoph — Die neuen Kommissionsmitteilungen zur Fusionskontrollverordnung und die geplante Revision der europäischen Fusionskontrolle
Europäisches Wirtschafts & Steuerrecht 2001 S. 573- 580
(zit.: Arhold EWS 2001)

Grünbuch der Kommission über die Revision der europäischen Fusionskontrolle oder: Das Bundeskartellamt schlägt zurück
Europäisches Wirtschafts & Steuerrecht 2002 S. 449- 460
(zit.: Arhold EWS 2002)

Axster, Oliver — Die europäische Fusionskontrolle
in Festschrift für Karlheinz Quack S.569-588
Berlin, New York 1991
(zit.: Axster in FS f. Quack)

Bach, Albrecht — Materielle Veränderung der deutschen Fusionskontrolle durch die EWG-Fusionskontrollverordnung
Wirtschaft und Wettbewerb 1992 S. 571 ff.
(zit.: Bach WuW 1992)

Baron, Michael	Die neuen Bestimmungen der Europäischen Fusionskontrolle Wirtschaft und Wettbewerb 1997 S. 579- 591 (zit.: Baron WuW 1997)
Bartosch, Andreas	Weiterentwicklung im Recht der europäischen Zusammenschlusskontrolle Betriebs-Berater 2003 Beilage 3 Heft 13 (zit. Bartosch BB 2003 Beilage 3 Heft 13) Gehorsam oder Widerstand – Reformvorschlag der Kommission zur FKVO und der Rechtsprechung des EuG im Fall Airtours ./. Kommission Wirtschaft und Wettbewerb 2003, S. 574 – 585 (zit. Bartosch WuW 2003)
Bartosch, Andreas; Nollau, Anne-Kathrin	Die zweite Generalüberholung der europäischen Fusionskontrolle- das Grünbuch vom 11.12.2001 Europäische Zeitschrift für Wirtschaftsrecht 2002 S. 197- 208 (zit.: Bartosch/Nollau EuZW 2002)
Basedow, Jürgen	Gemeinschaftsrechtliche Grenzen der Ministererlaubnis in der Fusionskontrolle – Zum Verhältnis des § 42 GWB zu den Art. 81 und 82 EG Europäische Zeitschrift für Wirtschaftsrecht 2003 S. 44- 50 (zit.: Basedow EuZW 2003)

Becher, Klaus F. — Globalisierung und Fusionskontrolle in der Unternehmenspraxis
In: Europäisches Wettbewerbsrecht im Zeichen der Globalisierung; Jürgen Schwarze (Hrsg.)
Baden-Baden 2002
(zit.: Becher)

Bechthold, Rainer — Die Grundzüge der neuen EWG-Fusionskontrolle
Recht der Internationalen Wirtschaft 1990 S. 253- 262
(zit.: Bechthold RIW 1990)

Antitrust Law in the European Community and Germany- An Uncoordinated Coexistence?, in:
Fordham Corporate Law Institute, Annual Proceedings 1992 S. 343 ff.
(zit.: Bechtold)

Kartellgesetz Gesetz gegen Wettbewerbsbeschränkungen
3. Auflage; München 2002
(zit.: Bechtold GWB)

Bechtold, Rainer; Brinker, Ingo; Bosch, Wolfgang; Hirsbruner Simon — EG- Kartellrecht Kommentar
2. Auflage; München 2009
(zit.: Bechtold/Brinker/Bosch/Hirsbrunner)

Beninca, Jürgen — Räumliche Marktabgrenzung in der deutschen Fusionskontrolle
Wirtschaft und Wettbewerb 2005 S. 43- 48
(zit. Beninca WuW 2005)

Benisch, Werner — Verhältnis von Kartellverbot und Fusionskontrolle
In Festschrift für Fritz Rittner
München 1991, S. 17 ff.
(zit.: Benisch in FS Rittner)

Berg, Werner; Digel, Andreas — Zuständigkeit durch Verweisung: Ein Irrweg!- Art. 22 im FKVO- Vorschlag der Kommission
Europäisches Wirtschafts- & Steuerrecht 2003
S. 445- 451
(zit.: Berg/Digel EWS 2003)

Berg, Werner — Die neue EG-Fusionskontrollverordnung
Betriebs-Berater 2004 S. 561- 569
(zit.: Berg BB 2004)

Beutler, Bengt; Bieber, Roland; Pipkorn, Jörn; Streil, Jochen — Die Europäische Union: Rechtsordnung und Politik
4. Auflage; Baden-Baden 1993
(zit.: Beutler/Bieber/Pipkorn/Streil)

Bieber, Roland — Verbreitung und Vertiefung? Das Subsidiaritätsprinzip im europäischen Gemeinschaftsrecht in: Evers (Hrsg.) Chancen des Föderalismus in Deutschland und in Deutschland und Europa S. 161 ff.
München 1994
(Bieber in Evers)

Bischke, Alf-Henrik; Mäger, Thorsten — Der Kommissionsentwurf einer geänderten EU- Fusionskontrollverordnung
Europäischen Wirtschaft & Steuerrecht 2003
S. 97- 106
(zit. Bischke/Mäger EWS 2003)

Blank, Josef

Europäische Fusionskontrolle im Rahmen der Artt. 85, 86 des EWG Vertrages
Baden-Baden 1991
(zit. Blank)

Blanke, Herman- Josef

Normativer Gehalt und Justitiabilität des Subsidiaritätsprinzips nach Art. 3 b EGV, in: Das Subsidiaritätsprinzip in der Europäischen Union- Bedeutung und Wirkung für ausgewählte Politikbereiche, Rudolf Hrbek (Hrsg.) S. 95 ff.
(zit.: Blanke in Hrbek)

Bleckmann, Albert

Problem der Auslegung von EWG-Richtlinien
Neue Juristische Wochenschrift 1987 S. 929-935
(zit. Bleckmann NJW 1997)

Der Vertrag über die Europäische Union-Eine Einführung
Deutsches Verwaltungsblatt 1992 S. 335 ff.
(zit.: Bleckmann DVBl. 1992)

Europarecht
6. Auflage; Köln, Berlin, Bonn, München 1997
(zit.: Bleckmann-Bearbeiter)

Böge, Ulf

Muss die EU zum SLC- Test wechseln?
Wirtschaft und Wettbewerb 2002, S. 825
(zit. Böge WuW 2002)

Das Netzwerk der EU-Wettbewerbsbehörden nimmt Gestalt an
Europäisches Wirtschafts- & Steuerrecht 2003

S. 441- 445
(zit.: Böge EWS 2003)

Reform der Europäischen Fusionskontrolle
Europäisches Wirtschafts- & Steuerrecht 2004
S. 138- 148
(zit.: Böge EWS 2004)

Borchardt, Klaus- Dieter | Die rechtlichen Grundlagen der Europäischen Union
2. Auflage; Heidelberg 2002
(zit.: Borchardt)

Borchmann, Michael | Ein Subsidiaritätsprotokoll
Europäisches Zeitschrift für Wirtschaftsrecht 1996 S. 641 ff.
(zit.: Borchmann EuZW 1996)

Borries, Reimer von | Das Subsidiaritätsprinzip im Recht der Europäischen Union
Europarecht 1994, S. 263 ff.
(zit.: Borries EuR 1994)

Brittain, Sir Leon | Competition Policy: Keeping the Paying-Field Level
Brüssel 1992
(zit.: Brittain)

Bunte, Hermann-Josef | Ein Votum für eine 6. GWB-Novelle
Wirtschaft und Wettbewerb 1994 S. 5 ff
(zit.: Bunte WuW 1994)

	Das Verhältnis von deutschem zum europäischen Kartellrecht Wirtschaft und Wettbewerb 1989 (zit.: Bunte WuW 1989)
Burgstaller, Markus	Marktbeherrschung oder „Substantial Lessening of Competition"? – Zugleich ein Beitrag zur Reform des materiellen Fusionskontrollrechts Wirtschaft und Wettbewerb 2003, S. 726-738 (Burgstaller WuW 2003)
Calliess, Christian	Subsidiaritätsprinzip- und Solidaritätsprinzip in der Union 2. Auflage; Baden-Baden 1999 (zit.: Calliess)
	Der Schlüsselbegriff der „ausschließlichen Zustä Subsidiaritätsprinzip des Art. 3 b II EGV Europäische Zeitschrift für Wirtschaftsrecht 1995 S. 69 (zit.: Calliess EuZW 1995)
Calliess, Christian; Ruffert, Matthias	Kommentar zu EU-Vertag und EG-Vertrag 3. Auflage; München 2007 (zit.: Calliess/Ruffert- Bearbeiter)
Cannenbley, Cornelis	Der Zusammenschlussbegriff in der deutschen und Fusionskontrolle am Beispiel des Anteilserwerbs S. 277 Festschrift für Otfried Lieberknecht 1997 (zit.: Cannenbley in für Lieberknecht S. 277 ff).
Caspari, Manfred; Schwarz, Dieter	Europäische Fusionskontrolle, ein Historienspiel in: Festschrift für Werner Benisch

Wettbewerb als Herausforderung und Chance S. 383 ff.
Köln; Berlin; Bonn; München 1989

Constantinesco, Vlad — „Subsidiarität“: Magisches Wort oder Handlungsprinzip der Europäischen Union?
Europäische Zeitschrift für Wirtschaftsrecht 1991
S. 561- 563
(zit.: Constantinesco EuZW 1991)

Subsidiarität: Zentrales Verfassungsprinzip für politische Union in: Integration 4/1990 S. 165 ff.
(Constantinesco)

Danninger, Claudia — Zur extraterritorialen Anwendbarkeit der Europäischen Fusionskontrollverordnung
2003
(zit.: Danninger)

Dirksen, Dirk; Barber, Horst — Kontrollpflichtige Zusammenschlüsse durch Anteilserwerb
Europäisches Wirtschafts- & Steuerrecht 1992
S. 98 – 103
(zit. Dirksen/Barber EWS 1992)

Dittert, Daniel — Die Reform des Verfahrens in den neuen EG- Fusionskontrollverordnung
Wirtschaft und Wettbewerb 2004 S. 148 ff.
(zit.: Dittert WuW 2004)

Die ausschließlichen Kompetenzen der Europäischen Gemeinschaft im System des EG- Vertrages

Frankfurt am Main 2001
(zit.: Dittert)

Drauz, Götz

Neuere Entwicklungen der EU-Fusionskontrolle unter Einschluss der zum 1.März eingetretenen Änderungen
in: Neue Entwicklung auf dem Gebiet des europäischen Wettbewerbsrechts
Baden-Baden 1999
(zit.: Drauz 1999)

Vorstellungen der EU-Kommission zur Reform der europäischen Fusionskontrolle
in: Instrumente zur Durchsetzung des europäischen Wettbewerbsrechts S. 47- 60
Hrsg.: Schwarze, Jürgen
Baden-Baden 2002
(zit.: Drauz)

Reform der Fusionskontrollverordnung- Die Kernpunkte des Grünbuchs der Europäischen Kommission
WuW 2002. S. 445- 449
(zit.: Drauz WuW 2002)

Drauz, Götz; Schröder, Dirk

Praxis der Europäischen Fusionskontrolle
3. Auflage Köln 1995
(zit.: Drauz/Schröder)

Dreher, Meinhard

Kartellrechtsvielfalt oder Kartellrechtseinheit in Europa
Die Aktien Gesellschaft 1993, S. 437 ff.
(zit.: Dreher AG 1993)

Dujm, Bernhard; Winter, Helen

Möglichkeiten und Grenzen der internationalen Wettbewerbsordnung, in:

Europäische und internationale Wirtschaftsordnung aus Sicht der Bundesrepublik Deutschland S. 225 ff
Hrsg. Von Hrbek, Oppermann, Starbatty
Baden-Baden 1994
(zit.: Dujm/Winter)

Ebenroth, Carsten-Thomas; Lange, Knut-Werner
Die Auswirkungen der Europäischen Fusionskontrollverordnung auf das bundesdeutsche Recht der Unternehmenszusammenschlüsse
Betriebs-Berater 1991 S. 845- 853
(zit.: Ebenroth/Lange BB 1991)

Ebenroth, Carsten-Thomas; Parche, Ulrich
Der Verordnungsentwurf einer europäischen Fusionskontrolle und seine Auswirkungen auf nationales und internationales Kartellrecht
Betriebs-Berater 1988 Beilage 18
(zit.: Ebenroth/Parche BB 1988 Beilage 18)

Ebenroth, Carsten-Thomas; Rösler, Patrick
Die Anwendbarkeit des Zusammenschlussbegriffes nach Art. 3 Fusionskontrollverordnung auf Lean Production Strukturen
Recht der Internationalen Wirtschaft 1994 S. 533- 542
(zit.: Ebenroth/Rösler RIW 1994)

EG-Kommission
Das Problem der Unternehmenskonzentration im Gemeinsamen Markt
Wirtschaft und Wettbewerb 1966 S. 330- 347
(zit.: EG-Kommission Das Problem der Unternehmenskonzentration WuW 1966)

Ehlermann, Claus-Dieter

Der Beitrag der Wettbewerbspolitik zum Europäischen Binnenmarkt
Wirtschaft und Wettbewerb 1992 S. 5 ff.
(zit.: Ehlermann WuW 1992)

Ökonomische Aspekte des Subsidiaritätsprinzips: Harmonisierung versus Wettbewerb der Systeme in: Integration 18 S. 11 ff; 1995
(zit.: Ehlermann)

Emmerich, Volker

Die Auslegung von Art. 85 Abs. 1 EWG-Vertrag durch die bisherige Praxis der Kommission
Europarecht 1973 S. 295- 334
(zit.: Emmerich EuR 1973)

Frenz, Walter

Handbuch Europarecht
Band 2 Europäisches Kartellrecht
Berlin, Heidelberg 2006
(zit.: Frenz)

Everling, Ulrich

Die rechtliche Gestaltung des Binnenmarktes in: Die Verwirklichung des EG-Binnenmarktes, Auswirkungen und Herausforderungen, Beihefte der Konjunkturpolitik, Heft 36, S. 75 ff.
Berlin 1990
(zit.: Everling)

Probleme der Rechtsangleichung zur Verwirklichung des europäischen Binnenmarktes in: Festschrift für Ernst Steindorff S. 1155 ff. Berlin, New York 1990
(zit.: Everling in FS Steindorff)

Fastenrath, Ulrich	Inländerdiskriminierung Juristenzeitung 1987 S. 170 ff. (zit.: Fastenrath JZ 87)
Frowein, Jochen	Konkurrierende Zuständigkeit und Subsidiarität. Zur Kompetenzverteilung in bündischen Systemen in: Wege und Verfahren des Verfassungslebens-Festschrift für Peter Lerche S. 401- 41[illegible] München 1993 (zit.: Frowein in FS für Lerche)
Fuchs, Andreas	Abschaffung der Zweidrittel-Klausel? Zur Zukunft des Subsidiaritätsprinzips in der europäischen Fusionskontrolle Wirtschaft und Wettbewerb 2006 S. 35[illegible] (zit. Fuchs WuW 2006)
Gäbelein, Wolfgang	Einheit der Wettbewerbsordnung im europäischen Binnenmarkt, in: Festschrift für Karl Beusch Berlin, New York 1993 (zit.: Gäbelein FS Beusch)
Geiger, Rudolf	Vertrag über die Europäische Union und Vertrag zur Gründung der Europäischen Gemeinschaft. 3. Auflage; München 2000 (zit.: Geiger EUV/ EGV)
Gerken, Lüder	Vertikale Kompetenzverteilung in Wirtschaftsgemeinschaften – Bestimmungsgründe und Probleme in: Europa zwischen Ordnungswettbewerb und Harmonisierung – Europäische

	Ordnungspolitik im Zeichen der Subsidiarität S. 3 ff. Heidelberg 1995 (zit.: Gerken)
Gierschmann, Sibylle	Dezentralisierungsmöglichkeiten im Europäischen Kartellrecht Frankfurt a.M. 1999
Goldmann, Berthold	Europäisches Handelsrecht Karlsruhe 1973 (zit. Goldmann)
Götz, Drauz	Reform der Fusionskontrollverordnung Wirtschaft und Wettbewerb 2002 S. 444- 449 (zit.: Götz WuW 2002)
Glassen, Helmut; von Hahn Helmuth; Kersten Hans-Christian; Rieger, Harald	Frankfurter Kommentar zum Kartellrecht Band VI EG-Kartellrecht; Stand 2001 (zit. FK-Bearbeiter)
Grabitz, Eberhard; Hilf, Meinhard	Das Recht der Europäischen Union Band II EUV/EGV 21. Ergänzungslieferung Stand April 2003 (zit.: Grabitz/Hilf-Bearbeiter)
von der Groeben, Hans; Schwarze, Joachim (Hrsg.)	Vertrag über die Europäische Union und Vertrag zur Gründung der Europäischen Gemeinschaft Band 1 Art. 1- 53 EUV, Art. 1- 80 EGV Band 2 Art. 81- 97 EGV Band 4 Art. 189- 314 EGV 6. Auflage; Baden- Baden 2004 (zit.: Groeben/Schwarze- Bearbeiter)

Groger, Thomas; Janicki, Thomas — Weiterentwicklung des Europäischen Wettbewerbsrechts
Wirtschaft und Wettbewerb 1992 S. 991
(zit.: Groger/Janicki WuW 1992)

Günther, Eberhard — Vereinheitlichung der Wettbewerbshandlungen im Europäischen Raum
Wirtschaft und Wettbewerb 1961 S. 755 ff.
(zit.: Günther)

Hammes, Michael — Wettbewerbspolitische Aspekte strategischer Allianzen
Wirtschaftsdienst 1993 S. 493 ff.
(zit.: Hammes)

Hefermehl, Wolfgang — Unternehmenszusammenschlüsse im Lichte der Art. 85 und 86 des Vertrages über die Europäische Wirtschaftsgemeinschaft
Rechtsvergleichung und Rechtsvereinheitlichung
Festschrift zum fünfzigjährigen Bestehen des Instituts für ausländisches und internationales Privat- und Wirtschaftsrecht der Universität Heidelberg
Hrsg.: Wahl, Eduart; Serick, Rolf, Niederländer, Hubert
Heidelberg 1967

Heidenhain, Martin — Europäische Fusionskontrolle für Zusammenschlüsse ohne gemeinschaftsweite Bedeutung
Europäische Zeitschrift für Wirtschaftsrecht 1990
S. 84- 88
(zit.: Heidenhain EuZW 1990)

Heintzen, Markus — Subsidiaritätsprinzip und Europäische Gemeinschaft
Juristen-Zeitung 1991 S. 317 ff.
(zit.: Heintzen JZ 1991)

Held, Stefan — German Antitrust Law and Policy, in: Fordham Corporate Institute, Annual Proceedings 1992
S. 311 ff. 1993
(zit.: Held)

Hellmann, Hans- Joachim — Das neue Verweisungsregime in Art. 4 FKVO aus der Sicht der Praxis
Europäisches Wirtschafts- und Steuerrecht 2004
S. 289- 293
(zit.: Hellmann EWS 2004)

Hellman, Vanessa — Der Vertrag von Lissabon – Vom Verfassungsvertrag zur Änderung der bestehen Verträge- Einführung mit Synopse und Übersichten
2010
(zit. Hellmann)

Hölzer, Heinrich; Rohard, Klaus-Peter — Deutsche und europäische Fusionskontrolle Nebeneinander- Gegeneinander
in Festschrift für Werner Benisch, Wettbewerb als Herausforderung und Chance
Köln, Berlin, Bonn, München 1989
(zit.: Hölzer/Rohard in FS für Benisch)

Hilf, Meinhard; Pache, Eckard

Der Vertrag von Amsterdam
Neue Juristische Wochenschrift 1998 S. 705 ff.
(zit.: Hilf/Pache NJW 1998)

Hirsch, Günther

Die Auswirkungen des Subsidiaritätsprinzips auf die Rechtssetzungsbefugnis der Europäischen Gemeinschaften, Vortrag vor dem Europa- Institut der Universität des Saarlandes am 9. Mai 1995 in Saarbrücken, Vorträge, Reden und Berichte des Europa-Instituts der Universität des Saarlandes, Nr. 330
Saarbrücken 1995
(zit.: Hirsch 1995)

Die Kooperation von nationalen und europäischen Gerichten bei der Durchsetzung des Wettbewerbsrechts
in: Instrumente zur Durchsetzung des Wettbewerbsrechts S. 135 ff.
Baden-Baden 2002

Hirsch, Günther; Montag, Frank; Säcker, Franz Jürgen

Münchener Kommentar zum Europäischen und Deutschen Wettbewerbsrecht (Kartellrecht)
München 2007, 1. Auflage
(zit.: MüKo-Bearbeiter)

Hirsbrunner, Simon

Fusionskontrolle der Kommission im Jahre 1996
Europäische Zeitschrift für Wirtschaftsrecht 1997 S. 748 ff.
(zit.: Hirsbrunner EuZW 1997)

Die revidierte EG-Fusionskontrollverordnung
Europäische Zeitschrift für Wirtschaftsrecht 1998 S. 69- 75
(zit.: Hirsbrunner EuZW 1998)

Verweisung von Unternehmenszusammenschlüssen nach Art. 9 der EG- Fusionskontrollverordnung
Europäischen Wirtschafts- und Steuerrecht 1998 S. 231- 239
(zit. Hirsbrunner EWS 1998)

Die Entwicklung der Europäischen Fusionskontrolle in den Jahren 1997 und 1998
Europäische Zeitschrift für Wirtschaftsrecht 1999 S. 389- 395
(zit.: Hirsbrunner EuZW 1999)

Neue Entwicklungen der Europäischen Fusionskontrolle
Europäische Zeitschrift für Wirtschaftsrecht 2003 S. 709-712
(zit. Hirsbrunner EuZW 2003)

Neue Entwicklungen der Europäischen Fusionskontrolle in den Jahren 2003/2005
Europäische Zeitschrift für Wirtschaftsrecht 2005 S. 519- 523
(zit. Hirsbrunner EuZW 2005)

Hobe, Stephan — Europarecht
Köln 2002
(zit.: Hobe)

Hochbaum, Ingo — Kohäsion und Subsidiarität
Die öffentliche Verwaltung 1992 S. 285- 292
(zit.: Hochbaum DÖV 1992)

Hoffmann, Jochen; Terhechte, Jörg- Philipp

Der Vorschlag der Europäischen Kommission für eine neue Fusionskontrollverordnung
Die Aktien Gesellschaft 2003 S. 415- 424
(zit.: Hoffmann/Terhechte AG 2003)

Hommelhoff, Peter

Zur Harmonisierung der nationalen Kartellrechte in Europa, in: Festschrift für Rudolf Nirk S. 469 f
München 1992
(zit.: Hommelhoff in FS Nirk)

Hootz, Christian

Gesetz gegen Wettbewerbsbeschränkungen und Europäisches Kartellrecht
Gemeinschaftskommentar
3. Lieferung
EU-Fusionskontrolle Einführung und Art. 1- 3 VO 4064/89
5. Auflage; Köln, Berlin, Bonn, München 2001
(zit.: GK- Bearbeiter)

5. Lieferung
EU-Fusionskontrolle Art. 4- 25 VO 4064/89
5. Auflage; Köln, Berlin, Bonn, München 2001
(zit. GK- Bearbeiter)

Hrbek, Rudolf

Der Ertrag der Verfassungsdebatte von Maastricht: Ein Erfolg für den Föderalismus und die deutschen Länder) in: Festschrift für Börner
(zit.: Hrbek in FS für Börner)

Huber, Ulrich	Angleichung des deutschen Rechts an das Europäische Wettbewerbsrecht- Abgrenzung der Zuständigkeit von europäischen und nationalen Behörden, in: Harmonisierungsbedarf zischen dem Wettbewerbsrecht der EG und den Mitgliedsstaaten? S. 1 FIW Skript 14 (zit.: Huber)
Hüfner, Oliver	Abgrenzung der Kontrollkompetenzen zwischen EG-Kommission und Bundeskartellamt bei Zusammenschlüssen gemäß Art. 3 FKVO Frankfurt am Main, Berlin, Bern, Bruxelles, New York, Oxford, Wien 2006 (zit. Hüfner)
Immenga, Ulrich; Fuchs Andreas	Art. 85 EWG-Vertrag als Grenze für Unternehmensbeteiligungen Neue Juristische Wochenschrift 1988 S. 3052-3059 (zit. Immenga/Fuchs NJW 1988)
Immenga, Ulrich; Israel, Alexander	Reform der britischen Zusammenschlusskontrolle Zeitschrift für vergleichende Rechtswissenschaften Band 103, 2004 S. 57- 68 (zit.: Immenga/Israel ZVglRWiss 103 (2004)
Immenga, Ulrich; Mestmäcker Ernst-Joachim (Hrsg.)	EG-Wettbewerbsrecht Kommentar Band I München 1997 (zit.: Immenga/Mestmäcker- Immenga)

EG- Wettbewerbsrecht Kommentar
Ergänzungsband
München 1997
(zit.: Immenga/Mestmäcker- Immenga Ergänzungsband)

Immenga, Ulrich ; Mestmäcker Ernst- Joachim (Hrsg.) — Wettbewerbsrecht EG/Teil 2
Kommentar zum Europäischen Kartellrecht
4. Auflage; München 2007
(Zit. Immenga/Mestmäcker- Immenga/Körber)

Jachtenfuchs, Markus — Die EG nach Maastricht, Das Subsidiaritätsprinzip und die Zukunft der Integration
Europa- Archiv 1992 S. 279- 287
(zit.: Jachtenfuchs EA 1992)

Jacob, Carolin Britt — Die Behandlung von Gleichordnungskonzernen im deutschen und europäischen Wettbewerbsrecht im Vergleich
Berlin 1995
(zit.: Jacob)

Janicki, Thomas — EG-Fusionskontrolle auf dem Weg zur praktischen Umsetzung
Wirtschaft und Wettbewerb 1990 S. 195- 205
(zit. Janicki WuW 1990)

Inhalt und Praxis der Rückverweisungsvorschriften in Art. 9 EG-Fusionskontrollverordnung
in Schwerpunkte des Kartellrechts 1992/93
S.63- 76

(zit. Janicki 1992/93)

Jarass, Hans D.
EG- Kompetenzen und das Prinzip der Subsidiarität nach Schaffung der Europäischen Union
Europäische Grundrechte Zeitschrift EuGRZ 1994 S. 209- 219
(zit.: Jarass EuGRZ 1994)

Jickeli, Joachim
Der Binnenmarkt im Schatten des Subsidiaritätsprinzips
Juristen-Zeitung 1995, S. 57 ff.
(zit.: Jickeli JZ 1995)

Jung, Christian H.A.
Subsidiarität im Recht der Wettbewerbsbeschränkungen
Heidelberg 1995
(zit.: Jung)

Kamburoglou, Panagiotis
EWG- Wettbewerbspolitik und Subsidiarität
Wirtschaft und Wettbewerb 1993 S. 273-283
(zit.: Kamburoglou WuW 1993)

Kapp, Thomas
Reform der EU- Fusionskontrolle: Herrscht nun unbeschränkte Willkür in Brüssel?
Europäische Zeitschrift für Wirtschaftsrecht 2005 S. 161
(zit.: Kapp EuZW 2005)

Karl, Joachim
Zur Rechtswirkung von Protokollerklärungen in der Europäischen Gemeinschaft
Juristenzeitung 1991 S. 593- 599
(zit.: Karl JZ 1991)

Karl, Matthias

Der Zusammenschlussbegriff in der Europäischen Fusionskontrollverordnung
Baden-Baden 1996
(zit.: Karl)

Kenntner, Markus

Das Subsidiaritätsprinzip des Amsterdamer Vertrages, Anmerkungen zum Begrenzungscharakter des gemeinschaftsrechtlichen Subsidiaritätsprinzips
Neue Juristische Wochenschrift 1998, S. 2871- 2985
(zit.: Kenntner NJW 1998)

Kerber, Wolfgang

Die Europäische Fusionskontrollpraxis und die Wettbewerbskonzeption der EG
Bayreuth 1993

Kilian, Wolfgang

Europäisches Wirtschaftsrecht
3. Auflage München 2003
(zit.: Kilian)

Klees, Andreas

Abschied von „Walt Wilhelm"- Neues zum Verhältnis zwischen europäischen und nationalem Kartellrecht
in FS für Wolfgang Kilian; Informatik-Wirtschaft- Recht Regulierung in der Wissensgesellschaft
Baden- Baden 2004

Der Vorschlag für eine neue EG-Fusionskontrollverordnung
Europäische Zeitschrift für Wirtschaftsrecht 2004 S. 197- 202
(zit.: Klees EuZW 2004)

	Europäisches Kartellverfahrensrecht mit Fusionskontrollverfahren Köln, Berlin, München 2005 (zit.: Klees)
Kleinmann, Werner	Die Umsatzschwellen für Zusammenschlüsse von gemeinschaftsweiter Bedeutung in der Europäischen Fusionskontrolle S. 131- 141 Festschrift für Ingo Schmidt Wettbewerbspolitik im Spannungsfeld nationaler und internationaler Kartellrechtsordnungen Baden-Baden 1996 (zit.: Kleinmann in FS für Schmidt)
Knöpfle, Robert	Zum Zusammenschluss durch den Erwerb eines Vermögensteiles Neue Juristische Wochenschrift 1992 S. 472 ff. (zit.: Knöpfle NJW 19929
Koenig, Christian; Haratsch, Andreas	Europarecht 4. Auflage; Tübingen 2003 (zit.: Koenig/Haratsch)
Kofler-Senoner, Bernhard; Scholz, Stephan	Die neue Europäische Fusionskontrollverordnung Wirtschaftsrechtliche Blätter- Zeitschrift für österreichisches und europäisches Wirtschaftsrecht 2004 S. 267- 273 (zit.: Kofler-Senoner/Scholz Wbl 2004)
Kogel, Lars	Zuständigkeitsabgrenzung in der Fusionskontrolle zwischen EU und Mitgliedsstaaten

Baden-Baden 2006
(zit.: Kogel)

Kögel, Rainer — Die Angleichung der deutschen an die europäische Fusionskontrolle
Baden-Baden 1996
(zit.: Kögel)

Konnow, Gerhard — Zum Subsidiaritätsprinzip des Vertrages von Maastricht
Die öffentliche Verwaltung 1993 S. 405- 412
(zit.: Konnow DÖV 1992)

Kronast, Stephan — Die „Philip-Morris-Doktrin" und die Europäische Fusionskontrolle
Baden-Baden 1996
(zit.: Kronast)

Kronenberg, Oliver P. — Revision der EG-Fusionskontrollverordnung-eine Darstellung der neuen Bestimmungen der Verordnung (EG) Nr. 1310/97
Schweizerische Zeitschrift für Wirtschaft 1998
S. 89-95
(zit.: Kronenberg SZW 1998)

Kurz, Stefan — Das Verhältnis der EG-Fusionskontrollverordnung zu Art. 85 und 86 des EWG-Vertrages
Frankfurt am Main 1993
(zit.: Kurz)

Kutsukis, Dimitrios
Der Verordnungsvorschlag für eine europäische Fusionskontrolle im Lichte der Erfahrungen des deutschen Rechtes
Diss. Jur 1982 Uni Göttingen
Frankfurt a.M.; Bern; New York 1983

Krimphove, Dieter
Europäische Fusionskontrolle
Diss. Jur. Uni-Münster 1991
Köln, Berlin, Bonn, München 1992

Lambers, Hans- Jürgen
Subsidiarität in Europa- Allheilmittel oder juristische Leerformel?
Europarecht 1993 S. 229 ff.
(zit.: Lambers EuR 1993)

Lampert, Thomas
Die Anwendbarkeit der EG-Fusionskontrollverordnung im Verhältnis zum Fusionskontrollrecht der Mitgliedsstaaten
FIW- Schriftenreihe Heft 161
Dis.-jur.
Köln, Berlin, Bonn, München 1995
(zit.: Lampert)

Kompetenzabgrenzung zwischen nationaler und europäischer Fusionskontrolle
Wirtschaft und Wettbewerb 2002 S. 449- 458
(zit.: Lampert WuW 2002)

Landsittel, Ralph
Die Zurechnungsklausel in der Fusionskontrolle
Betriebs-Berater 1994 S. 799- 805
(zit.: Landstittel BB 1994)

Langen, Werner (Hrsg.)	Handbuch zum deutschen und europäischen Kartellrecht 2. Auflage; Frankfurt a.M. 2006 (zit.: Lange-Bearbeiter)
Langen, Werner; Bunte, Herman-Josef	Kommentar zum deutschen und europäischen Kartellrecht Band 1 9. Auflage; München 2000 (zit. Langen/Bunte- Bearbeiter 9. Auflage)
	Kommentar zum deutschen und europäischen Kartellrecht Band 2 Europäisches Kartellrecht 10. Auflage; München 2005 (zit. Langen/Bunte- Bearbeiter 10 Auflage)
Landzettel, Stefan	Unterschiede und Gemeinsamkeiten des deutschen und europäischen Fusionskontrollrechts- ein problemorientierter Vergleich- Frankfurt am Main, Berlin, New York, Paris, Wien 1995 (zit.: Landzettel)
Lecheler, Helmut	Das Subsidiaritätsprinzip- Strukturprinzip einer europäischen Union Berlin 1993 (zit.: Lecheler 1993)
Lenz, Carl Otto (Hrsg.) Borchardt, Klaus-Dieter	EU- und EG- Vertrag: Kommentar 4. Auflage; Köln 2006 (zit.: Lenz- Bearbeiter)
	EU- Verträge Kommentar nach dem Vertrag von Lissabon 5. Auflage; Köln 2010

(zit.: Lenz- Bearbeiter)

Leo, Hans-Christoph | Das Überlebensrisiko des § 22 Abs. 1 Nr. 2 GWB in einer großen Reform dieses Gesetzes
in: Festschrift für Ernst Steindorff S. 1005 ff.
Berlin, New York 1990
(zit.: Leo in FS Steindorff)

Loewenheim, Ulrich; Meessen Karl M.; Riesenkampff, Alexander | Kartellrecht
Band 1: Europäisches Recht
München 2005
(zit.: Loewenheim/Meessen/Riesenkampff-Bearbeiter 1. Auflage)

Kartellrecht
Europäisches und Deutsches Recht
2. Auflage; München 2009
(zit.: Loewenheim/Meessen/Riesenkampff-Bearbeiter)

Löffler, Heinz | Kommentar zur Europäischen Fusionskontrollverordnung
Neuwied, Kriftel 2001
(zit.: Löffler FKVO)

Lutter, Marcus | Die Auslegung angeglichenen Rechts
Juristen Zeitung 1992 S. 593- 607
(zit.: Lutter JZ 1992)

Magiera, Siegfried | Föderalismus und Subsidiarität als Rechtsprinzipien der Europäischen Union in : Föderale Union- Europas Zukunft? Heinrich Schneider/ Wolfgang Wessels (Hrsg.),
(zit.: Magiera in Schneider/Wessels)

Mailänder, K. Peter — Aufgabenteilung zwischen den Wettbewerbsbehörden in der europäischen Wirtschaftsgemeinschaft, in: Festschrift für Ernst Steindorff S. 1021 ff.
Berlin, New York 1990
(zit.: Mailänder in FS Steindorff)

Meier, Gert — GWB- Novelle und Europäischer Binnenmarkt
Wirtschaft und Wettbewerb 1988 S. 723 ff.
(zit.: Meier WuW 1988)

Rechtsstaatsprinzip und Handhabung des GWB
Wirtschaft und Wettbewerb 1998 S. 275 ff.
(zit.: Meier WuW 1998)

Merker, Nils — Subsidiarität und Delegation- Anwendung der Art. 85 EGV und Art. 86 EGV durch die nationalen Kartellbehörden, Problematik des Art. 85 III EGV und „comfort letters"
Berlin 1997
(zit.: Merker)

Merten, Detlef — Die Subsidiarität Europas
Berlin 1993
(zit.: Merten- Bearbeiter)

Subsidiarität als Verfassungsprinzip in „ Die Subsidiarität Europas"; Detlef Merten (Hrsg.) S. 77 ff.
Berlin 1993
(zit.: Merten)

Mestmäcker, Ernst Joachim | Europäischen Wirtschaftsrecht
München 1974
(zit.: Mestmäcker)

Die Beurteilung von Unternehmenszusammenschlüssen Nach Art. 86 des Vertrages über die Europäische Wirtschaftsgemeinschaft,
Probleme des Europäischen Rechts
S. 322

Fusionskontrolle im Gemeinsamen Markt zwischen Wettbewerbspolitik und Industriepolitik
Europarecht 1988 S. 349
(zit.: Mestmäcker EuR)

Wettbewerbsrecht und Wettbewerbspolitik in der Europäischen Union in: Gerken (Hrsg.) Europa zwischen Ordnungswettbewerb und Harmonisierung-, Europäische Ordnungspolitik im Zeichen der Subsidiarität
S. 191 ff.
Berlin u.a. 1995
(zit.: Mestmäcker in Gerken)

Europäisches Wettbewerbsrecht im Zeichen der Globalisierung
Jürgen Schwarze (Hrsg.)
Baden- Baden 2002
(zit.: Mestmäcker Europäisches Wettbewerbsrecht im Zeichen der Globalisierung)

Mestmäcker, Ernst- Joachim; Schweitzer, Heike | Europäisches Wettbewerbsrecht
München 2004; 2. Auflage
(zit.: Mestmäcker/Schweitzer)

Meyer, Jürgen; Hölscheidt Sven

Die Europäische Verfassung des Europäischen Konvents
Europäische Zeitschrift für Wirtschaftsrecht 2003
S. 613- 621
(zit. Meyer/Hölscheidt EuZW 2003)

Meyer, Peter

Die Grundsätze der Auslegung im Europäischen Gemeinschaftsrecht
Jura 1994 S. 455- 458
(zit.: Meyer Jura 1994)

Miersch, Michael

Kommentar zur EG-Verordnung Nr. 4064/89 über die Kontrolle von Unternehmenszusammenschlüssen
Neuwied, Frankfurt a.M. 1991
(zit.: Miersch)

Moersch, Wolfram

Leistungsfähigkeit und Grenzen des Subsidiaritätsprinzip
Berlin 2000
(zit.: Moersch)

Monopolkommission

Konzeption einer europäischen Fusionskontrolle
17. Sondergutachten
Baden-Baden 1989
(zit.: Monopolkommission, Sondergutachten 17)

Möschel, Bernhard

Zum Subsidiaritätsprinzip im Vertrag von Maastricht
Neue Juristische Wochenschrift 1993.
S. 3025- 3028

(zit.: Möschel NJW 1993)

Zum Subsidiaritätsprinzip im Vertrag von Maastricht in:
Europa 2000- Perspektive wohin? Die europäische Integration nach Maastricht S. 93 ff.
Gerken, Lüder (Hrsg.)
Freiburg 1993
(zit. Möschel in Gerken)

Subsidiaritätsprinzip und europäisches Kartellrecht
Neue Juristische Wochenschrift 1995 S. 281-285
(zit.: Möschel NJW 1995)

Reform der Europäischen und deutschen Wettbewerbsrechts
Europäische Wirtschafts- und Steuerrecht 1995 S. 249 ff.
(zit.: Möschel EWS 1995

Die deutsche Fusionskontrolle auf dem Prüfstand des europäischen Rechts: „Überflüssig“ oder Harmonisierung?“
Die Aktien Gesellschaft 1998 S. 561
(zit.: Möschel AG 1998)

Müller-Graff, Peter Christian — Europäisches Gemeinschaftsrecht und Privatrecht
Neue Juristische Wochenschrift 1993 S. 13 ff.
(Müller-Graf NJW 1993)

Neven, Damien; Nutall, Robin; Seabright, Peter — Merger Controllin the European Community
Center for Economic Policy Research
London 1993 S. 176- 182

(zit.: Neven/Nutall/Seabright)

Nicolaysen, Gert

Inländerdiskriminierung im Warenverkehr
Europarecht 1991 S. 95 ff.
(zit.: Nicolaysen EuR 1991)

Europarecht I
Die Europäische Integrationsverfassung
2. Auflage, Baden-Baden 2002
(zit.: Nicolaysen)

Europarecht II- Das Wirtschaftsrecht im Binnenmarkt
Baden- Baden
(zit.: Nicolaysen Europarecht II)

Niederleithinger, Ernst

Das Verhältnis nationaler und europäischer Kontrolle von Zusammenschlüssen
Wirtschaft und Wettbewerb 1990 S. 721- 730
(zit.: Niederleithinger WuW 1990)

Die europäische Fusionskontrolle und ihr Verhältnis zum nationalen Recht in: Wettbewerbspolitik an der Schwelle zum europäischen Binnenmarkt
Köln, Berlin, Bonn, München 1989 S. 79 ff.
(zit.: Niederleithinger)

Niemeyer, Hans-Jörg

Europäische Fusionskontrolle
Betriebs-Berater 1991 Beilag 25 zu Heft 35, 36
(zit.: Niemeyer BB 1991 Beilage 25)

Die Europäische Fusionskontrollverordnung
Heidelberg 1991
(zit.: Niemeyer)

Niewiarra, Manfred | Die novellierte Europäische Fusionskontrolle Europäisches Wirtschafts- und Steuerrecht 1998 S. 113- 118 (zit.: Niewiarra EWS 1998)

Oppermann, Thomas | Europarecht 3. Auflage; München 2005 (zit.: Oppermann)

Vom Nizza- Vertrag 2001 zum Europäischen Verfassungskonvent 2002/2003 Deutsches Verwaltungsblatt 2003 S. 1- 10 (zit.: Oppermann DVBl 2003)

Pace, Lorenzo Frederico | Die Dezentralisierungspolitik im EG-Kartellrecht Europäische Zeitschrift für Wirtschaftsrecht 2004 S. 301- 305 (zit.: Pace EuZW 2004)

Parche, Ulrich | Fusionskontrolle und seine Auswirkungen auf nationales und internationales Kartellrecht Betriebs-Berater 1988, Beilage 18 zu Heft 33 S. 1- 21 (zit.: Ebenroth/Parche BB 1988 Beilage 18 zu Heft 33)

Pernice, Ingolf | Europäische Union: Gefahr oder Chance für den Föderalismus in Deutschland, Österreich und der Schweiz? Deutsches Verwaltungsblatt 1993 S. 909 ff. (zit.: Pernice DVBl. 1993)

Kompetenzabgrenzung im Europäischen Verfassungsbund
Juristenzeitung 2000, S. 866- 876
(zit. Pernice JZ 2000)

Pieper, Stefan Ulrich
Subsidiarität- Ein Beitrag zur Begrenzung der Gemeinschaftskompetenz
Köln; Berlin; Bonn; München 1994
(zit.: Pieper)

Subsidiaritätsprinzip: Strukturprinzip der Europäischen Union
Deutsches Verwaltungsblatt 1993 S. 705 ff.
(zit.: Pieper DVBl. 1993)

Pipkorn, Jörn
Das Subsidiaritätsprinzip im Vertrag über die Europäische Union- Rechtliche Bedeutung und gerichtliche Überprüfbarkeit
Europäische Zeitschrift für Wirtschaftsrecht 1992
S. 697- 700
(zit.: Pipkorn EuZW 1992)

Pohlmann, Petra
Die Vorschläge der Europäischen Kommission zu einer Änderung der Fusionskontrollverordnung
Europäisches Wirtschaft und Steuerrecht 1997
S. 181- 186
(zit.: Pohlmann EWS 1997)

Quin, Fenella
One-stop shop moves closer
Global Competition review Februar/März 1999
(zit.: Bearbeiter in Quin)

Reich, Norbert

Binnenmarkt als Rechtsbegriff
Europäische Zeitschrift für Wirtschaftsrecht 1991 S 203 ff.
(zit.: Reich EuZW 1991)

Riesenkampff, Alexander

Auswirkungen des Urteils des EuGH vom 17.11.1987
Wirtschaft und Wettbewerb 1988 S. 465- 475
(zit.: Riesenkampff WuW 1988)

Rittner, Fritz

Konvergenz oder Divergenz des europäischen Wettbewerbsrechts?
in: Integration oder Desintegration der europäischen Wettbewerbsordnung?
Köln 1993
(Rittner)

Rodger, Barry J.

Decentralisation and National Competition Authorities: Comparison with the Conflicts/Tensions under the Merger Regulation
European Competition Law Review 1994 S. 251

Rohardt; Klaus-Peter

Die europäische Fusionskontrolle beginnt Gestalt anzunehmen
Wirtschaft und Wettbewerb 1991 S. 365-383(zit. Rohardt WuW 1991)

Röhling, Frank

Europäische Fusionskontrolle und Subsidiaritätsprinzip
Diss. Jur. Uni- Saarbrücken 2002
Baden-Baden 2002

Rösler, Patrick	Implementierung einer Fusionskontrolle im europäischen Binnenmarkt Diss.-jur. Uni-Konstanz 1994 Frankfurt a.M., Berlin, Bern, New York Paris, Wien, 1994
Rosentahl, Michael	Neuordnung der Zuständigkeiten und des Verfahrens in der Europäischen Fusionskontrolle Europäische Zeitschrift für Wirtschaftsrecht 2004 S. 327- 332 (zit.: Rosenthal EuZW 2004)
Rupelt, Hans- Jürgen	Anwendung des EG- Kartellrechts durch das Bundeskartellamt in: Festschrift für Lieberknecht S. 515 ff. München 1997
Satzky, Horst	Fusionskontrolle nach Art. 85 EWG-Vertrag Der Betrieb 1988 S. 379- 384 (zit.: Satzky DB 1988)
Sauter, Herbert	Zwei Jahre Praxis der Europäischen Fusionskontrolle- Eine kritische Bewertung, Referat im Rahmen der Vortragsreihe „Das Weißbuch der Kommission und die Realität des Binnenmarktes- Erfolge und Misserfolge" am 23.11.1992 in Bonn, Vorträge und Berichte des Zentrums für Europäisches Wirtschaftsrecht Nr. 23 (zit.: Sauter)
Schima, Bernhard	Das Subsidiaritätsprinzip im europäischen Gemeinschaftsrecht Wien 1994

(zit.: Schima)

Schlecht, Otto — Europäische Wettbewerbspolitik in Widerstreit zwischen Harmonisierung und Subsidiarität in:
Festschrift für Mestmäcker S. 747 ff.
Baden-Baden 1996
(Schlecht FS für Mestmäcker)

Schmidhuber, Peter M. — Das Subsidiaritätsprinzip im Vertrag von Maastricht
Deutsches Verwaltungsblatt 1993 S. 417-422
(zit.: Schmidhuber DVBl. 1993)

Schmidhuber, Peter M.; Hitzler Gerhard — Die Verankerung des Subsidiaritätsprinzips im EWG Vertrag- ein wichtiger Schritt auf dem Weg zu einer föderalen Verfassung der Europäischen Gemeinschaft
Neue Zeitschrift für Verwaltungsrecht 1992 S. 720- 725
(zit.: Schmidhuber/Hitzler NVwZ 1992)

Binnenmarkt und Subsidiaritätsprinzip
Europäische Zeitschrift für Wirtschaftsrecht 1993
S. 8 ff.
(zit.: Schmidhuber/Hitzler EuZW 1993)

Schmidt, Ingo — Die europäische Fusionskontrolle- eine Synopsis
in: Die Europäische Fusionskontrolle S. 9- 26
Hrsg.: Peter Oberrender
Berlin 2000
(zit.: Schmidt)

Schmidt, Ingo; Schmidt, Andre	Europäische Wettbewerbspolitik: Eine Einführung München 1997 (zit.: I. Schmidt/A. Schmidt)
Schmidt, Karsten	Die europäische Fusionskontrolle und ihr Verhältnis zum nationalen Recht- aus der Sicht der Wissenschaft in: Wettbewerbspolitik an der Schwelle zum europäischen Binnenmarkt S. 65 ff. Köln u.a. 1989 (zit.: K. Schmidt)
Schnittmann, Michael; Vonnemann, Wolfgang	Mergers and acquisitions in Europe 1993: the new EC merger control regulation and its effects on national merger control in Germany in: The Antitrust Bulletin 1992 S. 1025 ff. (zit.: Schnittmann/Vonnemann)
Schödermeier, Martin	Auf dem Weg zur europäischen Fusionskontrolle Wirtschaft und Wettbewerb 1988 S. 185- 194 (zit. Schödermeier WuW 1988)
Schroeder, Werner	Die Auslegung des EU- Rechts Juristische Schulung 2004 S. 180- 186 (zit. Schroeder JUS 2004)
Schröder, Meinhard	Vertikale Kompetenzverteilung und Subsidiarität im Konventsentwurf für eine europäische Verfassung Juristenzeitung 2004 S. 8- 13 (zit. Schröder JZ 2004=

Schröter, Helmuth; Jacob, Thinam Mederer, Wolfgang	Kommentar zum Europäischen Wettbewerbsrecht Baden-Baden 2003 (zit.: Schröter/Jacob/Mederer- Bearbeiter)
Schweitzer, Michael; Fixson Oliver	Subsidiarität und Regionalismus in der Europäischen Gemeinschaft Jura 1992 S. 579- 586 (zit.: Schweizer/Fixson Jura 1992)
Schweitzer, Michael; Hummer, Waldemar	Europarecht 5. Auflage; Neuwied 1996 (zit.: Schweitzer/Hummer)
Seitz, Claudia	One-stop shop und Subsidiarität Köln, Berlin, Bonn, München 2002 (zit.: Seitz)
Soyez, Volker	Die Verweisung an die Kommission nach Art. 4 Abs. 5 – ein sinnvolle Option? Zeitschrift für Wettbewerbsrecht 2005 S. 416- 439 (zit.: Soyez ZWeR 2005)
Staebe, Erik	Fusionskontrolle nach Art. 81 und 82 EG? Europäisches Wirtschafts- & Steuerrecht 2003 S. 249- 253 (zit.: Staebe EWS 2003)
Staudenmayer, Dirk	Der Zusammenschlussbegriff in Art. 3 der EG- Fusionskontrollverordnung Köln 2002 (zit.: Staudenmayer)

Staufenberg, Franz-Ludwig Graf; Langenfeld, Christine — Maastricht- ein Fortschritt für Europa
Zeitschrift für Rechtspolitik 1992 S. 252- 259
(zit.: Staufenberg/Langenfeld ZRP 1992)

Stein, Thorsten — Europäische Integration und nationale Reservate, in: Föderalismus und Europäische Gemeinschaften, Detlef Merten (Hrsg.)
Berlin 1990 S. 91- 107
(zit.: Stein in Merten)

Subsidiarität als Rechtsprinzip in „Subsidiaritätsprinzip in Europa" Merten, Detlef (Hrsg.)
Berlin 1993 S. 23 ff.

Steindorff, Ernst — Spannungen zwischen deutschem und europäischen Wettbewerbsrecht
in: Schwerpunkt des Kartellrecht 1986/87
S. 27 ff.
Köln u.a. 1988
(zit.: Steindorff)

Kooperativer Unternehmenszusammenschluss und Kartellverbot
Zeitschrift für das Gesamte Handels- und Wirtschaftsrecht 152 1988 S. 57- 65
(Steindorff ZHR 1988)

Aufgaben und Zuständigkeiten im europäischen Kartellverfahren- Zugleich zum Anspruch auf Beteiligung am Vertrieb und zum Verbraucherschutz
Zeitschrift für das gesamte Handels- und Wirtschaftsrecht 162 (1998) S. 290 ff.

(zit.: Steindorff ZHR 1998)

Stewing, Clemens

Das Subsidiaritätsprinzip als Kompetenzverteilungsregel im Europäischen Recht
Deutsches Verwaltungsblatt 1992 S. 1516 ff.
(zit.: Stewing DVBl. 1992)

Subsidiarität und Föderalismus in der Europäischen Union
Köln, Berlin, Bonn, München 1992
(zit.: Stewing)

Stockenhuber, Peter

Die Europäische Fusionskontrolle: Das materielle Recht
Baden-Baden 1995
(zit.: Stockenhuber)

Streinz, Rudolf (Hrsg.)

EUV/EGV Vertrag über die Europäische Union und Vertrag zur Gründung der Europäischen Gemeinschaft
München 2003
(zit.: Streinz- Bearbeiter)

Europarecht
4. Auflage; Heidelberg 1999
(zit.: Streinz Europarecht)

Streinz, Rudolf; Ohler, Christoph
Herrmann, Christoph

Der Vertrag von Lissabon zur Reform der EU – Einführung mit Synopse
3. Auflage; München 2010
(zit.: Streinz/Ohler/Herrmann)

Streinz, Rudolf

Der Vertrag von Amsterdam
Europäische Zeitschrift für Wirtschaftsrecht 1998 S. 137 ff.
(zit.: Streinz EuZW 1998)

Vertrag über die Europäische Union und Vertrag zur Gründung der Europäischen Gemeinschaft
München 2003
(zit.: Streinz- Bearbeiter)

Streit, Manfred; Mussler, Werner

Wettbewerb der Systeme und das Binnenmarktprogramm der Europäischen Union
in: Europa zwischen Ordnungswettbewerb und Harmonisierung,
Berlin u.a. 1995 S. 75 ff.

Terhechte, Jörg Philip

Die Ausstrahlung des Europäischen Gemeinschaftsrechts auf die Rechtordnungen der Beitrittskandidaten am Beispiel des Wettbewerbsrechts
Europäisches Wirtschaft und Steuerrecht 2002
S. 560 – 569
(zit.: Terhechte EWS 2002)

Uckrow, Jörg

Richterliche Rechtsfortbildung durch den EuGH
Baden-Baden 1995
(zit.: Uckrow)

Veelken, Winfried; Karl, Matthias; Richter, Stefan

Europäische Fusionskontrolle
Tübingen 1992
(zit.: Veelken/Karl/Richter)

Voigt, Stefan; Schmidt, Andre
Mehr Rechtssicherheit in der Europäischen Fusionskontrolle – Der Entwurf der Europäischen Kommission über die Kontrolle horizontaler Unternehmenszusammenschlüsse
Wirtschaft und Wettbewerb 2003, S. 897 - 906

Vollmer, Lothar
Fordert das System des Wettbewerbs einen Wettbewerb der Systeme?
in: Hohenheimer Europa Colloquium: Die ordnungspolitische und institutionelle Fehlentscheidung von Maastricht, Referate 21./22. Mai 1992 S. 29 ff.
Hohenheim 1993

von Bogdandy, Armin; Bast, Jürgen
Die vertikale Kompetenzordnung der europäischen Union – Rechtsdogmatischer Bestand und verfassungspolitische Reformperspektiven-
Europäische Grundrechte Zeitschrift 2001
S. 441- 458
(zit.: von Bodandy/Bast EuGRZ 2001

von Hinten- Reed, Nils; Camesaca, Peter D., Schedl, Michael
Reform der Europäischen Fusionskontrolle
Recht der Internationalen Wirtschaft 2003
S. 321 – 326
(zit. von Hinten- Reed/Camesaca/Schedl RIW 2003)

von Winterfeld, Achim
EG Fusionskontrolle durch Richterrecht? – Anmerkung zum EuGH- Urteil vom 17. 11. 1987 in Sachen Philip Moris ./. Rothmans International
Recht der Internationalen Wirtschaft 1988, 958 – 963

(zit. von Winterfeld RIW 1988)

Wagemann, Markus — Erfahrungen mit der EG-Fusionskontrolle- der Fall „Alcatel/ AEG Kabel“
Wirtschaft und Wettbewerb 1992 S. 730- 738
(zit.: Wagemann WuW 1992)

Weitbrecht, Andreas — Drei Jahre Europäische Fusionskontrolle- eine Zwischenbilanz,
Europäische Zeitschrift für Wirtschaftsrecht 1993 S. 687 ff.
(zit.: Weitbrecht EuZW 1993)

Wiedemann, Gerhard — Handbuch des Kartellrechts
2. Auflage; München 2008
(zit.: Wiedemann-Bearbeiter)

Wimmer, Norbert; Mederer, Wolfgang — Das Subsidiaritätsprinzip und seine Entdeckung durch die Europäische Gemeinschaft
Österreichische Juristen Zeitung 1991 S. 586- 592
(zit.: Wimmer/Mederer ÖJZ 1991)

Winter, Gerd — Subsidiarität und Deregulierung im Gemeinschaftsrecht
Europarecht 1996, S. 247 ff.

Wolf, Dieter — Zum Verhältnis von europäischem und deutschem Wettbewerbsrecht
Europäische Zeitschrift für Wirtschaftsrecht 1994
S. 233- 238
(zit.: Wolf EuZW 1994)

Entwicklungstendenzen im Verhältnis des nationalen zum europäischen Wettbewerbsrecht in: Schwerpunkt des Kartellrechts 1997 S. 1 ff.
Köln 1998
(zit.: Wolf 1997)

Wolf, Dieter; Fink Reinhard
Mit der Verordnung Nr. 17 ins nächste Jahrtausend?
Wirtschaft und Wettbewerb 1994 S. 289 ff.
(zit.: Wolf/Fink)

Zuleeg, Manfred
Der Rang des europäischen im Verhältnis zum nationalen Wettbewerbsrecht
Europarecht 1990 S. 123 ff.
(zit.: Zuleeg EuR 1990)

Zschocke, Christian
Harmonisierung der Fusionskontrolle aus der Sicht eines Praktikers
Wirtschaft und Wettbewerb 1996 S. 85 ff.
(Zschocke WuW 1996)

***ibidem*-Verlag**

Melchiorstr. 15

D-70439 Stuttgart

info@ibidem-verlag.de

www.ibidem-verlag.de
www.ibidem.eu
www.edition-noema.de
www.autorenbetreuung.de